领导致辞范例全书

宋银霞　编著

企业管理出版社

图书在版编目（CIP）数据

领导致辞范例全书/ 宋银霞编著. —北京：企业管理出版社，2012.9

ISBN 978-7-5164-0155-2

Ⅰ. ①领… Ⅱ. ①宋… Ⅲ. ①领导人员－语言艺术 Ⅳ. ①C933.2

中国版本图书馆 CIP 数据核字（2012）第 213832 号

书　　名：领导致辞范例全书
作　　者：宋银霞
选题策划：申先菊
责任编辑：申先菊
书　　号：ISBN 978-7-5164-0155-2
出版发行：企业管理出版社
地　　址：北京市海淀区紫竹院南路 17 号　邮编：100048
网　　址：http：//www. emph. cn
电　　话：总编室（010）68701719　发行部（010）68414644
（010）68456991
电子信箱：80147@ sina. com　zbs@ emph. cn
印　　刷：北京大运河印刷有限责任公司
经　　销：新华书店
规　　格：170 毫米×240 毫米　16 开本　24.75 印张　530 千字
版　　次：2012 年 9 月第 1 版　2012 年 9 月第 1 次印刷
定　　价：46 元

前言

致辞是一门艺术，它一方面能彰显领导人的魅力，另一方面也是领导人必备的基本素质，领导人很有必要提升自己的致辞艺术。普通人掌握这门艺术，可为未来的晋升之旅做好准备，同时也可提升自己在众目睽睽之下讲话的能力，为树立良好的个人形象打基础。

现实生活中，需要致辞的地方太多了。节日、庆典、开幕式、闭幕式、迎来送往、举办会议、岗位变动、宴会、慰问、吊唁、答谢、公益活动、纪念活动、媒体见面会等等场合，都需要致辞。全面掌握领导致辞艺术，就能游刃有余地应对种种场面。

掌握领导致辞不是一件容易的事，所谓“台上一分钟，台下十年功”，它绝不仅仅是当众讲几句话那么简单，关键是要讲得得体，讲得优美，讲得迎合气氛，讲得煽动人心。历史上因为致辞不妥的领导被扔鸡蛋、石子的不乏其人，就连美国前总统小布什还因为致辞时措辞不当引起听众愤怒，被人扔鞋子。

什么样的致辞才能引起共鸣呢？

一篇好的讲话稿是关键。一个人当众致辞，如果在众目睽睽之下如果说出不够应景，或者不够得体的话，就好像一个人没穿好衣服一样，效果是很明显的。相反，有时候即使台风不太好，但讲的话句句能打动人心，令人感到真诚，也是一次成功的致辞。况且一般来说，能走上领导岗位的人，都是经过一定锻炼的，很少因为紧张、局促等台风问题而失策，这时候一篇好的讲话稿就有锦上添花的作用。

每个领导都应重视致辞，致辞效果不佳，轻者场面失控，现场陷入尴尬，重则有损形象，影响个人前途，更严重则会影响一个单位、一个公司，甚至一个国家的形象。领导人致辞的威力与破坏力，都是同样巨大的、难以弥补的。

《领导致辞范例全书》就是为了提高领导致辞艺术、全面掌控现场气氛而出的工具书。书中包含面广，涉及节庆、公益、会议等各个用到致辞的场所，提供了几百个各个场合的实用范文，读者不但可以从中欣赏言辞优美的范文，还能根据领导致辞技巧，举一反三自创符合相关场景的致辞稿，同时又能全面了解每个场合应注意的礼节以及其他注意事项，手把手教你学会致辞。可以说，只要你勇于大大方方登上致辞讲台，就能发表出拿得出手的致辞演讲。

例如，现在你需要在会议上致辞，就需要懂得会议致辞礼仪，知道应该讲什么样的话。一般来说，会议上要传达指示、制定目标、动员大众、表彰先进、交流思想，领导在致辞的时候就要体现出这些主题。而会议又分为晨会、周会、季度会、年度总结会，招商引资会、表彰劳模会，以及动员大会等，每种会议的致辞要求不同，致辞人还需要了解每种会议的特征。如座谈会的气氛比较浓烈，领导在致辞的时候，要努力营造活跃的气氛。而洽谈会相对比较正式，不但要将准备工作安排得很有档次，领导在致辞的时候，还要让对方感到自己的诚意，讲话不能太浮夸。

由此可见，致辞不仅是一门艺术，还是一门技巧。灵活掌握致辞技巧才有可能提升致辞水平，才能成为一个有魅力的领导人。

愿此书带给读者最大的实惠！

愿此书使您成为一个致辞高手！

上篇：实用领导致辞

一、节日致辞

县领导在新春佳节来临之际致辞

【致辞背景】新春佳节来临之际
【致辞人】县领导

女士们、先生们、朋友们，大家好：

“春上枝头花竞艳，家当盛世人同欢”。一年一度的新春佳节即将来临，值此辞旧迎新之际，我很高兴代表××县委、××县人民政府向各位致以新春的问候和节日的祝贺！并通过你们向全县的父老乡亲也致以节日的问候！向至今奋战在工作第一线的朋友们致以衷心的感谢！祝愿各位新春快乐，合家幸福，吉祥如意！

“岁月不居，天道酬勤”。对我们县来说，即将过去的××××年是不平凡的一年，是我县改革创新和谋求发展的一年。这一年，我们突破旧有的发展体制，改革创新，努力走上新的发展道路，创造了我县有史以来最大的辉煌。我们欣喜地看到，在这一年里，我们县在县委、县政府领导班子的带领下，在全县人民的辛勤劳动下，我们县的政治、经济、文化等各个方面取得了突破性进展。尤其是人民生活水平明显提高，向更高水平的小康生活迈了重大一步。并且，全县经济实力位列全国百强县前列。在此，我再次感谢大家，是你们的汗水铸造了××县前进的基石，功劳是你们的，果实也应该由大家共享。

新时期，新气象。展望××××年，新的目标，新的希望，昭示着我们县美好的未来。让我们以过去一年所取得的成绩为新的起点，坚定必胜的信心，与时俱进、艰苦奋斗、锐意进取，共同创造××县新的辉煌！

最后，恭祝所有的朋友新年快乐、吉祥如意、家庭幸福！

市长在新春佳节来临之际致辞

【致辞背景】在新春佳节来临之际
【致辞人】市长

同志们、朋友们，大家好：

在××××年春节来临的美好时刻，我谨代表市委市政府，向全市人民致以新年的祝福！向所有关心和支持××市发展的同志们、朋友们，致以衷心的感谢和诚挚的问候！

过去的一年，我们在毛泽东思想、邓小平理论、“三个代表”重要思想和科学发展观的指引下，在中共××市委的领导下，经济社会继续保持了又好又快发展的势头，全市人民生活总体上达到小康水平，全年地区生产总值、人均地区生产总值、城市居民人均可支配收入和农民人均纯收入都得到了大幅度的增长。我市“十一五”规划目标圆满实现。预计“十一五”期间全市地区生产总值、财政总收入、规模以上工业总产值、实际利用外资、全市用于社会事业的投入都是前一阶段的好几倍。公众安全感也增加许多。综合五年来，××综合实力不断增强、产业结构更加优化、人民生活日益改善。

新的一年，我市创建全国文明城市、国家生态市的工作已全面启动、扎实推进，预期会取得明显的阶段性成果。今年是“十二五”开局之年，也是深入推进我们城市建设的关键之年。我们更要以民生幸福为根本目标，以加快转变经济发展方式，大力发展创新型经济、建设创新型城市为主线；以推动科学发展、建设新××为主题；更加注重创新发展。让改革发展成果最大限度惠及于民。

新年新希望，新春新气象。让我们携起手来，共创美好的明天！

衷心祝愿大家在新的一年里身体健康，工作顺利，阖家幸福！

妇联领导在妇女节庆祝活动上致辞

【致辞背景】在国际劳动妇女节庆祝会上

【致辞人】妇联领导

女同胞们、姐妹们，大家好：

三月，草长莺飞，万物复苏；三月，生命初长，生机无限。在这个充满希望的日子里，我们迎来了姐妹们自己的节日——三八妇女节，借此机会，我代表市妇联向全体妇女同胞致以节日的问候！向所有关心、支持女性事业发展的各位朋友和为女性事业作出贡献的工作者致以最诚挚的谢意！

回首过往的岁月，100多年来，女性为争取自己的权益，展开了轰轰烈烈的解放运动。封建社会的女性被神权、父权和夫权压迫着，被陈规陋习束缚着，她们只是男子的附庸，身心摧残至深，没有地位可言。长久以来，女性处于水深火热的生活中。

随着时代的前进，女性开始觉醒，在争取自身权益的同时，也向社会发出“我们是好样的”的呼声。在革命战争年代，宋庆龄、蔡畅、何香凝、陈慕华等用行动证明了“女子不输于男儿”，展现了女性的实力和伟大，表明女性同样可以担起打破旧社会、建立新中国的伟大使命。

新中国成立后，《中华人民共和国婚姻法》以男女平等为婚姻制度的基本原则，明确规定“夫妻在家庭中地位平等”，从此开启了女性当家做主的新时期。在新中国国民经济恢复时期，打出了“妇女能顶半边天”的口号，我们女性开始在各行各业崭露头角，所做出的成绩不亚于男性，还涌现出了许多生产模范人物，如×××、×××、×××等代表人物。

随着社会的发展，到了今天，女性的社会地位发生了翻天覆地的变化。人们对女性事业的关怀，致使女性成为社会不可缺少的一部分，成为每个家庭里的“主心骨”。在工作中，很多女性能够独当一面，做出不平凡的业绩。在家庭中，我们女性不仅要照顾老人和教育子女，也要作好丈夫的后盾，努力营造家庭的幸福和美满。新时代的女性用自身的努力，谱写了一曲“谁说女子不如男”的赞歌。女性正在得到重视，女性在社会中的地位会越来越高。

女同胞们，新的一年里，希望大家一鼓作气、振奋精神，在家庭和工作中，充分发挥“半边天”的作用，为树立女性崇高的地位而努力。

最后，祝姐妹们节日快乐，工作顺利，身体健康，合家幸福！

谢谢大家！

省领导在妇女节表彰大会致辞

【致辞背景】在××届妇女节表彰大会上

【致辞人】省领导

全体妇女同志，大家好：

春光明媚，万物复苏，今天我们迎来了第××个国际劳动妇女节。为了表彰在各条战线上作出巨大贡献的妇女同志，我们在此隆重聚会。首先，我代表××省委、××省人民政府向在座的女同志，并通过你们向依然坚守在岗位上的女同胞致以节日的问候和最良好的祝愿。祝大家节日愉快、家庭美满、青春永驻、工作顺利！

参加今天表彰大会的××名女同志，你们来自不同的部门，不同的岗位，但你们都在平凡的岗位上做出了不平凡的事迹，起到了榜样作用。你们的事迹，在常人看来也许很平淡，也很普遍，但平淡中蕴含着高尚，普遍中包含着伟大，实际上所折射的正是新时期女性不平凡的一面。新时期的女性发扬了“巾帼不让须眉”的精神，起到了“半边天”的作用，你们不仅是理家的好手，更是社会上不可缺少的一部分力量。正是有了一大批像你们这样“出得厅堂，下得厨房”的女性，在平凡的工作岗位上做出不凡的成绩，我省各条战线才能团结协作、锐意进取、奋力拼搏，物质文明建设和精神文明建设才有上了一个新台阶。

女同胞们！生活中因为有了女性的美丽而变得多姿多彩，而女性又因参与工作，洋溢着朝气蓬勃的精神而显得美丽。新的时期赋予我们新的任务、新的使命，让全省人民共同努力，为构建社会主义和谐社会、加快实现我省的跨越式发展而团结奋斗、共创辉煌的明天！

最后，我代表省委、省政府对获得表彰的女同志表示真诚的祝贺！

董事长在劳动节来临之际致辞

【致辞背景】五一劳动节来临之际

【致辞人】董事长

亲爱的全体员工、朋友们，大家好：

五月的骄阳似火，点燃生命的激情；五月的花团锦簇，象征人生的多彩；五月的号声响起，呼唤天地之间的风采。在这个生机勃勃、青春绽放的季节里，我们迎来了五一国际劳动节的到来。在此，我谨代表公司领导层向辛勤工作在各个岗位上的全体员工，致以衷心的感谢和亲切的问候！

回首公司××年的风风雨雨，它的发展历程告诉我们：“不经历风雨，怎能见彩虹”。公司能有今天的成就是来之不易的，我们共同经历了坎坷、挫折，终于有了现在的成长和壮大。在此过程中，公司已经形成了“无私奉献、锐意进取、团结向上、创新发展”的企业精神，这种精神将带领着我们走向更辉煌的明天。而今天，公司依然紧跟时代的步伐、与时俱进，为走向规范化、程序化、整体化而努力。我坚信在公司上层的领导下和职工的坚持努力下，没有困难能阻挡我们前进的脚步。

在这个属于劳动者的节日里，我想到“一分耕耘，一分收获”，公司的每一次成长、每一个进步，都是集体合作、集体劳动的结果，凝结着每个员工的智慧、汗水和心血。让我们将最有资格分享公司发展过程中每一颗胜利果实，分享给每一个坚守岗位无私奉献的人们！

最后，祝愿我们的员工永葆青春的活力，奋发有为，在平凡的岗位上干出不平凡的成就！也祝愿我们的员工及其家人，身体健康，万事如意！

谢谢大家！

医院领导在护士节庆祝活动上致辞

【致辞背景】医院举办的护士节庆祝活动上

【致辞人】医院领导

亲爱的护士姐妹们，大家好：

在这春意盎然的季节里，我们迎来了自己的节日——“5·12”国际护士节。今天大家欢聚一起，在这喜庆的时刻，除了表彰一些优秀护士之外，还要吸收一批新的成员。值此之际，我代表全院领导、医生及病患，向大家，以及至今奋战在护理工作第一线的姐妹们表示由衷的感谢和崇高的敬意。

随着社会的发展、医学技术的进步以及人民生活水平的提高，人民大众对生活质量要求越来越高，因此对于健康和卫生保健需求也日益增长。护理作为卫生事业的重要组成部分，在维护和促进人民群众健康等方面，发挥着愈来愈重要的作用。因此，作为护士，你们要勇于担当这份责任和义务。

国际护士节是为纪念现代护理学科的创始人弗劳伦斯·南丁格尔，她为护理事业作出了巨大的贡献。所以身为护士或是即将成为护士的姐妹们，你们必须去继承和弘扬南丁格尔不畏艰险、甘于奉献、救死扶伤、勇于献身的人道主义精神，并用一生去践行。

今天开这个表彰大会，就是为了鼓励一部分爱岗敬业的先进人物。这些先进人物，白天洋溢着笑容，踏着轻盈的步伐，穿梭于病房之间；夜晚又拖着疲惫的身躯，守候在病人身旁。她们本着护士这个职业的操守，用微笑面对患者，用真诚赢得社会的尊重，用爱心创造着一个又一个生命的奇迹！

希望全体人员以她们为榜样，勇于创新，不断提高自身素质，来进一步提高业务水平、改善服务态度，提高护理质量，对得起“白衣天使”这个称号。

最后，愿我们护士姐妹一如既往地在平凡的护理岗位上做出不平凡的事迹，当好人们的守护神！祝愿姐妹们身体健康、家庭幸福、永葆青春！

校长在庆祝六一儿童节晚会上致辞

【致辞背景】在庆祝六一儿童节晚会上

【致辞人】小学校长

同学们，你们好：

在姹紫嫣红、骄阳似火的六月里，我们再次迎来了属于你们的节日——六一国际儿童节。在这欢乐的时刻，我代表全校老师由衷地祝愿你们节日快乐、学习进步、身体健康，快快乐乐地成长！

同学们，在你们的身上，我看到了朝气蓬勃和青春的活力，校园因你们的存在而变得生机勃勃、充满动力。朗朗的读书声和追逐嬉戏的笑声构成了学校最动听的旋律，操场上矫健的身影和课堂上争相举手回答问题的场面形成了学校最亮丽的风景。

同学们，为了你们过好自己的节日，丰富自己的童年记忆，学校特此举办了六一儿童节晚会。这次晚会安排了许多精彩有趣的节目，如班级大合唱、幽默且有意义的课本角色扮演、舞蹈、小品相声等，充分展现同学们的智慧和才华。在大家的共同努力下，相信我们一定会欣赏到一场精彩的娱乐节目，为你们的童年增添更多更美好的回忆。同学们，学校给予我们大家这么多欢乐，也希望你们要像爱家一样爱我们的学校，爱我们学校所举办的一切活动。

同学们，你们是含苞待放的花朵，是早晨七八点钟的太阳，我们老师希望化为养料，滋养你们成长。今天，你们还是未离开母亲怀抱的雏鹰，需要家人和学校的呵护和关爱。但我希望明天的成绩要靠你们自己去获得。当你们有能力为家庭、为学校、为社会作出贡献之时，那就报答了所有对你们成长付出心血的人，包括老师。

亲爱的同学们，昨天已经过去，今天是应该好好把握的。因为把握好每一个“今天”，就意味着你将收获明天。希望同学们能够正确对待自己的每一天，为你们的明天夯实基础。

作为校长，在今天这个快乐的日子里，我再一次衷心地祝福你们，愿你们的童年如鲜花般绽放！

市长在八一建军节上致辞

【致辞背景】八一建军节来临之际

【致辞人】市长

尊敬的人民子弟兵，你们好：

秋风送爽，丹桂飘香。在这个特殊的日子里，我们欢聚一堂，迎接中国人民解放军建军××周年到来。首先，我代表市委、市政府和全市人民，向全体海、陆、空解放军和武警官兵致以节日的祝贺，向退伍军人以及家属，表示诚挚的问候和良好的祝愿！祝大家节日快乐、身体健康、工作顺利！

××年来，中国人民解放军时刻与中华民族同呼吸、共命运。在革命年代，他们在党的带领下浴血奋战，抛头颅、洒热血，为民族独立谱写了一曲英雄史诗般的赞歌；在和平年代，他们时刻守卫着边疆，捍卫着国家主权和领土完整，是国家富强和社会主义建设最牢固的护卫，是全心全意为人民服务的子弟兵，是人民民主专政的坚强后盾。我们国家在新时期的辉煌，洒满了人民解放军的的汗水。今天是他们的节日，让我们再次为英雄所付出的一切表示诚挚的感谢！

长期以来，驻地解放军和武警官兵大力弘扬军民鱼水情的光荣传统，积极支援我市建设，使我市经济取得了历史性的长足发展，为我市的安定繁荣作出了重要贡献，赢得了全市人民的爱戴和赞誉。在这里，我代表全体市民，向人民解放军驻地部队官兵表示崇高的敬意和衷心的感谢！

目前，我们正处于发展的重要战略时期，面临着巨大的挑战和任务。因此，我们要广泛开展拥军优属、拥政爱民活动，不断加强军政军民团结的大好局面，从而促进改革开放和经济发展，共建和谐社会。因此，全市各级党委、政府，要把推进国防现代化建设作为义不容辞的责任，切实抓好国防教育，做好民兵和预备役的工作，使国防后备力量充足，焕发生机。

全市各级党委、政府要一如既往地关心、支持部队的各项建设，并把它摆在最重要位置，全力地给予支持。同时，要做好退伍军人及其家属的安置工作，维护退伍军人及其家属的合法权益。

同志们，让我们紧密地团结在以胡锦涛同志为总书记的党中央周围，高举邓小平理论伟大旗帜和“三个代表”重要思想，努力践行科学发展观，为加强军队的革命化现代化正规化建设而努力，从而促进××市更好更快地发展！

最后，再次祝愿全体解放军、退伍军人及军属节日愉快！

谢谢大家！

公司总经理中秋酒会致辞

【致辞背景】在中秋酒会上

【致辞人】公司总经理

各位领导、各位来宾、女士们、先生们：

金秋送爽，蔬果飘香，又是一年中秋月圆时。在这个人人期盼团圆、庆祝团圆的温馨佳节，我们在此举办中秋酒会，共叙友情，共庆佳节。首先，让我们对莅临参加这次酒会的公司领导表示热烈的欢迎和衷心的感谢！再次，请允许我代表公司机关党总支、机关工会、机关团总支向大家致以崇高的敬意和节日的问候！

“月是故乡圆，人是故乡亲”。虽然我们来自五湖四海，但我们为了一个共同的目标和理想聚集在××旗帜下，团聚在××江畔，与公司同成长、共发展。在这个让人滋生思乡之情的唯美夜晚，大家会有许多身处异乡、远离亲人的思念，但我们更有融入公司这样一个团结、奋进、温暖、和谐大家庭的欣慰与自豪！今天，让我们举杯邀月，把酒同欢，向远方的亲人传达我们的思念，并通过你们向支持和关心公司事业的人表示衷心的感谢！

回首昨天，大家都曾为公司的强大和发展付出了辛勤的汗水和心血。公司领导身体力行、以身作则，为公司事业的发展指引着正确的方向。全体员工团结一心，肝胆相照，为公司的建设与发展贡献着青春和热血，形成了一支团结进取、实干高效的队伍，有力地推动了公司科学发展、和谐发展。皓月当空洒银泄玉，中秋正至喜事悦人。昨天的成绩造就今天的辉煌，今天的辉煌又是明天新的起点。让我们齐心协力，同舟共济，以更加诚恳敬业的态度、严谨扎实的作风和热情充沛的劲头，不断推进公司各项工作再上台阶，再创佳绩！

最后，再一次向大家致以最美好的节日祝愿，并通过你们，向你们的家人致以亲切的问候。我提议：为了公司全体员工的幸福生活，为了我们日渐深厚的情谊，为了员工们的健康快乐，也为了公司辉煌灿烂的明天，干杯！

市长在重阳节庆祝活动上致辞

【致辞背景】在重阳节庆祝活动上
【致辞人】市长

尊敬的各位老同志、老朋友，大家好：

“人生易老天难老，岁岁重阳，今又重阳，战地黄花分外香。一年一度秋风劲，不似春光，胜似春光，寥廓江天万里霜。”这是毛主席的《采桑子·重阳》，很好地描绘了重阳节时的情景。今天，在这金风送爽、丹桂飘香的季节里，我们又迎来了一年一度的传统敬老节日——九九重阳节。在这个欢乐的时刻，大家喜聚一堂，畅谈曾经的峥嵘岁月、意气风发的年轻时光，是一件多么具有意义的事情。值此机会，我谨代表市委、市政府向全市广大老年人致以节日的问候和崇高的敬意，祝愿老年朋友们身体健康、万事如意、家庭美满！

在特殊的年代、特殊的岁月里，您们把大好的青年，甚至少年时光都献给了民族独立和国家解放的崇高事业中。又在中年时期把一腔热血洒向国家富强的伟大征程中，为我市的经济和社会事业的发展付出了艰辛的努力，创造出辉煌的成绩。今天，你们虽然退居二线，但全市人民不会忘记你们。尤其是，有些退下的老人仍然挂怀着全市的发展，秉着“老骥伏枥，志在千里”的精神，用长期积累起来的宝贵经验和丰富知识，通过各种方式在各条战线上继续发挥余热，为我市的快速崛起建言献策，作出新的贡献。在此，我代表市委、市政府向您们表示衷心的感谢！

各位老年朋友，时代在发展，社会在进步。随着国家对老年人精神文化的重视，老年人的业余文化生活将会进一步得到改善。人们常说“最美不过夕阳红”，希望老年朋友们能够重振精神，丰富自己的生活，不仅老有所养，更要老有所乐。祝愿您们在今后的时光里享受天伦之乐的同时，生活过的更加精彩！

居委会领导在重阳节庆祝会上致辞

【致辞背景】在居委会举办的第××个重阳节庆祝大会上
【致辞人】居委会领导

各位老年朋友、同志们，大家好：

今天是第××个重阳节，值此佳节到来之际，我谨代表居委会人员对今天到来的的各位老年朋友们致以节日的问候和诚挚的祝贺！

进入××××年以来，我们居委会在市委、市政府的正确领导下，以毛泽东思想、邓小平理论为指导，高举“三个代表”重要思想和科学发展观这面大旗，全心全意为社区居民服务，创造性地开展各项工作，实现了社区各项事业的健康发展。如老年人医疗保障政策的贯彻实施、社区图书室和老年人休闲娱乐场所的开放、全民健身口号的打响等等。正是由于在座的各位老年朋友支持和理解，我们才会取得这些成绩。你们不仅是家里的宝，也是我们小区发展建设的宝贵财富。我们知道：您们把青春奉献给了那段艰苦岁月，为××经济的发展，你们呕心沥血，含辛茹苦。我们小区的今天，乃至社会的今天，你们具有不可磨灭的贡献。虽然退居二线，但你们依然老当益壮、“烈士暮年，壮心不已”，秉着对党的忠诚，对党的事业重视，继续关心支持居委会的各项工作，你们的无私奉献精神，永远值得我们学习和发扬！

“幼有所养，老有所终”，尊老爱幼自古就是中华民族的传统美德，因为老年人属于社会中的弱势群体，那么保障老年人的合法权益是全社会的共同责任。为了让大家懂得“家有一老，如获至宝”，居委会对老年人事业投入了大量的心血，也取得了一定的成绩。但在成绩面前我们决不会骄傲，我们居委会会一如既往地关心老年人事业，使老年人共享社会发展进步的成果，确保老年人度过一个幸福、快乐的晚年生沽，实现真正的“老有所养、老有所医、老有所教、老有所学、老有所为、老有所乐”。

最后，再次祝愿各位老年朋友们节日愉快、身体健康、合家欢乐！

谢谢大家！

幼儿园园长在教师节来临之际致辞

【致辞背景】教师节来临之际

【致辞人】幼儿园园长

尊敬的老师们：

年年岁岁喜看春蕾初长成，岁岁年年又迎园内结硕果。在这收获的季节里，我们迎来了第××个教师节的到来。首先，我代表园领导对我们所有的老师致以节日的问候，向你们道一声：你们辛苦了，节日快乐！

幼儿园的始祖福履贝尔说过："幼儿犹如花园中的花草，需要爱及自然的灌溉，才能培养成美丽的花草。"的确如此，学生是花朵，老师是园丁，要想让花朵茁壮成长，园丁要付出很大的代价。尤其是我们幼儿教师，学生处于特殊阶段，因此要付出比别人更多的汗水和爱心。正如"春蚕到死丝方尽，蜡炬成灰泪始干"所说，老师对学生成长付出的辛苦和劳累是无私的。而我们××幼儿园的老师更是如此，因为我们幼儿园处于初创阶段，要想赢得社会和家长的认可，无论是在品德修养，还是业务能力上，我们的老师都要比别人更严格地要求自己。

现在，幼儿园市场竞争激烈，且国家加大了管理力度，我们的发展碰到了前所未有的压力。但我相信：这些压力只是暂时的，我们的全体老师在这些困难和压力面前绝不低头，一定会经受住考验。只要我们对学生真心地付出，对幼儿事业全身心地投入，我们一定会获得孩子和家长们的认可，获得社会各界人士的认同。

其实，幼儿园就像一个大家庭，需要我们齐心协力、团结向上，才能维护好这个家庭。所以，我相信在大家的努力下，我们幼儿园会一天比一天更好！

最后，再次祝大家节日快乐，万事如意，合家美满！

教育局局长在教师节来临之际致辞

【致辞背景】教师节即将来临之际

【致辞人】教育局局长

各位老师、同志们：

"百年大计，教育为本"，我们要始终把教育事业放在最重要的位置。今天，值此教师节来临之际，我们在这里欢聚一堂，我代表教育局领导对参加这次大会的同行，并通过你们向辛勤工作在教育第一线的全体教师和教育工作者致以节日的祝贺和亲切的慰问！向关心支持教育事业的社会各界人士表示衷心的感谢！

近年来，党和国家提出"科教兴国"、"人才强国"的战略，把教育事业当作百年大计，实施优先发展教育的的原则。国家相继实施多项措施手段，比如提高教师工资待遇，实施竞聘上岗机制等，为我国的教育事业注入了活力。同时加大对教育事业的资金投入，例如《国家中长期教育改革和发展规划纲要（2010－

2020年)》中明确提出，到2012年实现国家财政性教育经费支出占国内生产总值比例达到4%的目标，对学校的硬件和软件设施都进一步提升，让学生能在良好的、资源丰富的环境中学习、成长。

我相信，这次大的投入，定会使我国教育事业，当然也包括我市的教育事业得到全新的变化，教育水平会上一个很高的台阶。科技和人才是最好的生产力，教育事业促进科技的发展、培养优秀人才，所以我市的经济会得到更大的发展，人民生活水平会得到很大的提高!

总体说来，我市近年来的教育事业取得的成绩可圈可点，这与在座的各位同仁和社会各界关心教育事业的人士是分不开的。在此，我代表教育局领导向各位再次表示由衷的感谢，感谢你们的同心同德、无私奉献、艰苦奋斗!

成绩是可喜的，但我希望大家继续努力，所以今天提出几点小小的建议：1. 加大对教育水平的提高，重点在名校、名师、好环境上下手。2. 吸收优秀教师，培养骨干力量，形成团结合作、高效的师资力量。3. 营造学习的良好氛围。

同志们，让我们牢记自己肩上担负的历史使命，全身心地投入教育事业，为教育事业的腾飞作出自己的贡献，让大家无愧于“教师”这个光荣的称号。

最后，祝愿大家节日快乐、工作顺利、合家欢乐!

公司领导在国庆节联欢晚会上致辞

【致辞背景】在电力公司国庆节联欢晚会上

【致辞人】电力公司领导

各位来宾、同志们、朋友们，大家好：

彩旗飘飘迎国庆，锣鼓声声表成就；举国上下同欢乐，八方宾朋共聚首。值此共和国的第××个生日到来之际，我们欢聚于此，我代表公司党委、领导层向各位来宾、公司全体员工及员工家属表示节日的祝贺和诚挚的问候!

回首我们电力公司走过的××岁月，感慨万千。近几年，经过全公司员工的同舟共济，我们公司在事业上取得了丰硕的成果，不仅实现了发电量的稳定增长，而且能源利用率得到了很大的提高，打响了“绿色企业、绿色生产”的口号。

任何成绩的取得都是不容易的，我们不仅需要具有明确的目标、清晰的发展思路，还要具有有效的管理措施和大刀阔斧的执行力度。值得庆幸的是：在改革开放这个好时代引导下，在地方政府和兄弟单位鼎力支持下，在公司领导层的远见卓识、以有效手段的带领下，在广大员工开拓创新、顽强拼搏、无私奉献下，这些我们都做到了。今天的成就是天时、地利、人和共同作用的结果。在这里，我再次代表公司党委、领导层向这个好时代、地方政府、兄弟单位、全体员工及一直默默支持我们工作的家属们表示最衷心的感谢！

展望今后的工作，我们更要发扬艰苦奋斗，改革创新的精神，以更大的满足国家建设和人民群众生活用电为己任；以突破传统发电方式，走绿色生产方式为目标，去更好地谱写新的篇章。

最后，预祝晚会圆满成功，祝大家度过一个欢快的时刻！

谢谢大家！

市领导在国庆节庆祝会上致辞

【致辞背景】在国庆节庆祝会上

【致辞人】市领导

女士们、先生们，各位朋友们，大家好：

举国欢乐迎国庆，阵阵红浪舞秋风；男女老少齐欢畅，家和国盛万事兴。今天，我们大家欢聚一堂，共同迎接我们伟大的中华人民共和国成立××周年到来。在此，我代表市委、市政府，向辛勤工作在各条战线的全市人民致以节日的问候！向为我市的繁荣和进步作出杰出贡献的同志表示由衷的感谢！

新中国成立以来的××年光辉岁月，所取得的成绩，是全体中华儿女前仆后继、同舟共济、艰苦奋斗的结果。这一过程中，充满了可歌可泣的英雄人物和事件，他们用自己的一生谱写了一曲曲赞歌。××年来，在中国共产党的领导下，我国各项事业蓬勃发展，人民生活总体达到小康水平。特别是改革开放以来，在邓小平理论、“三个代表”重要思想和科学发展观的指引下，我国综合国力显著增强，国际地位日益提高，走出了一条中国特色社会主义发展道路。

伴随着国家发展的步伐，在党的领导下，我们××市也彻底改变了落后的面貌。昔日一清二白的局面，已经被高楼大厦等现代化建筑所取代；昔日落后封闭的环境已被进步、开放的时代所取代。我市现在到处洋溢着一片生机，不仅充满现代化气息，人民也安居乐业，时刻带着饱满的精神投入建设中。正是党中央的英明领导，我们才取得了今天的成就。我们更加相信：只有坚持中国共产党的领导，才有繁荣进步的今天和更加美好的明天！

因此，我们不仅为过去感到自豪和骄傲，也对未来充满了信心。我们坚信：在邓小平理论、“三个代表”重要思想和科学发展观的指引下，围绕在以胡锦涛同志为总书记的党中央周围，我们一定会实现跨越式发展，带领人民奔向更高水平的小康社会。中华民族的伟大复兴指日可待！

最后，祝愿我们的国家更加昌盛，民族更加强大；祝愿我们市取得更大的突破性进展；祝愿全国人民节日快乐、工作顺利、合家欢乐！

谢谢大家！

校领导在元旦晚会上致辞

【致辞背景】校元旦晚会上

【致辞人】校领导

各位老师、同学们，大家好：

“岁岁欣逢元旦节，年年欢唱和谐歌。”××××年马上要过去，新的一年即将来临。今天，师生欢聚一堂，用我们的歌声和舞步迎接新年的到来，用我们的掌声和欢乐迎接新年的到来。今天，我们很荣幸地聘请到中国××协会主席、也是我们的知名校友、我们学校的名誉校长×××，让我们对他的到来表示热烈的欢迎！

××××年，对于我们学校来说是不平凡的一年，是收获的一年。首先，我们学校的标志性建筑——图书馆按期落成，不仅包括纸质书刊，还增加了大量的电子书籍和装配了远程系统。藏书量远远达到学生的需求，远程系统也起到方便学生与外界沟通交流的作用，为学生能在知识的海洋里遨游提供了可能。其次，在过去的一年中，我们学校取得了骄人的成绩：一本和二本上线突破500人，上线率为40%，稳居全省首位，×××和×××两名同学还分别以×××、×××的成绩摘得全省文、理科状元的桂冠。××××年，我们还唱响了学科竞赛的凯歌：各个学科多次获得省、市奖励，其中物理、化学、生物奥林匹克竞赛国家级、省级一、二、三等奖几乎全被我校收入囊中，我们捧回了一个又一个象征荣誉的奖杯。最后，我们学校通过了教育部和省教育局的验收，为成为“全国示范性高中”铺就了道路。

学校取得的成绩与在座的老师和同学有很大的关系。我们的老师都是资历深、教学经验丰富和创新能力强的老师。您们为了提高教学质量，没日没夜的付出，舍弃了与家人团聚的机会，舍弃了休息的机会，专心从事于教学事业，×××老师因病而倒在讲台上，但还是带病坚持。这种爱岗敬业的精神值得我们大家学习。而我们的学生也是优秀的，学校每次获得的荣誉就是最好的证明。感谢全校师生，因为你们的努力，才有学校的今天！

老师们、同学们，新的一年总是充满希望和期待，让我们祝愿学校的明天更加辉煌！在新的一年里，再创佳绩！祝愿老师们工作顺利、身体健康、合家欢乐！祝愿全体同学奋发上进、学业有成、前途无限光明！

最后，我代表学校预祝本次晚会圆满成功！希望全体师生尽情享受歌舞带给大家的欢乐！

谢谢大家！

二、庆典致辞

区长在希望小学落成典礼上致辞

【致辞背景】希望小学落成典礼上

【致辞人】区长

尊敬的各位领导、各位来宾、同志们、同学们：

今天，我们怀着激动的心情，在这里共同庆祝××希望小学的落成。这不仅是××村群众的一件大喜事，同时也是本区青少年事业发展上的一件大实事，也是××企业的一大善举。在此，我代表××区委、区政府，对××希望小学的落成表示热烈的祝贺！向为学校的建设提供援助和支持的××企业，以及中国青少年基金会、团省委、省希望办表示衷心的感谢！

希望工程是一项通过社会募集来获得资金，用于支持基础教育和资助贫困学生入学问题的公益事业。近年来，在各级共青团组织和社会各界的大力支持下，我区共筹资×××万元，援建了××所希望小学，资助在校贫困生××××名。这些实实在在的举措，不仅促进了我区基础教育事业的发展，也激起了人民群众对教育事业的重视，有效促进了社会主义和谐社会的建设。

科技的发展要靠人才，而人才的培养又靠教育，所以，教育问题是我们必须重视的。学校作为培养人才的主要阵地，就必须适应现代社会的新要求，为建设和谐社会培养各类的人才，这就需要进一步深化教育改革，树立新的教育观念，提高教育质量，全面落实素质教育。我们希望以此次希望小学的建成为契机，将这些深化。

近年来，我区的教育事业取得了长足的发展，贫困山区的办学条件得到了很大的改善，教育教学质量也明显提高，贫困家庭子女享受的资助越来越多，因为贫困而造成的辍学现象也得到了有效的遏制。这些成绩的取得，既有我们自身的努力，也有各级领导和社会各界人士的关心、支持和帮助。我希望，××希望小学的同学们，一定要牢记为援建这所学校而付出心血的叔叔阿姨们，不要辜负他们的殷殷期盼，将社会各界的关爱变为学习的动力，成为德智体美全面发展的有用人才，长大为祖国的建设付出自己的一份力。

借此机会，我也向社会发出呼吁，希望更多的爱心人士能够重视教育和公益，积极回报社会，捐助更多需要帮助的贫困学生。

最后，祝愿各位嘉宾身体健康，万事如意。祝愿所有的同学学业有成，祝愿××希望小学越办越好！

院长在县医院落成典礼上致辞

【致辞背景】县医院落成典礼上
【致辞人】院长

各位领导、各位来宾，同志们、朋友们：

大家好！

今天，我们在这里隆重举行县医院落成典礼仪式，这不仅是我县卫生事业上的一件大事，也是我县发展上的一大喜事。在各级领导的亲切关怀和广大建设者们的共同努力下，这一工程终于结束了。在此，我谨代表全院医护人员和其他员工，对今天前来参加落成庆典仪式的各级领导、各位朋友表示热烈的欢迎！向关心、支持我县卫生事业发展的社会各界认识表示衷心的感谢！

近年来，在县委、县政府的高度重视下，我县的卫生事业有了长足的发展。县领导尤其重视卫生事业的投入，不断加大对卫生事业的投资，大力实施医疗设施的改造和更新工作，同时积极推进医疗资源的整合使用。县医院的新院址就是这一目标下的重点项目工程之一。

县医院从规划之初开始，就得到了县委县政府和社会各界的广泛关注。自工程开工以来，承建单位本着高度负责的精神，克服了重重困难，严把质量关，抢抓工期，确保了工程如期竣工。在这一工程胜利落成并即将投入使用之际，我向他们表示深深的敬意和谢意！

新建成的院址占地××××平方米，各种现代化设施应有尽有。这一项目的建成，必将极大地改善我县人民群众的就医环境，也必将有力地带动全县卫生基础设施建设和医疗服务质量的提高。我们在此承诺，新医院投入使用之后，我们的收费价格不会上涨。

今后，我们将在县委、县政府的坚强领导下，以这次新院址的落成为契机，充分发挥自身优势，大力弘扬救死扶伤的使命，为全县人民的生命健康不断努力、不断进步！而且，县医院会进一步加强规范内部的管理，提高医疗服务质量和水平，以先进的硬件设施、精湛的医术、优质的服务，实践着为人民服务的使命！

最后，祝大家身体健康、万事如意！

谢谢大家！

庆图书馆落成院长致辞

【致辞背景】图书馆落成典礼
【致辞人】图书馆馆长

尊敬的各位来宾、各位领导，同志们、朋友们：

今天，是我县图书馆落成庆典的大喜日子。首先，我代表县图书馆的全体工作人员，对县委县政府以及全县人民表示衷心的感谢！向所有关心和支持我们县文化建设的各级单位和社会各界人士表示热烈的欢迎！

长久以来，我县的文化基础设施都处于很落后的局面，不能满足人民群众日渐增长的文化需求。随着我县经济的发展，人们的物质生活得到了极大的丰富，站在新的起点上，不少人开始更加注重精神生活，建造一座图书馆已经迫在眉睫。

县委、县政府一直都对我县的文化建设十分关注，他们从全县人民的文化生活出发，广泛听取各方意见，终于决定建造这座图书馆。此次图书馆的建成，为我县增添了一处标志性的文化建筑，同时也是我县文化基础设施建设的一次跨越，还是我县文化建设新的发展阶段上的一个大的动作，它必定会对提高民众的文化素质起到很大的作用。我相信，它也会对我县的经济发展产生重大影响。

今天，在这个新的现代化的图书馆落成之际，我们要继续坚持“文化强县”的既定方针，争取在自己的岗位上取得更大的成绩，为我县文化的发展作出更大的贡献！

我们也希望，各级领导和各界人士今后能够一如既往地关心和支持我们的文化建设事业，为我县早日实现文化事业的跨越式发展，创造出更多更好的条件，提供更大的帮助！

最后，祝各位领导、全体来宾、同志们、朋友们，身体健康、万事如意！祝我们县的文化事业一日千里，再创辉煌！

谢谢大家！

庆教学楼落成县长致辞

【致辞背景】教学楼落成典礼

【致辞人】县长

各位来宾，同志们、朋友们，老师们、同学们：

大家好！

值此伟大的新中国寿诞之际，我们聚集在一起，隆重庆祝××小学教学楼的落成。在此，我谨代表县委、县政府，对××小学教学楼的顺利竣工表示热烈的祝贺，并对所有支持和关心家乡教育事业的人们表示衷心的感谢！同时，向前来参加落成庆典仪式的各位领导表示热烈的欢迎！对在教育岗位上辛勤工作的全体老师、教育工作者表示深深的敬意！

百年大计，教育为本。当前和未来的竞争，归根到底是人才的竞争。建设小康社会，快速发展经济，都必须加快发展教育事业，为经济发展提供精神动力和智力支持。近年来，县委、县政府始终以贯彻落实科学发展观为重任，提出了"科教兴县"战略，把教育作为发展的先导性、全局性的基础设施，摆在优先发展的位置上。

县委、县政府十分重视我县教育事业的发展，在近年财政状况十分紧张的情况下，依然全面彻底地贯彻落实党的教育方针，并不断扩宽教育的发展思路，进一步深化教育领域的各项改革，优化教师队伍，整合教育资源、合理调整教育结构的布局，致力于推动教育教学质量的稳步提高。在县委、县政府关爱下，我县的教育事业呈现出了良好的发展势头，取得了可喜的成绩，教育质量连年上升，升学率在全市名列前茅，为我县经济文化的发展起到了重要作用。

今后，我们应该一如既往地重视教育问题，进一步深化教育改革，全面推进素质教育，加大教育的投入力度，合理调整学校的网点布局，提高办学规模和效益，鼓励社会力量进入教育领域。贯彻正确的教育方针，全面提高教育质量，培养更多的优秀人才。

最后，让我们再次对××小学教学楼的落成表示热烈的祝贺和衷心的祝愿，并祝愿我县教育的明天更美好！

谢谢！

庆居委会办公楼落成县领导致辞

【致辞背景】居委会办公楼落成典礼

【致辞人】县领导

各位领导、各位来宾，同志们、朋友们：

在这春回大地、万物生辉的季节，我们隆重庆祝××社区居委会办公楼的落成。在此，我代表××县委、县政府表示热烈的祝贺！向所有工作在这个工程一线的工作人员表示衷心的感谢！

我县共有××××个社区委员会，近×万人口。多年来，在县委、县政府的正确领导下，广大社区党员干部和居民群众认真贯彻落实党的方针、政策和措施，坚持以科学发展观为指导，以建设文明社区的为思想方针，坚持因地制宜、实事求是的原则，顽强拼搏，务实创新，克服了重重困难，终于实现了将社区建设成为秩序井然、环境优美、现代化设施齐全、服务健全的美好愿望。特别是近年来，县委、县领导发出了“住在社区、建设社区”的口号，将文明社区的创建工作推向了一个新的高潮，取得了丰硕的成果。

此次××社区居委会的顺利建成，既是××社区的广大居民对社区领导支持的结果，更是对县委、县政府近年来社区工作的肯定。我们希望，××社区居委会的全体工作人员，一定要进一步解放思想，实事求是，不要沉迷在过去的成绩上，应该继续追求更高的成就，继续尽自己最大的努力，为社区人民服务！为全县的平安发展作出自己的一份贡献！

借此次××社区的办公大楼落成之际，我想要以此来勉励我们更多的社区居委会组织，希望你们都能够以××社区为榜样，忠于自己的职责，始终把社区群众的呼声作为自己工作的出发点和落脚点，把县委、县政府关于社区工作的指导意见落到实处，共同建设文明、繁荣的社会主义新型社区！

最后，我再一次对今天出席此次典礼的诸位嘉宾表示衷心的感谢和真诚的祝愿，祝你们身体健康，家庭幸福，祝××社区的明天更美好！

谢谢大家！

庆大厦落成市领导致辞

【致辞背景】大厦落成典礼

【致辞人】市领导

各位领导、各位来宾，同志们，朋友们：

大家好！

今天，在这个微风送爽、旭日融融的春日，我们大家欢聚一堂，共同庆祝××公司大厦的落成。在这个大喜的日子里，我谨代表市委市政府，对长期为我市经济发展作出突出贡献的各有关企业单位表示衷心的感谢，向关心、支持我市经济发展的社会各界人士和有关领导表示深深的敬意。

××企业是我市的骨干企业，成立于××××年。××年来，在市委、市政府的正确指导和关心下，在全市各个部门的协助下，在全市人民的支持下，××企业借着改革开放的东风，抓住各种机遇，克服了重重困难，一步步从小到大、从弱到强，逐步走向了今日的辉煌。

××大厦正是××企业辉煌发展成果的最新成果展示，是新形势、新任务下的迫切需要，是提高企业竞争力、打响企业品牌的客观需要。它的正式落成，将为××企业的进一步发展打下坚实的基础。我们今天聚集在一起，不仅仅要为这一座大厦的落成而庆贺，更应该为××企业美好的明天而祝愿！借××公司大厦的落成典礼之际，希望大家共同对我市的经济发展提出宝贵的意见，为我市经济的发展和繁荣出一份力！

最后，祝各位领导、各位来宾、各位朋友，以及××企业的全体员工身体健康，工作顺利，家庭幸福！祝××企业和我市的共同拥有一个灿烂美好的明天！

谢谢大家！

庆大厦落成企业领导致辞

【致辞背景】××大厦落成典礼

【致辞人】××公司总经理

尊敬的各位领导、各位来宾，女士们，先生们：

大家好！

今天，所有的××人聚集在一起，共同庆祝我们××大厦的落成典礼。首先，请允许我代表××公司，对在百忙之中光临我们××大厦落成仪式的诸位领导、嘉宾和一直以来关心支持我们公司发展的各界朋友们，表示热烈的欢迎！

××大厦之所以能够如此顺利的完工，离不开各级领导的支持和关心，离不开社会各界的大力协助。自改革开放以来，我们××公司一直处于快速发展时期，××××年，公司完成产值××亿元人民币，上缴利税×亿元人民币，新签订合同××亿元人民币，达到了历史最好水平。这些成绩的取得，既是我们集团内部所有职工共同努力的成果，更是各级领导对我们关心帮助的结果，在这里，让我们以热烈的掌声来对所有对公司发展作出过贡献的人们致以最衷心的感谢！

当今社会是一个快速发展的时代，身处这样一个时代，必须具有与时俱进，不断进取的精神，所谓一劳永逸的说法是不现实的。对于一个企业来说，更是如此。我们虽然已经取得了不小的成绩，但是仍然应该发挥“百尺竿头更进一步”的精神，永不止步，大胆地走出去，使得我们公司不仅仅只是××市的知名企业，还是全国、全世界的知名企业，我们应当借着全球经济一体化的东风，利用自身优势，打开一片天地。

在新的社会发展形势下，公司董事会立足现实，放眼未来，做出了建设××大厦的重大决定。××大厦的建立，对于我们而言，并不仅仅是多了一座建筑物这么简单显而易见的事，它更多的是表明了我们公司的发展方向和态度问题，显示了公司对发展前景的乐观和雄心。大厦建设期间，我们收到了来自全市各界人士的关心和注意，得到了社会各界的帮助，工程的建设人员也是披星戴月，没有丝毫松懈。在此，我代表公司，再一次对所有朋友表示感谢，希望你们能够一如既往地关心支持我们事业的发展。

最后，祝愿在座的每一位都能够身体健康，万事如意！

谢谢大家！

市领导在市文化中心落成典礼上致辞

【致辞背景】市文化中心落成典礼

【致辞人】市领导

尊敬的各位领导、各位来宾，女士们，先生们：

今天是一个喜庆的日子，经过一年多的工程建设，近×××万元的投资的市文化中心终于落成了！在整个工程的建设期间，上级领导、相关单位和社会各界都给予了我们极大的关心和帮助，没有大家的共同帮助，就没有今天这个欢乐的仪式。我在此代表市委、市政府和全市近×××万人民群众，对所有来参加此次落成典礼的领导、来宾和朋友们，致以最热烈的欢迎和最诚挚的感谢！

近年来，随着我市经济的快速发展，人民群众日益增长的文化需求被不断摆上了台面。如何提高市民的生活水平，增加城市的文化氛围，成为市政府面临的一个切实的挑战。

众所周知，文化是经济社会发展的重要动力，也是民族振兴的精神力量，更是城市综合实力的体现。为此，市委、市政府十分重视文化事业的建设，先后启动了多个文化设施的建设工程，通过多渠道的筹资，使得这些工程得以顺利实施。此次文化中心的建设项目，是市委、市政府在经过仔细研究和认真考察后做出的决定。这对于推动城市文化建设、活跃市民的文化生活、提高城市品位具有十分重要的作用，广大市民今后又多了一个娱乐休闲的好去处。

文化中心占地面积近××亩，其中建筑总面积达××××平方米，是近年来我市文化建设的亮点工程，深受全市人民的期待和关注。文化中心的建成，体现了市委、市政府大力推进文化建设的决心，也展示了政府打造文化强市的魄力，是一次千载难逢的文化发展机遇，也是一座发展道路上的里程碑。

文化中心投入使用以后，市委、市政府将指导市文化部门组织一系列丰富多彩的活动，按照人民群众的满意标准，将文化中心的作用发挥到最大。同时，在本着公益性的原则基础上，适当地推行市场化运作，开发系统功能和副产品，培养文化中心自身的造血能力，为促进我市经济发展创造新的切入点。

最后，祝愿所有的市民都能够拥有幸福美满的生活！

谢谢大家！

市领导在市敬老院落成典礼上致辞

【致辞背景】市敬老院落成典礼

【致辞人】市领导

尊敬的各位领导、各位来宾，女士们，先生们：

今天，我们在这里隆重举行××市敬老院的落成典礼。这次典礼的举行，意味着从今以后，××市有了属于自己的敬老院，这不仅是全市广大老年朋友的一件大喜事，更是我们全社会的大喜事。借此机会，我谨代表××市委、市政府，向市敬老院表示热烈的祝贺，并向热心于公益事业的各级社会各界人士表示衷心的感谢！

自古以来，鳏寡孤独就是全社会最需要帮助的一个群体，我们中华民族有着尊老爱幼的优良传统，孔子在礼运大同篇里就设想过老有所养的大同社会，但在封建社会一直得不到实现。新中国成立以来，党和政府一直十分关心老年人的生活情况，大力推进社会的保障事业。在今天这个经济发展突飞猛进的时代，社会保障事业已经成为衡量一个社会是否先进文明的条件之一。随着我国近年来经济的迅速发展，社会矛盾也日益突出，大力发展社会保障事业，成为缓和社会矛盾的一个切入点。

大力发展敬老院事业，加强敬老院建设，对于倡导全社会形成敬老爱老的优良风气，以及推进和谐社会的建设，有着现实而长远的意义。我希望，有关部门在完善敬老院硬件设施的同时，应更加注重强化管理、优化服务等软件方面的建设，推动全社会的广泛参与，切切实实地把敬老院建设这一项民生工程、德政工程办事办好，进一步推动全市敬老院事业的持续健康发展。

有人说，一个社会的社会保障制度，是这个政府的良心。为了使那些孤苦无依的老人能够安度晚年，体验到党和政府的关怀和温暖，在今后的工作中，我们一定要从敬老院的硬件和软件上都下工夫，走上一条服务优质化、管理制度化、生活多样化的科学道路，真正实现老有所养、老有所居、老有所乐。

同志们，关心老年人的生活，是我们全社会的责任，请大家继续关注我市的敬老院建设！最后，祝新入院的老人们能够生活幸福，祝在座的各位同志身体健康、万事如意！谢谢大家！

居委会领导在社区综合大楼落成典礼上致辞

【致辞背景】社区综合大楼落成典礼上

【致辞人】居委会领导

尊敬的各位领导、各位来宾，女士们、先生们：

在这个风和日丽、春暖花开的大好日子里，我们怀着激动的心情共同迎来了

××社区综合大楼的落成典礼。我谨代表我们居委会的全体成员，向今天莅临我们庆典仪式的各位领导表示热烈的欢迎！向日夜奋战在大楼建设一线的同志们，向所有关心和支持大楼建设的领导、朋友，表示诚挚的感谢！向支持我们社区发展的各级领导和社会各界人士表示衷心的感谢！

近年来，社区工作中出现了一些新问题和新情况，××社区从改善办公条件、完善服务水平出发，下定决心启动社区综合大楼的建设项目。这次大楼的建成，凝聚了我们××社区全体居民的理想，凝聚了建设者的心血，凝聚了上级领导和有关部门的大力支持，是我们社区几届班子奠定了扎实基础的美好结果。

新大楼的落成和使用，将极大改善我们的办公条件，提升我们社区的对外形象，展现出社区人民不甘落后、自强不息的作风，彰显社区人民团结一致、励精图治的精神面貌。我相信，这也代表我们社区建设已经步入了一个崭新的阶段，必定会带动社区基础设施的建设步伐，推动我们社区更快更好的发展！

总之，新大楼的落成是××社区建设发展的又一个里程碑式的标志，是我社区继续前进道路上的又一个新的光辉起点。我们完全有理由相信，××社区将会以这次项目的检查为契机，凭借着坚定的信念、饱满的热情、扎实的作风，树立起新的形象、开创出新的局面。

最后，我预祝此次庆典活动圆满成功！祝各位领导、各位来宾身体健康，万事如意！谢谢大家！

市领导在庆祝老年室内门球球场落成典礼上致辞

【致辞背景】庆祝市老年室内门球球场落成典礼上

【致辞人】市领导

尊敬的各位领导、各位来宾，广大的老年同志们：

大家好！

三月里来是新春，欢欢喜喜度春光。在这个草长莺飞、花香满天的暖日里，我和尊敬的各位老年同志们一起，怀着无比喜悦的心情，迎来了期盼已久的老年室内门球场的落成典礼。首先，我代表市委、市政府和全市的广大干部职工，对老年室内门球场的落成表示热烈的祝贺，对支持、关心门球场建设的各位领导以及全体的建设者们，表示衷心的感谢！

老年室内门球场的建立，是机关大院建设中的一件大喜事，是许多机关老同志们多年以来的夙愿。此次工程的建成，充分体现了市委、市政府对老年人工作的关心、关怀和关爱，也体现了党和国家构建和谐社会的题中之义。对此，我们全市干部职工都表示义不容辞、责无旁贷。

老年室内门球场的落成，充分发扬了我市广大干部职工艰苦创业、节约办事的精神。工程立项以来，市委、市政府一直高度关心，从规划设计到开工建设，从材料购买和建筑安装，每一个环节都力求尽善尽美。广大一线建设者们则加班加点，不辞辛苦，克服了施工过程中的资金、天气等重重困难，圆满地完成了此次任务。让我们以热烈的掌声来表示我们对他们深深的谢意！

党和国家领导人在多个场合提到，广大离退休老同志曾经在自己的岗位上为党和人民的事业作出了伟大的贡献，他们就是党和国家的财富。作为革命事业的接班人，我们要虚心向老同志们请教，主动了解情况、征求意见、汲取智慧，全心全意为老同志们做实事、做好事，千方百计解决他们的困难，将党和政府对他们的关爱和温暖送到他们的心里。

老年室内门球场的建设，只是我们关心离退休老干部的一个重要组成部分。今后，我们还会继续关注老年人的生活情况，不断改进我们的服务方式、提高服务质量、完善服务设施，为广大离退休老干部度过一个安详、快乐的晚年做出最大的努力！

最后，借此机会，我代表市委、市政府，对所有今天出席我们典礼的嘉宾表示最热烈的欢迎和衷心的感谢，祝大家身体健康、万事如意！

谢谢大家！

市领导庆祝老年公寓落成典礼致辞

【致辞背景】××区老年公寓落成典礼上

【致辞人】市领导

各位领导、各位来宾，同志们、各位老年朋友们：

又到了九九重阳节，在我国传统佳节到来之际，我们在这里隆重举行××社区老年公寓的落成典礼。在此，我谨代表市委、市政府，以及全市广大干部职工，向全市的老年朋友们致以节日的问候和良好的祝愿！同时，向前来参加庆典仪式的各位领导表示诚挚的感谢和热烈的欢迎！

近年来，市委、市政府高度重视老年人问题，非常关心老年人情况，始终坚持以老年人的实际需求为出发点，以“老有所养、老有所依、老有所居、老有所学、老有所为”为工作目标，认真贯彻落实上级的有关老年人工作的指示，不断强化领导、加大投入、优化服务，使全市老年人的生活保障水平得到了很大的提高。老年人生活设施因此不断加强，老年人合法权益得到了有效保护，全市上下都形成了敬老、尊老、爱老的良好社会风尚，有力地促进了全街道经济和社会各项事业的健康协调发展。

中华民族自古以来就有尊老爱老的优良传统美德，关心老年人、维护老年人的合法权益，是我们每一级机关部门义不容辞的责任。××区积极为老年人着想，建设了这个老年公寓，这对妥善安置老年居民，提供了坚实的物质保障。

老年公寓的落成，不仅是我们市老年人工作上的一项重大成绩，更是建设和谐社会的典范。在今后的工作中，我市各级各部门都要以××区为榜样，认真贯彻落实党和政府有关老年工作的指示，深入开展精神文明建设，在全社会形成尊老爱老的热烈气氛，切实加强全社会对老年人的关注和关心。

关注老年人生活工作，任重而道远，绝不是凭借一时一次的关心建设就可以完结的。在今后的工作中，我们要更加注重对老年人的关心，在自己的工作岗位上作出应有的贡献。

最后，祝今天出席典礼的各位嘉宾身体健康，万事如意！祝全天下的老年人都能度过一个幸福的晚年！

谢谢大家！

在市实验小学落成典礼上致辞

【致辞背景】市实验小学落成典礼上

【致辞人】市长

各位领导、同志们、朋友们、同学们：

在这个金桂飘香、硕果累累的金秋十月里，我们大家在这里隆重集会，热烈祝贺××市实验小学的落成典礼。在此，我代表××市委、市政府，以及市有关教育部门，对今天光临庆典的各位领导、各位来宾，以及新闻界的朋友们，表示热烈的欢迎！向日夜奋战在小学工地上的全体建设者们，表示诚挚的问候！向所有支持关心学校建设的单位和社会各界人士，表示衷心的感谢！

近几年来，随着市政建设的快速发展，城市建设日新月异，出现了新的居民聚集点。为了使城市的基础设施建设能够适应城市建设的步伐，市委、市政府经协商，决定加大对教育等公共资源的投入力度，按照广大市民的意愿，在新的开发区建立几所小学，供广大的儿童能够就近上学，方便广大市民的生活。市实验小学就是这项惠民工程中的一件。

市实验小学占地×××亩，规模为××××个教学班、××××名学生。学校分为教学区、生活区和活动区三大部分，总建筑面积×××平方米，主要有教学楼、办公楼和教师住宿楼，总投资达到了×××万元。为了尽善尽美的完成这项工程，市委、市政府成立了专门的工作小组，把此工程作为民心工程来抓，建立了一系列的责任制度，积极筹备各项工作。工程从去年×月份开始动工，历经×个月的努力，终于在今天顺利竣工了。

我们相信，这一工程的建成，必将会对我市的人才培养和经济发展带来不可估量的作用。我们始终相信，在社会各界的帮助支持下，经过大家的不懈努力，一定可以把市实验小学建设成为我市的一流小学，也必将会为我市的经济发展培养出更多更好的人才！

最后，祝今天所有的来宾都能够身体健康、万事如意！祝全市的孩子都能够在学校里取得优异的成绩！

谢谢大家！

在大桥竣工通车典礼上致辞

【致辞背景】县××大桥竣工通车典礼上

【致辞人】县长

尊敬的各位领导、各位来宾，女士们、先生们：

今天，我们很高兴地迎来了我县××大桥的竣工通车典礼。在此，我代表县委、县人大、县政府、县政协，向××大桥的竣工通车，表示热烈的祝贺！向前来参加庆典活动的各位领导、来宾、同志们，表示亲切的问候！向关心、支持、帮助大桥建设的各级领导、各位专家、各界人士以及为大桥的建设付出辛勤劳动的同志们，致以崇高的敬意！

××大桥是我市近年来投资建设的重点工程之一，这个工程的建设，得到了各级领导和有关部门的高度重视和大力支持。早在××××年，时任省委书记的×××同志在我县考察时，就亲临××大桥，做出了重新修建大桥的重要指示。

市县两级部门认真贯彻落实省委书记的指示，通过实地调研、认真研究，做出了重建××大桥的重大决定。几年来，我们克服了重重困难，通过密切配合和通力协作，做了大量卓有成效的工作，确保了工程的顺利实施和圆满完工。

××大桥的建成通车，不仅是我县人民生活中的一件大喜事，更是我县经济发展中的一件大喜事。大桥的建成和通车，对方便周围群众的日常生活、改善我县的交通情况、带动周边地区的经济发展等等，都有着重要的现实意义。这项工程，是促进城乡居民增收、加快建设和谐社会的重大工程，也是一项功在当代、利在千秋的民生工程。县委、县政府一定会以此次工程为契机，抢抓机遇，进一步发扬党员干部的模范先锋作用，求真务实，奋力拼搏，努力把我县的各项工作都推向一个新的发展阶段！

最后，我代表县委、县政府，对所有关心支持我县经济工作的领导和朋友们表示衷心的感谢！祝大家身体健康，万事如意！谢谢！

市长在市重点工程竣工典礼上致辞

【致辞背景】市重点工程竣工典礼上

【致辞人】市长

尊敬的各位领导、各位来宾，女士们、先生们、朋友们：

今天，我们怀着无比激动的心情欢聚一堂，共同庆祝××公园、××体育场、××影剧院等一批市重点工程的胜利竣工典礼。这不仅是全市×××万父老乡亲翘首以盼的喜事，也是我市经济建设和社会发展中的一件值得庆贺的大事！在此，我代表市委、市人大、市政府、市政协，对今天所有前来参加竣工典礼的各位领导、来宾和来自社会各界的朋友们，表示热烈的欢迎，对所有关心支持我市建设的人士表示衷心的感谢！

此次庆典活动吹响了我市人民承前启后、继往开来的号角，标志着我市人民在改革开放的风浪中，已经昂首踏上了新的征程。自从党的××大以来，在党中央和省委、省政府的正确领导下，市委、市政府坚持以科学发展观来统领经济社会发展的全局，从市情和全市人民最迫切的需求出发，全面实施惠民利民工程，集中全市的优势力量，精心规划、统筹安排，在全市建设一大批事关民生的重点工程项目建设。这些项目工程中，有解决堵车问题的道路建设，有解决全市人民看病难的医院扩建工程和新农村合作医疗工程，有解决孩子上学难的中小学学校危房改造和标准化建设工程，还有为了提高城市品位而建的××公园和××体育场等。这一系列项目工程的建设，无不事关广大人民群众的切身利益，我相信，它们的竣工，将会极大促进我市经济的繁荣发展。

这一批重点工程的顺利竣工和投入使用，对进一步改善城乡人民的生活水平、加快推进城乡一体化进程、提高城市化水平、保护环境、提高开放水平、促进全市经济和社会事业的协调发展等，都具有十分重大的意义。这些项目的投资使用，不仅是各级领导关心和支持的结果，也是各界友好人士和关心我市经济发展的热心人士支持的结果，更是工程建设者和监督单位不懈努力和辛勤劳动的结果，更是全市人民共同努力和无私奉献的结果！让我们再次对所有给予我们帮助和支持的人，表示最衷心的感谢！

最后，我希望，我们能够将这次工程建设期间所呈现的精神面貌，投入到以后所有的工作和学习中！祝愿各位领导、各位来宾身体健康、家庭幸福！祝愿我市的明天更美好！

谢谢大家！

村长在村敬老院竣工剪彩仪式上致辞

【致辞背景】敬老院竣工剪彩仪式上

【致辞人】村长

尊敬的各位领导、各位嘉宾、父老乡亲们：

在这个腊梅飘香、冬日暖照的下午，我们共聚一堂，一起来隆重举行×村敬老院的落成剪彩仪式。在此，我代表×村党支部、村委会，以及全体村民，向今天前来参加敬老院竣工剪彩仪式的各级领导、各位来宾，表示热烈的欢迎和崇高的敬意！向长期以来关心和支持我村发展的社会各界人士和朋友们，表示衷心的感谢！向即将入住的各位老人们，表示诚挚的祝愿！

村敬老院的建成，是我村科学发展、争先创优路上的一个重大突破。这项工程的完成，标志着我们×村在贯彻落实科学发展观、建设社会主义新农村、构建社会主义和谐社会方面迈上了一个新的台阶！是村党支部和村委会科学统筹、正确指导的结果，是全村人民共同努力的成果！

尊老爱幼是我们民族的传统美德，更是当今社会的一项重大责任，也是建设社会主义新农村的题中之义，需要我们每一个人的关心和支持。我们深知，办好任何一件事，都不是一件容易的事情，都必须付出全身心的精神和努力。我希望，今后我们能够继续关注老年人的生活，关注他们的今天，就是关注我们的明天！

新中国成立以来，党和国家一直将对老年人的关心和爱护作为工作重点之一。党的××大以来，随着建设社会主义新农村工作的不断深入，关心、理解、帮助老年人已经成为各个村委会工作的一个必要点。我们村在去年年末，做出了建设敬老院的决定，并将此列入了村级发展规划中来。经过村委会和人民群众的多方努力，敬老院的建设工作终于在今年年初投入了实际操作阶段。在敬老院的建设期间，我们得到了县委、县政府和乡委、乡政府的大力支持，让我们对上级领导的关爱表示最诚挚的谢意！

最后，祝愿参加今天剪彩仪式的各位领导和同志们身体健康、工作顺利、家庭幸福、万事如意！并预祝即将入住的各位老人能够拥有一个健康、幸福的晚年生活！谢谢大家！

在市立交桥竣工剪彩仪式上致辞

【致辞背景】市立交桥竣工剪彩仪式上

【致辞人】市领导

各位领导、各位来宾，女士们、先生们，同志们、朋友们：

今天，我们大家怀着十分喜悦和激动的心情，在这里隆重举行市立交桥的竣工剪彩仪式。首先，请允许我代表市委、市政府，对立交桥的竣工表示热烈的祝贺，对立交桥工程建设领导小组的全体员工和所有参与此次工程建设的全体同志们，表示崇高的敬意和亲切的问候！

近年来，随着社会经济的发展，立交桥已经成为市政交通里的重要交通枢纽工程，也是衡量一个城市先进发达的一项硬性指标。多年来，广大市民一直期盼着能够建设我市的一座现代化的立交桥。今天，这项愿望终于得到了实现！市立交桥的建成通车，将对缓解我市严重的交通压力、疏通人流物流车流，方便市民的生活，起到不可替代的作用，对完善我市的城市基础设施建设、强化交通承载力，促进经济和社会的发展，起到十分重要和现实的意义，更是提高城市品位的一项重要措施，这必将成为我市道路建设上的一个新的起点！

立交桥工程建设一直以来都受到了市委、市政府的高度重视和关心指导，自去年×月份工程投入建设以来，市委书记和市长多次亲临施工现场，对工程进行视察指导工作。全体施工同志在施工过程中，精心组织、加强调度，做了大量艰苦卓绝的工作，起早贪黑，强速度，重质量，为工程的如期交付付出了不懈的努力。市有关各部门通力协作，密切配合，对这项工程都给予了最大程度的帮助和支持，这才使得这项工程能够按期完工。对此，我代表市委、市政府，对奋斗在一线的同志们表示我们最衷心的感谢！

立交桥的顺利建成通车，标志着我市城市基础设施建设又跨上了一个新的台阶，是市委、市政府认真贯彻落实“三个代表”重要思想的重要表现。我希望，在今后的工作中，全市广大干部群众能够继续发扬解放思想、实事求是的精神，认真从这次工程建设中吸取经验，团结一心，艰苦奋斗，进一步解放思想、创新思维，为加快城市的建设步伐、强化管理、提高品位，为统筹我市城市经济社会的协调发展，构建和谐社会，做出更大的成绩！

谢谢大家！

在第100所希望小学奠基仪式上致辞

【致辞背景】希望小学奠基仪式

【致辞人】市委书记

尊敬的各位来宾，同志们、同学们：

今天，我们欢聚一堂，在这里隆重举行××市第一百所希望小学的奠基仪式。首先，我代表市委、市政府，对关心支持我市教育事业的朋友表示衷心的感谢，对长期以来关注希望小学工程的各界人士表示崇高的敬意，对此次援资建设的××企业表示诚挚的谢意！

××××年，由×××先生捐助建设的我市第一所希望小学——××希望小学，在××县××乡××村破土动工。自第一所希望小学开工建设以来，这项工程已经走过了××个年头。××年来，市各级教育单位始终把希望工程建设作为一项重点工程来抓，以服务失学儿童为目标，不断完善运作机制，加强校园管理，提高教学质量，逐步走出了一条取之社会、用之社会的崭新道路。目前，我市已经累积筹集了××××万元的希望工程建设款，资助了××万名适龄学生，为促进我市贫困地区基础教育事业的发展，实现教育公平理念、服务青少年健康成长作出了重大贡献，得到了社会各界的认可和称赞。

近年来，我市的经济社会发展取得了巨大的成绩，九年义务教育已经得到了全面的普及，各级政府对教育事业的投入不断增大，教育行业已经进入到了一个新的发展起点上来。但是发展的不平衡，造成了在一些偏远贫困地区的教育仍然处于落后的状态，还是有很多孩子上不起学，希望工程仍然还有很多的工作要做。

今天，我们为第一百所希望小学的建设举行这个奠基典礼，表明了我市的希望小学建设已经站在了一个新的起点上，这对于进一步推动希望工程在我市适应新的形势和发展，具有重要的意义。

在今后的工作中，各级政府要切实增强责任感，加强对希望工程的支持和指导，在之前工作的经验教训上，总结出更适合的发展目标，将爱心送到那些最需要帮助的人手里，不断扩大筹款和资助规模，不断扩大希望工程的影响力，建好每一所学校，花好每一分钱，不辜负政府和人民的殷切盼望！

希望工程是一项功在当代、利在千秋的崇高事业，我们一定要戒骄戒躁，将这一工程踏踏实实地办下去！

最后，我祝愿所有的学生都能够拥有美好的校园生活，祝愿各位嘉宾身体健康、万事如意！

谢谢大家！

在革命烈士纪念碑园工程开工奠基仪式上致辞

【致辞背景】在烈士纪念碑园工程开工奠基仪式上致辞

【致辞人】县领导

各位领导、同志们：

经过县各级部门的精心准备，今天，县烈士纪念碑园工程正式破土动工了！这是我县今年建设的一大工程，我代表县委、县政府，对工程的顺利开工表示热烈的祝贺！

××县是一个具有深厚爱国主义精神的红色县，从辛亥革命开始，这里就盛产革命家。在这片土地上，先后有×××名优秀的××儿女，为了中国的革命事业献出了自己宝贵的生命。我们今天之所以能够活在这个幸福安逸的环境中，和他们伟大的奉献精神是分不开的。我们要时刻铭记，先烈们用自己的鲜血和生命为我们换来的幸福生活，以更扎实的工作来回报他们的无私奉献。

革命烈士纪念碑，是用来铭记那些革命先烈的丰功伟绩的，以此来号召全县人民学习他们的爱国主义精神和无私奉献的精神，相信大家通过对革命先烈的学习，会激起人们报效祖国的热情和奋力拼搏的斗志。此次的碑园设计，集爱国主义教育和旅游、休闲为一体，预计总的投资额达到了×××万元，规划面积××亩，预计明年建成。

为了顺利完成这项伟大的工程，县委、县政府多次组织召开了专门的会议来讨论有关碑园建设的相关事情，努力寻找投资渠道，多方筹措建设资金，积极组织相关部门来积极配合、狠抓落实，为碑园的前期准备工作做了大量的准备。我相信，在县委、县政府的关爱下，在广大人民群众的支持下，碑园建设一定能够顺利完成。

革命烈士陵园的建设是一件大事，我希望，各有关部门能够认真履行自己的职责，对于工程建设期间出现的问题和困难，一定要互相协调解决，特别是施工单位，一定要按照高标准、高质量的目标来尽快完成项目建设，力争早日完成。

最后，预祝××县烈士纪念碑园开工顺利，早日竣工！

谢谢大家！

市城建局局长在城中村改造项目奠基仪式致辞

【致辞背景】市城中村改造项目奠基仪式

【致辞人】市城建局局长

各位领导、各位来宾，同志们，市民们：

在这百花盛开，草长莺飞的美好春光里，我很高兴和大家一起在这里参加城区城中村改造的首批开工项目的奠基仪式。在此，我代表市委、市人大、市政府、市政协，对首批城中村改造项目的奠基表示热烈的祝贺！对为这个项目付出辛勤劳动的城区区委、区政府以及其他有关部门的同志表示衷心的感谢！

城市发展到一定阶段后，城中村的改造工作是不可避免的。这对加快我市城镇化发展、提高人民生活环境、提高城市品位有重大作用。市委、市政府和城区区委、区政府对这一工程抱有极大的信心，我们有信心、有能力把这项民生工程打造为群众满意的工程。

在此，我提几点要求：

首先，要对这一工程形成共识。随着我市建设的快速发展，城中村已经严重制约了我市的整体形象，不仅公共基础设施薄弱，而且居住环境十分脏乱，严重影响了居民们对美好生活的追求。对城中村的改造工作，已经迫在眉睫。

其次，在工作中，一定要把群众的利益放在第一位，要牢记，我们一切工作的出发点和落脚点，就是为了人民群众能够得到最大的利益。在拆迁过程中，一定要最大限度地保障被拆群众的利益，充分考虑到城中村群众的切身利益，制订出合理的补偿措施。同时，村民们也应该在保障自身权益的基础上，以大局出发，服从多数人的利益诉求，不能借机敲诈。

再次，工程一定要按照高标准来建设。在改造过程中，一定要请专门的专家学者来进行规划设计，坚持高起点、高标准、高质量、高品位，做到建设成和城市相匹配的宜居家园。城建部门一定要认真负责、严格把关。

最后，社会各界一定要精诚合作。在下一阶段的工作中，全市都要全力支持城中村的改造工程，有关部门一定要做到最大的支持工作，不能从中阻挠，要积极主动地配合城区区委、区政府的工作，说服居民以政治意识和大局意识为重，积极配合政府的工作。

最后，预祝首个城中村改造项目开工大吉、圆满完工！祝城区各项事业蒸蒸日上！

谢谢大家！

在县医院奠基仪式上致辞

【致辞背景】在县医院奠基仪式上

【致辞人】县领导

各位来宾、各位领导，同志们，朋友们：

在这金桂飘香，满是丰收景象的十月里，我们十分高兴地迎来了县医院奠基的重大时刻，在这里，我首先代表县委、县政府、县人大和县政协，以及全县××万人民群众，向县医院奠基表示热烈的祝贺和衷心的祝愿！向投资建设县医院的各位领导和热心人士致以崇高的敬意和真诚的感谢！

县医院是我县等级最高、名声最大、接待病人最多的县级甲等医院。自××××年成立以来，共接待病患×××万人次，先后×次获得“全国优秀县级医院”的荣誉称号，在全县人民的心里占有十分重要的地位。然而，由于年代的长远，设备的落后，硬件措施的老化，再加上近年来人口增长所致的病人数量增长，县医院已经满足不了我县人民日益增长的医疗卫生服务需求。医患矛盾突出，严重影响了社会和谐。

为了早日解决这个影响我县社会安定的问题，县委、县政府决定重新建设一个现代化的县医院。此次投建，不管是投资规模还是建设规格，在同级医院中都首屈一指。经过重重的筹备准备工作，今天，县医院的奠基仪式终于召开了！这次奠基，预示着一个环境优美、设备优良、技术精湛、服务一流的医疗保健机构的诞生。县医院新院址的建设，将极大地提高全县的医疗卫生水平，直接改善我县群众治病就医的条件，对我县经济的发展和文明的建设起到巨大的推动作用，将成为我县医疗卫生发展史上的一个重要里程碑。

在县医院的建设期间，县委、县政府一定会尽己所能，为其打开方便之门，尽可能地扫清一切障碍，促使工程能够尽早完工，创造一个和谐的发展环境。

良好的开端预示着成功，今天，随着县医院奠基典礼的胜利召开，我们相信，县医院的建设工程一定会万事顺利，圆满成功！

谢谢大家！

在第一中学县文明单位挂牌仪式上致辞

【致辞背景】县第一中学荣获县文明单位挂牌仪式

【致辞人】县长

各位领导、各位老师、同学们：

大家好！

在这春意盎然，大地春回的日子里，我们一起迎来了我县第一中学被评为县级文明单位的美好时刻。在这个万众瞩目的挂牌仪式上，我代表县委、县政府，向县一中全体师生表示热烈的祝贺！并向长期以来关心和支持我县教育事业发展的社会各界人士表示崇高的敬意和衷心的感谢！

近年来，县委、县政府在快速发展经济的同时，始终把教育放在优先发展的战略地位上，不断加强领导、加大投入力度，使得县教育资源的布局日趋合理，办学条件不断改善，教学质量得到了稳步的提高，极大地鼓舞了全县人民发展教育的士气。

县一中作为我县最大的学校，始建于××××年，凭借着较高的教育质量，在周边县市都具有较大的名气。近年来，随着人民群众对优质教育资源的追求和国家对中学教育的重视，县委、县政府加大了对县一中建设的投入力度，以强烈的使命感和责任感，不断深化教育改革、优化教育资源、强化教育创新、推进素质教育，将县一中打造成拥有一流的管理、一流的设施、一流的师资、一流的服务的教育结构，为我县打造了一张闪亮的教育名片！这不仅满足了全县人民对教育资源的需求，同时还提供了优秀的人才资源，极大地推动了我县经济的发展。

百年大计，教育为本。要想圆满完成加快经济发展和构建和谐社会这两大任务，就必须抓好教育这一关。作为我县教育的排头兵，县一中在今后的工作中，还是会被作为重点来对待。我希望，广大一中的教师职工，能够不骄不躁，坚持特色办学、质量立校的宗旨，进一步深化教学改革，强化管理，为我县的教育事业添砖加瓦，不断扩大我县教育行业的声望，使得教育强县的地位更加稳固。

借着今天为县一中揭牌的典礼，祝愿县一中再接再厉，再铸辉煌！祝各位老师身体健康，祝各位同学学业有成！

谢谢大家！

旅游协会会长在市旅游协会挂牌仪式上致辞

【致辞背景】市旅游协会挂牌仪式上

【致辞人】旅游协会会长

尊敬的各位领导、各位来宾，女士们，先生们：

大家好！

在市政府和市旅游局的关心和支持下，经过了有关工作人员的精心准备和充分酝酿，并经过市民政局的核准登记，今天，我们××市旅游协会终于成立了！

这不仅仅是我旅游界值得庆贺的一件大喜事，也是我市经济社会生活中的一件大事，标志着我市旅游业进入了一个全新发展的时期。在此，我谨代表协会的全体成员，向今天前来现场参加我们挂牌仪式的各位领导、各位来宾、各界朋友，表示衷心的感谢！向所有支持关心我们协会成立事宜的市领导和社会各界热心人士表示由衷的敬意！向全市热爱旅游、关注旅游的市民表示热烈的谢意！我在这里代表我们旅游协会作出保证，为了不辜负大家的信任和重托，我们将站在新的起点上发挥协会的自我服务、自我约束的宗旨，竭尽所能开创工作新局面，推动全市旅游经济快速健康发展。

随着社会经济的快速发展，人民群众越来越追求高品质的生活，直接促进了近年来我国旅游业的快速发展。我市自××××年制定“旅游兴市”的战略方针以来，旅游业快速发展，旅游产业收入连年翻倍，已经成为我市的支柱产业之一。为了更好地为我市的旅游业服务，在市委市政府的领导下和全市人民的关心下，我们成立了市旅游协会。

协会成立后，我们会紧紧围绕全市旅游业发展的总体思路和目标，充分发挥自身优势，努力提高我市旅游业的服务水平和旅游市场的规范，促进全市旅游业持续健康发展。从自身优势出发，认真务实，尽职尽责。

同志们，道路是曲折的，前途是光明的。让我们携起手来，以敢吃第一口螃蟹的精神，不断探索、不断开拓，为我市旅游业的进一步发展作出应有的贡献！

谢谢大家！

在县招商引资服务大厅揭牌仪式上致辞

【致辞背景】县招商引资服务大厅挂牌仪式

【致辞人】县长

各位领导、各位来宾，女士们，先生们：

在这个艳阳高照、春风和煦的美好日子里，××县招商引资服务大厅迎来了它成立的美好时刻。今天这个揭牌仪式的举行，标志着我县在进一步推动改革、扩大开放、加大招商引资力度、改善投资环境方面，迈出了切实的一步。

改革开放已经××年，实践证明，只有走出去引进来，和世界经济融合在一起，才是正确的选择。现在，随着国家经济战略大方针的形成，中部崛起成了一句响亮的口号。面对着新的形势，县委、县政府经过多次考虑和会议讨论，决定在我县设立招商引资服务大厅，将招商引资工作部分的职责进行归纳合并，希望以此来简化行政审批程序，提高办事效率，公开行政事务，接受社会各界的监督，提高政府服务质量，打开县招商引资的大门，以更为诱人的条件，吸引更多的资金和技术投入。全面落实省委和市委关于加大招商引资力度的号召，转变工作作风，创造出积极有利的投资环境，为我县经济工作的快速展开创造有利条件。

招商引资服务大厅成立后，我们要进一步转变工作作风，简化行政审批，提高办事效率，促进政府职能的转变。在此，我代表县委、县政府，对此次服务大厅的挂牌仪式表示热烈的祝贺和衷心的祝愿。

最后，我代表县委、县政府，祝愿县招商引资服务大厅红红火火，对关心支持我县经济发展的社会各界人士表示最美好的祝福！祝我县的明天更美好！

谢谢大家！

在招商引资项目签约仪式上致辞

【致辞背景】市招商引资项目签约仪式上

【致辞人】市长

尊敬的各位领导、各位来宾，同志们，朋友们：

十月的××市，秋高气爽，硕果飘香；十月的××市，生机勃勃，喜事不断。在这样一个黄金的季节里，我们非常荣幸地请来了各位领导、企业家和投资商们来到了××市，并在这里隆重举行××市招商引资项目签约仪式。在此，我谨代表市委、市人大、市政府、市政协以及全市×××万父老乡亲，对今天所有来参加签约仪式的各位领导、客商以及投资代表们，表示热烈的欢迎和衷心的感谢！向长期以来始终关心、支持我县经济发展的各位领导、企业家和社会各界人士表示诚挚的问候！

市委、市政府始终坚持从市情出发，在科学发展观的正确指导下，提出了走自己特色发展道路的发展战略，始终把坚持招商引资作为加快我市发展的根本措施，作为推进项目建设、增加投资额、拉动经济增长的重点。市领导多次走出，到各地去招商引资。在市委、市政府领导的带动下，很多企业家也纷纷走出去，吸引外资，扩大生产规模。全市近几年来一直处于不断开拓对外开放的勃勃生机中。

凭借着优越的自然环境，淳朴的民风，开放的投资环境，优惠的招商政策，完善的基础设施，近年来，我市已经成为投资者的理想目的地。今天我们在这里举行招商引资项目签约会，就是一大明证。这表明，市委、市政府的招商工作取得了很大的成效，在改革开放进入攻坚阶段时期，我们要进一步增强自身优势，吸引更多的优质资源来我市发展。

此次签约会，共吸引××家客商的到来，签约项目共计××个，累计投资额达到了×亿元。这次签约会的顺利完成，不仅证明了我市招商引资工作的成果，更标志着我市招商引资、改革开放迈入了新的发展阶段。同时，也标志着各位在座的企业家和投资商们开辟出了事业的另一片天地，我们必将会形成互利共赢的局面！

朋友们，加强合作是当今全球的发展方向，××市是一座充满生机和活力的城市，我们热情欢迎各位投资商能够抓住机遇，融入到我们的发展之中，携手共创美好明天！

最后，祝各位领导、各位来宾身体健康、万事如意！祝我们的明天更美好！

谢谢大家！

三、开幕式致辞

在县人代会开幕式上致辞

【致辞背景】在××县第××届人代会召开之际

【致辞人】县委书记

各位代表、同志们：

今天，××县第××届县人代会第××次会议隆重召开。在此，我代表县委、县政府、县人大、县政协，对莅临现场指导会议的各级领导和各位代表表示热烈的欢迎！

这次人代会是在全党深入贯彻党的××大会议精神的新形势下召开的，是在全党认真学习邓小平理论、“三个代表”重要思想和科学发展观的环境中召开的，也是在市委、区委人大代表的直接领导下，在全体代表和所有工作人员的努力下召开的。这次会议的召开对××县来说，具有重要的意义。它标志着××县进入发展到了一个新阶段，必将对我县今后的经济发展产生积极的促进作用和深远的影响。

参加这次会议的×××名代表是从社会的各个阶层和行业中选出来的，这些代表中间有长期在农业生产第一线工作的基层干部群众，有一直为人民群众服务的老同志，也有社会各种行业的先进模范人物，还有许多少数民族代表和妇女代表。由此可见，整个代表的结构是具有广泛性、先进性和代表性的，是能够体现全县人民群众意愿的。

本次会议的主要内容是：听取并审议政府、人大的工作报告和财政预算报告；选举产生县长、副县长和人大副主任，对过去一年的工作进行全面的总结，明确今后的目标和任务，动员全县的党员干部和群众，为我县社会经济的可持续发展而努力奋斗。希望各位代表能够认真履行自己的权利，充分反映广大群众的愿望。希望我们能将这次大会开成一个团结、稳定、民主和务实的大会。

这次代表大会对于我县来说是一件大事。全县××万群众对本次大会的召开非常关注，也寄予厚望。希望全体代表能够深刻认识到肩上的责任，以对人民群众和党高度负责的精神，充分发扬民主作风，严肃认真地听取并审议各项本次大会的各项政府报告，一起努力完成本次大会的所有任务。

预祝本次大会取得圆满成功！

在镇党代会开幕式上致辞

【致辞背景】在×××镇第××次党代会召开的开幕式上

【致辞人】×××镇镇长

各位代表、同志们：

中国共产党×××镇第××次党员代表大会在今天隆重召开了。这次大会是在全镇基层党组织和所有党员的共同努力之下，通过县党委的决定，并在县委的统一部署和关怀下召开的。县委×××同志亲临现场指导大会的召开，在这里，我代表大会的主席团和所有的党员代表对×××同志的到来表示热烈的欢迎和衷心的感谢！

这次大会的代表，是按照《党章》的规定，在全镇各条战线上的党组织和所有的党员充分讨论和选举之下产生的。在这些代表中，有一些是经受革命和社会主义建设各种考验的老党员，有的是在社会经济发展中不断成长的新党员。从代表们的身份上来看，他们是从领导干部、工人、农民、知识分子中选举出来的先进典型，其中女性代表占到了所有代表的××%，充分地体现了代表们的广泛性和先进性。

我镇上一次的党代会是在××××年××月召开的，距今也有×年时间了。这期间，在县委领导的带领下，我镇坚持邓小平理论、“三个代表”重要思想，坚持科学发展观的指导，以经济发展为第一要务，统一思想，抓住机遇面对各种挑战。在大家的共同努力下，我镇的经济建设、民主法治建设和精神文明建设都取得了可喜可贺的成绩，在我镇发展史上留下了浓墨重彩的一笔，也为我镇全面建设小康社会奠定了坚实的基础。在这里，我代表大会的主席团，对在各条战线上作出突出贡献的代表们表示崇高的敬意！

这次大会的召开对我镇具有深远的影响。对于我们继续坚持邓小平理论和“三个代表”重要思想，认真贯彻科学发展观，全面加强党的执政能力建设，加强党的凝聚力和战斗力，为推进我镇的社会主义建设，实现全镇的发展目标来说，具有十分重要的意义。

全镇×万人民对于这次大会寄予厚望，我们深感肩上责任重大。这次大会任务繁重，我们将认真履行自己的职责和权利，牢记使命，开好这一次大会。我相信，在全体代表的共同努力下，我们一定能够圆满完成此次大会的各项任务，将这次大会开成一次解放思想、团结奋进的大会，使之成为我镇全力进行“十二五”建设的良好开端。

最后，预祝本次大会取得圆满成功！

市长在房交会开幕式上致辞

【致辞背景】在××市第×届房交会的开幕式上

【致辞人】市长

各位来宾、各位朋友：

大家好！

今天，××市第×届房地产交易展示会隆重开幕了。我谨代表市委、市政府、市人大和市政协对参加本次活动的主办单位、承办单位和参展的单位致以最热烈的欢迎和最诚挚的谢意！

本次房交会延续了以往的优秀传统，以“×××××”为主题，力争通过本次房交会，实现楼市价格稳定、促进理性消费的目标。可喜的是，如今经济发展形势一片大好，今年房交会的规模和影响都是空前的，很多著名的房地产商都参加了本次的展会，相信本次房交会将会为市民奉献出一道丰盛的楼市大餐。

无数实践活动证明，房地产是城市经济建设的主要力量。因此，市委、市政府将会继续支持房地产的发展，使我市的房地产业能更健康的发展。到现在为止，我市已经成功举办了×届房交会，房交会已经成为××市一个非常具有品牌效应的房地产交易会。这样的交易会不仅是房地产开发商们推荐、展示自己的产品和企业文化的机会，也是展现一个城市建设成果的平台。举办房交会一个重要的目的就是刺激消费，让楼市回暖，我市今年还会提供更细致的服务平台，这可作为重振楼市信心的一剂强效针。

就目前我市楼市情况来说，我们正面临着一个机会与挑战并存的状态。一方面，我市经济的快速发展对房地产业提出了更高的要求，为我市的房地产发展提供了无限可能；另一方面，随着国家对楼市的不断调控，各种品牌的房地产商正在不断入住我市，这使得我市楼市竞争将愈来愈激烈。在这种环境下，我们举办的第×届房交会，受到了来自社会各界的关注。希望广大开发商能够增强市场意识，为改善人民群众的居住条件作出贡献，同时不断开发新技术，做到环境经济的协调发展。

最后，衷心祝愿本次房交会能够顺利举行，并取得预期成果！

市长在汽车论坛开幕式上致辞

【致辞背景】在××市第××届汽车论坛开幕式上

【致辞人】市长

尊敬的各位嘉宾，女士们、先生们：

×月，是××市最美丽的一个季节。在这样一个美好的日子里，我们迎来了××市第××届汽车论坛的开幕式，迎来了各位尊贵的嘉宾。在这里，我接受××市市委书记的委托，代表市政府，对来此参加这次汽车论坛的嘉宾们表示热烈的欢迎和衷心的感谢。

××市的汽车论坛从××××年开始举办，到现在已经成功的举办了××届。××市的汽车论坛在全国的范围内来说都是名列前茅的。它以××市深厚的文化底蕴和雄厚的经济实力作为依托，吸引了世界各地比较著名的汽车生产商和制造商前来参加。通过这个论坛，我们可以欣赏各种汽车的风格，了解它们的先进生产技术，学习其独特的设计理念。更重要是，我们能让世界各地的人都能听到来自××市的声音。

本次汽车论坛以“×××××”为主题，这个主题也是国内所有汽车生产商的共同信念。同时，这一主题也得到国际汽车生产商赞同，是符合现在汽车行业发展的总体趋势的。

在当今社会中，任何行业的发展都不能闭门造车，汽车行业尤其如此。现在国际化竞争越来越激烈，经济全球化趋势也越来越明显，所有行业的发展都要讲究合作和共赢。随着汽车行业国际交流的日益频繁，各地的生产商和制造商之间都有千丝万缕的联系，既合作又竞争。汽车生产商若想获得更好的发展，就必须要学会合作。因此我们举办这次汽车论坛是非常有必要的。

各位嘉宾们，我们真诚地希望大家都能够充分利用本次汽车论坛这一平台，互相交流、共同发展，求同存异，共同进步。在这里，我们也衷心地希望大家能够对本次汽车论坛提供宝贵的建议，为了××市和全球汽车行业的更好发展献计献策。我们也希望借本次汽车论坛的机会，为汽车事业的发展贡献绵薄之力。

最后，我代表××市委、市政府、汽车论坛的主办方和主席宣布××市第××届汽车论坛正式开幕，并且预祝本次汽车论坛能够取得圆满成功，谢谢大家！

在金融洽谈会开幕式上致辞

【致辞背景】在××省国际技术合作和商品出口洽谈会的开幕式上

【致辞人】省长

女士们、先生们：

大家好！

今天是我省国际经济合作和商品出口洽谈会隆重开幕的日子，我谨代表××省委省政府、××省对外贸易公司，对来自五湖四海的来宾表示热烈的欢迎和诚挚的问候！

××××年××月××日，为了庆祝××省对外贸易中心的建成，我们也曾经在这里举办过一次洽谈会。今天的洽谈会和上一次的相比，规模更大，内容也更丰富，参加的人数也更多。有了上一次成功举办的良好基础，相信这一次洽谈会能进一步加强我省与世界各地技术合作和贸易交往，也更增进彼此之间的相互了解，增强友好合作的关系。

我省物产丰富，自然和劳动资源都非常充足，工农业的发展更是全国知名，在对外经济上有着非常广阔的市场前景。到××××年为止，××省已经和××多个国家建立了经济技术合作和国际贸易交往的关系，这种合作关系正随着经济全球化的发展不断地巩固和发展着。

在这一次洽谈会上，我们将会提出包括×××××等在内的×××多种经济合作项目，涉及与人民生活密切相关的各行各业，为大家提供更多的交流和发展机会。参加本次洽谈会的，还有一些本省龙头企业的产品，前来订货的代表们可仔细挑选所提供的样品。

很多老朋友也来到了今天的洽谈会。在此之前，我们一直保持着非常良好的合作关系，对于他们真诚合作的态度和精神，我们表示最衷心的感谢。我们也欢迎世界各地的新朋友前来，我们会因为结识更多的朋友而高兴。在此，我们欢迎所有新老朋友都能成为我们的合作伙伴。

最后，预祝××省国际技术合作和商品出口洽谈会圆满成功。

谢谢大家！

市长在主持世界经济论坛开幕式上致辞

【致辞背景】在世界经济论坛首届达沃斯年会在大连召开的开幕式上
【致辞人】大连市市长夏德仁

尊敬的施瓦布主席，尊敬的各位来宾，女士们、先生们:

大家晚上好!

我很荣幸在这里与施瓦布教授一起主持这样一个开幕仪式，我们认为这是大连历史上的一个重要时刻，世界经济论坛首届新领军者年会在我们这个美丽的城市正式拉开帷幕，我谨代表大连市政府和600万大连人民对年会的召开表示热烈的祝贺，对远道而来的各位来宾表示热烈的欢迎。

此时此刻，我要感谢所有关心、支持本次年会的各界朋友，感谢发改委等中央各个部门给予我们大连市的信任和支持，尤其是要感谢我的老朋友——尊敬的施瓦布教授，他以特有的远见卓识翻开了世界经济论坛新的历史一页，推动达沃斯会议从欧洲走向中国，从达沃斯走向大连。这不仅使世界经济论坛在区域上实现了东西文化的连接，提升了论坛的世界影响力，而且也拉近了中国大连与国际社会的距离，加快了大连迈向国际化的步伐。作为大连市的市长，我再次向施瓦布主席表示衷心的感谢，谢谢施瓦布主席。

从达沃斯到大连，这是世界经济论坛的选择，而且我也相信这一定会成为各位参会者的最终选择，因为大连是一个令人激动而又难忘的城市。现在，我们所处的这个位置是大连的星海湾广场，十年前这还是一片荒原，今天，包括我们使用的会议中心等一批建筑物拔地而起，成为大连市一个新的国际商务区，而且这仅仅是10年来大连快速发展的一个缩影。去年大连市的经济增长率为16. 5%，而今年上半年则达到了17%。同时，我也请大家关注大连满城的绿色、清新的空气、整洁的街道，这些都说明在经济快速发展的同时，政府在保护生态环境方面作出的巨大努力，这些努力我认为是符合世界经济论坛宗旨的。

各位来宾，女士们、先生们，从达沃斯到大连，这标志着世界经济论坛进入到了一个新的阶段，大连市政府将全力做好此次会议的服务工作，并且与论坛的会员单位团结合作，支持世界经济论坛今后的发展，并为世界的和平与发展作出应有的贡献。我们预祝论坛取得圆满成功，也祝各位嘉宾在大连期间健康愉快，谢谢大家。

在市社会经济发展战略规划研讨会开幕式上致辞

【致辞背景】在××市召开的社会经济发展战略规划研讨会的开幕式上

【致辞人】市委书记

尊敬的各位领导、各位专家学者，同志们、朋友们：

你们好！

在这样一个春风和煦、春意盎然的日子里，××市第××届社会经济发展战略规划研讨会在今天隆重开幕了，这对于××市来说是一件大喜事。在此，我谨代表中共××市委、市人民政府，对莅临本次研讨会的各位领导、专家和代表致以最热烈的欢迎和最诚挚的感谢！

我市非常重视社会经济的发展战略的规划。在××××年，我市召开了××××××××研讨会，邀请了中央、省委相关部门的领导，还邀请了很多高校著名的战略专家和资深学者。在大家的共同努力下，在专家和学者的研究成果的帮助下，我市率先实现了社会经济的发展战略规划的科学性。此外，我们坚持党的方针政策和本市实际情况相结合，不断对发展战略作出相应的调整。这些充分体现了我们对科学发展观的高度关注。

今年是“十二五”规划的开局之年，这对我市来说是是一个非常重要的历史时期。经过多年的努力建设，我市已经从一个典型的农业经济区转变成一个以高新工业园为主的工业城市，发展后劲也很足。就在今年，××××等一系列重大已经启动，奠定了××市百年的发展格局。去年，我市行政区域进行了调整，也为××××项目的发展提供了空间。在新形势下，我市的经济增长方式将提高到一个新的水平。

此次会议的召开，既是为了贯彻落实党的××大会议精神，也是基于本市目前的发展状况，为此，我们要科学制定出××市的发展战略。省社科院特意为对我们提供了大力支持和帮助，这对于完成我市经济发展史具有重要的战略意义。

现在，各位领导、专家、学者和代表们一起交流我们的研究成果。集思广益，相信在集体的力量下，《××××工作计划》将更加完善，更加具有科学性和预见性。在这里，我真诚希望各位踊跃发表自己的看法，提出宝贵的意见和建议，指导我们制订出一个高水平高质量的《××××工作计划》。

最后，我再一次对各位领导、专家学者和代表们的到来表示衷心的感谢。在此，预祝××市第××届社会经济发展战略规划研讨会取得圆满成功！

县长在镇全民运动会开幕式上致辞

【致辞背景】在×××镇全民运动会的开幕式上

【致辞人】县长

各位运动员、裁判员和同志们：

今天是我们×××镇首届“×××杯”全民运动会隆重开幕的日子，借此机会，我代表县委、县政府对所有参与到运动会准备工作的工作人员都表示衷心的感谢，也对参加本次“×××杯”全民运动会的运动员表示美好的祝愿。

“发展体育事业，增强人民体质”是以人为本科学发展观的内在要求，也是政府履行公共职能的一项重要体现。目前，我县正在争创全省先进示范县，所以必须抓好各项工作。体育事业之前一直是被大家忽略的，县委、县政府都非常重视体育事业的发展。为早日实现我县体育事业的突破，我县特举办全民健身运动，通过开展一系列的体育赛事，争取使我县的体育事业蒸蒸日上，希望广大群众都能积极投身到健身运动中来。

素有“××××”之称的×××镇，积极响应县委、县政府发展体育事业的号召，在镇党委、政府和所有人民群众的支持下，锐意进取，在经济建设取得骄人成绩的同时，在体育事业上也取得了重人的突破。这次×××镇首届全民运动会的举办，不仅为×××镇申报示范镇提供了强有力的证明，也是我县全面推进体育事业的第一声号角。

在此，我希望所有镇的领导班子和广大的干部群众都能学习×××镇的这种顽强拼搏的体育精神，增强全民体质，为×××镇和××县的未来作出新的贡献。

最后，预祝本次全民运动会能取得圆满成功，谢谢大家！

校长在学校春季运动会开幕式上致辞

【致辞背景】在××××中学的春季运动会的开幕式上

【致辞人】××××中学校长

亲爱的老师们、同学们：

大家好！

在这样一个春光明媚的日子里，我们××××中学××××年春季运动会正式开幕了。在这里，我代表学校对各位领导的到来表示热烈的欢迎，向所有精心筹备本次运动会的各位体育教师和工作人员致以最诚挚的谢意，对所有的裁判团成员和运动员致以亲切的问候！

为了全面落实素质教育，展示我校师生风采，我校特举办了这次春季运动会。本次运动会既是展现同学们自我个性的平台，也是加强同学们自身管理的平台，还是对学生的身体、心理素质以及对学校体育水平的一次验收，更是对××××中学所有人组织纪律性和精神面貌的检验。为了确保本次运动会取得预期目标，我代表学校运动会的组织者，对所有裁判员、运动员和参与运动会的人员提出以下几点希望：

第一，希望所有运动员都用饱满的热情投入到接下来的比赛当中去，赛出成绩，赛出风采。在比赛的过程中服从裁判，认认真真地完成每一项比赛，争取能够发挥出最佳的水平和技能，用自己最好的成绩来为班集体争得荣誉，让自己青春的活力尽情挥洒在赛场的每一个角落。

第二，希望所有裁判员都能对比赛的结果进行客观公正的的裁判，确保运动会的顺利进行。

第三，希望所有班主任都能组织好本班的学生，确保学生的安全，保持赛场上的良好秩序。

第四，希望所有同学都能热情参与到运动会中来，没有赛事的同学要做好后勤工作，为每一位运动员提供良好的服务，或者为所有运动员加油鼓劲，充分发扬团队合作精神。

老师们、同学们，让我们充分发扬“更高、更快、更强”的体育精神，积极参与到体育活动中去。“生命在于运动”，就让我们以这次运动为契机，将××××中学的体育教育发展提高到一个新的历史水平。

最后，我祝愿我校××××年春季运动会能够取得圆满成功，也祝愿所有运动员都能够取得优异的成绩！

谢谢大家！

校长在大运会游泳比赛开幕式上致辞

【致辞背景】在××省大运会的游泳比赛的开幕式上
【致辞人】×××高校校长

各位领导、各位来宾，全体参赛运动员、裁判员，同志们：

金秋十月，丹桂飘香，在这样一个丰收的季节，××省第×届大学生运动会游泳比赛在我校正式开幕了。在这里，我谨代表××省××××学校对比赛的顺利进行表示祝贺，同时，向全体运动员、裁判员和工作人员致以热烈的欢迎和诚挚的谢意！

大学生运动会是我省高校每四年一届的体育盛事，它对于推动我省高校体育运动的发展、对于促进高校的精神文明建设，都有极为重要的作用，而这一次大运会则是第一次将游泳纳入到了比赛项目，并且作为本次大运会的开赛项目。我很荣幸组委会将游泳比赛的场地选在我校举办，这是对我校的高度信任。为了不辜负组委会的期望，我们学校高度重视这次游泳比赛，在组委会的指导和要求下，我校已经为这次比赛如期顺利举行做好了各方面的准备。

我校是一所专门的体育高等院校，建校至今已经有××年的历史。在这××年的过程中，我校在体育事业上取得了一些小小的成就，多次被评为全国体育系统先进集体和全国群众体育工作先进单位，培养了无数体育明星。在全省所取得的体育成绩中，我校培养的运动员基本上都是我省运动员中的中坚力量。其中的×××、×××、×××、××、×××等人都是著名的奥运冠军，另外还有××名世界冠军，这些为××省跻身全国竞技体育的十强作出了重大贡献。

在体育竞技取得成绩的同时，我校的体育教育也在不断发展，教学质量和人才的培养水平已经有所提高，不断为××省和国家输出体育人才。我们之所以能取得这些成就，离不开省体育局和省教育局的大力支持，离不开兄弟学校的关心。借此机会，我代表我校师生向他们致以最诚挚的感谢！

这次我校首次承办大学生运动会，不仅是我们的荣耀，也是一份责任。我们希望能以此次游泳比赛为契机，更好地和其他高校进行融合。在今后，继续发挥我校的体育优势，为××省高校的体育发展作出应有的贡献。

最后，预祝本次比赛能够取得圆满的成功，也祝愿各位参赛院校和运动员都能取得满意的成绩！

谢谢大家！

省长在展览会开幕式上致辞

【致辞背景】在××省的××展览会上的开幕式上

【致辞人】××省省长

女士们、先生们：

大家上午好！

今天是××省第×届××展览会隆重开幕的日子。本次××展览会由澳大利亚×××公司主办，中国××协会、××省××市国际贸易信息和×××展览公司承办的一次盛大的展览会。在此，我谨代表××省省委、省政府和中国××协会的成员，以及××市贸易信息公司和××展览公司的负责人，对到场的嘉宾表示热烈的欢迎和衷心的感谢。

本届展览会的举办对于××行业和××省的发展来说都具有非常重要的意义。本次展览会将集中展示具有国际水准的各类××产品及生产设备，为来自全国各地的科技人员提供一次不出国的技术考察机会；同时，也为海内外同行共同切磋技艺创造条件。可以说，本次展览会对××整个行业的发展搭建了一个良好的交流平台。

××省是一个经济发达的省份，在全国经济发展中占有重要地位。××市是××省经济发展中最强有力的一环，是××省重要的工业生产基地，同时也是××省乃至全国的经济贸易和科技中心。××市既然有如此重要的战略地位，当然要以更加开放的姿态迎接即将要到来的各种机遇和挑战。

现在，××省政府已经将××市作为重点开发的对象，××市已经成为××省今后十年发展的重点城市。而××市×××大桥的建成，××号地铁的通车，则标志着××市的开发已经进入到了实质性的启动阶段了。为此，××省、××市将进一步改善投资环境，扩大和全国各地乃至世界各国的相互合作。我真诚地希望大家能借助这样一个平台，寻找贸易和投资的机会，寻找优秀的合作伙伴，我们将会为大家提供更优质的服务。

最后，预祝“中国国际××展览会”圆满成功！感谢大家！

会长在高校摄影展开幕式上致辞

【致辞背景】在第××届高校摄影展的开幕式上

【致辞人】××××高校摄影协会会长

尊敬的各位领导、来宾，老师们、同学们：

大家上午好！

金秋十月，丹桂飘香，金风送爽，在这样一个如诗如画般美丽的季节，我们又一次迎来了视觉艺术的盛宴。今天，第××届全国高校摄影展在××××学校隆重开幕了。在这里，我代表××××学院，对关心和支持本次高校摄影展领导和老师表示衷心的感谢。向精心筹备本次摄影展，并付出辛勤工作的设计院的领导、老师和同学们表示最诚挚的谢意。向协助本次摄影展举办的×××摄影工作室的所有工作人员表示感谢。同时，我也代表主办单位对百忙之中还来参加本次摄影展的领导和来自其他高校的摄影爱好者致以热烈的欢迎和衷心的感谢！

本次“×××杯”摄影展一共邀请了××家高校××××名摄影爱好者，一共展出了××××件作品。这些作品都是从各大高校的优秀摄影作品中挑选出来的，当然也有专业摄影老师的力作，内容丰富，风格多样，题材新颖，富有创造力。每件作品上都配有简短的文字说明，它们从不同的角度、不同的表现手法将生活中的真善美用镜头记录下来，让美好的一刻凝结成永恒的记忆，表达了摄影者对生活的热爱之情。

这一次的“×××杯”摄影展是由××××高校主办的。××××学校一直对学生综合素质的培养非常重视，在教学的过程中非常重视培养学生的动手操作能力和创新能力。本次的摄影展就是展现××××学校素质教育的一个平台和亮点。借助这个平台，不仅能体现师生的活力和才华，也能体现××××构建和谐校园的成果。同时，这次摄影展的举办还能提高××××高校师生的文化品位和艺术修养，对营造校园良好的文化气氛有良好的推动作用。

让我们用艺术诠释激情，用勤奋求实来为共建和谐文明校园贡献力量，在艺术设计的天空中展翅翱翔。

最后，祝本次摄影作品展圆满成功，谢谢！

协会主席在市书画展开幕式上致辞

【致辞背景】在××市第××届书画展的开幕式上

【致辞人】市书画协会主席

各位领导和同志们:

金秋十月，硕果累累的季节到了。在共和国××岁生日到来之际，我们为伟大的祖国母亲献上我们的贺礼——由××市书画协会主办，保持党的先进性教育办公室协办的××市第××届书画展，今天隆重开幕了!

在这里，首先我要代表××市书画协会所有成员对第××届书画展的顺利开幕表示热烈的祝贺!向前来参加此次书画展启动仪式的市委领导表示最热烈的欢迎!其次，我要对那些踊跃参加此次书画展活动的书画爱好者致以最诚挚的谢意!向为书画展提供场地的×××公司，为书画展提供赞助的×××部门表示深深的感谢!

书画是中国传统文化中的一项国粹，有传情达意的功能，又能为人带来美的愉悦。在这里，我们将新中国成立以来取得的伟大成就用书画的形式充分地展现出来。这样既能将书画爱好者对祖国的一片赤诚之心表达出来，还能进行爱国主义宣传教育。

书画展还是党保持先进性教育的重要载体。用传统的书画形式来宣传党的先进性教育的内容，免去了艰涩难懂的语句，非常生动形象，受到了广大党员和群众的喜欢。大家在欣赏优美的书画艺术的同时，还能感受到书画内容潜移默化的影响，在不知不觉中就能提高人的思想境界。因此，第×批保持党的先进性图画展之后，群众普遍反映良好。

书画展的广泛开展离不开良好的群众基础。××市历史悠久，是著名的历史文化名城，具有深厚的文化底蕴。历史上这里出了无数的文人，他们的作品都是彪炳千古、万世流芳的。可以说，××市是一个物华天宝、人杰地灵的宝地。在征集作品的通知发出去之后，广大的党员干部和人民群众以及书画爱好者都踊跃参加。只用了短短××月的时间，就征集了×××件作品。经过我们的精心挑选，选出了××件优秀的作品在这里展出。

我相信，通过这一次书画展览，一定会推动××市共产党员先进性教育的深入展开，使得以书画为代表的传统艺术得到更好的继承发展，营造出良好的社会氛围，促进××市精神文明建设的全面发展。

最后，我在这里祝愿本次书画展能够圆满结束！谢谢大家！

公司领导在职代会开幕式上致辞

【致辞背景】在×××公司第××届职代会的开幕式上

【致辞人】工会主席

各位代表、同志们：

×××公司第××届职工代表大会在今天隆重开幕了，此次大会是在上级工会和党总支的关怀帮助下召开的，是我们公司广大职工政治生活中的一件大事。所有职工代表和工会代表都在紧张繁忙的工作中前来参加这次大会，市总工会的领导和×××工会的领导也在百忙之中前来参加这次的会议，这是对我们工作的最大支持。在这里，我谨代表×××公司职工大会主席团，对莅临大会指导工作的领导和所有的职工及职工代表致以崇高的敬意和亲切的问候！

这次职工大会一共有×××名代表参加，他们都是从本公司各个部门和各个岗位上挑选出来的先进模范职工。在这些代表中，有××名是从本公司的各职能部门、业务部门和工会小组选拔出来的，作为列席代表参加本次会议。除此之外，还有×名特邀嘉宾，他们是为我公司作出过突出贡献的离退休干部。这些代表具有广泛性和代表性，是能够反映我公司大部分职工意愿的。

这一次的职工代表大会，我们将按照《职工代表大会实施条例》和《工会法》的指导，认真履行好职工代表大会的职能，探讨公司在发展过程中的经验教训。在此，希望所有的代表都能积极参与到公司的民主管理和监督之中来，为公司深化改革，实现××××年的经营目标而努力。

这次职工代表大会的主要内容有三：一、进行职工大会主席团的环节选举，所有的职工代表将会用投票的方式产生出新的职代会的领导集团。二、要听取×××同志的行政工作报告，介绍公司目前的状况和远期规划。三、审议并通过本公司的人事规章制度和劳动合同。

在这里，我对即将产生的新领导集体提出希望，希望你们在工会中能坚持为广大职工服务。这既是你们的光荣，也是责任；既是机遇，也是挑战。相信在党总支和上级工会的领导下，你们一定能够不负重托，创造不菲的成绩。

因为生产工作紧张，这次职工代表大会一直到今天才得以召开。但是在党总支和上级领导的支持和帮助下，各位代表一定能认真完成本次会议的各项任务，将这次大会开成团结奋进的大会！

最后，祝愿本次会议取得圆满成功！

会长在全国职能技术竞赛开幕上致辞

【致辞背景】在×××协会的全国职业技能竞争比赛的开幕式上

【致辞人】×××协会的会长

各位来宾、各位参赛选手、同志们、朋友们：

在中国×××协会和劳动社会保障部、就业培训指导中心的共同努力下，第×届××××全国职能技术大赛终于在今天隆重开幕了。我代表×××协会，向所有参赛选手、教练致以最亲切的问候！向一直支持本次大赛的社会劳动保障部和就业指导中心的工作人员以及志愿者表示最诚挚的感谢！向现场所有的来宾表示最热烈的欢迎！

近年来，随着产业化的不断深入，×××行业的体系优化对岗位的职能提出了更高的要求。×××行业必须走科技含量高、经济效益好、环境污染少、人力资源优势得到最大化发挥的新型工业化道路，需要加快技术的进步和产业结构的调整。这就要求更多熟悉职业技能的人才。但是现在这种人才在数量上还不够多。所以企业必须引进一批既能快速掌握岗位技能的技术理论，又需要拥有熟练操作技能，最好是能够帮助生产一线解决一些技术难题的人才。为了寻找这样的人才，我们特举办此次比赛，发觉一些具有创新精神的高技能人才。

这一次的职能技术大赛对于加强×××行业高技能人才队伍的建设，具有非常重大的意义。中国的×××行业经过了几代人自强不息的奋斗，才取得了现在的成就。随着科学技术的快速发展，那些有知识、有技术、具有创新精神、爱岗敬业的高技术人才就成为企业发展的中坚力量和宝贵的财富。

本次大赛就为这些企业中的中坚力量提供了一个展示自己才能的平台。鉴于此次大赛的重要性，各部门组织工作一定要做到位。×××全国职能技术大赛已经举办过很多届了，每一届的承办单位，都坚持“公平、公正、公开”的原则，对比赛的规则进一步细化，为裁判队伍的建设奠定了良好的基础。此外，×××全国职能技术大赛的评分在操作上也更加细致，确保了裁判的公正和公平，也确保选手们能真正赛出成绩，赛出风采。

在本次比赛中，希望所有参赛选手都以主人翁的姿态来尽情展现自己的才能，沉着冷静的面对每一项比赛，争取赛出风格，赛出水平。同时坚持“友谊第一，比赛第二”的原则，搞好团结工作。希望所有的裁判都能公正裁决，通过这次比赛能发掘出更多优秀的人才。

最后，预祝所有的参赛选手都能获得优异的成绩，也预祝本次全国职能技术大赛取得圆满成功！

院长在医学交流会开幕式上致辞

【致辞背景】在××市的医学交流会的开幕式上

【致辞人】×××医院的院长

尊敬的各位专家、各位同仁们：

大家上午好！

时值秋天，金桂飘香。在这样一个丰收的季节里，省内著名的医学专家和××市的×××医院的同仁们在我院隆重地举行第××届关于××疾病的医学交流会，一起为治疗××疾病发表自己的研究成果和看法。在此，我谨代表×××医院热烈欢迎大家的到来，并对你们的到来表示衷心的感谢。

××市×××行业发达，××疾病作为该行业的职业病，发病率比较高。现在××市的各大医院都非常重视对××疾病的研究和专业队伍的建设，已经有一大批专门从事治疗××疾病的医务工作者。我院作为××市的第一大医院，同时也是省内著名的专业性医院，几乎承担了市内××%的××疾病治疗的工作。

在最近×年的时间，我院××疾病的预防和治疗已经取得了不错的成绩，医院也呈现出非常良好的发展状态。今年年初，在大家的共同努力下，我们医院非常荣幸地获得了全省第××届医学交流会的承办权。这一次关于××疾病医学交流会的召开，将会为专门从事这种疾病研究的专家和学者提供一个互相交流学术意见和研究成果的平台，也将为很多年轻的医务工作者提供获取医疗经验的大舞台。这样，既能增加省内外研究××疾病的专家的交流和合作，也能增进彼此之间的感情和友谊。

这一次的交流会将持续×天。我们相信，通过×天的交流和互相了解，大家将会更加团结，合作也将会进一步的深入。在这里，我代表我们医院的工作人员祝愿所有人都能在本次交流会中有所收获，彼此交流，共同来促建关于××疾病的研究取得建设性的成果。我们也希望，通过这一次的交流会，能有更多的人来和我们共同合作，促进××市医疗事业的发展。

最后，预祝本次交流会圆满成功！祝大家在我院工作愉快，身体安康！

谢谢大家！

四、闭幕式致辞

市人大主任在人大闭幕式上致辞

【致辞背景】市人大×届×次会议闭幕式上
【致辞人】市人大主任

各位代表、同志们：

市×届人大×次会议，经过全体代表和与会人员的共同努力，顺利完成了预定的各项议程，取得了圆满成功！

此次大会，我们坚持以邓小平理论、“三个代表”重要思想和科学发展观为指导思想，充分发扬了民主精神，严格依法办事，审议批准了一系列重要的工作报告，并选举出了新一届的领导班子成员。这标志着，我市在今后五年内的发展方向已经明确。这次大会是民主的大会，是胜利的大会，是一次集中智慧、凝聚力量的大会，也是一次继往开来、催人奋进的大会！

从现在开始，新当选的领导机构同志们就要开始正式履行职责了。我相信，同志们肩负着全市人民的信任和支持，一定会恪尽职守、奋发有为，努力创造出更加辉煌的成绩。在这里，我们也向因为年纪和身体原因，不能继续在工作岗位上为人民继续服务的老领导干部们表示衷心的感谢！

近年来，在全市干部群众的共同努力下，在历届领导班子工作的基础之上，我市经济发展明显提速，各项事业全面进步，人民生活水平不断提高，城市市容市貌也有了很大的改观，社会治安稳定。全市人民在这一历史进程中，步伐更加坚定，干劲更加增大！

今后的五年，是在新的起点上实现富民强市的关键五年。此次大会，再一次向全市人民发出了建设美好城市的总动员。处于这样一个可以有所作为的时代，我们的当务之急就是拿出使命感，抓紧每一天，踏踏实实做人，认认真真做事，以更加出色的业绩向党和人民报喜！

面对新的历史任务，我们一定要继续坚持解放思想、实事求是、改革创新的精神，按照承前启后、不断实践、不断提升的要求，增强工作的创造性、坚韧性，选定正确的目标，在前人的基础上，紧跟时代潮流，不断开拓创新。力求全市尽快在思想观念的转变、体制的创新和环境的优化上实现更大的突破。面对新的挑战，我们必须抓好经济建设这个第一要务，构建社会主义和谐社会。和谐发展是全市人民的共同愿望，也是摆在我们大家面前的一道难题，为了实现这一目标，必须按照科学发展观的要求，实事求是地做好每一件事。

各位代表、各位同事，新的机遇已经到来，让我们认真学习、宣传、贯彻好此次大会的精神，在省委、省政府的坚强领导下，我们前进的步伐必将会更加的坚实，让我们为实现我们的宏伟蓝图而不断奋斗！

谢谢大家。

县委书记在人大会议上致辞

【致辞背景】县人大×届×次会议上

【致辞人】县委书记

同志们：

中国共产党××县第×届×次代表大会，经过全体代表的共同努力，圆满完成了各项预定任务，今天就要闭幕了。此次大会共取得了两项重要的成果，第一，通过了中共××县第×届委员会的报告，大会明确提出了未来一年的工作目标以及战略措施；第二，对过去一年的工作进行了总结评定，为我们在新的历史征程上夺取更大胜利提供了更丰富的经验。此次大会是一次胜利的大会，是一次解放思想、凝聚力量的大会，是一次民主团结、求真务实的大会！

此次大会期间，同志们抱着对党和人民事业高度负责的精神态度，认真审视过去的工作，深入分析了未来所面临的形势，做出了科学的规划。大会一致认为，在过去的一年中，我县的各项事业取得了令人振奋的成绩，积累了非常宝贵的经验，我们必须进一步来巩固和发展着来之不易的大好形势。在今后的道路上，我们既面临着难得一遇的发展机遇，又面临着严峻的挑战，所以，各位必须以更加坚定的信心，更加饱满的热情和更加务实的作风，积极推进各项工作的发展，不断谱写出新的华丽篇章。

同志们，以此次党代会为标志，我们县的改革发展事业将翻开新的一页。现在，目标已经摆在我们眼前，重担已经挑在肩上，我们必须正视现实，同心协力，奋发进取，共同努力创造出更加美好的明天。这既是党和人民对我们的要求，也是时代所赋予我们的庄严使命。

这次大会闭幕后，希望同志们在回到各自的工作岗位以后，能够带头宣传好、贯彻好此次大会的精神，动员全县广大干部群众迅速兴起学习贯彻党代会精神的热潮。全县各级党组织要把这个作为当前和今后一个时期的重要任务，统一思想行动，凝聚智慧力量，将未来发展的蓝图逐渐实现好！

同志们，代表们！新的建设序幕已经拉开，我们所要肩负的使命将会更加的艰巨而光荣。让我们继续团结在以胡锦涛同志为核心的党中央周围，以科学发展观为指导思想，高扬和谐、发展的主旋律，众志成城，为建设文明、和谐的新××而不懈努力！

论坛主席在世界经济论坛闭幕式上致辞

【致辞背景】世界经济论坛闭幕式

【致辞人】论坛主席

女士们、先生们，朋友们：

大家晚上好！在过去的两天时间里，我们度过了一段充满激情的日子。在大家的共同努力下，第×届世界经济论坛取得了圆满成功，现在即将拉上闭幕的大幕。

首先，我要感谢在座的诸位，感谢你们的参加，才使得这次会议能够成为一届富有成效的大会。在我看来，此次论坛之所以可以取得如此大的成绩，和我们新伙伴的加入是分不开的。这些新伙伴既包括全球性的经济增长公司，还包括科学领域的精英，他们为此次论坛的成功举行付出了很多的时间和精力，充分发挥了自己的创新精神。在这里，请允许我代表大家对他们表示感谢。还有很多组织，他们积极参加了我们论坛的所有讨论和交流，他们的所作所为都值得我们的尊重和感谢。最后，我还要再一次感谢我们的成员、我们所有的合作伙伴，谢谢你们使得此次论坛成为一届成功富有成效的活动。

此外，我还要感谢我所有的工作人员，他们为此次会议做了非常多的准备工作，这才使得我们的会议能够顺利的举行。另外，我认为，此次会议的成功，还要感谢××市政府的大力支持，这也是大会成功的一个关键因素。××市长和××市政府的工作人员，你们是我们最应该感谢的人。还有成百上千名的会议志愿者，还有热情的××市民，谢谢你们，谢谢你们用你们的热情来接纳我们，使得我们感受到了开放、友好、热诚的气氛，谢谢你们！

虽然此次会议只有短暂的×天时光，但这是极不寻常的×天，我们绝对不会忘记这×天，不管以后是在做决策时还是在考虑问题时，这×天里所取得的成果都值得我们去谨记。

女士们，先生们，这是一届非常成功的大会！我也期待着明年的这个时候能够再见到你们，也希望大家能够一切顺利！朋友们，再见！

在金融洽谈会闭幕式上致辞

【致辞背景】××金融洽谈会闭幕式

【致辞人】××市副市长

各位来宾，女士们，先生们：

由××市政府举办的第×届金融洽谈会，经过议定的程序，马上就要结束了。

首先，我代表××市委、市政府，对参加此次金融洽谈会的所有企业和组织，表示衷心的感谢和美好的祝愿！参加此次洽谈会的企业共有×××家，金融组织××个，大会期间，共有××个合作项目正式签约，还进行了金融讨论研究会等多次谈论活动，初步形成了此次会议的目的和成果。

通过此次会议，我们搭建了×××家企业和××个金融组织之间良好的沟通和合作平台，进一步加强了彼此之间的友好关系和合作意向，实现了资源共享，双方互赢的美好前景。这对将来我市金融业的发展起到了积极的引导促进作用，对于我们政府下一步经济工作的部署提供了良好的参考。这次会议真正起到了为当地经济服务的艰巨任务。

今后，我们将以此次会议为契机，进一步通过沟通和友好合作交流以及现实的合作，来促进各金融企业和机构形成资源共享，达到真正意义上的互赢。从更高的层次上推动着我市金融行业的健康发展和快速前进。

同时，我们将本着实事求是、讲求实效、互利互惠和自愿的原则，鼓励更多的金融企业和机构加入到我们的行列中来。希望大家能依托我市快速发展，实现资源共享、信息共享和成果共享，提高整个行业的效益和信誉，促进全市金融行业快速发展，并为我市金融行业提供更多更优秀的人才。

最后，我对此次参加会议的各位金融精英和行业领袖再次表示热烈的欢迎和衷心的感谢！向所有关心支持本次洽谈会的人们表示感谢！向大会的全体工作人员表示真诚的感谢！谢谢大家！让我们相约下一届洽谈会的召开！朋友们，再见！

在国际高新技术成果交易会闭幕式上致辞

【致辞背景】第×届中国国际高新技术成果交易会闭幕式
【致辞人】××市市长

各位来宾，各位朋友，女士们、先生们：

第×届中国国际高新技术成果交易会，在党中央、国务院的亲切关怀下，在国家有关部委和各省市的大力支持下，经过国内外个参展团组的通力协作和积极配合，顺利完成了各项工作和任务，取得了圆满成功，即将落下帷幕。在此，我谨代表第×届高交会组委会和××市人民政府，向莅临××市参加本届高交会的海内外专家、学者、投资家、企业家，向所有关心、支持高交会的各级领导和各界朋友表示衷心的感谢和崇高的敬意。

本届高交会展情况有很辉煌的成果。共有来自全世界××个国家和地区的××个代表团、××××家参展商和××××家国内外投资商参加了展示、交易和洽谈，参观人数达到了惊人的××万人次，共有××家中央媒体、××家境外媒体在内的×××家媒体、××××名报道者参与了此次活动的新闻报道工作。本届高交会各代表团、参展团组织推介会、签约会达到了××场次，共签订了合同或者协议××××项，成交金额达到了×××亿美元，比上届增长了百分之××。这其中，高新技术项目成交××××项，成交金额×××亿美元，占总成交额的百分之××，比上届增长百分之××。

本届高交会活动丰富、精彩纷呈。包括×××、××××等诺贝尔奖获得者在内的××为国际知名专家学者都光临了此次高交会现场，进行了精彩的演讲活动。这是一次成功的会议，在这里，全球各地的科技思潮再一次得到了碰撞和融合，充分展示了世界科技的前沿动态；体现了中国政府对高新技术产业的关注和支持，在国际资本市场也引起了强烈的反响；扩展了利用国际资本发展我国高新技术产业的有效途径。大会创造了新的服务形式，得到了参会者的高度称赞，引起了国内外新闻媒体的广泛关注。这些创新将在下一次活动中得到保留和发展。

本届高交会会期虽短，但得到了很大的成功，与会人员彼此间加深了了解，促进了合作。随着国内外高新技术产业的蓬勃发展，我相信，我们的高交会将会越来越得到世人的瞩目。朋友们，让我们相约明年！

现在，我宣布：第×届中国高交会闭幕！

在市房交会闭幕式上致辞

【致辞背景】市第×届房交会闭幕式

【致辞人】组委会主席

各位朋友、各参展单位代表，女士们、先生们：

大家晚上好！备受全市人民关注的××市第×届品牌房地产交易展示会已经胜利落幕了，此次房交会在××市人民政府的高度重视下，在各相关部门的大力关心支持下，在承办单位、协办单位、组委会工作人员和全体参展企业的共同努力和大力配合下，在广大市民的积极参与下，取得了圆满成功！

在此，我谨代表组委会，向今天获得各项荣誉的房地产企业表示热烈的祝贺！向所有为此次房交会付出辛勤努力和重大贡献的各界朋友们，表示衷心的感谢！

本届房交会期间，各参展企业都投入了大量的人力、物力和精力，展位的布置、促销的手段，等等这些方面，都取得了良好的效果。据统计，参加本届房交会的房地产开发公司共有××家，参展项目××个，提供房源××××套。参展人数超过了×万人次，其中共成交房屋×××套，达成意向的成交数×××套。

在本届房交会期间，各参展企业以及参展人员都充分展示出了良好的企业形象，不仅完成了传统意义上的房交会活动，还积极参加组委会组织的各项丰富多彩的交流互动活动，并取得了成功。通过此次房交会，全面展示出了我市房地产产业的发展成就和企业良好的形象，并且展示出了我市房地产行业的整体实力和发展后劲。综合来说，这是一次非常成功的房交会！

最后，希望各参展企业能够在今后的日子里再接再厉，再续辉煌。希望各房地产开发企业能够认真贯彻落实政府各项关于房地产行业的宏观调控措施，诚信经营，共同打造我市房地产市场环境，维护我市房地产行业的健康可持续发展，为我市的城市建设和改善市民的居住条件作出更大的贡献！

谢谢大家！

在汽车展览会闭幕式上致辞

【致辞背景】××汽车展览会闭幕式

【致辞人】××车展组委会秘书长

尊敬的各位嘉宾、媒体朋友们，女士们、先生们：

下午好！

欢迎各位在百忙之中能够光临第×届××车展的活动现场。第×届××国际汽车工业展览会，经过×天的高效运转，今天顺利结束了！在此，我谨代表车展组委会成员，向所有关心此次车展的各有关领导、社会各界以及中外汽车界的朋友们，表示衷心的感谢！

本届车展在大家的倾情参与和积极关注下，取得了巨大的成功。此次车展，共有来自全球××个国家和地区的××××家中外汽车厂商参加，展出车辆××××辆，其中进口车×××辆、国产车××××辆，全球首发车××辆。来自全球××××家中外媒体共××××名记者对此次车展进行了不遗余力的宣传和报道。本届车展，共接待来自全世界共××万人次的到来，他们纷纷怀着极大的热情来参加了本届车展，并取得了相应的收获。

本届车展，完美地将环境、能源问题和低碳技术、绿色经济以及可持续发展的理念结合在了一起，共同演绎了一个足以对未来汽车行业发展起到启迪作用的汽车盛宴。在展会高峰期间，到场人员达到了惊人的××万人次，创造了新的纪录。

本届车展也得到了国家有关部门和××市政府的高度重视。其中全国科技部部长×××、××市市长×××以及中国汽车协会主席×××都亲临现场，认真参观指导了本届车展，并对此次车展给予了充分的肯定，并激励完美再接再厉，将××车展打造成世界知名的车展，吸引来自全世界各地更多优秀的汽车厂家的参与。

第×届××车展即将落下帷幕，让我们不忘振兴中国制造业的历史责任，牢记构建和谐社会的社会责任，做好自己的本职工作，共同将我国的汽车行业做大做强。让我们相约下届车展，期待更辉煌的明天！

谢谢大家！

在茶业博览会闭幕式上致辞

【致辞背景】在第×届中国××茶业博览会闭幕之际
【致辞人】茶叶联合会副会长

尊敬的各位领导、各位来宾，朋友们：

大家好！

第四届中国××茶业博览会历时三天，在与会同志们的共同努力下，圆满完成了各项任务，今天就要胜利闭幕了。在此，请允许我代表××茶叶联合会，向为园博会成功举办作出了突出贡献的××市委市政府、××市人民和参加协办的各市政府及有关部门表示诚挚的谢意！

本届茶博会是继前三次茶博会之后我省茶业界的又一次盛会，其规模之大，内容之丰富，形式之灵活，是历次茶事活动所不多见的。本届展会展览总面积××万平方米，其中，室内展××万平方米、室外展××万平方米，设展位××个，××个国家和地区的××家企业和机构参加了展示、交易和洽谈。

本届茶博会是一届洽谈踊跃、成果丰硕的盛会。本届展会参观人数达××万人次，专业买家××万多人，包括××多家媒体、××多名记者参与了报道。截至闭幕，展会现场成交××亿人民币，意向签约××亿人民币，总额××亿人民币。本次茶博会为我省茶业界营造了一个崭新的局面，为今后茶事活动的开展奠定了一个良好的基础。

本届茶博会隆重举办了××活动，并将××活动延伸到高校园区，让更多大学生参与到茶文化活动中来；同时还有××××活动和××××活动。通过这些活动，集中展示了我省茶产业的发展成果，突出宣传了“绿茶”品牌，增强了××绿茶的市场竞争力和在消费者中的影响力。本届茶博会以文化提升了××绿茶的形象和品位，以展会的形式呈现出大好发展前景。

××茶产业经过多年的政府引导，产业扶持，已经初见成效，××茶产业即将迎来一个新的大发展，正面临一个难得的历史机遇期。当然，××茶产业的发展还有很长的路要走，还需要我们茶业界广大同仁，同心同德，共同努力开创××茶产业更加美好的未来。

本届茶博会会期虽然短暂，但中外嘉宾汇聚一堂，加深了了解，增进了友谊，促进了合作，给我们留下了美好的记忆。让我们期待下次盛会再相见！

谢谢大家！

在老年文化交流会闭幕式上致辞

【致辞背景】在××国际老年文化交流会闭幕之际

【致辞人】××市委宣传部长

尊敬的各位来宾，女士们、先生们，朋友们：

大家好！

为期××天的××国际老年文化艺术交流会将要于今天圆满落下帷幕了。我谨代表××市委、市政府，对交流会的成功举办表示热烈的祝贺，对大会的组织工作人员表示衷心的感谢，对中外与会的老年朋友表示亲切的慰问。

此次活动是老年人展示风采、渲染生活的一次盛会。在这××天的美好时光里，来自俄罗斯、荷兰、韩国、日本以及中国香港等地区的××多名老人欢聚一堂，载歌载舞，以文化交流的方式促进了相互的了解，增进了彼此的友谊。各位中外的老年朋友心中都涌动着一股热情，忘记了年龄，忘记了迢迢路途的困顿，因为我们每个人都有一个共同的理念：人生步入老年，更加有理由、有理性选择所有健康、积极，自己喜欢的生活、生存方式，使日渐失去的年轮成为一生中最美好的时光。

交流会举办的丰富的文化娱乐节目，从歌唱、舞蹈到小品、魔术，无不展示了老年朋友对生活的热爱，对生命的珍重，对未来的信心。老年朋友们还举行了老年健康生活交流会，共同探讨日常生活中保持健康的小细节和小秘方。

各国老年朋友饶有兴致地参观了中国的民间舞蹈、老人所做的手工编织、书法绘画、江南丝竹茶韵等极具中国特色的艺术活动。在为期××天的交流会中，与会的各国老人还参观了上海各区的老年大学和社区老年活动中心，与××老人分享他们在老年文化、休闲生活方面的经验。

年华易逝，风华易老，在交流会闭幕之际，我衷心地祝愿各位老年朋友在以后的日子里能够健健康康，生活安心幸福。也希望国外的老年朋友能常来中国做客、交流。

谢谢大家！

县委宣传部长在书画展闭幕式上致辞

【致辞背景】在××××书画展闭幕之际

【致辞人】县委宣传部长

尊敬的各位来宾、各位朋友：

上午好！

春光明媚，草长鸢飞。美好的时光总是短暂的，经过××天的展览，××县××××书画展将于今天落下帷幕了。在此，我代表县委、县政府对这次书画摄影展的成功举办表示热烈的祝贺！对参与书画展筹备、展览的工作人员表示亲切的慰问，对积极创作、热心参与的书画家们表示崇高的敬意和衷心的感谢。

此次××××书画展本着“提高书画爱好者的书画欣赏水平及创作水平；营造浓厚的艺术氛围，培养广大市民的文化情操；促进××县文明建设的宗旨”，为丰富广大市民的文化生活，营造良好的文化氛围起到了积极作用。

此次书画展共收到来自全国各地××名书画作者的书画展品××幅，主要有绘画类的动漫、国画、水粉、素描等，书画类包括：软笔和硬笔书法以及小篆章印。经过专家和书画协会成员的筛选和评议，共评出一等奖奖××名，二等奖××名，三等奖××名，优秀奖××名。不少书画爱好者还就今后如何推动书画学习的氛围和如何促进××县书画爱好者的美术学习进行了探讨和交流。

书画艺术历史悠久，源远流长。它可以感发人心，陶冶情操，对于净化社会风气，提高人的素质居功甚伟。在新的历史时期，书画艺术也是社会主义精神文明建设的一项重要内容。我们××县是有着光荣传统的革命老区，产生过具有一定知名度的书画艺术家，全县书画爱好者众多，书画艺术普及。这次我们有幸与这么多德高望重的老一辈书画艺术家和勤于钻研的书画爱好者共聚一堂，见教大方，备感亲切和兴奋。

我相信，这次书画展对于进一步提高我县书画艺术的整体水平必将产生积极的促进作用，对我县两个文明建设也必将产生重大影响。再次对各位书画作者们的积极参与、对关怀××县各项建设的社会各界人士表示衷心的感谢！

谢谢！

在盆景展览会闭幕式上致辞

【致辞背景】第×届中国盆景展览会闭幕式
【致辞人】展览会会长

尊敬的各位领导、各位嘉宾，女士们、先生们：

大家下午好！

在这个草长莺飞，百花盛开的美好春日里，我们齐聚在美丽的海滨小城××，度过了美妙的三日时光，共同见证了第×届中国盆景展览会的顺利召开！在这里，我们共同收获了令人叹为观止的盆景精品，同时还收获了弥足珍贵的友谊，更获得了全社会和广大盆景爱好者对我们的关注。基本做到了展览会的宗旨：促进盆景艺术的发展，吸引更多的人加入到我们的队伍中来！

第×届中国盆景展览会是在中国风景园林学会、××省建设厅、××市人民政府的正确领导下，在中国盆景协会的直接指导下，在此次展览会组委会的统一协调下，在有关部门、广大市民的大力支持下，才得以顺利召开的，并取得了完满的成功。在此，我谨代表组委会对所有支持、关心、帮助此次展会召开的部门和领导表示衷心的感谢！同时向此次展会获得各项奖项的单位和个人表示衷心的祝贺！

本届展览会充分体现了活动的主题——弘扬中国盆景文化。在全国盆景爱好者的共同努力之下，我们成功举办了一次盆景盛会，这不仅仅是一次盆景文化的盛会，更是一次见证友谊的盛会，是一次站在新的起点上的盛会！

虽然此次展览会只有短短的几天时间，但却取得了十分喜人的成绩。我们不仅为各个参展单位提供了一次相互认识、相互交流学习、相互提高的机会，同时也给××市市民提供了一次欣赏体验高雅艺术的大好机会，同时也给我们××市的同行们留下了一笔宝贵的经验财富。在此，我还要谢谢那些对我们组委会工作提出宝贵批评指导意见的各位热心人士，谢谢你们对我们工作的关心和热爱，我们会将你们的意见在我们今后的工作中进行贯彻落实。

最后，祝大家身体健康，家庭幸福，祝我们的盆景艺术蓬勃发展。愿更多的人加入到我们的队伍中来！谢谢大家！

在职代会闭幕式上致辞

【致辞背景】在××铁路段第××届职代会闭幕之际

【致辞人】××铁路段党委书记

各位代表、同志们：

我段一年一届的职工代表大会，在全体代表的共同努力下，园满地完成了大会的各项任务，就要结束。

这次会议是我们深入贯彻落实全国铁路工作会议精神，全面落实公司领导干部会议精神，全面总结××年工作，安排部署今年工作的一次重要会议。会议期间，新一届工会委员会、职代会常任主席团和新一届职工代表，以高度的责任感和使命感，认真听取了××同志所作的工作报告，同时与会代表还以高度负责的态度对各项报告和涉及职工切身利益的事项进行了认真的审议。各位职工代表为我段发展积极建言献策，提出了许多很好的建议。

这次会议，自始至终充满了开拓创新的精神面貌和民主气氛，各位代表以饱满的精神状态和高度的政治责任感，围绕全段今年的重点工作，畅所欲言、献计献策，认真履行了参政议政的民主权利，充分体现了全段上下谋改革、群策群力求发展的信心和决心。贯彻落实好这次会议精神，对于激发干部职工的斗志、推动全段各项工作实现新发展，取得新成效具有重要的意义。

新的一年，是我们深入学习贯彻“三个代表”重要思想和党的十六届五中全会精神，全面推进铁路跨越式发展的关键年。面临新的形势，要实现今年的各项奋斗目标，我们肩负的责任很重，要做的工作很多，但最关键、最根本的一点就是要按照“三个代表”的重要思想和科学发展观的要求，坚定不移地落实党的全心全意依靠工人阶级的指导方针，调动一切积极因素，启迪职工的聪明才智，充分发挥广大职工在段改革发展中的主力军作用。

各位代表、同志们，新的一年已经开始，机遇蕴含精彩，创新成就未来。让我们以放眼全球的宽广视野，以赶超先进的雄心斗志，以奋发有为、激情超越的精神状态，与时俱进，开拓创新，认清面临的任务，明确肩负的使命，增强责任感和紧迫感，增强机遇意识和开拓意识，牢固树立和落实科学发展观，在公司党委的正确领导下，团结和带领广大干部职工振奋精神，坚定信心，以饱满的精神状态迎接新挑战，齐心协力再创我段各项工作新局面。

谢谢大家！

在摄影展闭幕式上致辞

【致辞背景】在××公司××届摄影展闭幕之际

【致辞人】××公司董事长

朋友们：

在各位工作人员的积极努力、勤奋筹备下，在众多创作者的积极参与下，××公司××届摄影展于今天胜利闭幕了。在此，我谨代表公司对摄影展的圆满成功表示热烈的祝贺，对积极提供作品的作者，对展会的工作人员表示衷心的感谢！

本次展出的作品，形式丰富多样，共有参评作品××幅，入选展出作品××幅，是公司有史以来送展作品最多的，这些摄影作品思想内容丰富，以不同的题材、风格和形式，以鲜明的摄影语汇，反映了公司积极向上的精神风貌，并从不同角度展示了公司发展道路上所发生的令人印象深刻并有重要意义的重大事件，表达了创作者对公司发展的深切关注和美好期望，以及创作者内心的自我想法和对公司的深厚感情。我们甚至能从这些作品中，回顾到公司每一点每一滴的发展轨迹，就像看着自己的孩子慢慢长大一般，内心充满感动和希冀。因此可以说，这次摄影展是迄今为止公司水平最高的一次综合性摄影展。

今天，摄影已经不再只是艺术，而是一种普通的视觉语言。摄影家也不再只是一个迷恋于自我表达与关注摄影自律性的艺术家，而更像是一个社会学家。摄影者要做的工作已经超出了个人的带有自恋倾向的表现主义情结，让摄影成为社会发展中的一股有效的影响力量，并希望这股力量影响人们的价值观和思考的方式。

这次展览是作者艺术手法展示，也为大家提供了一次艺术的享受，美的享受，在享受过程中感受身边每个人的思想和对公司的感情。展览即将结束，我希望大家通过作品的展示，互相交流，互相学习，相互促进，在以后的工作中团结奋进，为了公司的美好明天，为了大家的幸福未来共同努力。

最后，让我们以热烈的掌声，祝贺此次摄影展圆满闭幕！

五、欢迎辞

在欢迎上级领导检查工作会议上致辞

【致辞背景】在欢迎上级领导检查教育工作会上

【致辞人】××区委书记

尊敬的×厅长，各位领导、各位教育专家：

大家上午好！在这江南三月的美好时节里，各位领导、各位教育专家莅临我区进行检查调研工作。首先，我代表××区委、区人大、区政府、区政协以及全区人民，对×厅长一行表示热烈的欢迎！

各位领导、各位专家能亲临我区指导我区教育工作，不仅是对我区教育事业的关心，也是对我区广大教育工作者的督促和鼓励。多年来，我区一直坚定不移地贯彻科教兴国战略，不断加大对教育的投入，致力于改善教育教学设施与办学条件，极大地提高了我区中小学教学质量，促进了我区教育整体的发展。

自从××××年我区被确立为全省第一批基础教育课程改革实验区以来，区委、区政府高度重视，制定了“抢先机、求扎实，稳步做好基础教育课程改革实验”的工作目标。同时，区委、区政府认真做好各项教育工作，加大师资投入，以课改实验为依托，积极推进基础教育的改革与发展，不断发展与完善素质教育，促进我区教育事业的平稳、健康、快速发展。最近几年来，我区基础教育课改实验工作稳步发展，受到了省市教育工作者的好评。

目前，运用先进的信息技术和教学手段仍然是我国教育改革的大趋势。特别是××××年，在我区财政困难的情形下，区委、区政府仍然投入××万元开展现代远程教育示范以及试点工作项目两大工程，加快了我区教育信息化的步伐，促进了我区中小学教育教学质量的提高。

我区课改实验以及现代远程教育工程的顺利进行，离不开×厅长、各级教育部门的关怀和帮助。今天，我们很荣幸地迎来了各位领导与专家们的莅临指导。这次检查工作既能检验我区基础教育工作的实施，也能推动我区教育事业的发展。在今后的工作当中，我们将严格按照各位领导和专家的新指示，深入开展各项教育事业、求真务实，争取使我区的教育事业跨上新的台阶！

最后，让我们再一次用最热烈的掌声欢迎我们尊敬的×厅长、各位领导和专家们，并祝愿各位领导和专家在我区身体健康、万事如意！谢谢！

在欢迎省级检查组验收工作会议上致辞

【致辞背景】在欢迎省级园林检查组验收工作会议上

【致辞人】××市委领导

尊敬的××组长，各位领导、各位专家：

大家下午好！惠风和畅，天朗气清。今天，我们很高兴地迎来了省级园林城市检查验收组的各位领导与各位专家。在此，我谨代表中共××市委、市人大、市政府、市政协以及全市人民，对不辞辛劳的检查验收组表示最诚挚的欢迎！

××市位于××、××两省交界处，地处××省的北部。在古代，××市是兵家必争之地，现在是企业家必到之处。××市地理位置优越，交通便捷，自然资源丰富，工业基础雄厚，山清水秀，民风淳朴，发展前景广阔，是一个魅力十足而又个性非凡的现代园林城市。

多年以来，我市在抓经济建设的同时，也注重建设生态城市，将争创省级园林城市作为改善市民生活质量、提升城市形象与竞争力等工作的核心。为此，我市不断加大对创建省级园林城市的资金投入与重视程度，注重生态环境建设的成效，并取得了显著成就。围绕“高规划起点、高设计标准、高建设水平”的理念，我市不但建成了一大批公园绿地、休闲街道、绿化带等城市园林绿化工程，还初步建成了以公园、××景区、广场绿化为点、以道路、河流水系绿化为道路绿化为网、以大环境绿化为面的城市绿化格局。经过一番建设，我市逐渐呈现出“城美、路绿、水秀”的城市新面貌，极大地改善了城市环境，提高了市民生活质量，促进了我市树立生态城市、争创省级园林城市工作的开展。我们相信，在各级领导的关怀和支持下，我市的明天必将更加辉煌和灿烂！

各位领导、各位专家，争创省级园林城市是我市上下为之苦苦奋斗的目标，更是全市人民长期的渴盼。尽管我市为争创省级园林城市做了很多工作，也取得了不少成绩，但对照省级园林城市的标准仍有不少工作要做。在这里，我们还要请各位领导、各位专家不吝赐教，多为我市城市园林建设提出宝贵意见。我们深知，争创园林城市不是一劳永逸的事情，我们决心把这次检查验收作为契机，以此作为我们今后城市工作的新起点，努力开创城市发展的新局面。

最后，我再次代表中共××市委、市人大、市政府、市政协以及全市人民，对一直关心和支持我市工作的各级领导、各位专家表示衷心的感谢！祝愿各位领导、各位专家在××市期间身体健康、工作愉快！谢谢大家！

在欢迎考察团仪式上致辞

【致辞背景】在欢迎×国××市考察团仪式上

【致辞人】××区长

尊敬的×××议长、各位来宾、各位朋友们：

大家上午好！在这金秋十月，我们迎来了以×××议长为代表的×国××市考察团的尊贵客人们。首先，我谨代表××区委、区人民政府，向各位远道而来的各位来宾、朋友们表示最热烈的欢迎！

××区位于××、××、××三省交界处，处于四条铁路干线的核心位置，交通便利，水路、陆路、航空等运输便捷。同时，我区人口为×××万人，周边一百公里内人口达五千多万，市场潜力巨大。而且，我区历史悠久，是历史上许多名人的故乡，如×××、××、×××等人。

我区拥有多种丰富的资源，能够提供优质的资源保障。从农业来看，我区是国家商品粮生产基地区、油料作物基地区以及中国××、×××水果之乡；从人力来看，与同等区县相比，我区劳动用工成本较低，人力资源丰富；从水资源来看，我区地下水资源丰富，拥有蓄水量达一亿立方米的水库，水资源丰富。而且，我区电力资源、煤炭资源、土地资源都十分富裕充足，适合发展生产项目，是投资的热土。在产业上，我区已基本形成了以高新技术、煤电化工、农副产品加工等三大工业产业为主，以商贸物流、教育、卫生等三大服务业为辅的发展模式。

近年来，我区不断加大对城市建设的投入，积极完善城市服务功能，极大地改善了城市环境，使城市环境优美，空气新鲜。同时，我区放宽企业投资环境，对投资过亿的工业项目实施很多优惠政策，连续两年被评为××省生态环境与投资环境十佳区。

尊敬的×××议长、各位来宾，发展环境的优越性使我区成为资本富集、服务质量优的地区。我区将一如既往地秉承“互惠互利、合作共赢”的理念，以更优质的服务和更优惠的政策，加强与×国××市的交流与合作。文明淳朴、十分好客的××区人民真诚地欢迎大家到这片生机勃发的沃土上投资创业，共谋发展大计！

最后，我代表××区人民衷心地祝福大家身体健康、事业蓬勃、万事如意！

在欢迎专家考察团欢迎会上致辞

【致辞背景】在××公司专家考察团欢迎会上

【致辞人】××市长

尊敬的各位专家：

大家上午好！在这金秋送爽、丹桂飘香的时节里，我们很高兴地迎来了以×××先生为首的××公司考察团。在此，我代表××市委、市人大、市政府、市政协对各位的到来表示热烈的欢迎，并致以真诚的感谢！多年来，我市与××公司一直保持着紧密合作的伙伴关系，建立了深厚的友谊。我衷心地希望双方能在××项目上再次合作，共同进步，共同发展！

我们深知，××项目是一个技术要求高、环境要求高、前景广阔的大型工业项目。而我市工业基础雄厚、技术较为发达，拥有承办××项目的基础和条件。具体说来：

首先，拥有优良的硬件基础。市委、市政府大力支持××项目以及××公司的发展。在城市规划中，上级领导已经将我市××、×××地一带开辟为工业园区。同时，许多工业企业有落户我市的意向。在这种形势下，我市的工业将迎来新的发展机遇，也为以贵公司为代表的许多大型企业提供了更加广阔的发展天地。××公司在×××董事长的带领下，加快发展步伐，走上了一条大型化、规模化、装置化的良性发展道路。××市愿与××公司精诚合作，支持贵公司的发展，共谋发展大计。

其次，拥有承办××项目的得天独厚的条件。从自然资源来看，××市处于××、××、××三地交叉的核心地带，地形平坦，水资源、天然气、石灰石、煤炭等资源储量丰富；从农牧业来看，××市被评为“全国无公害蔬菜生产示范基地”、“国家级××养殖场”，拥有雄厚的后勤保障基础；从交通来看，××市城市道路发达，能够为××项目提供便捷的交通；从教育来看，我市教育在全国范围内都享有盛名，能够提供丰富的人力资源。

综上，我们认为××公司××项目落户××市有足够的科学依据。我们相信，在××公司领导的英明决策下，通过××市人民的不懈努力，××工程必将成为一个促进××公司发展壮大、推动××市进步的伟大工程！

最后，祝愿各位专家在我市生活愉快、身体健康！

在欢迎党政考察团仪式上致辞

【致辞背景】在欢迎党政考察团座谈会上
【致辞人】××市长

尊敬的×市长、各位来宾、各位朋友们：

大家下午好！今天，我们非常高兴地迎来了以×市长为代表的××市党政考察团一行。首先，我代表中共××区委、区人大、区政府、区政协以及全区人民，对各位的到来表示热烈的欢迎！

××区位于××市东部，毗邻多个省份，靠近京九铁路，地理位置优越，交通方便。我区景色优美、神态环境保护良好，植被覆盖面积达×%；矿产储量丰富，种类多样；景观独特，是旅游胜地，如××山、×××古刹、××××古建筑群；历史文化底蕴深厚，并享有“才子之乡、文化之邦”的美誉。

近几年来，××区委、区政府结合××市实际，制定了一套具有地方特色的经济发展思路。为此，我区坚持以招商引资为发展突破口，以不断推进工业化、农业化、城市化为支柱，加快发展经济。

具体说来，我区以招商引资为契机，改善投资发展环境，努力构建开放经济发展模式；不断整合招商方式、项目优势、工作机制、政策资源，努力实现灵活的招商网络、有序的招商项目管理机制、完善的工作机制等发展目标。而且，我区发挥资源优势，积极推进农业产业化进程。同时，我区不断完善城市服务功能，加快发展和完善基础设施建设，促进了城市内涵的提升，也扩大了城市的影响力。

经过一番努力，我区在经济社会发展上取得了一些成绩，生产总值突破××亿元，三大产业协调发展，财政收入也稳步增加，人均收入有了极大提高。尽管如此，我区在工作中还有不少有待进一步发展与完善的地方。我们衷心地希望各位市领导能够多为我区的工作提宝贵意见。同时，我们也诚挚地期望双方能够加强交流与合作，实现互惠共赢，共图发展的目标。

最后，我代表××区人民祝愿各位来宾身体健康、工作顺利、顺心如意！

在欢迎新兵入伍时致辞

【致辞背景】在欢迎新兵入伍的会议上

【致辞人】××军队党支部领导

新战友们：

大家好！首先，我代表××新兵连党支部，向各位新战友表示热烈的欢迎！你们的加入，为我们连队注入了新的活力与生机，为军营生活增添了不少光彩。

各位亲爱的新战友们，今天，是你们告别中学时代的一天，也是你们迎接军旅生活的第一天。今天是你们人生的一个重要转折点，你们已经迈出了军人生涯中最重要的第一步。但是，想要走好、走直每一步却不容易。高达万丈的高楼大厦要靠坚固的地基方能屹立不倒，一个合格的军人也要如此，必须练就任凭风吹浪打而不倒的本领。穿上军装并不代表就是一名军人，正如现在的你们。你们现在也身穿军装，但是却不是一名真正意义上的军人。一名真正意义上的军人，要经过十分严格而又正规的军事训练，包括思想、行动、言行、军事等各个方面的训练。在新兵训练阶段，我希望你们能够严于律己，严格训练，努力走好每一步。

俗话说，忠孝难两全。我们选择了做一名军人，就要舍弃一些心爱的东西。穿上军装，就不能像普通人那样天天与家人相伴，不能终日牵起父母的手。然而，正因如此，才能有更多的家庭团聚，有更多的人能够终日牵起父母的手，这是我们的价值所在，也是军人令人自豪的地方。当你们明白了这一点，就会真正意识到自己的职责所在。

当兵不是一件容易的事，要经受很多磨难，要忍常人所不能忍的承受力。刚开始训练时，你们会有很多不适应，但只要能坚持，走好每一步，你们会慢慢适应军人生活的。

亲爱的新战友们，要时刻记住临行前你们父母的嘱托。在你们当兵的这几年，尽管你们会遇到很多困难和挫折，还会学到很多东西，但我相信你们一定可以做到最好。至于具体的，我想现在我不用陈述，因为，你们会有以后的实际行动来证明。最后，祝愿各位新战友早立功勋，军营生活愉快！谢谢大家！

在欢迎知名人士省亲考察仪式上致辞

【致辞背景】在欢迎海外华侨归国省亲暨经贸考察仪式上

【致辞人】××区委领导

尊敬的各位侨胞、各位领导、各位乡亲：

大家上午好！青山迎贵宾，秀水含乡情。在这青山绿水环绕的胜地，我们非常高兴地迎来了以×××先生为代表的海外华侨回乡省亲考察的各位尊贵客人们。在此，我谨代表中共××区委、区人大、区人民政府、区政协以及全区×××万人民，对不辞辛劳的各位海外乡亲表示热烈的欢迎，并致以最真挚的问候！

近几年来，在上级领导的关怀和支持下，在各位海外侨胞的热忱帮助下，经过全区人民的不懈努力，××区有了翻天覆地的变化，经济总量继续保持平稳增长的良好势头，××高新技术园区被列为全省十大经济开发区之一，一系列道路基础设施正在加紧建设之中。

去年，我区成功承办了××市第×届××文化艺术节暨经济贸易洽谈会，扩大了我区的影响力，提升了我区的知名度。当前，我区经济正呈现出处处生机勃勃的景象，社会一片安宁祥和，人民生活幸福，安居乐业，形势大好，前景广阔。在今后的工作中，我区将认真贯彻落实党的政策，积极推进××××战略，在广大海外侨胞的鼎力相助下，为把我区建设成×××城市为奋斗！

多年来，各位海外侨胞虽然身在异国，但始终情系故乡，积极为故乡的发展出谋划策。对此，我们表示衷心的感谢！我们也真诚地期望各位侨胞能够常回家看看，多方面了解故乡并投资故乡，为实现经济效益与关心故乡发展的双赢而努力！

最后，我预祝各位海外华侨乡亲在故乡的考察活动取得圆满成功！恭祝各位身体健康、事业通达、家庭幸福、万事顺意！谢谢！

在欢迎校友回校仪式上致辞

【致辞背景】在校友回校欢迎仪式上

【致辞人】××大学校长

亲爱的校友：

你们好！值此校庆100周年之际，我谨代表全校师生热烈欢迎你们荣归母校，并致以最亲切的问候！同时，对你们长期以来对我校的关心和支持表示衷心的感谢！

岁月荏苒，时光飞逝。回想××年前，××大学融合了××大学、×××大学、×××大学之后，才建成了今天的××大学。如今，站在新时代发展的起点上，××大学正在开始新的航程，也开始了新的腾飞之旅。

自从××年以来，为了密切校友的联系，增进师生情谊，学校每年都会举行校友返校参观活动，共同感受校园的阳光雨露，感受悠久文化的历史传承。

“江山代有人才出，各领风骚数百年”。一百年来，无数历史名人曾在我校留下足迹，为我校增添了厚重的文化内涵与学术氛围。×××先生的正气凛然，××先生的铮铮铁骨，×××先生的大师风范……

如今，从××大学走出的一批批学子已经遍布世界各地，其中也有很多时代骄子，人中俊杰。××人勤恳努力，任劳任怨，拥有很强的进取心，不停地追逐着自己的梦想。众多的校友们都是来有所获，去有所为。在这一来一去之间，××精神已经深深地印在了很多人的心里。××大学从来就有一种沉淀多年而又愈来愈新的生命感，不但将求实、探索、信心与魄力融合起来，还渗透在百年的点点滴滴中。

今天，“××××，××××”的校训已经成为每个××人的心中永不泯灭的信念。我们相信，通过所有××人的努力，××大学一定会成为一所集综合性、开放性、研究性与一体的国内外知名高等学府。

最后，祝愿××大学的明天更加美好！祝愿校友们身体健康、工作顺利、阖家欢乐、心想事成！

在大学生志愿者欢迎会上致辞

【致辞背景】在大学生志愿者欢迎仪式上

【致辞人】××县委书记

青年朋友们、同志们：

大家上午好！大家满怀报效国家、服务于民的理想，以饱满的激情投身于西部、扎根基层，不远万里来到祖国人民最需要的地方去实现各自心中的梦想，这是一件意义非凡的事情。在此，我代表××县委、县政府以及全县人民，对于各位有志青年的到来表示最热烈的欢迎，并致以诚挚的问候！

大学生志愿服务西部计划的实施，是党和国家在新形势下做出的重要决策。各位青年朋友，你们放弃了优越的城市创业机会与生活环境，来到××县这片土地上实现你们的青春梦想，放飞你们无悔的希望。

××县是一个新开辟的县区，总人口××万人，面积不足两千平方公里，这是一个急需开发和建设的县区。同时，××县自然条件优越，生态环境良好，土地资源丰富，适合发展农业生产。而且，××县民风淳朴，风景优美，十分适宜居住。不过，××县也是一个灾难重区。灾后重建的任务艰巨，你们的到来为我们带来了智慧与知识，是××人民之福。在此，我想对大家提几点希望：

首先，要加紧转变角色以适应新的环境。大学生毕业之后，要走向逐渐社会化的过程，每个人都要从以学习为主向以工作为主的转变，从学生的角色向机关工作者的角色的转变，从校园人向单位人的转变。我衷心地希望，各位能严于律己，严格遵守机关的各项规章制度、报告制度、请假作息制度，严格克服懒散的行为。

其次，希望各位虚心求教，认真学习。你们不仅要向机关的同志们学习，更要向人民群众学习。在工作和生活中，学习同志们和群众的优良作风以及良好的工作方式，从而不断丰富自己。同时，你们也要大胆创新工作方式，要有所为，在各种实践中检验理论知识。

最后，你们要努力深入基层，不怕吃苦，甘于奉献。我们这儿的条件简陋，生活艰苦，希望你们能发扬吃苦耐劳的精神，在为人民服务中实现你们的人生价值。

此外，对于各个单位，我要提几点要求：

第一，妥善安排各位大学生的生活。对于志愿者的吃、住等问题，处理得要比本单位的好。第二，要根据个人的专业特长安排工作岗位，要因才而用。第三，要落实安全问题，务必保证各位志愿者的安全。

各位有志青年，新的征程已经开始，××县委、县政府以及全县人民都寄厚望于你们，期望你们在这片土地上能够发挥所学，谱写新篇章！

最后，真诚地祝愿你们在××县服务期间工作顺利、生活愉快！

在欢迎茶文化艺术节开幕式上致欢迎辞

【致辞背景】在茶文化节开幕仪式上

【致辞人】××市委书记

尊敬的各位领导，各位来宾：

上午好！在这春光明媚的季节里，经过精心准备，××地茶文化节隆重开幕了。有句古话说得好，“有朋自远方来，不亦乐乎”。现在，我谨代表××地区政府及全区人民，热烈欢迎各级领导、爱好茶文化的各界人士及嘉宾的到来，并致以最诚挚的问候！

饮茶的历史由来已久，在世界中占据三大饮料之冠。品茶是增进友谊的纽带，是保持健康的桥梁，是享受生活的象征，更是传承中国茶文化的媒介。××地景色优美，气候宜人，因盛产××茶而闻名中外。××茶色、香、味俱佳，外形美观，实在是不可多得的茶中精品。此次，为了普及茶文化，为了提高××地茶的知名度，更为了结识各地爱茶人士，我们以茶为媒介，以茶会友，举办这次××茶文化节。

我们相信，这次××地茶文化节的举办，不仅能够增进××地人民和各界人士的感情；还能够提升××地××茶的知名度，进一步扩大××茶的影响力；也能够带动××地经济社会发展，从而更好地造福于人民。我们也相信，经过这次茶文化节的举办，一定能够让大家对茶有一个透彻的了解，一定会给大家留下美好深刻的印象。

最后，我们衷心祝愿各位领导、各位来宾身体健康、工作顺利、宏图大展！谢谢大家！

在文化生态旅游节开幕式上致欢迎辞

【致辞背景】在××地文化生态旅游节开幕式上

【致辞人】××区委书记

尊敬的各位领导、各位来宾：

大家上午好！在这秋风送爽、菊香遍野的季节里，我们迎来了第×届文化生态旅游节。首先，我谨代表中共××区委、区人大、区政府、区政协以及全区人民，对远道而来的各位嘉宾表示最热烈的欢迎，并致以深深的问候！对长期以来关心和支持我区发展的各位领导、海内外各界朋友表示最诚挚的感谢！

随着改革开放的不断深入，我区认真贯彻党中央的政策，发挥当地资源优势，通过全区人民的不懈努力，使全区各项工作都取得了较快的发展。目前，我区正大力发展以生态旅游的第三产业，积极推进生态型农业的进步与发展。区委、区政府认真部署，以发展生态旅游为第三产业的主导产业，不断创建生态品牌，建设生态城镇，为把××区打造为××市重点旅游度假基地而奋斗！

各位来宾，回顾往昔，我们引以为豪；展望未来，我们信心十足。然而我们深知，建设生态旅游区，任重而道远。这一目标的实现，不仅需要全区广大领导干部以及全区人民的共同努力，还需要各级领导、社会各界朋友以及海内外侨乡的支持和帮助。这次旅游节的举办，不仅可以提升我区城市形象、提高我区的知名度和影响力，还将增进彼此之间的友谊，加强交流与合作；还可以更好地促进我区经济的发展。

××区山美、水美、人更美，我们真诚地希望各位来宾能在××区多停留的更久一些，更好地了解山清水秀的名川大山，游览古迹名胜，感受××人民的热情好客。我们还希望各位能够继续关注和支持我区的工作与发展，多为我们提供珍贵意见和建议。让我们共同携手并进，共同谱写××的辉煌！

最后，我预祝本届文化生态旅游节取得圆满成功！祝愿大家身体健康、工作顺利、万事如意！谢谢！

在欢迎台商投资仪式上致辞

【致辞背景】在台商投资欢迎会上

【致辞人】××市委领导

尊敬的各位来宾、女士们、先生们：

大家好！在这微风拂面的四月，我们非常荣幸地迎来了各位台商朋友们。首先，我谨代表××市委、市人大、市政府、市政协以及全市人民，对各位远道而来的朋友们表示热烈的欢迎，并致以最诚挚的问候！

自从××××年以来，经过海峡两岸同胞的共同努力，两岸关系实现了历史性的转变，走上了和平发展的道路。随着两岸友好关系的增进，两岸逐渐加大了在文化、科技、教育等方面的交流与合作。其中，我市与台商的合作正式由此契机而来。自从××市与以××先生为代表的××公司合作以来，双方秉着互惠合作、互利共赢的原则，积极创新合作机制，妥善解决了双方在贸易投资等方面存在的分歧与问题，促进了双方的发展。

我市资源丰富，交通便利，地理位置优越，科技发达，人才富集，是企业家投资与创业的热土。今天，在座的各位中有不少是我们的老朋友。在此，我们对曾关心和支持过我们的老朋友表示真诚的感谢！同时，我们又十分有幸地结识了不少新的台商朋友们。我们衷心地期望，各位新朋友能够多多了解我市的发展与政策，多在我市走走看看，努力建立友好的合作伙伴关系，实现共同发展的目标。

最后，我们真诚地祝愿各位新老朋友们身体健康、事业发达、家庭幸福、万事如意！

在欢迎合作伙伴仪式上致辞

【致辞背景】在合作伙伴欢迎仪式上

【致辞人】××公司领导

女士们、先生们、朋友们：

大家上午好！今天我们公司可谓双喜临门，一喜×××先生一行的到来，二喜×××公司恰逢××周年庆。在此，我谨代表×××公司，并以我个人的名义，对远道而来的贵宾们表示最热烈的欢迎！

各位来宾们不辞辛劳，专程赶来致贺并商谈贸易合作之事，为我们公司××周年庆增添了一种祥和与喜庆的气氛。对此，我们感到十分高兴，并对大家为增进双方友谊而付出的辛勤与努力，表示衷心的感谢！

今天的贵宾中有不少是我们公司的老朋友，我们始终保持着良好的合作关系。我们公司成立××年以来所取得的成就，凝聚着各位老朋友们的诚挚合作与鼎力相助。在此，我们对各位老朋友表示由衷的敬佩与谢意。与此同时，我们也十分幸运地结交了来自全国四面八方的新朋友。在此，我再次向新朋友们的到来表示最热烈的欢迎，并真诚地期望能与各位新朋友紧密合作，发展友好的合作伙伴关系。

古语说，“有朋自远方来，不亦乐乎”。值此新老朋友相聚之际，我祝愿大家身体健康、事业宏达、心想事成！谢谢！

在欢迎客户参观仪式上致辞

【致辞背景】在客户参观欢迎仪式上

【致辞人】×××公司领导

尊敬的各位来宾：

大家好！在这盛夏的季节，我们很高兴地迎来了××先生的到来。在此，我谨代表×××公司，并以我个人的名义，对不辞辛劳前来参观的××先生表示最热烈的欢迎，并致以深深的问候！

“百舸争流，千帆相竞”。在这种大环境下，在各级领导的带领下，在社会各界朋友的以及国内外客户的支持下，×××公司正逐渐腾飞起来，市场占有率正逐年提高，发展前景广阔。近几年来，×××公司抓住发展机遇，不断更新创新发展理念，逐渐走出了一条具有××特色的奋斗之路。

自从××××年以来，××先生与我公司始终保持良好的合作伙伴关系。双方一直坚持“互惠合作，互利双赢”的理念，积极就××、×××等项目的合作事宜进行协商，并取得了丰收的硕果。

万里关山从头越，乘风破浪正当时。今天，××先生再次造访我公司。我们衷心地希望，双方能在友好合作的基础上，携手并肩，不断拓宽合作领域，创新合作方式，增进彼此的友谊，实现双赢！我们坚信，我们的友谊之花一定会盛开的更加鲜艳！

最后，我们真诚地祝愿××先生在我市参观期间生活愉快、工作顺利！

六、欢送辞

在工作组下乡欢送仪式上致辞

【致辞背景】在欢送建设社会主义新农村工作组下乡欢送仪式上

【致辞人】工作组领导

各位领导、同志们：

大家好！我很荣幸地成为××××年建设社会主义新农村工作组中的一员。同时，我也非常高兴能在欢送仪式上代表全体工作成员发言。

人的一生有很多永远难忘的时刻，值得永远珍藏，恰如此时此刻。我们工作组坚持全心全意为人民服务的宗旨，积极响应党的政策与号召，满怀激情，深入乡村，扎根农村，争取在农村的新探底中大有作为。我们将竭尽所能迎接新工作中的各项事业，将用我们的真诚与行动去体会以人为本的本质。在新的工作环境中，我们一定会认真学习，积极求教，深入了解农民、农村与农业；一定会以实干精神为农民多办实事和好事，树立优良的工作作风；一定会扎实工作，以“生产发展、生活宽裕、管理民主、乡风文明、村容整洁”为工作总要求，促进农村经济发展，维护农村社会稳定，引导村民走上致富之路。

今天，我们将乘着喧闹的锣鼓的东风，以本次欢送仪式为契机，以饱满的热情和期望，奔向新农村的广阔天地，为新农村建设发光发热！明天，我们将满载累累硕果而归，向××市委、市政府以及全市人民交上一份满意的答卷！谢谢大家！

在欢送市党政代表团仪式上致辞

【致辞背景】在欢送代表团仪式上

【致辞人】××市长

尊敬的各位来宾，中共××市党政代表团朋友们：

大家下午好！在这收获的季节里，我们迎来了中共××市党政代表团的莅临指导。今天，为期×天的指导就要结束了。现在，我谨代表中共××市委、市政府，对各位代表的莅临表示衷心的感谢，并致以崇高的敬意！

近几年以来，××市代表团积极响应中央的号召，多次莅临我市进行相关指导，对我市的发展提出了许多建设性的建议，以及组织优秀企业到我市考察洽谈，为我市××地区捐助了××万元。对此，我们表示衷心的感谢！

××地区是我市的核心地区，是经济比较发达的地区，拥有发展经济的有利条件和良好环境。在今后，我们将重点抓好经济建设，并协调好经济与社会、文化、政治建设等三者之间的关系，实现我市各项事业的统筹协调发展。同时，我们将重点抓经济建设，以经济为中心，统筹经济、社会、政治、文化等四位一体的发展，为我市社会主义建设努力！

为了实现这一目标，我市将进一步扩大对外开放的程度，加大开放力度，并真诚地希望××市能一直关心和支持我们。我们相信，××市的明天会更加美好！

最后，真诚地祝愿大家身体健康、事业宏达、万事如意、一路顺风！谢谢！

在外国代表团欢送仪式上致辞

【致辞背景】在外国代表团欢送仪式上

【致辞人】××省长

尊敬的×××郡长以及代表团朋友们、各位领导、各位来宾：

大家上午好！今大我们相聚在这里，共同欢送以×××郡长为首的代表团。首先，我愿以所有在座的中国同事们和我本人的名义，对尊贵的×××郡长举行隆重的欢送仪式，为代表团送行！

我省与××国××郡的合作由来已久，双方一直保持着紧密的联系。自从合作以来，双方一直秉承“互惠、共赢”的合作理念，不断扩大合作领域，深化合作程度，创新合作机制，使双方的合作迈上了一个又一个的台阶。

在这荷香四溢的时节里，×××郡长一行在我省为期××天的考察也已落下了帷幕。在考察与访问期间，×××郡长对我省的特色经济产生了极大的兴趣，并成功签订了合作协议。同时，在访问之余，×××郡长一行还对我们中国古典诗词产生了浓厚的兴趣。×××郡长不仅自己熟记了多首古典诗词，还要求代表团成员们学习与欣赏中国古诗词。

我衷心地希望×××郡长能一如既往地关注我省的发展；也希望双方能继续保持良好的合作关系，双方不断寻求合作的新领域、新形式。

最后，我们真诚地祝愿×××郡长一行归国愉快！祝愿中×两国人民的友谊天长地久！谢谢大家！

在省体育代表团出征仪式上致辞

【致辞背景】在××省体育代表团出征仪式上

【致辞人】中共××省委副书记

同志们：

大家上午好！再过×天，世人瞩目的第×届运动会即将在××地隆重举行。今天，××省体育代表团，担负着中共××省委、省政府的重担，承载着×千万父老的希望，很快就要开始他们的拼搏之旅，也是一次光荣之旅，征战第×届运动会，为××省人民争光。在此，我我谨代表中共××省委、省人民政府以及全省×千万人民，希望你们能够发扬不畏强手、顽强拼搏的精神，在比赛中赛出水平、赛出风格；希望你们发扬团结协作、勇于奉献的精神，勇摘比赛桂冠；希望你们凭借扎实的工作作风，努力完成各项工作任务，并凭借精湛的比赛技艺，争取实现“保九争十”的目标。

××省体育健将是一支骁勇善战、勇猛、能吃苦的队伍；是一支团结一致、队纪严明的队伍。我们相信，在广大的运动员、教练员以及所有工作人员的共同努力下，只要大家在比赛场上发挥出优良的竞技水平，只要大家能够发扬良好的比赛道德风范，大家必定能完成省委、省政府以及全省人民交给大家的光荣任务，用优异的成绩，谱写××省体育事业的新篇章！等到大家凯旋时，我们一定摆上庆祝宴，像欢迎奥运健儿那样欢迎大家。

最后，我衷心地祝愿大家一路顺风！

在退休教师欢送会上致辞

【致辞背景】在退休教师欢送仪式上

【致辞人】学校校长

×××老师、各位领导、同学们：

大家好！回首往昔执教生涯，喜看今朝桃李芬芳。我们敬爱的×××老师为我们学校的发展与学生的成长作出了巨大的贡献，付出了他的毕生心血。在此，我们全体师生特地为×××老师举行欢送会。

几十年来，×××老师一直默默地为学校努力工作，送走了一批批成才有为的学子。您教学经验丰富，爱岗敬业，为我们学校作出的贡献会永远铭记在我们心里。是您用知识的甘露润透着学生们的心田，是您用青春的激情传承着华夏文明，是您用××年的无悔成就了平凡而伟大的人生，是您用××年的高尚成就了一代代桃李。

××年来，您一直默默无闻地奉献着您的青春与汗水。在工作中，您不怕苦不怕累，勇挑重担。您不但教授学生××课程，还负责学生的××课程。对于学生，您始终像对待自己的孩子一样，严格要求他们的学习。同时，您又像一个可亲可敬的长辈，不但教会了学生们知识，还教他们做人的道理。××年来，您担任主课老师，兼任班主任，教学出色，班级管理井井有条。在这里，我要诚挚地对您说一声："谢谢，×老师，您辛苦了！"

弹指一挥间，几十年已经过去了。尽管您要光荣地退休了，但仍然是我们学习的一员。我们相信，您一定会继续关注和支持我们的教学和工作，关爱我们的学生们。××大学永远是您的家，时刻欢迎您常回家看看！

最后，我衷心地感谢×××老师几十年来对我校的热爱与执著！祝愿×××老师身体健康、晚年幸福、合家欢乐！

在退休老干部欢送会上致辞

【致辞背景】在退休干部欢送会上

【致辞人】××县分行党委领导

同志们：

大家好！今天，我们齐聚一堂，为×××同志举行欢送会。在此，我代表××县分行党委向光荣退休的×××同志表示衷心的祝贺！向×××同志为××农发行所付出的贡献表示衷心的感谢！

×××同志已经在自己的岗位上工作了××年了，一直兢兢业业、勤恳努力、不怕吃苦，将一生的心血都奉献给了农村的金融事业，将自己的满腔热情都交付给了××农发行，在平凡的岗位上做出了不平凡的事迹。多年来，×××同志曾××次被评为优秀共产党员、先进工作者等称号，堪称德高望重的楷模。现在，让我们用热烈的掌声再次对×××同志表示衷心的感谢！

退休是人生中的一个转折点，也是一个新生活的起点。辛苦了几十年的老领导们，也该好好休息了，也要好好地享受天伦之乐了。我们衷心地希望×××同志能够调整好心态，适应新生活，我们也会始终如一地关注老领导的晚年生活，会一直关心老领导们，让老领导有一个幸福的晚年。

×××同志是××农发行的宝贵财富，××的发展离不开老领导的关怀和支持。我们也真诚地希望老领导能够继续关注我行的工作和发展，为我行的腾飞建言献策，为××农发行的辉煌明天发挥余热！

最后，我衷心地祝愿×××同志有一个幸福快乐的晚年，老有所为、老有所乐、身体健康、快乐幸福、安康永远！谢谢！

在退休老职工欢送会上致辞

【致辞背景】在欢送退休老职工仪式上

【致辞人】××县水利局领导

各位老领导、老同志们：

你们好！今天，为了感谢各位退休老职工们对我县所作的贡献，我们××水利局为你们举行了欢送会。你们都是工作中在水利战线的前辈，是我们××地灌溉区的功臣。你们数十年如一日地工作着，勤恳耐劳，任劳任怨，在平凡的职位上做出了不平凡的事迹，为我县的水利事业奉献了你们毕生心血。首先，我谨代表××县水利局，对你们表示衷心的感谢！

在你们的带领下，××县坚持以人为本，狠抓项目建设，完善灌溉配套设施，做好排水工程，使我县的水利设施建设得到极大的发展。同时，各位老领导不断壮大水利职工队伍，派遣水利职工赴外地学习先进技术，积极引进外地先进的水利设施和技术，使我县的水利事业游客突飞猛进的发展。你们还不断完善水利职工的工作条件与生活条件，提高了职工的生活水平。你们对我县水利事业所做的一切，我们会永远铭记在心。××地灌溉区的每一个进步与变化，都离不开你们的辛勤与汗水，都离不开你们的关心和支持。现在，我提议，我们再次以热烈的掌声感谢各位老领导们！虽然你们要离开你们毕生为之努力的岗位了，但我相信你们会一直关心和支持我们的政策与发展。

最后，我真诚地祝愿各位老领导晚年更幸福、合家更欢乐、身体更健康！

在欢送领导调任新职仪式上致辞

【致辞背景】在欢送领导调任新职仪式上

【致辞人】××县领导

各位领导、同志们：

今天，我们满怀高兴和伤感的复杂心情欢送各位即将调任新职的领导。说高兴，是由于×书记即将走向新的岗位，奔向更加辉煌的明天；说伤感，是由于工作能力强、经验丰富的×书记就要离开××县了。

×书记在××县工作已经×年了，在这几年，他对我们县所做的每一件事都历历在目。我们仍然记得，在非典时期，×书记不辞辛劳，始终坚持在抗击病魔的最前线，认真部署与安排；在县人代会举行期间，×书记彻夜不眠，只为能够多研究几个提案，多为我县的发展提供策略。×书记为我县各项工作的开展作出了巨大的贡献，经常废寝忘食，没有假期，没有周末，几年如一日地工作着。在困难面前，×书记从不低头；在重活面前，×书记从不喊累，始终坚持在工作的最前线，始终将自己作为一名地地道道的××县人，为××县的发展贡献了自己的才智和力量。

作为一名共产党员，不管在生活和工作上遇到了何种困难，×书记都从来没有向组织抱怨过，更没向组织提出任何要求。×书记在我县工作时，父母和家人都留在了原来的地区。而当时，×书记的母亲正身患重病，妻子也要哺育不满三岁的女儿。这些困难，×书记从未向组织上反映过，而是一心扑在了我县的各项工作中。

在我县工作的这几年，×书记恪尽职守，很快就熟悉自己的工作，在县公路建设工地上留下了他亲临指导的身影；在××示范基地上，×书记洒下了指挥工作的辛勤汗水……在这短短的时间内，×书记的功绩是说不完的。尊敬的×书记，你为××县所做的每一件工作，我们永远不会忘记！你对××县的贡献，××县人民会永远铭记在心！让我们用热烈的掌声，对×书记所作的贡献表示最真诚的感谢！

我们衷心地希望，×书记到达××新岗位以后，能够一如既往地关心和支持我们的工作，能够一直关心××县的发展与明天！最后，我恭祝×书记在今后的工作中，工作顺利、顺心如意、前程似锦！谢谢！

校长在大学生毕业典礼上致辞

【致辞背景】在大学生毕业典礼上

【致辞人】××大学校长

亲爱的××××届同学们：

大家好！在这个荷花分外妖娆的夏日里，你们即将背负行囊，载满丰收的硕果，告别你们最敬爱的老师们，告别同窗四载的同学们，告别多姿多彩的校园生活，告别你们生活四年的母校，踏上你们人生新的征程，即将开辟一片新的天地，迎接你们更加辉煌的明天！

时光荏苒，岁月如梭，四年的大学生活就如白驹过隙般飞逝。遥想四年前，你们青涩的脸上写满了你们对大学生活的期待。你们满怀父母亲人的嘱托，怀着远大的志向走进了这座美丽的校园，开始了你们的大学生涯。校园的每个角落都留下了你们的足迹，宽敞的教室里留下了你们虚心求教的身影，图书馆里有你们专心读书的身影，广阔的篮球场上有你们挥洒汗水的身影。四年后的今天，你们不再是那个青涩的中学生，而是成为一名知识丰富、思想成熟、多才多艺、充满自信的优秀毕业生。

大学毕业是终点，也是起点。今天，你们将要挥手告别母校，结束了你们的校园生活，这是终点。同时，你们又将踏上新的起点，走入社会那所新的学校。在此，我代表学校党政领导以及全体师生，热烈欢送你们！祝愿你们在今后的日子里，把握人生的每一个转折点，走好人生的每一步，拥抱明天的希望，为了国家的富强与民族的振兴而奋斗不息！

你们刚刚进入校园时，恰逢学校大发展的时期，各位同学紧抓机遇、努力学习，极大地提高了你们的专业知识水平与综合素质。更值得庆贺的是，不少同学还在某些方面取得了优异的成绩，为将来走向社会、报效祖国奠定了良好的基础。为此，全校领导和师生对你们的成绩感到骄傲、自豪和欣慰！

亲爱的同学们，俗话说，“天下没有不散的筵席”。今天的离别是为了明天更好的相聚，让我用满腔的思念，期待重逢的喜悦！学校的领导、老师，你们的学弟学妹都会一直静候你们的佳音！今天你们以母校为荣，明天母校以你们为荣！

校长在高中生毕业典礼上致辞

【致辞背景】在高中毕业典礼上

【致辞人】××中学校长

亲爱的同学们：

上午好！三年前，我们在这儿举行了开学典礼，今天同样是这儿，我们却要举行毕业典礼。此时此刻，我们心里都是万分的不舍与难过。一句简单的“高中毕业”却承载了并不简单的意义。这里包含着你们父母的关爱与希望，凝聚着老师们的谆谆教导，是你们十二年成长历程的总结。时光匆匆，三千多个日日夜夜已经离我们远去。在此，我代表全校师生向你们表示衷心的祝贺！祝贺你们即将迈出人生中重要的第一步，祝贺你们将自己的精神和追求刻在了××中学的史册上，祝贺你们即将踏上新的征程。而且还要祝贺你们女孩子一个个都出落得亭亭玉立，男孩子也变成顶天立地的男子汉。

回想三年前，你们刚刚进入这所中学时，沉浸在了和谐而富有朝气的校园氛围中。学风严格，校风文明的校园气息感染与陶冶了你们的情操；严谨治学的师长培养了你们勤奋努力、奋发向上的品德。在过去的一千多个日日夜夜里，你们不但长高了，而且学会了理解、宽容以及做人的道理。

三年前，你们心里充满了缤纷的梦想。现在，你们已经为梦想插上了腾飞的翅膀，为明天的航程做好了充分的准备，蓄势待发。或许你们会有些迷惘与不知所措，也许你们还有些失落，但我相信，你们会走出这短暂的迷惘期，去成就一番大事！

再过几天，你们就要征战高考，去经历你们人生中第一次的重大事件。高考是一次飞跃，既然我们选择了这一跨越，我们就要风雨无阻，勇往直前，实现我们的“鲤鱼跳龙门”。我们深信，坚持笑到最后的人才是最成功的人。不管结果如何，我们只要将每一步都走好，结果一定会很好。三年了，你们被逼着写作业、做试卷也三年了。其实老师们是“刀子嘴、豆腐心”，他们是希望你们多记住一个知识点，多看一个考点，让你们在考场上能够多做一道题，能够多得几分。在此，我们对全体老师的无私奉献表示衷心的感谢！

同学们，马上就要高考了，希望你们相信自己，相信老师！心有多大，舞台就会有多大；心有多镇定，成功的机会也会大很多。我相信，你们必定会成为×

×中学明天的骄傲与自豪！

最后，我衷心地祝愿同学们在高考中取得优异的成绩，祝愿你们心想事成！谢谢大家！

在企业合作伙伴欢送会上致辞

【致辞背景】在企业合作伙伴欢送仪式上

【致辞人】××公司领导

女士们、先生们、朋友们：

大家好！秋风送爽，我们齐聚一堂，欢送我们的贵宾××先生一行。同时，今天又是是我们公司××周年的日子。在此，我谨代表×××公司，并以我个人的名义，对××先生一行表示热烈的欢送！对××先生访问的圆满成功表示热烈的祝贺！

×天前，各位朋友们不辞辛劳，专程前来致贺并洽谈贸易合作事宜，为我们公司增添了一份祥和与喜庆。×天来，我们秉承平等互利的原则，经过认真协商，终于签订了《×××》协议，为我们今后的合作与发展奠定了良好的基础。

明天，你们就要离开××地了，此时此刻，我们的心情依依不舍。尽管大家相聚时间不长，但是大家彼此的友谊却是长久的。我们之间的友谊之旅才刚刚开始，俗话说，“来日方长，后会有期”。我们衷心地希望双方能够不断加强合作与交流，实现互利共赢的目标。我们真诚地欢迎××先生在方便的时候再次来××地作客，相信我们的友谊之树一定会结出丰硕的果实！

最后，祝愿大家返程愉快、一路顺风、宏图大展！

在外出务工人员欢送仪式上致辞

【致辞背景】在外出务工人员欢送仪式上

【致辞人】中共××市委领导

同志们、朋友们：

大家好！百花盛开，绿草如茵。在这充满生机的季节里，我们在这里举行仪式，欢送我市××区×××名有志青年远离家乡到××和××两地工作。首先，我谨代表中共××市委、市人民政府，对所有外出务工人员表示最真挚的问候！对从事劳务输出工作的同志们表示衷心的感谢！

我市是一个拥有×××万农业人口的大市，农村剩余劳动力多达×××万人。我市农村面临人多地少的问题，农村经济受到了严重的影响。为此，我市从××××年开始，调整农村部署，将劳动力优势转化为经济资源优势，制订了劳务输出的计划。我市采用社会一体化模式，以村庄为基础，以乡镇劳动保障所为纽带，以市县劳动保障部门为龙头，打造全市内外协调一致、上下互联的劳务输出管理模式。经过相关部门的有力配合，我市劳务输出工作取得了很大的进步，获得了良好的经济效益和社会效益。

几年来，外出务工人员为我市农村劳动力走出家门，走向经济发达的地区，学习先进的技术、经验、观念，增加农民收入提供了良好的机遇，也更好地促进了我市经济的发展。我衷心希望各级领导发扬不辞辛劳的工作精神，严格按照相关文件，规范管理劳务输出工作，将我市劳务输出工作做得更好。同时，我衷心地希望外出务工人员在外坚持艰苦奋斗、不怕吃苦的精神，严格遵守法规法纪，做一个文明务工、敬业奉献的有志青年。我真诚地希望大家珍惜这次外出机会，争取凭借自己勤劳的双手与辛勤的汗水创造辉煌的明天，为家乡父老争光添彩。各位外出务工人员们，你们不仅要创收入，更重要的是学习经济发达地区的观念与技术，早日适应新的工作环境。同时，你们要以你们的实际行动，引导更多的乡亲外出务工，为我市全面建设小康社会而奋斗！

最后，我祝愿大家一路顺风、工作顺利、身体健康！谢谢！

在新兵入伍欢送大会上致辞

【致辞背景】在新兵入伍欢送会上

【致辞人】××县委领导

各位领导、同志们：

你们好！今天，我们隆重地为××××年参军入伍的新战士们举行欢送仪式。在此，我谨代表××县委、县政府以及县征兵工作领导小组，对今年应征入伍的新战士表示诚挚的祝贺！对莅临欢送大会的××武装部领导、接兵部队领导、民政局领导表示衷心的感谢！

今天，我们欢聚一堂，为新战士们壮行。我们希望你们能够代表××县放心地前往军营，认真履行你们的职责，完成全县人民交给你们的光荣任务和使命。××县委、县政府一定会做好本职工作，全力做好你们的大后方，让你们没有后顾之忧，安心服役，为国家效力，为乡亲争光，做一名政治合格、军事过硬、作风良好的优秀战士。在此，我代表县委、县政府对你们提几点希望：

首先，我希望你们充分理解参军的光荣感和使命感。中国人民解放军是一支在党的绝对领导下，全心全意为人民服务的子弟兵，是社会主义现代化建设的有力保障，是维护祖国统一和社会稳定的强大柱石。我们希望大家在部队要认真履行自己的义务，忠诚地为党和人民服务。

其次，我希望你们努力学习，为保卫国家、国防建设作出应有的贡献。同时，希望你们一定要恪尽职守，服从军人的命令，听从领导的指挥，培养优良的精神风范。

同志们，再有几天，你们就要满载乡亲们的期待和希望，奔赴祖国的边疆各地，开始你们的保卫之旅。我们希望你们安心服役，不辱使命，用实际行动向父老乡亲交上一份满意答卷！

最后，祝愿大家在军营中生活愉快、早立功勋！谢谢大家！

在欢送退伍军人仪式上致辞

【致辞背景】在欢送退伍军人仪式上

【致辞人】××军队党支部领导

亲爱的战友们：

大家好！时光飞逝，岁月如梭。转眼间，四年过去了。你们即将离开这片绿色军营，离开曾经一起拼搏的连队。在此，我代表××党支部和所有官兵祝愿你们前程似锦、一路顺风！

亲爱的战友们，四年前，你们积极响应国家号召，离开父母，来到这个军营中，毅然决然地开始了你们人生中的军旅生涯。那时的你们身穿宽大的军装，是那么的青涩、天真。我们依稀在最初几次的连队紧急集合中，总有人因为着急而穿错军装或漏掉行囊；我们还记得在第一次班务会上，憋了许久也没有说出一句完整的话；我们还记得第一次训练正步走时，你们走出顺拐的情景……我们还记得很多很多的事情。四年后的今天，你们从一个新兵成长为今天的成熟、自信、稳重、威严的军人。

这四年中，你们始终将连队当成自己温暖的家，立足军营，认真刻苦地训练，为祖国奉献了你们最美好的青春年华。是你们的努力，使我们的连队多次被评为先进连队，丰富了我们连队的文化生活。军营中的每一角落都留下了你们矫健的身姿，洒下了你们刻苦训练的汗水。经过你们的刻苦努力，有人成了优秀标兵，有人成为技术精湛的老兵，有人成为军营中的思想骨干，为我们连队带出了更多优秀的技术骨干。对此，我代表××连队对你们表示衷心的感谢，并致以崇高的敬意！

亲爱的战友们，你们即将离开连队，我们会将曾经的点点滴滴作为最美好的回忆永远珍藏在我们的记忆中。尽管你们将要离开连队，但你们的那种无私奉献、敢于吃苦的精神却永远留在了我们的心中。

也许有人认为，这四年在军营中，喊了四年的“一二一”，甚至擦了四年的玻璃，退伍后能干什么呢？然而，我却要告诉你们，事实并非如此。你们是一名合格的好兵，即使回到地方上也不会低人一等，更不会比别人差。因为你们具有善于学习、不屈不挠的精神，具有军人坚忍不拔、忠诚不二的品质。我们相信，不久之后，你们就会成为优秀的企业家、商人、经理等。但是，我还要补充一点，你们要时刻记住你们曾经是一名军人，要记住军人的优良传统美德。同时，你们也不要忘了我们的战友情、连队爱。

最后，让我们唱起《战友之歌》欢送我们的老战友们！祝愿你们一路平安、前程似锦、生活愉快！

在欢送外国友人仪式上致辞

【致辞背景】在外国友人欢送会上

【致辞人】××市委领导

尊敬的×××先生：

群山含情送嘉宾，再有×个小时，您就要登机归国了。在此，我谨代表中共××市委、市人民政府以及全市人民，对×××先生一行表示最热烈的欢送！

经过×天的考察与洽谈，我们十分欣喜地看到，双方始终坚持“互惠合作、互利共赢”的原则，在过去友好合作的基础上，努力开创合作的新机制、新理念，终于达成了×个具有实质性的合作协议，使本次会谈取得了圆满成功。在此，我们对×××先生在洽谈中表现出来的真诚与合作的精神，表示衷心的感谢！同时，我们衷心地希望您和您的同事能够一直为了拓展双方的合作，实现互利共赢的目标而努力！

最后，我们真挚地期望您和您的同事能再次莅临我市！恭祝你们返程愉快、万事如意！

在大学生志愿者欢送会上致辞

【致辞背景】在大学生欢送仪式上

【致辞人】××区委书记

志愿者朋友们：

大家上午好！群山起舞话离别，诸河放歌送嘉宾。为了庆祝大家圆满完成志愿服务使命，我们在此举行欢送仪式为各位送行，共叙依依惜别之情。首先，我代表××区委、区人民政府以及全区人民，对大家顺利完成志愿服务表示衷心的祝贺！在志愿服务期间，大家为我区的改革与发展作出巨大的贡献！我提议，让我们用最热烈的掌声表达对各位志愿者的感谢！

去年的×月，各位大学生积极响应党和国家的政策，胸怀祖国，心系服务于民，肩负着组织的重托，承载着青春的梦想，选择了走向西部基层、服务基层的艰辛之旅，来到了××区。一年来，你们坚持求真务实、艰苦奋斗，认真做好本职工作，克服重重困难，不断进取，用实际行动践行了志愿者“奉献、友爱、团结、进步”团队精神，为××区作出了应有的贡献。

在这一年中，你们把所学知识与××区的发展实际结合起来，直接或间接地参与了××县一些重大项目和纲要的规划与实施。同时，你们也极力关注失学儿童，为灾区奉献爱心，参加种种爱心公益活动，展现了现代大学生特有的奉献精神。尤其是，以××、×××为代表的数十名志愿者毅然放弃了前往经济发达地区的机会，而是选择了留在××区、服务××区的决定，彰显了21世纪大学生优良的精神风貌与高尚情操。

三百多个日夜转眼间就要过去，尽管短暂，但我们之间缔结的深厚友谊，却永远长存。我衷心地希望你们在今后的日子里，一如既往地发扬志愿者精神，勇于拼搏，不怕吃苦，尽情发挥你们的聪明才智，创造属于你们自己的美好未来。同时，我们还期望，无论你们身在何处，都能始终关注和支持我们区的发展。×

×区永远是你们的家，永远欢迎你们回来。

××区，因大家的到来而更添活力与生机；你们，因有了在××的经历而使人生更加多姿多彩。

最后，我真诚地祝愿将要离开××区的志愿者前程似锦、宏图大展！祝愿留在××区的志愿者工作顺利、万事如意！谢谢大家！

七、会议致辞

市委领导在县人代会上致辞

【致辞背景】在××县第××届人代会第××次会议召开之际

【致辞人】市委领导

人大主席团、各位代表、同志们：

大家好！

××县第××届人代会第××次会议今天隆重开幕了，我代表市委、市政府向大会的胜利召开表示热烈的祝贺，向今天出席大会的各位代表致以崇高的敬意，并借此机会向在各行各业辛勤工作的广大干部、各族人民群众致以诚挚的问候！

××县的本次人代会是一次重要会议，它一方面总结过去，另一方面畅想未来，规划新的蓝图，为上次会议的有力接力。因此，这次人代会被赋予全新的内容，为广大干部提出新的工作任务，为全县人民展示了一个更宏伟的奋斗目标，希望每位代笔都要增强责任意识，增强使命感，严肃认真地将本次会议开好。

在过去的几年里，全市各级干部、各族人民群众在市委、市政府的领导下，高举邓小平理论伟大旗帜，认真贯彻“三个代表”的重要思想和科学发展观，加大基础设施投入，加快“三化”进程，将我市的经济建设和精神文明建设推到一个新的高度，这些成绩的取得，是全市及各县广大干部、各族各界群众共同努力的结果。

××县本次人代会的召开，是全市政治活动中的一件大事，因此市委、市政府非常重视。为了促进本次人代会的胜利召开，市政府要求各与会代表以大局为重，统一思想，坚持组织原则，本着对党和人民负责的态度，将顺利完成本次会议确定的各项议程，并通过此次会议进一步统一思想、提高认识，将各项工作提高到新的水平。

各位代表，今年是党全面建设和谐社会的关键之年，做好本年工作的意义非常重大。让我们高举邓小平理论伟大旗帜，认真贯彻“三个代表”科学发展观思想的伟大旗帜，在市委、市政府的领导下，以更加昂扬的斗志，奋发图强，为全面建设和谐社会作出更大的贡献。

最后，预祝大会取得圆满成功，谢谢！

县领导在乡镇党代会上致辞

【致辞背景】在××县第××届第××次会议召开之际

【致辞人】县领导

各位代表、同志们：

大家好！

今天是××县第××届中国共产党顺利召开的日子，这是××县广大共产党员人民政治生活中的一件大事。这次大会的胜利召开，对于总结过去三年的工作、讨论今后一个时期全县经济的发展战略、实现全县经济和社会发展新台阶，都具有十分重要的意义。我在此代表县委，对这次大会的胜利召开表示热烈的祝贺，向到会的全体代表及广大共产党员、各族人民群众，致以亲切的慰问！

自上次党代会以来，全县各级党组织和党员干部，坚持以邓小平理论为指导，坚持“三个代表”、“八荣八耻”的指导方针，深入贯彻党的各个重大决策，坚持改革开放和解放思想，领导全县人民树立科学发展观，大力推进物质文明和精神文明建设，全县各项工作蒸蒸日上，县委对××县近几年所取得的成绩是很满意的。

当前，全县要围绕××县第××届党代会第×次会议所提出目标，深入实施×××项重大战略，力争到××××年将本县的经济水平提升至全国百强县的水平。这就要求，全体党员、全体干部，都要牢记自己的职责所在，努力奋斗，将××县建设成为××××基地和×××××基地，为我县的更美好的明天而拼搏！

各位代表，第××届党代会是全体党员按照《党章》规定行使自己的民主权利的实践活动，也是各级党组织在进行党性观念和民主集中制观念上一次重要的教育活动。所有党员，一定要以高度的历史使命感和强烈的政治责任感，本着对人民高度负责的精神顾全大局，全党团结起来，真正按照党和人民的要求行使自己的权利，履行自己应尽的义务，在政治上、思想上、组织上、纪律上自觉与党组织保持一致，确保大会的圆满成功。

县委完全相信，在各位代表和全体党员的努力下，在广大人民群众的支持下，××县第××届第××次会议，一定是一个团结的大会、胜利的大会。预祝大会取得圆满成功，谢谢！

省委书记在新春茶话会上致辞

【致辞背景】××省举行××××年新春茶话会

【致辞人】省委书记

同志们、朋友们：

今天，在这辞旧迎新的美好时候，我们欢聚一堂举行新春茶话会，我谨代表中共××省委、××省人民政府，向省各民主党派、工商联和无党派人士、各人民团体，向全省广大工人、农民、知识分子、干部和各界人士，向驻××省人民解放军指战员、武警官兵和公安干警，向港澳台同胞、海外侨胞和所有关心支持××省发展的海内外朋友们，致以节日的祝福！祝大家新年好

过去的一年，是收获的一年。全省坚持高举邓小平理论伟大旗帜，坚持“三个代表”重要思想为指导，深入贯彻落实科学发展观，全面推进我省的经济、政治、文化、社会建设及精神文明建设，全面完成了“十一五”规划确定的主要目标和任务，为××省的“十一五”的发展划上了圆满的句号，为建设美好××作出了重要贡献。同时，省各民主党派、工商联和无党派人士，也积极参政议政，与党亲密合作，风雨同舟，为推动全省向和谐社会上迈进，奉献了力量和智慧。

明年是中国共产党成立××周年，也是“十二五”发展的开局之年，根据×××总书记的指示，我省还需进一步认清世界发展局势，明确在全国发展中的地位，紧抓有利时机，坚持开拓创新，再创黄金发展期，将我省的的改革开放和现代化建设提高到一个新的阶段，在科学发展道路上铸造新的辉煌！

新的一年，希望全省各级政协组织加快推进发展方式的转变，以更加积极的姿态履行政治协商、民主监督、参政议政职能，为稳定全省经济的稳步增长、促进社会的和谐，作出更大的贡献！

在优秀共产党员先进事迹报告会上致辞

【致辞背景】在优秀共产党员先进事迹报告会上

【致辞人】市委领导

同志们、朋友们：

在市委、市政府的领导下，在广大党员和人民群众的支持下，我市先进性教育活动有序地拉开了帷幕，并取得了阶段性的成果。今天，我们在这里举行优秀共产党员先进事迹报告会，希望这种以身边人、身边事教育的方式，达到感召人、激励人、鼓舞人的目的，使更多的党员学习先进，弘扬先进，争当先进，不断开创我市党员形象的新局面。

参加今天先进事迹报告会上的××名同志，他们来自不同的部门，不同的岗位，但他们都在实践“三个代表”重要思想方面表现出一个优秀共产党员的风貌。他们的事迹，有些可能听来平淡而普通，有些听来可能好像很普遍，但平淡中蕴涵着伟大，普遍中包含着高尚，实际上所折射的是新时期共产党员应有的忠诚、为民、奉献、清廉、公正、创新，较好地诠释了共产党员的先进性。我市正是有了一大批像他们这样爱党敬业的好党员，在平凡的工作岗位上做出不凡的成绩，我市领导班子才能团结协作、奋力拼搏、锐意进取，将我市的物质文明建设和精神文明建设提高到一个新的发展阶段。

省委驻我市督导组组长、省直机关工委书记、省纪委科长在百忙中抽出时间光临今天我市优秀共产党员先进事迹报告会，让我们以热烈的掌声来表示对他们的感谢和诚挚的欢迎！

在投资说明会暨招商引资促进会上致辞

【致辞背景】在××××投资说明会暨招商引资促进会上

【致辞人】市领导

各位来宾、各位朋友、女士们、先生们：

在党的××届三中全会结束之际，市委、市政府借高交会开幕之际，组团开展招商引资活动。

这是今年以来我市专门组织开展的一次最重要的招商引资活动，我们特邀请各位朋友、各位合作伙伴、各方代表，在这里欢聚一堂，举行××市投资说明会暨招商引资促进会。在此，我谨代表中共××市委、××市人民政府，对参加爱此活动的各位表示热烈的欢迎，同时，也对大家多年以来对××市始终如一的支持和关爱，表示衷心的感谢！

××市是中国较早实施改革开放的城市，多年来，通过与世界各地的广泛接触和加强往来，××市越来越广泛地被大家所了解，越来越多的朋友对××市的投资环境表示满意，××市也与各经济领域的交往与合作不断扩大，极大促进了××市经济的发展。希望各位朋友继续一如既往地关心、关注××市的发展，支持××市的经济建设，我谨代表××市×××万人民感谢你们！

各位来宾、各位朋友、女士们、先生们，通过这次招商引资活动，相信大家会对××的投资环境有更深入的了解，我们欢迎并珍惜新老朋友，希望大家经常到××市观光考察。我们会尽最大努力为大家提供方便，提供完善的服务，全市×××万人民都希望各新老朋友前来投资兴业，实现共同发展！

最后，祝各位来宾、各位朋友身体健康、事业顺利、合家幸福、万事如意！谢谢大家！

在国际旅游发展论坛上致辞

【致辞背景】在国际旅游发展论坛上
【致辞人】省领导

各位来宾、各位朋友、女士们、先生们：

金秋送爽，菊花飘香，在这收获的季节，由国家旅游局和××省共同举办的中国国际旅游发展论坛隆重开幕了，很高兴各位来宾、各位朋友、女士们、先生们相聚在我们××，与我们共同研讨旅游合作发展大计，共建××省旅游事业的美好前景。这是××省旅游发展史上的一次盛会，在××省旅游发展史上具有里程碑意义。我们相信，此次国际旅游发展论坛的成功举办，必将会对××省的旅游发展事业产生深远而重大的影响，为××省的经济繁荣注入新的活力。在此，我谨代表××省委、省人大、省政府、省政协，向国际旅游发展论坛的成功召开表示热烈的祝贺，向出席论坛的各界朋友表示诚挚的欢迎！

众所周知，××省是中华文明的重要发祥地，不仅有悠久的文明古迹，积淀了悠久深厚的文化底蕴，而且地处黄河上游，自然景观优美。随着改革开放的不断深入，××省的现代化建设也取得了长足的发展，××省可谓集天时地利人和诸多要素，具有极其丰厚而独特的资源优势，是发展旅游业的绝佳区域。

令人欣慰的是，由于得天独厚的自然历史条件，××省的旅游业发展已经取得了不错的成绩。去年，××省实现旅游总收入已经突破了1000亿元！但这并不值得骄傲，××省旅游业的发展水平与自身资源优势的地位还不相称，我们要立足更快地将资源优势转化为经济优势，实现旅游资源向旅游资本的快速转变，加快××省旅游事业的发展，犹如箭在弦上，不得不发。

各位来宾、各位朋友、女士们、先生们，××省旅游事业的发展，从各方面条件来看，已经日臻成熟，××省丰富的旅游资源、巨大的潜力，正面临历史性的发展良机，前景美好，机遇无限。我们应顺应时代潮流，加强合作，为我省旅游资源科学有序开发、旅游产业支柱地位更突出、为××省旅游事业的发展作出更大的贡献！我们相信，在充满希望的21世纪，××省的旅游经济一定会兴旺发达，××省将以更开放的姿态走向世界，世界也将以更期待的目光来关注××省。让我们携手并进，为××省旅游事业的发展，为××省美好未来和各族人民的幸福生活而共同奋斗！

衷心地希望现场的各位领导、各位专家、各位朋友畅所欲言，对××省旅游事业的发展出谋划策、贡献力量。最后，再次感谢各位来宾长期以来对××省的关心支持表示感谢，预祝本次论坛取得圆满成功！祝各位来宾在××之行愉快！

谢谢大家！

在新农村建设推进会上致辞

【致辞背景】在新农村建设推进会上

【致辞人】县领导

同志们、朋友们：

经县委、县政府研究决定，今天召开全县新农村社区建设推进会，目的在于全面贯彻落实省、市新农村示范村建设会议精神，对我县新农村建设再动员、再安排、再部署，全面推动全县新农村建设。

自去年9月省委、省政府出台了《关于开展社会主义新农村示范村建设的意见》之后，我县根据省政府、市政府的要求，启动了3个省级新农村示范村建设。目前，这三个示范村的规划设计及沙盘制作已经完成，征地业已结束，各项工作正在加紧建设中。省、市会议认真研究制定了我县新农村社区建设的方案、政策，要求各乡镇、县直各有关部门一定要统一思想，根据省、市领导讲话的精神，进一步做好新农村建设的其余工作。

各部门领导要身先士卒，将新农村示范村建设摆上重要位置，做到领导到位、措施到位、责任到位，形成推动示范村建设的强大合力。为了各项目标和任务的顺利完成，县委、县政府决定，将新农村建设工作列入各乡镇、县直各有关部门考核内容，不断完善目标管理，加强督导，严格奖惩，确保新农村社区建设取得实效，圆满完成各项任务目标。

同志们，加快新农村建设是落实中央和省、市要求的具体体现，是我县今后一段时期的工作重心，望各乡镇和县直有关单位提高认识，强化措施，为推进全县社会主义新农村建设作出更大贡献！

在教育系统离退休教师工作会议上致辞

【致辞背景】在教育系统离退休教师工作会议上

【致辞人】××省教育厅厅长

尊敬的各位领导、退休教师代表，你们好：

值此教育系统离退休教师工作会议召开之际，我谨代表××省教育厅对会议的召开表示热烈祝贺，向广大离退休教师表示由衷的敬意和感谢！向长期从事离退休干部管理工作的领导和同志们表示诚挚的欢迎！

坚守在教育系统第一线的教师们担负着全国的教育事业，担负着祖国的未来和希望，他们为教育事业的发展作出了不可磨灭的贡献。新中国成立以来至今，奔赴在教育事业上的老师可谓前赴后继，离退休人员已达××万人。

近年来，在“科教兴国”、“人才强国”发展战略的指引下，在教育部和教育厅党组的深切关怀下，××省教育系统深入贯彻落实科学发展观，开展了“让教育事业永葆生机”的活动，在提高教师队伍整体素质、注入新鲜活力等方面取得了新的成效。这些成绩的取得，是教育事业不断创新发展的结果，是一代代拼搏在教育事业上的老师努力的结果。

离退休教师是我们教育系统的宝贵财富。我们按照中央和教育部的政策精神，结合××省教育厅的实际情况，对离退休教师的管理工作提出了“主动、热情、周到、耐心”的要求，认真落实好离退休教师各方面的待遇，鼓励他们开展有益于精神生活的文体活动，不断提高其退休后的生活质量。为此，我们成立了离退休教师协会，协会经常组织离退休教师开展丰富多彩的球类活动，例如乒乓球、羽毛球等；还有棋类活动，例如象棋比赛等等，以及花样繁多的歌咏比赛、老年人交谊舞等等。协会已经成为离退休教师们欢乐的家园。

为了不浪费退休教师这一宝贵财富，让他们在教育行业继续发挥余热，我们成立了离退休教师交流合作论坛，不仅汇集了教育系统的优秀教师，可以在此分享经验，也可以组织他们到各地学校传授心得。这为我省教育事业的发展起到了很好的促进作用。

针对有的离退休教师年龄大、身体健康等方面等原因，我们还积极开展各种走访看望活动，主动向基层的退休教师和居住在异地的老同志通报本省教育事业的发展情况，在重阳节、春节等节假日到来时对他们进行慰问，使他们在生活上更宽裕、精神上更充实，安度愉快祥和的晚年。

此次教育系统离退休教师工作会议的召开，为我省教育厅进一步做好离退休教师管理工作提供了难得的学习机会。我们将在教育部的领导指导下，努力做好离退休教师管理工作，不断提高服务管理水平，让广大离退休老同志满意、舒心。

最后，预祝本次会议取得圆满成功！祝愿各位领导、各位代表身体健康、心情愉快！

谢谢大家！

在禁毒动员会议上致辞

【致辞背景】在禁毒动员会议上

【致辞人】公安局局长

同志们，大家好：

我们对毒品可谓深恶痛绝，了解近代史的同志们，应该也深深懂得毒品对一个国家、一个民族，甚至一个家庭来说都是毁灭性的。1840 年的鸦片战争致使我们中华民族开始了外国侵略者蹂躏的历史，割地赔款、丧失主权，使得泱泱大国沦为半殖民地的国家，多少家庭因此也遭到灭顶之灾，多少人从此自甘堕落，慢慢走向死亡的边缘。

虽然时代在发展，国家在进步，但与毒品抗争的任务依然要继续，依然很艰巨。毒贩子为了满足自己的私欲，公然违反国家的政策法规，置人民的生命财产而不顾，铤而走险，从事毒品交易活动。

毒贩子是从事毒品交易的重要一环，为了有效遏制毒品传播，打击毒贩子是首要的任务。因为他们不仅供给老吸毒者，而且为了赚钱，也会趁人不注意时，诱导新人上手，他们的行为是罪大恶极的。

现在酒吧、迪厅等娱乐场所已经成为毒品交易的重要场所，所以，作为人民的公仆，今后公安局全体人员和相关单位要重点整治这些地方，对于违规、漠视进行毒品交易的相关娱乐场所要严惩不贷，立志给市民创造一个健康、文明、积极向上的放松环境。

同志们，与毒贩的斗争是长期的、艰巨的，同时也充满了危险，希望大家在与毒贩作斗争的同时，也要注意自己的生命安全。我们不希望看着自己的战友牺牲，不希望彼此的家人流泪。

最后，我想说的是："道路是曲折的，前途是光明的"，伟大的民族英雄林则徐已为禁毒树立了好的榜样，已在人民的意识里种下了反毒品的种子。我们沿着先辈的足迹，在政府的政策支持下，在全体民众的齐心协力下，定能打胜禁毒这场没有硝烟的战争。

谢谢大家！

在为灾区重建募捐大会上致辞

【致辞背景】在××灾区重建募捐大会上

【致辞人】市长

尊敬的各位领导、各位同志、朋友们，大家好：

全国进入汛期以来，各地普降大雨，尤其是××地区，由于植被遭到严重破坏和地形结构复杂，再加上连日来的暴雨天气，导致泥石流灾害频发。频发的泥石流，加上导致的二次灾难事故已致使重大人员伤亡和财产损失。对此，我代表市委、市政府，以及全市的人民为××灾区人民所遭受的不幸深表同情，希望他们能够早日重建家园。

××地区有"小江南"的美誉，境内多河流湖泊，名山大川，气候垂直变化明显。丰富的自然资源和独特的风俗民情，吸引了来自四面八方的慕名者。但近年来，由于乱砍乱伐和毁林开荒之风盛行，加上民用木材和倒卖盗用，导致××地区森林面积锐减、植被破坏严重、生态环境遭到超限度破坏，从而造成水土流失极为严重。又遇突如其来的强降雨，才导致较严重的泥石流发生，造成××

××人遇难、×××失踪、受伤住院人数××人、房屋倒塌××××座，造成难以估量的经济损失。

人类在自然灾害面前是那么的弱小和无能为力，看着自己的家园被毁也无可奈何。看到灾区人民流离失所、缺衣少食的状况，我们会情不自禁地问自己："我们能为灾区做点什么呢？为何这样的自然灾害近期频发呢？"

今天我们相聚于此，目的有三：1. 表示对灾区人民的真诚问候。2. 发扬"一方有难八方支援"的精神，号召大家向灾区人民奉献自己的爱心。3. 总结经验教训，避免重大灾难的发生。

"一方有难，八方支援"，不分城乡民族，凡我中华儿女，都会在灾难发生后，不论能力大小，为灾区人民献上自己的一份爱心。这份爱心可以是金钱、衣物、食品，哪怕是一个问候。所以希望大家能够伸出你的手，哪怕是一分钱、一件衣物，都能帮助灾区人民渡过难关。集腋成裘、积水成川，小小的爱心汇聚一起就是惊天的力量。

在尊重生命，让灾区人民感受到党和国家温暖的同时，我们要总结教训，未雨绸缪。频繁的灾难发生，不仅是外在的自然原因，还有本质的人为原因。人们为了眼前的利益，而断送了大好的将来，这是"吃祖宗饭，断子孙路"的行为。所以要通过此次事故吸取教训，与大自然和谐相处，让祖国山川重披绿装。

我相信，泥石流的无情决不会让坚强的××人民后退。在党中央、国务院的关怀下，在各地区兄弟省市的支持下，在××市委、市政府的带领下，××人民一定会同舟共济，众志成城地投身到灾后重建工作中去。××的明天会更好！

最后，预祝本次大会圆满成功！

谢谢大家！

在教师节庆祝表彰大会上致辞

【致辞背景】在教师节庆祝表彰大会上

【致辞人】省长

尊敬的各位老师、同志们、朋友们，大家好：

金风送爽，丹桂飘香，在金黄的九月里，我们又迎来了教师节的到来。此次教师节我们要举行隆重的表彰大会，对教育事业涌现出的先进代表进行嘉奖。请允许我代表省委、省政府，以及全省的××××万人民对获得表彰的优秀教育工作者表示真诚的祝贺！对奔赴在教育战线的老师及其家属表示节日的问候和由衷的感谢！

对优秀教师进行表彰的目的是起到示范的效果，榜样的作用，激励更多的教师更加热忱地投入到这份事业中。当然，我们并未否认其他的老师所作出的贡献。大家一样地为学生的成长、社会的进步作出了无私的奉献，你们的功绩，学生、家长、领导，甚至社会都是看在眼里，永远铭记于心。

近年来，我省教育事业所取得的成绩是有目共睹的，但是，我希望我们的教育事业能够再传佳绩。因此，借此次大会，我提以下几点建议，希望大家共勉：

一、优化教师团队，提高整体素质

可以看到，我们的优秀教师队伍里已经崛起了新生力量，他们与时俱进，具有创新精神，为我们的教育团队注入了新鲜的血液。但是也要看到，由于经验不足，再加上正值血气方刚的时期，有些细节方面考虑的有欠妥当。而我们上了年龄的教师，经验充足，但创新精神不如年轻的同志。所以，我希望能够优化教师队伍，使得老少结合互补，相得益彰，最终达到提高整体素质的目的。

二、引进竞聘机制，增强竞争意识

有竞争才会有发展，不然，就如死水一滩，没有任何活力。竞聘机制能够增强老师的紧迫感，督促大家自发地寻求进步的机会，而不是安于现状，让大家意识到“不进则退”的严重性。我提倡这一点，是对老师的负责，更是对学生的负责。

三、走出去！

走出去，就是要求老师不要把自己局限在自己学校，这个狭小的空间内，而是要多去兄弟院校取经，有机会的话，可以去国外学习先进的教学方法。

教师是人类心灵的工程师，衷心地希望大家为我们的社会作出更大的贡献。

最后祝愿老师节日快乐、工作顺利、家庭美满；祝愿受到表彰和没有受到表彰的老师再接再厉，都能够在事业上再创佳绩！

在高考庆功宴上致辞

【致辞背景】在××高中高考庆功宴上

【致辞人】××高中校长

各位领导、老师、同学们，大家好：

六月展华彩，金榜书传奇。牵动亿万家庭的高考成绩终于公布了，我们××高中在去年的成绩上，再次续写了传奇。借此机会，我代表全校师生向市委、市政府的到来表示由衷的感谢，对全体高三师生所取得的成绩，表示真诚的祝贺和崇高的敬意！

在我校80周年华诞之时，我们迎来了如此好的成绩：一本二本上线突破1500，上线率为40%，这是送给学校的最好生日礼物。回顾这几年来，我校的高考上线人数朝着良性的发展，一年一个台阶，距离我校打造品牌名校的梦想越来越近。

成绩的取得是与市委、市政府的支持和关怀分不开的，更与××高中全体师生，特别是高三师生的努力分不开。没有高三老师的敬业奉献、辛勤耕耘，没有高三全体学生的夜以继日、艰苦奋斗，就没有今天××高中的辉煌。近年来，××高中在市委、市政府、市教育局的带领下，创新管理模式，推进教育教学改革，呈现出良好的精神风貌，我相信：我们××高中会保持着良好的势头、再创佳绩！

百年大计，教育为本。今天取得的成绩已成过去，我们会珍惜以后的时光，用自己的努力书写××高中的辉煌。请党和政府、××市的×××万人民放心，我们绝不会有辱使命，我们会用自己的努力为××市的教育事业作出新的贡献，为全市的文化和经济发展做出更大的努力！

谢谢大家！

董事长年会上致词

【致辞背景】在公司年会上

【致辞人】集团董事长

各位来宾、各位同仁、各位朋友、女士们、先生们：

××××年即将结束，新的一年将要来临，至此辞旧迎新之际，我谨代表公司董事会向长期关心和支持我们的各位朋友、各位嘉宾致以新年的问候，向长期以来支持×××集团的朋友们致以新年祝贺，向长期为集团事业的发展默默付出贡献的各位同仁及其家属致以崇高的敬意和诚挚的感谢！

过去的一年，对×××集团来说是不平凡的一年，也是我们继往开来、强攻市场的关键一年。集团的每一个员工都仅仅围绕着集团“以市场为导向，以客户为基础，以质量为保障”的战略方针，高歌猛进，努力拼搏，终于为集团的发展铸就了新的辉煌，获得了收入突破10亿元的销售佳绩，比上一年同步增长20%。至此，集团已经连续5年年增长率超过10%，实现了飞速发展，集团更是荣登中国潜力100榜。在金融危机的影响下，同业产品经营业绩普遍不佳，产品价格大幅下降，我们集团能获得这样的好成绩，是全体员工共同努力的结果，董事会向工作战斗第一线的员工致以崇高的敬意，向各技术中心、销售中心、生产制造部、品保部、检、采购部、财务部、人力资源部等部门的同仁们致敬。这样良好的士气，毕竟会为集团在新一年的发展奠定新的基础。

在未来的一年，集团的销售市场将会继续扩大，在全国各省市会建立更多的驻外销售办事处，集团也积极准备在香港上市。这些成绩既是集团的明天，也是各位同仁的明天。在竞争日趋激烈的现代社会，这对大家来说，既是机遇，也是挑战。困难与希望相随，×××集团若想做专做强，我们还任重道远，还有赖各位同仁的共同努力。为了更顺利地实现年发展目标，各位同仁要牢记集团章程，牢牢团结在董事会周围，以“成为值得信赖与尊重的全球知名企业”为使命，鞭策自己不断前进！

沧海横流，方显英雄本色，集团在竞争中发展，在挑战中寻找机遇。对每一位同仁来说，这都是天降大任，我们要责无旁贷地努力，实现基业长青的终极目标。路在脚下，机会在手中，让我们以海纳百川的气魄，乘风破浪，一路前行！

最后，祝各位来宾、各位同仁、各位朋友及其家属工作顺利，身体健康，阖家幸福！祝×××集团的明天更美好！谢谢。

在客户答谢会上致辞

【致辞背景】在答谢客户会议上

【致辞人】××××公司总经理

各位来宾、各位同仁、各位朋友：

你们好！

今天，是××××公司举办客户答谢会的大好日子。首先，请允许我代表××××公司向一直给予我们支持和厚爱的新老客户朋友们表示最真诚的感谢，祝你们在新的阶段身体健康、工作顺利，生意兴隆，万事如意！

过去的一年，××××公司在各界朋友的关怀和照顾下，在集团领导指挥下，在全体员工的共同努力下，取得了不错的成绩。我们的产品，得到更多市场的认同，我们产品的品质，也被越来越多的家庭和人们所欢迎，××××公司在同行内也拥有越来越高的知名度。这些成绩的取得，都与大家的支持是分不开的，请允许我再次对大家表达我的感激之情！

“回首过去峥嵘岁月欣慰神驰，展望未来锦绣前程壮怀激越。”成绩只代表过去，不能说明未来。在新的一年，××××公司将会再接再厉，为新老朋友提供品质更好的产品，提供更优质的服务，也欢迎新老朋友对我们的产品和服务提供宝贵意见，我们将不吝赐教。我相信，有了之前的合作基础，通过大家的互相支持，友好合作，在新的一年，我们一定还能赢得双赢的合作目标，共同创造更美好的明天！

最后，再次祝福新老朋友万事如意，事业辉煌，也祝兄弟单位百业俱兴，大展宏图。让我们大家一起奔赴更美好的明天！

在经销商座谈会上致辞

【致辞背景】在用户座谈会上

【致辞人】××公司总经理

各位来宾、各位朋友、女士们、先生们：

大家好！

今天是××公司经销商座谈会召开的日子，承蒙各位赏光，我们得以欢聚一堂，请允许我代表××公司及全体员工，对各位的光临表示衷心的感谢和热烈欢迎！

长期以来，××公司承蒙广大经销商的支持与厚爱，在激烈的市场竞争中取得了不错的成绩，××公司也一举成为苏北地区最大的××生产基地之一，为苏北地区的经济建设和广大用户的共同成长，作出了应有的贡献。

今天在座的各位嘉宾，都是与××公司有长期合作关系的朋友，也是××公司最信赖的合作伙伴。也正是因为你们的支持，××公司才强烈意识到用户的满意对公司的生存发展多么重要，××公司会继续站在用户的立场上考虑问题，最大限度地满足所有经销商的需求，为大家进一步的良好合作奠定最坚实的基础。随着××品牌影响的不断扩大，凭借着“国家免检产品”这个保障，我相信，××公司所生产的产品，也将会为各位带来不错的经济效益。

最后，我代表××公司及我个人的名义，对各位的赏光再次表示衷心的感谢。祝愿各地朋友在新的发展阶段财源滚滚，生意兴隆！也祝愿我们彼此的合作更上一层楼！同时，再次祝今天所有的来宾，身体健康、合家幸福！并通过各位祝你们的亲朋好友一切如意！谢谢！

在新员工入职大会上致辞

【致辞背景】新员工入职大会上

【致辞人】××部门经理

各位新老员工：

大家好！

我代表××公司、×××董事长、×××总经理，欢迎各位新同仁加入××公司的队伍，正式成为××公司中的一员。同时，我也代表×××董事长、×××总经理向全体老员工及其家人致谢，没有你们的努力与支持，××公司就没有今天的辉煌，××过去每一天的成就，都有赖全体员工的共同努力。而××公司的明天，则要靠在座的各位共同努力，共同进步！将来的某一天，××公司也会因为有各位的加盟而骄傲，相信在××公司的这段经历，也会让大家感到自豪。

今天入职的新员工，包括之前的老员工，大家毕业于不同的学校，来自不同的地区，彼此之间难免有所隔膜。然而，相识即缘，大家为着一个共同的目标，有幸从四面八方聚集在一起，这本身就是千年修来的缘分，相信大家在以后的工作中，会同心同德，亲密无间地合作，好好珍惜在一起的时光。

××公司有着良好的企业文化，为大家提供了一个公平、公正的平台，任何员工，无论是新入职还是工作过几年的，都能在这里找到属于自己的舞台。我相信，大家在互相合作和交流中，一定会快乐地迎接生活的挑战，共同迎接机遇与挑战。

公司的进步取决于每个员工的努力，××公司的每一个员工，都应自觉遵守公司的各项章程，有意识地培养自己各方面的能力，适应公司发展的需要，多请教，多沟通。在工作的过程中，以“勤奋”为自己的敬业精神，以“脚踏实地的努力”为自己的工作态度，以“精益求精”为自己的职业操守，通过自身的努力获得个人职业生涯中的成功，从新员工走向优秀员工，从优秀员工走向企业高管。

我希望每一个员工，都珍惜公司为你们提供的福利，爱护公司的一草一木，不要浪费。凡事站在他人的立场上考虑问题，为他人提供方便，也为自己提供方便，以最快的速度融入到公司团队中去，让自己的职业生涯变得丰富多彩起来。

大家有幸进入了××公司，××公司也有幸选择了你们，我们今后的合作，将完全建立在共同信任和相互理解的基础上，大家将携手并进，共同努力，收获事业，收获成功！

最后，衷心地祝愿你们在工作中尽情展现自己的才华，分享团队带给自己的荣耀与温暖，愿你们在××公司期间都有一个美好的时光，并能成就个人的理想，祝大家早日成功！谢谢！

在财富最佳投行颁奖典礼上致辞

【致辞背景】在第××届财富最佳投行颁奖典礼上

【致辞人】总经理

各位领导、各位来宾、各位获奖的最佳投行、各位专业人士：

大家晚上好！

首先我代表基金公司、证券公司向各位获奖人士表示最衷心的祝贺，同时感谢主办方为我们提供了这样一个欢聚一堂的机会。

站在买方的角度上，我非常希望我们的上市公司有更好的运营质量，有更好的管理机构。因此，我认为，投行的工作是非常重要的，对整个行业的发展具有至关重要的作用。

实际上，投行也正是发挥了这样的作用。我国的证券市场提倡“三公”原则，即公平、公正、公开。从公平的意义上来讲，投行至少公平地将信息传递给各上市公司，为我们投资人起着一个良好的桥梁作用，沟通在投资人和上市公司之间，确保证券市场在一个健康有序的环境中平稳地运行。因此，对于那些在这个行业发挥重要作用的投行们，他们得这个奖，我认为实至名归。在这里，我再次祝贺获奖的单位和个人，衷心祝贺他们在今后的工作中能发挥更大的作用，为大家提供更实惠的帮助，为推动我们证券市场的发展发挥应有的作用。

如果讲到“公正”，希望投行们在这一点上做得更好一些，为广大投资者提供更准确、更真实的信息，起到真正的沟通作用，而非沟而不通。如果讲到“公开”，投行们的主要职责，则是促使上市公司运作得更透明，增加公开度，从而增强广大投资者对上市公司的信息，促进证券市场的良性循环。

最后，再次感谢所有来宾，再次祝贺获奖的投行。谢谢！

在年终总结大会上致辞

【致辞背景】在年终总结大会上

【致辞人】××商场董事长

尊敬的各位来宾、各位同事、朋友们，大家好：

大吉大利大和顺，新春新喜新世纪。伴随着浑厚的新年钟声，我们进入了新的一年，在此辞旧迎新之际，我代表××商场的所有领导衷心祝愿大家新春快乐！身体健康！工作顺利！全家幸福！

过去的一年对于我们××商场来说是具有重要意义的一年，是不平凡的一年。在政府的政策支持下，在××商场领导层的英明管理下，在所有××员工的共同努力下，我们同心协力、艰苦奋斗，克服了种种的压力和困难，不仅超额完成预定的业绩计划，更重要的是，经过团结奋斗，提高了我们××商场的凝聚力和管理水平。同时，去年，我们商场也被省委、省政府授予“××省最具影响力企业”的称号。所有这些成绩的取得与我们全体员工的共同努力是分不开的，这是每一位××人的辛勤付出的功劳，更是每一位××人的骄傲！

然而，正如刘欢的《从头再来》歌词中所唱的那样：“昨天所有的荣誉，也变成遥远的回忆，再苦再累也要坚强，只为那些期待的眼神……”过去是用激情和汗水成就的，但它已经像翻书一样被翻过去，而我们要放眼未来，用智慧和勤劳再谱写新的篇章。我们有足够的理由相信，××××年将是更加激动人心的一年。我们将会一同体验成功的喜悦。同时，更加广阔的发展空间和更多的发展机会也会等待着各位员工的参与，有能力、有奉献精神的员工一定会脱颖而出，获得××商场的认可。

今天，我们××商场在此召开年终总结大会，我代表商城领导对大家一年来的辛劳，以及在工作中所取得的成绩表示衷心的感谢！更要向今天获得嘉奖的员工表示真诚的祝贺，让我们携起手来，振奋精神、团结拼搏、发扬兢兢业业的精神，为创造更加辉煌的××而努力！

最后祝愿大家及其家属在新的一年里全家和和美美、事业顺心！

谢谢大家！

市领导在绿色食品发展研讨会上致辞

【致辞背景】在绿色食品发展研讨会上

【致辞人】市领导

各位领导、各位来宾、各位朋友：

大家下午好！

今天是绿色食品发展研讨会开始的日子，我代表中共××市市委、市政府及全市××万人民欢迎前来与会的各界朋友，对绿色食品发展研讨会的顺利召开表示衷心的祝贺。

绿色食品发展研讨会在整个亚太地区都享有威望，本次大会选择在我们××市召开，这是××市千载难逢的喜事盛事，也是××市的光荣和骄傲。这充分说明在座的各位领导、各位来宾、各界朋友对××市发展的厚爱，我们会以这次会议为契机，进一步将我市绿色食品产业做大做强，加快绿色食品产业的推进，争取在短时间内实现本市绿色食品产业的跨越式发展。

可喜的是，××市过去在绿色食品产业的发展，已经得到业界的关注，今天到场的各位嘉宾，多数都是曾经关注支持，关心过××市绿色食品的人。当然，今天还有一些新朋友到场，××市欢迎更多的朋友为我市绿色食品产业的发展提供宝贵意见。今天，绿色食品发展研讨会在我市隆重召开，这又为××市绿色产品产业的发展架起了一座新的桥梁，相信必定会为我市绿色食品产业发展注入新的生机。今后，我市将会按照本次研讨会所确立下来的宗旨，以更积极姿态投入到绿色食品产业的发展。

希望在座的各位朋友，以后也能经常来××市绿色食品产业发展基地，像走亲访友一样常来转转，经常为我们提供宝贵意见，我们将不吝赐教。而淳朴好客的××市人，随时张开怀抱欢迎各位的到来。

最后，祝愿中国绿色食品产业的明天更美好，祝在座各位身体健康，事业顺利，万事如意！谢谢！

在教研活动总结表彰大会上致辞

【致辞背景】在教研活动总结表彰大会上

【致辞人】校长

各位领导、各位老师、各界朋友们：

大家好！

秋风飒爽，送走夏季的酷暑，也送走了又一批学子。在这个收获的季节，我校到处洋溢着节日气氛，我们不仅为即将踏入大学校门的学子祝贺，也为辛苦了一个学年的老师们庆贺，更为提出“专题教学”的教研组庆贺。正式由于“专题教学”的正式普及，我校的升学率今年再创新高，我代表学校及所有学生，向教研组的同仁们致以最诚挚的感谢和最衷心的祝贺。

根据教研组×××老师所提出的教学理念，我校确立了“文理并重，英语强化，各科并进，全面提高”的办学方针，培养出了一支高素质教师队伍，并根据课前说课、课堂教学、课后反思、集体交流等形式，帮助学生实现了实践中学习、反思中受到教育的新型教学方法，德智体美劳全面发展，向更高学府输出了一批高素质人才。这是我们学校的骄傲，也是教研组的自豪，是我校教研活动取得较大成功的标志。

应该说，作为一所年轻的学校，我校教研组能取得这么好的成绩，已经非常不容易了。但我们不能为这一点成绩而沾沾自喜，更不能躺在功劳簿上止步不前，与老牌学校、名牌学校相比，我们的教学方法还有一定的差距，我们的教学成果也不是尽善尽美。只有不断完善我们的教学方法，不断提高管理的水平，我校的教学质量才能稳步提高，才能为社会和更高学府输送高素质的人才，这是全校和教研组的使命，也是我们的义务，还望各位老师共同努力！

最终，衷心地希望所有老师努力钻研，不断完善自己的教学方法，促使我校各项工作都呈现出勃勃生机。我相信，在全体老师的共同努力下，我校的教学实践将会提高到一个新的水平，学校的明天会更美好。祝全体老师身体健康，工作顺利，在新的一个学年再创佳绩。

院长在医学界外科学术会议上致辞

【致辞背景】在医学界外科学术会议上

【致辞人】×××医院院长

各位领导、各位专家、各位朋友：

大家好！

今天是我省医学界外科领域的重大盛会，各位外科领域内的专家、精英人士济济一堂，共同探讨今后外科方向的发展。作为本院的院长，我代表我院全体员工对各位的到来表示最热烈的欢迎！

在座的不少都是经验丰富、学术水平很高的领军人物，你们在期刊上发表的有关外科的论文，我都曾仔细拜读过。对于我来说，你们都是我的前辈，希望大家不吝赐教，我会诚诚恳恳地向各位学习、请教。

从事医学工作数年来，我深深地体会到医务工作者的辛苦与艰难。当两年前从事医院管理工作以来，我又更加地感觉到每个科，尤其是外科是整个医院的重要组成部分。它们就像人的内脏一样，缺少就会影响身体的健康成长、发展壮大，甚至招致死亡。从诊治的病患数量和为医院创造的财富来看，都证明了这一点。正是外科医生无私奉献，以及其他科室的积极配合，外科才用自己的努力为医院创造成绩的同时，也得到社会各界的好评。同时也离不开在座的各位专家、精英对我院外科的关心和支持，没有你们的提点，我们院外科的水平和发展速度将会慢1到2年。

此次会议正是促进外科发展的良好机会，我真诚地希望通过此学术交流，使我们所有医院都能从中得益，更希望我院的外科医生都能把握好学习的机会，从上级医院和兄弟单位中获取先进经验，从而发展壮大自己。

最后衷心地祝各位专家身体健康，万事如意！作为东道主，我们将以最热忱的服务让各位与会人员满意、感到舒适！

谢谢大家！

总经理在保护工作会议上致辞

【致辞背景】在电力设施保护工作会议上

【致辞人】市供电公司总经理

各位领导、同志们，大家好：

电力设施作为重要的社会公共设施是电网的生命线，在国民经济发展中起着关键的作用。要想确保社会稳定发展、人民安居乐业，就必须确保这条经济大动脉畅通无阻。多年来，我们始终牢记自己的使命，为了满足社会经济发展及人民群众生产生活的需求，不断加大电网建设力度，完善电网结构。

尽管电网日渐加快建设步伐，当前电力设施保护工作面临的形势却依然很严峻。简要来说，可以总结为三点：1. 电力设施与城市建设的矛盾日益突出。2. 因外界因素破坏电力设施的事件时有发生。3. 盗窃电力设施屡禁不止。这些都给国家及电力企业造成的直接经济损失无法估量，而且极大影响了正常生产、生活秩序和社会公共安全。

电力事业的安全，不仅关系着国家的长治久安和经济的发展，而且也与人民生活息息相关。长期以来，党中央、国务院高度重视电网安全问题，多次下发文件，对电力设施保护和电网安全运行工作作出重要批示，如国务院办公厅印发的《国务院办公厅关于加强电力设施保护工作通知》等等。各地政府机构也根据党中央、国务院的文件精神，下发了相关文件，如省政府印发的《关于进一步加强电力设施保护的通知》、《电力设施保护条例实施细则》和《××省电力设施保护区内保留、种植植物许可办法》等等。这些为我们开展电力设施保护工作提供了有利的政策支持和法律依据。我们一定全面贯彻上级机关的精神，积极主动与政府沟通，协调、配合，解决电力设施保护工作中的突出问题，同时与公安局一起开展电力设施专项整治活动，并依靠群众，加大宣传电力设施保护的重要性，以便更好地做好电力设施的保护工作。

各位领导、同志们，尽管前方道路上充满了荆棘，但我们坚信，有了各级政府关怀和指导、相关部门的大力支持，尤其是电力职工的共同努力，我们一定能够做好电力设施保护工作，确保电网安全稳定运行和电力可靠供应，为××经济发展作出新的贡献。

八、岗位变动致辞

县领导就职致辞

【致辞背景】新任县长在领导干部大会上发表就职演说

【致辞人】新任县长

各位领导、各位同志：

大家好！

大会选举我担任××县的县长，是各位代表对我的信任，也是人民群众对我的殷切期望，对此我深感荣幸和激动。这使我有机会为我们××县××万人民服务，我同时也深感责任重大、使命光荣。面对新的形势和任务，我将会努力做到以下几点：

第一，坚持求真务实的工作态度，推进科学发展。当前，××县正处于改革发展最关键的时期，站在一个新的历史起点。县委如何团结起政府的工作人员，带领广大人民群众一起开拓出未来的华美章节，正是对我的一种考验、一种挑战，也是一个机遇。我将紧紧围绕县委确定的发展思路和目标，狠抓落实，踏实工作，将工作重点放在经济发展上，将主要精力集中在为人民服务上，以更大的力度全面推进××县的经济发展和社会进步，为建设活力××、文明××、和谐××竭尽全力！

第二，坚持民生优先的工作思想，谋求富民之策。人民是我们的衣食父母，人民群众的利益高于一切。我将把解决民生问题作为自己在工作中的最高追求，将服务××县人民作为自己人生中的崇高使命，做到身怀爱民之心、恪守为民之责，多为人民群众办实事，尽心尽力地解决人民群众最关心、最现实的问题，努力使政府的工作符合民心、顺应民意，让××人民得到更多实惠。

第三，坚持和谐共进的原则，维护团结大举。团结一致是党的生命，和谐进步是××的大局，也是人民群众的愿望。我将坚决维护县委的权威，自觉接受上级和群众的监督，继续发扬团结合作的优良传统，维护团结稳定，更加顾全大局，营造上下一心、共谋发展的和谐局面。

第四，坚持廉洁执政，加强自身道德修养。面对新的岗位，我深深地知道自己的能力还有欠缺，必须加强学习、更加努力，提高自己的能力水平才能将自己的工作做得更好。我一定遵守法律法规，廉洁执政，并自觉接受群众监督，踏踏实实做事，清清白白从政，绝不辜负党和人民的重托！

今天对我来说是一个光荣的日子，也是我人生道路新的起点。我知道，人民在把这份殊荣交给我，把着机遇给予了我的同时，也把一项重大的使命和责任赋予了我。我只有将感激之情化为一腔热血，将大家的信任转化为工作的动力，扎根××，奉献××，才能够回报大家的拳拳之心。我真诚地希望，大家可以在我日后的工作中给予我鼓励和支持，给予我批评和建议，我相信，有了县委的正确领导，有了大家的支持和帮助，有了前任县长打下的坚实基础，在全县父老乡亲的大力支持下，我一定能够挑起这副重担，也会挑好这副重担！只要我们全县上下一心，踏实肯干，××的明天一定会更加美好！

谢谢大家！

企业领导就职致辞

【致辞背景】高速公路公司的新任领导在就职回忆上发表致辞

【致辞人】高速公路新任领导

尊敬的各位领导、各位员工：

大家好！

因为组织上的安排，我有了一个机会来到省高速公路公司，和大家一起工作，一起为了我国的高速公路事业而做出努力。在此，我首先感谢在座的领导和同志们对我的信任，能够来到这里和大家一起共事，我觉得十分荣幸。我以前在×××工作的时候，就跟在座的不少同志都一起共事过，特别是各个项目的负责人，可以说我在以前的工作中就得到了在座各位的帮助和支持，借此机会，我向你们表式衷心的感谢！从今以后，我们的工作关系将会更加密切，在此，我也希望领导们和同事们都能够一如既往地帮助和支持我。

来到省高速公路公司工作，我感到万分荣幸。首先，省高速公路公司规模宏大，在交通集团中占据着举足轻重的地位，对我来说是极富挑战性的。其次，省高速公路公司已经树立起了品牌，在公路投资、建设管理、营运管理等方面都取得了显著的成绩，为之后持续、健康、快速的发展打下了坚实的基础。最后，省高速公路公司拥有一个雷厉风行、作风正直的领导班子以及一群充满活力、踏实肯干的员工队伍，这些优良的工作平台都让我备感荣幸。

然而，在深感荣幸之时，我也怀揣着惴惴不安的心情，这是因为：省高速公路公司家大业大，颇具口碑，当我接到组织安排时，我首先体会到的就是一份沉重的责任，我深深地感觉到自己接下的是一副重担。况且，我在原单位主要从事设计工作，工作类型比较单一，现在来到省高速公路公司，我可以说是一名新手，在以后的工作中还需要向大家虚心学习。当然，尽管责任重大，还需要有一个适应和学习的过程，但是我相信，有各位领导的支持，有大家的建议和帮助，我一定能够履行自己全新的职责，在新的岗位上如鱼得水！

在今后的工作中，我一定在各位领导的坚强领导和大力支持下，在前任同志已经建立起来的工作基础上，秉承和发扬求真务实、奋发向上的工作精神，向各位同志虚心求教，对自己严格要求。我深知自己能力有限，尽管如此我还是愿意尽我所能，为公司的发展贡献自己的力量。我相信付出就会有收获，只要我努力学习，勤政务实，就一定能够在工作上取得成效。我相信有了公司的正确领导和在座各位同事的帮助和支持，全公司上下团结一致，我们一定可以实现自己的奋斗目标！

我渴望在我递交答卷的那天，得到的掌声更加热烈，更加洪亮！你们的肯定就是对我工作的最大奖赏，你们的认可就是我工作的最大动力。从今以后，我将和各位一起开拓新的道路，研究今年即将开展的各项工作，我们一定不会辜负领导们的殷切期望，为加快我省的道路交通基础设施建设而做出努力和贡献！

我相信，我们省高速公路公司的道路一定会更加辉煌！谢谢大家！

医院领导就职致辞

【致辞背景】医院领导在就职会议上致辞

【致辞人】医院领导

各位领导、同志们：

你们好！

根据组织上的安排，我将到咱们医院来主持工作。今天和大家见面，也就标志着各项工作将要步入正轨，我也深深地感受到了自己肩膀上担子的重量。借此机会，向大家谈一些我的认识和想法，与大家共勉。有不当之处，还请大家多多指正、多多包涵！

作为我市医疗事业的龙头，在市委、市政府的坚强领导下，在一任又一任领导班子打下的坚持基础上，多年来我们医院的医疗水平得到了提高，内部建设逐步完善，外部形象越发光辉，接触设施和医疗设备不断得到改善，学科建设和医德医风在群众中都有口皆碑。从我市范围看来，我们医院的医疗水准和服务水平是毋庸置疑的，我们在人民群众心中的地位和作用也是无可替代的。

救死扶伤是医生的天职，作为一个工作性质特殊的单位，我认为我们在进行各项工作的时候一定要以“三个满意”为工作准则，即：让领导满意、让职工满意、让群众满意。要想实现这“三个满意”，就需要我们领导班子和全体职工树立起主人翁意识，以患者利益高于一切的思想作为我们的指导思想，齐人人尽心尽力、尽职尽责，同心协力为我们医院的进步作出贡献。作为领导班子，在市卫生局的大力支持下，在同事们的密切配合下，在任职期限内，我有决心、有信心带领着全体员工，为了我们共同的目标做出努力，将各项工作做好，给上级组织、全体员工以及全部病患交上一份满意的答卷！

多年来的工作经历，使得我给自己立下了一个信条，那就是不求政绩突出，但求无愧我心。在新的岗位上，也许我不用许什么漂亮的诺言，因为我深深地知道，只有实实在在的行动能够证明我自己，只有脚踏实地地工作才能造福于人民，真正实现医院的进步和社会医疗事业的进步。总之，我相信在我们的共同努力下，我们的医院一定能够成为我市一家“环境一流、技术一流、服务一流、设备一流”的高水准医院，我绝对不会辜负组织的重托，绝对不会辜负大家的期望！让我们共同努力吧！谢谢大家！

竞聘学校校长致辞

【致辞背景】在公开竞选××学校校长的会议上致辞

【致辞人】××学校校长竞聘者

各位领导、各位评委：

你们好！

首先，我要感谢各位领导采取的竞聘上岗制度，给了我这次可以充分展示自己的机会。下面，我就将我自己的个人情况介绍一下：我叫×××，现任××学校××老师，中共党员，于××××年××月××日毕业于××××大学××专业，其间考取了教师资格证。

这次竞选××学校的校长，我个人认为我具有以下三个方面的优势：

第一，具有扎实的理论基础和政策水平。自从参加工作以来，我利用校园里浓郁的学习气氛，始终加强着自己的理论知识学习，圆满完成了上级交代的教学任务。我先后顺利地送走了×个毕业班，并连续×年担任班主任，在管理学生方面也有不少的心得体会，曾有×篇文章在省级刊物上发表。

第二，具有较强的工作能力和个人素质。从××××年开始，我就投身于教育事业，将自己的青春和一腔热血全都奉献给了自己所热爱的教学事业，献给了自己的学生们。凭借丰硕的教育成果，我连续×年被评为优秀教师，并获得先进工作者等多项荣誉称号。

第三，具有坚持原则和顾全大局的精神。去年年初，市委曾经大规模选派教师到落后山区和贫困山区挂职。我们学校也有一个名额，拿到这个名额的人将要去一个条件艰苦的村庄待一年，那里没有马路，没有基本通信，有些家庭的照明工具还是煤油灯。同事们都有畏难心理，谁都不愿意去。在这种情况下，组织就找我谈话，希望将这个名额给我。我当时犹豫了很久，我的孩子才半岁，妻子身体也不好，家里是比较困难的。但是为了大局着想，我毅然接下了这个艰巨的任务。我在落后村庄里的工作得到了当地村民的一致好评，也得到了上级领导的肯定，同时这次机会也磨练了我的意志，坚定了我要为教学事业奉献一生的信念，我的领导能力和组织协调能力也都有了提升。

以上的优势决定了我能够升任校长这个职位，如果这次竞聘成功，我将要从以下三个方面来开展我的工作：

一是要以身作则。在新的学期，学校的工作面临着紧迫的形势和任务，也面临着新的挑战，我认为我们学校应该与时俱进、开拓创新，走教学立校、人才兴校、科研强校的路子。在治理学校事务方面依法管理，依靠行政、后勤，稳定学校发展趋势。学校的工作应该是一个不可分割的整体，教学、行政、科研和后勤互相依靠，缺一不可。

二是要立足本职工作。如果我能够当选，那么一定要实现两个思想的转变：一要由一名普通教师转变为一名组织领导者，为全校师生保驾护航，带领全校职工向创建一流学校的目标不断努力；二要转变自己的思维方式，从原先做领导交代的事情转变为应该去做什么，怎样才能做好的思维方式，对工作认真负责，落实到位。

三是要脚踏实地。对学校工作而言，教学是重心，后勤是保障，如果我竞聘成功，我一定会积极了解和关心各位老师的生活需要，从一点一滴的小事做起，当好老师们的勤务兵，学生们的排头兵，解决教师们在生活上的后顾之忧，调查学生们在学习中的各种需求，为我校升学率的攀升做出努力，为我校工作的进一步开展作出贡献。

各位领导、各位评委，公开选拔、竞争上岗的人才机制决定了最后的结果有上也会有下，无论是上是下，我都将继续勤奋努力地学习，扎扎实实地工作。最后，再次感谢各位能够给我这个展示自己的机会！谢谢大家！

银行行长竞争上岗致辞

【致辞背景】在××银行副行长竞聘会议上致辞
【致辞人】竞聘者

尊敬的各位领导、各位同志：

大家好！

很荣幸我今天能够站在这里，参加今天的竞聘仪式。本着挑战自我、超越自我的目的，我走上竞职演讲台，感谢各位领导多年来对我的培养和教育，感谢各位同事对我工作的支持和给予我的帮助，谢谢大家。

我叫×××，中共党员，于××××年毕业于××大学××专业，××××年参加工作，先后担任过××××、××××等职位。为了锻炼自己的意志，提高自己的职业能力，更好地实现自己的人生价值，今天，我来参加××银行副行长的竞争。我的信心主要来自以下几个方面：

第一，本人思想进步，政治坚定。我在平时的日常生活中严格要求自己，以积极向上的人生观和价值观来指导自己的工作和学习，严格要求自己，本本分分做人，踏踏实实做事。

第二，本人谦虚好学，具有开拓进取的创新精神。我在大学毕业以后，依然坚持每天看书学习，通过不断的学习，丰富了自己的理论知识和业务知识，拓展了知识面。目前我已经可以解决处理业务工作中出现的大部分常见问题。此外，我思维活跃，精力旺盛，工作热情很高，接受新事物也比较快，敢于实践，具有奋发向上的斗志和开拓创新的精神。

第三，本人具有爱岗敬业的精神。我能够以勤奋踏实的工作态度投入到本职工作中去，兢兢业业，一丝不苟地完成任务，不怨天尤人，不推三阻四，一定会尽我自己最大的力量将工作做好。

第四，本人拥有认真细致的工作作风。在工作中，我遇事不含糊，办事不拖拉，不纠结于书本和教条，敢于跳出书本，具体问题具体分析的工作态度。

第五，本人具有一定的管理能力。在工作期间，我积累了一定的管理经验，自身的整体素质和综合能力都有所提高，这对我以后的工作是大有裨益的，对正确看待和处理问题，提供了丰富的经验和应变能力。

如果我能够应聘成功，我会意识到这不是一种权力，而是一种职责。为了更好地履行这一职责，我会更加严格地要求自己，并为自己提出以下要求：首先，加强学习，更加全面和系统地掌握银行方面各类法律知识和业务规范，时刻提高自身素质，不断学习新的知识和理论提高充实自己；其次，扎扎实实地投入工作，将以往工作中好的作风继续发扬光大，在工作实践中不断摸索经验，和大家一起将我行的基本工作做好。再次，要摆正自己的位置，当好行长的一把手，多请示多汇报，尊重行长的核心地位。

当然，如果我应聘失败，我也不会气馁，毕竟胜败乃兵家之常事。我会继续做好自己的本职工作，无论怎样的工作，都是在为社会主义建设增砖添瓦，我会一如既往地以身作则，端正态度！谢谢大家！

企业领导离职致辞

【致辞背景】在欢送调动干部的欢送会上致辞

【致辞人】离任干部

各位同志：

大家好！首先，感谢××公司的各位领导和各位同志们为我组织了这样一个欢送会。面对即将离开我奋斗了多年的××公司，走上新的工作岗位，此时此刻，我百感交集。我对我们的公司无比留恋，对帮助我关心我的同事们依依不舍。回想我们在一起奋斗的日日夜夜，和领导、同志们在一起的一幕幕场景，往事仍是历历在目，难以忘记。

我忘不了在市局工作了几年的经历。从××××年××月××日来到这里报到，转眼间已经三年过去。这三年来，在市委、市政府的正确领导下，在同志们的互相帮助和支持下，我们大家一起狠抓落实，强化管理，各项工作都取得了不错的成绩，能够和大家一起团结一致，共同见证了我们××公司的发展，我感到十分荣幸。在和各位同事的合作中，我学到了很多管理方法和基层经验。可以说，是同事们的良好作风鼓舞了我，是你们的精神感染了我，是我们××公司给了我学习、成长的平台。这三年，是我人生最重要的一个阶段，对我来说是最珍贵的人生经历。

我忘不掉和同事们战友一般的深厚情谊。在这三年里，无论是各级领导，还是干部同志，还是普通同事，都给过我很多无私的帮助。没有组织和同事们的关心和爱护，我将一事无成，这也是我将铭记在心，永远感谢的！

三年来，身处××公司这个温暖的大家庭里，我与领导同事们建立起了珍贵的工作友谊和兄弟姐妹般的亲情，这是我们的缘分，实在是令我难以割舍。这份深情厚谊对我来讲，是我人生中的一笔财富，我将用心珍藏，永远怀念！

我忘不了的是各位领导的鼓励和同事们的殷切期望。在这三年里，我总是觉得自己水平不高，工作能力有限，许多工作做得还不是很到位，不足之处也有很多。我总是觉得为公司付出得太少，而组织给我的却很多；为同事们所做的事情太少，而大家关心我很多。最近，领导和同事们给了我很多真诚的鼓励和恳切的建议，这些我都会认真地记在心上，在新的岗位上会进一步加强自己的学习，改正自己的缺点，完善自己，把我们××公司的好传统也带到新的岗位上去，将自己的工作做得更好！

这次欢送会之后，我马上就要到新的岗位去任职，现在的心情确实是依依不舍，充满了离愁别绪。不过好在我还在咱们市里工作，我们还能经常再见面的。今后无论在哪里工作，我都会珍惜这份独特的经历，珍惜我们之间的感情，永远想念我最敬爱的领导和最亲爱的同事们！最后，祝愿我们××公司事业兴旺，祝愿领导和同志们工作顺利，万事如意！谢谢大家！

政府领导离任致辞

【致辞人】烟草局领导
【致辞背景】在离职告别会上致辞

各位领导、同志们：

你们好！

刚才，局里的党委书记宣布了×××烟草局领导班子变动的情况，我要暂时告别大家。对于局里的安排，我表示绝对的拥护和衷心的支持，因为这是工作的需要。同时，我也很感谢组织上这么多年来对我的关心和照顾。

我在我们×××烟草局工作了将近 20 年了，其中担任领导的时间也有 6 年的时间，在此期间，我和大家一起生活，共同为了工作上的目标而努力，我们朝夕相处，建立起了深厚的友谊。我局的干部队伍，是一支素质很高、业务很强的队伍，大家始终步调一致，是冲锋陷阵英勇果断的排头兵。我们×××烟草局的班子在党的正确领导下，始终团结一致，是一个拥有开拓创新的精神，时刻以求真务实为工作原则的班子，是一个在战斗中无坚不摧的坚固堡垒。

多年来，我们×××烟草局对上级交代的各项工作任务都能够高标准、高质量的按时完成，得到了市委、市政府的好评，以及人民群众的广泛称赞。我们×××烟草局的内部环境也得到了改善，干部和职工们的工作环境得到了很大改观，个人待遇也提高了很多。从外部环境来看，我们的领导干部多年来坚持严格带队，坚持以为人民服务为工作重心，善于协调，受到了烟草零售商户的高度赞誉和广大烟农的广泛好评。这些成绩的取得，是各位领导干部正确领导的结果，是社会各界支持我们工作的结果，是各部门在工作中相互配合、相互帮助的结果，是我们×××烟草局全体干部职工齐心协力、共同努力的结果。在此，我衷心地感谢各位领导、各位同事们，感谢你们多年来对我的关心和照顾，在我工作上的支持和帮助。

对我个人而言，我在这里工作的这么多年里，得到了领导和同事们的配合和支持，我深深地感受到，大家对我的能力是认可的，对我也是很信任的。在工作能力上，我深知自己还有很多不足，是依靠着集体的力量我才取得了今天的成绩。总的来说，我们班子还是能够总揽全局，慎重决策，已经打好了队伍团结、整体素质较高的基础，形成了内部风气正，人心齐整的和谐氛围。这样的一支队伍，绝对是拉得出，打得赢的！

在过去的工作中，我在大家的支持下尽了自己最大的努力，做了一些有利于全局、有利于人民的事情。其中有一些现在正在实施，也有一些没能实现的，对此我也深感遗憾！在我的工作中，也有一些事情没有做到好处，虽然我个人比较讲原则，但在工作上也容易操之过急，难免就会伤害到一些同事的感情和自尊。对此，我在这里向你们表示深深的歉意，请你们谅解！我也相信，同志们都能从工作角度出发，对我的个人和工作给予理解，谢谢你们！

人生自古伤离别，工作的需要永远高于我个人的意志，我会遵照上级领导的安排，离开我曾经工作生活二十载的地方，离开曾经并肩战斗过的同事们，去接受新的考验和任务，开始新的生活。但是，无论我将来去到哪里，我都会一如既往地关心和支持我们×××烟草局的发展，关注同志们的进步。我相信，只要大家团结一心，踏实肯干，在以×××同志为首的新一任领导班子的带领下，一定能够开创×××烟草局更加辉煌的明天！祝愿大家工作顺利，身体健康！

谢谢大家！

九、宴会致辞

在招商引资项目推介晚宴上致辞

【致辞背景】在招商引资项目推介晚宴上
【致辞人】市政府领导

各位领导、各位来宾、同志们：

大家晚上好！很高兴大家的能够在百忙之中前来参加我们的招商引资项目推介晚宴，在这里，我代表市政府以及全市人民向各位到场的领导以及嘉宾表示热烈的欢迎！我们今晚欢聚一堂，目的就是要同叙友谊、共谋发展、一起携手走向更美好的明天。

在此，我首先要感谢各位商业朋友们，感谢你们对我们××市的大力支持，在这里我向你们表示最衷心的感谢！你们的到来给我们××市的经济插上了腾飞的翅膀，让××的经济得到了迅速的发展，我们××有今天的新局面是和你们的支持和投资分不开的。是你们让我们××市的经济恢复了活力和生机，是你们改善了全市人民的总体生活水平。在此，我谨代表××市政府的全体领导班子向你们致以亲切的问候！

××市位于中原腹地，是一个具有悠久历史的城市，这里有着便捷的交通和广袤肥沃的土地。由于种种原因，我市的经济发展一直非常滞后，除了少数的加工企业比较发达，其余产业发展都很缓慢。经济发展的缓慢直接导致了整个城市的总体实力，影响到了市民的生活水平。因此，近年来，我市围绕着党中央提出的全面建设小康社会，加快推进社会主义现代化建设的宏伟目标，我们开始大刀阔斧进行改革，我们开始引进多方面资金，进一步推出多方面优惠政策，为经济的发展营造出一个良好的环境。通过大家多方面的努力，我市的经济开始好转，迎来了一个良好格局，再现了我市的新面貌、新气象！

××市的迅速发展，离不开大家的共同努力。我们的城市建设饱含了你们的汗水，我们将来的辉煌还需要你们的大力支持！在今后，我希望各位企业家、朋友们能够继续支持××市，将更多的资金投入我市，大力发挥你们自身的优势，向全国，甚至全世界介绍推广我们××市，介绍更多志同道合的前来××市发展投资！作为政府部门，我们将为各位企业家朋友们提供一个良好的投资环境，营造一个诚信的商业氛围！相信，在我们共同的努力下，一定会取得双赢的局面！

最后，祝愿我们的明天更美好！也祝在场的各位事事顺心、蒸蒸日上！谢谢大家！

在大桥奠基庆功会上致辞

【致辞背景】在×××镇×××大桥奠基庆功会上

【致辞人】县领导×××

各位来宾、同志们：

大家好！非常高兴能够前来参加×××镇×××大桥奠基庆功会！在此，我向前来参加庆功会的所有来宾和同志致以最亲切的问候！感谢你们能够前来参加×××镇×××大桥的奠基庆功会，感谢你们对×××大桥的关心和支持！

×××镇是我县的重要城镇，处于我县的东部，是我县主要的交通要道，承担着我县重要的通道工作，×××镇对我县的交通作出了很大的贡献，在此我代表县委、县政府向×××乡表示真诚的感谢。

作为交通要道，那么，路桥的基础建设就显得尤为重要了，只有好的基础设施建设，才有更大的发展前景。近几年来，×××镇紧跟党的政策，紧随县政府的步伐，大力维护自己的路桥建设。路桥的建设是农村城镇化的表现，也是全面建设小康社会的一项重要内容，路桥的建设和维护不仅可以便利交通，也有利于从三农的发展，解决农民的实际问题，可以让农村走向更加广阔的天地。今天，×××大桥的奠基，正是×××镇进一步发展的表现，也是推进农村城镇化的一个重点项目。×××大桥的建设对×××来说就是一个很好的机遇，可以加速×××镇的经济发展，实现该镇的繁荣富强！×××开发公司能够选择×××镇为合作伙伴，说明了×××公司非常有远见，因为在不久的将来，×××将成为我县乃至整个市、整个省的强镇、模范镇，×××镇将会在自己的悠久历史、丰厚文化的基础上，取得辉煌的成就。×××开发公司届时也会得到丰厚的回报，这是一个互利事项，希望你们能够合作愉快，共同前进！

当然，大桥的建设并不单纯是开发公司和×××镇的大事，也是我们整个县的大事，因此作为县政府我们也会给予最大的支持和帮助，同时我也呼吁社会各界人士来共同关注此事，让我们一起努力来建造一个高标准、高质量的工程！

最后，预祝×××大桥工程施工顺利、早日完工！也祝在场的各位来宾、同志们工作顺利、身体健康！谢谢大家！

在两地经贸合作洽谈成功宴会上致辞

【致辞背景】两地经贸合作洽谈成功宴会

【致辞人】市长

尊敬的各位领导、各位来宾、同志们、朋友们：

大家晚上好！月朗星稀、晚风习习，今晚我们在这里共同庆贺一件属于我们×××市和×××市的大喜事，那就是我们的经贸合作洽谈成功了！为了庆祝这个激动人心的盛事，作为东道主，我市特意准备了这场宴会以资庆祝！在此，我谨代表×××市政府向各位领导、各位嘉宾的到来表示热烈的欢迎！对所有关心和支持双方经贸合作的朋友们、同志们表示最衷心的感谢！

我们×××市是一个老工业基地，拥有雄厚的工业基础和庞大的科研人才，我们为地区和国家的工业发展作出了不可磨灭的贡献。近年来随着科技的不断进步，工业企业也面临着巨大的改革和变化，我市在保留自己特色的工业的前提下，开始向外寻求发展！合作才有发展，合作才有未来，我们明白强强联合的道理。于是，我们就向×××市伸出了友谊的橄榄枝，希望共谋发展，共创未来！

×××市和我们×××市虽然分属于不同的省份，但却是比邻而居的兄弟城市，同饮一江水，同靠一座山，在抗日战争时期我们还隶属于一个根据地，两市的人民团结一致共同抗敌！有着如此渊源的历史沿袭，两市的合作也就多了一层含义！我们不仅是在经贸上合作，更多是双方的友谊延续！

当×××市了解到我市的合作意向之后，他们表示很愿意合作。于是，在双方共同努力下，经贸洽谈会顺利在我市召开。在洽谈会上，双方就经贸合作一事进行了谈判，最后，我们在友谊第一、合作第二的基础上，洽谈成功，并且确定了“互利互助、合作共赢”的经贸合作方针。洽谈得以能够顺利进行，在此我要特意感谢×××市的代表团，你们带着满腔的诚意舟车劳顿来到我市，可以说为双方的合作作出了很大的贡献，感谢你们付出的劳动和辛苦。双方经贸合作标志着双方友谊的进一步迈进，标志着双方的携手同进，标志着我们将迎来一个经济新局面。相信在不久的将来我们可以共同起飞、一起辉煌！

最后，希望双方的经贸合作顺利开展，祝我们的经济更上一层楼！现在，让我们共同举杯，为我们的成功合作而庆祝，干杯！

在杰出青年颁奖宴会上致辞

【致辞背景】五四青年节×××省杰出青年颁奖宴会

【致辞人】省领导

各位领导、各位来宾、各界朋友们：

大家好！今天是五四青年节，是属于年轻人的日子，是属于杰出青年的日子，现在，我们欢聚一堂来共同举行为我省的杰出青年颁奖。能够前来参加宴会并且致贺辞，我感到非常荣幸，在此，我代表省委、省政府向广大青年致以节日的问候，向获得杰出青年和十佳青年的人表示热烈的祝贺！向一贯支持和关心我党、共青团的领导们和各界人士表示衷心的感谢！

毛主席说过：世界是你们的，也是我们的，但是归根结底是你们的。你们青年人朝气蓬勃，正在兴旺时期，好像早晨八九点钟的太阳，希望寄托在你们身上。世界是属于你们的，中国的前途是属于你们的。是的，正如伟大的毛主席所说，青年人是充满希望的，你们将是社会的中流砥柱，而在我省的发展中，青年人就发挥了很重要的作用，我省能够取得今天的发展局面，是和你们这些先进的青年人分不开的。

在社会发展迅速，瞬息万变的时代，我省的青年紧跟党的领导，高举中国特色社会主义伟大旗帜，全面贯彻落实科学发展观，以服务人民为宗旨，在时代的大潮中奋勇前进、开拓进取、不畏艰险、迎难而上，成为我省各行各业的带头人，为我省的社会和经济发展作出了伟大的贡献。青年的潜力是无限的，他们是勇敢的，勇于创新的！今天，我们在这里表彰杰出青年，就是对青年人的一个鼓励，他们对社会的贡献是不可否认的，我们要给予正确的鼓励和奖赏，以他们为中心，带动更多的青年站起来，为我省的发展贡献一份自己的力量！

今后，将是我省一个重要的发展的时期，青年人的力量是不可忽视的，他们是我省的未来，也是我省重振雄风的关键，在新的形势和政策下，各位青年要牢牢抓住机会，担负起自己的历史使命，弘扬伟大的“五四”精神，施展自己的才能，为建造美好的家园贡献自己的力量！希望所有的青年都能够向今天的杰出青年学习，进一步充实自己，做一个优秀的好青年！

最后，再次向受表彰的杰出青年表示祝贺，希望你们再接再厉，取得更大的成绩！也祝在场的所有人事业顺利、身体健康！谢谢大家！

在劳动模范座谈会上致辞

【致辞背景】在劳动模范座谈会上

【致辞人】市领导

各位劳动模范、同志们：

大家好！

今天是五一劳动节，我们在这里隆重召开劳动模范座谈会，来庆祝这个伟大的劳动节日！在这里我代表市委、市政府向在座的各位劳动模范，奋斗在各行各业一线的同志们致以节日的问候以及崇高的敬意！

最近几年，我市在党中央的政策和领导下，进行了大刀阔斧的改革，一心一意搞建设、谋发展。我市因此出现了前所未有的良好发展局面，经济得到了飞速发展、人民安居乐业、城市环境更加优美，看到这样的局面，市委、市政府非常高兴，这是我们大家共同努力的结果，特别是你们这些战斗在生产一线的劳动群众，是你们的付出才有了我们美丽的城市。去年，我市整体经济水平同比增长××个百分点，地方财政收入同比增长××个百分点，全社会固定资产达××亿元。这一系列的数字说明，我市的经济水平得到了良好的发展，人民的生活水平正在逐步提高！

这些成绩中有广大劳动者的汗水和奉献，凝聚了广大群众的智慧。今天在座的各位劳动模范都是劳动者中的代表，是劳动者中的精英，你们始终站在经济改革的前列，你们艰苦奋斗，不畏艰苦，为了工作舍身忘己，在你们的身上集中了所有劳动者的优点，你们的付出换来的是突出的贡献，你们美好的形象将永远留在人民心中。你们是我市先进劳动者的代表，你们要起到一个带头作用，大力弘扬劳模精神，将这种精神带给周围的人甚至全市的人，让我们整个城市都形成一个好风气！

如今，我市的经济发展依然是头等大事，我们将迎来一个新的发展阶段。在新的发展中我们要充分利用自身的资源，发挥自己的长处，不忘艰苦奋斗的精神，不忘自己肩负的责任。我们要将城市的发展当做自己的要务，用高度的责任感和不懈的精神来为之奋斗，我们要将为人民服务牢记在心中，展现我们劳模的风采！

各位劳模同志们，你们是我市的骄傲，也是我市的典范，我们的幸福生活有你们的一份付出，我们美好的未来需要你们奋斗，希望你们在今后的工作中能够更加务实、积极进取、扎实工作，为社会发展贡献自己的一份力量！

最后，祝各位劳动模范、同志们节日愉快、身体健康，希望大家能够在此茶话会中度过一段快乐的时光！谢谢大家！

在庆祝奥运健儿凯旋招待晚宴上致辞

【致辞背景】在庆祝奥运健儿凯旋招待晚宴上

【致辞人】省长

各位领导、各位来宾、各位体育健儿们：

大家晚上好！

举世瞩目的第××届奥运会于前天圆满闭幕了，中国代表团在此次运动会中取得了优异的成绩，其中我省一共有××名奥运健儿参加此次盛会。他们分别参加了排球、跳水、乒乓球、篮球、体操等五个项目的比赛，凭借着精湛的技艺和顽强的比赛精神，他们一共获得了×枚金牌、×枚银牌、×枚铜牌，×个第四名，×个第五名等，能够取得这样的成绩，我感到非常高兴。你们圆满完成了省委、省政府交给你们的光荣任务，为国增光，为×××省增光，你们是国家的骄傲，也是×××省的骄傲，你们为体育事业作出了巨大的贡献！

在此，我要感谢所有参与奥运会的运动员、教练员以及工作人员，你们为了国家的荣誉，为了我省的荣誉，不怕苦、不怕累，艰苦训练，努力进取，最终苦尽甘来取得了如此优异的成绩。特别是×××，还打破了女子×××世界最高纪录！你们如此顽强拼搏的体育精神是值得我们任何人学习。希望在今后的日子里，你们能够继续努力，取得更加优异的成绩。

今天，我们大家欢聚一堂，为奥运健儿的凯旋庆祝！在此，我谨代表省委、省政府向所有的奥运健儿表示最热烈的祝贺，致以最亲切的问候！向奋战在体育事业一线的广大体育工作人员致以最衷心的感谢和最崇高的敬意！向多年来关心和支持我省体育事业的社会各界人士表示最衷心的感谢！今后，我省会更加重视体育的发展，为体育健儿们提供更多更好的训练条件，让我们的体育事业插上腾飞的翅膀越飞越高，让我们的体育事业为国家增光！也希望大家能够以体育健儿为榜样，在党中央的领导下，为建设具有中国特色的社会主义国家而努力奋斗！

现在，我提议，为×××省的繁荣发展，为我省的体育事业发展，为各位领导、来宾、体育健儿的健康，干杯！

在欢迎代表团仪式上致辞

【致辞背景】在欢迎代表团仪式上

【致辞人】市长

各位领导、各位来宾、女士们、先生们：

晚上好！

首先，我代表×××市人民政府对×××商业代表团的到来表示最热烈的欢迎！感谢你们不远千里、风尘仆仆前来我市，你们的到来将对我市的商业发展具有很大的推动作用，在此，我对你们伟大无私的奉献精神致以最崇高的敬意！

×××市位于中国西南×××省的东部，紧邻长江，是一个资源丰富、气候宜人、山清水秀的城市。我们城市虽然不大，但是却聚集了众多的民族，是一个典型的多民族、少数民族城市。这里有很多山川大河，虽然或许并不是名川大山，但是却风景秀丽，层峦叠嶂，具有很高的观赏性。我市是一个典型的工业城市，矿产资源丰富，具有多种稀缺的矿产，是国家重要的矿产生产城市。最近几年，我市除了保留原有的工业基础外，也大力发展一些旅游业，充分利用当地的资源，我们连续发展了数个自然风景名胜区，数个名族村寨，我们还将自然风光和民族风情结合到一起，形成了独特的风景民俗游，让游客在美景之中感受多样的民族风情。随着旅游业的发展，我市的 GDP 连续增长，已经成为全省经济发展最快的城市！今后，我们将着眼于工业和旅游两方面，让两者成为我市的两翼一般，带领我市继续向前飞翔！

我市向来十分重视商业的发展，商业是经济发展的重要组成部分，商业的繁荣程度直接影响到经济的发展，看一个城市的商业氛围就可以看出一个城市的内在潜力。尤其是近几年来，我市连续引进外资，建立了几个大型商场以及小商品批发市场，我市争取要成为我市东部的商品集散地，利用我们便利的交通条件，促进我市的商业发展！此次×××商业代表团来我市考察参观，正是为了促进我市的商业发展，希望大家能够给予更多的意见和指导！

此次×××商业代表团的行程为期一周，将对我市的商业发展作一个完整的考察，此次×××商业代表团的到来将对我市的商业起到巨大的推动作用，对我市的商业是一个有力的宣传。希望×××代表团在这一周的时间里能够有所收获，也希望能够给我们提出宝贵的意见和建议，我们一定虚心接受！我们也希望通过此次的代表团的考察，我市的商业联会能够认识到自己的不足之处，努力改正，争取做到最好！

最后，祝×××商业代表团在我市的行程圆满顺利，希望我市能够给你们带来一个好印象！祝各位领导、各位来宾、女士们、先生们身体健康、工作顺利！谢谢大家！

在慈善晚会上致辞

【致辞背景】在×××慈善晚会上

【致辞人】省领导

尊敬的各位领导、各位来宾、同志们：

今晚我们在省人民大会堂隆重举行×××慈善晚会，这是我省慈善事业的一个重要事件，也是我省慈善募捐取得重大突破的表现。在此，我代表省委、省政府向组织这次慈善晚会的民政厅表示衷心的感谢！向关心和支持我省慈善事业的各位领导和社会各界朋友们表示最衷心的感谢！

此次的×××慈善晚会是由省民政厅主办，由教育厅、商务厅联合协办的，我们此次慈善募捐的目的是发展偏远农村教育、拯救失学儿童，此次慈善募捐的款项将全部用于建立希望小学，资助失学儿童，让失学的孩子重新返回校园、重新拿起课本，让频临危险的校舍得到修缮，改善孩子们的学习环境！

教育是国家的根本，关系到民生，关系到社会的发展，一个不重视的民族将是落后的民族，一个没有教育理念的民族必然陷入困局！我省是一个人口大省，在中西部还有很多经济不发达的山村，在那些偏远的地方，由于经济的落后导致了教育的落后，导致了人们观念的落后，因此，学校的教育受到了很大限制，很多学生因此失学！作为一个省长，我感到惭愧，我感到汗颜，因此，我努力于改善我省的教育局面。近年来，省里对偏远地区的义务教育十分重视，加大了对教育扶持的力度，进行了多次专项拨款，用于改善校舍、补助困难学生，虽然教育条件大大改善，但是还是远远不够的。虽然政府已经竭尽所能，可是，由于我省正处于经济的发展阶段，我们所付出的财力物力远远不够，根本满足不了困难学生的需求。我们需要的是更多的社会人士的关怀和帮助，集体的力量永远是无限的。

今天，这场×××慈善晚会的举办，目的就是要动员社会上有责任心、又有同情心的人士伸出援助之手，帮助那些困难的贫困学生。这是我们全社会的责任，也是和谐社会的需求。今天，到场的有数百个企业代表以及团体代表，他们是社会的中坚力量。我们要饮水思源，我们在自己富裕的同时不忘记处在贫困中的兄弟姐妹。希望通过这场慈善晚会，各位都能够慷慨解囊，切身参与到慈善事业中，支持我省的慈善事业，关注我省的失学儿童。慈善晚会的主办方也要将募捐所得真正用到教育的扶持上，让每一位失学儿童都感受到温暖和关怀！

同志们，让我们一起共同努力，为教育事业贡献自己的一份力量，为我们祖国未来的花朵献上自己的爱心，让我们积极投身到慈善事业中，让我们为了美好的明天而努力奋斗！

最后，祝×××慈善晚会圆满成功！祝×××省慈善事业蓬勃发展！

谢谢大家！

在国庆节晚宴上贺辞

【致辞背景】在国庆节晚宴上

【致辞人】市领导

各位领导、各位来宾、同志们：

大家晚上好！金秋送爽、桂菊飘香，今天是我们伟大的中华人民共和国成立60周年的日子，在这个举国欢庆、共度佳节的时刻，我们欢聚一堂，来庆祝这个伟大的节日！在这里，我谨代表市委、市政府向我市的广大市民以及解放军部队、武警官兵以及社会各界人士致以节日的问候和最衷心的祝福！

转眼间，中华人民共和国已经成立60年了，在这60年的时间里，我们国家发生了翻天覆地的变化，经过长时间的摸索，最终确立了建设有中国特色的社会主义国家的方针政策。随着改革开放的不断深入，我国的经济得到了快速稳定的发展，国家实力不断增强，国际地位不断上升。如今，我们国家已经一改往日的贫苦落后局面，成为一个具有强大的实力，在国际上有着巨大影响力的国家！

今年是中华人民共和国成立60周年，对我国是一个具有重要纪念意义的一年。同样对于我市来说也是非常重要的一年，在这一年里，我市紧跟省委、省政府的领导，认真贯彻“三个代表”重要思想，坚持科学发展观，认真落实党的

××大精神，因此，我市在各个方面都取得了重大的突破。无论是经济、教育，还是城市建设、科技等，我市都有了突飞猛进的发展，并且呈现出了一片和谐繁荣的景象！我市为了扩大发展，努力调节自身的产业结构、进行招商引资，扩大我市的收入，提高人民的生活水平，因此，我市上半年的总产值同比增长了××个百分点。我们能够取得这样的成绩和广大人民的努力是分不开的，也希望大家能够团结一心、奋勇前进，加快我市的发展脚步，维护我市的发展成果。

接下来，我市还有更多的任务需要大家去努力，我市仅仅是刚刚起步，胜利就在眼前，希望大家可以充分发挥自己的优势，为我市、为国家的繁荣富强贡献自己的一份力量！借庆祝国家60周年之际，我希望同志们能够扬帆远航、开拓进取，为美好的明天而努力奋斗！

最后，祝伟大的祖国更加繁荣富强！祝我市各项工作更加辉煌！祝各位领导、各位来宾、同志们节日快乐、身体健康！谢谢大家！

在科技大赛圆满结束庆功会上致辞

【致辞背景】在×××科技大赛圆满结束庆功会上

【致辞人】市领导

各位领导、各位来宾、同志们、朋友们：

大家好！今天我们欢聚一堂，共同庆贺×××科技大赛的圆满结束，在此，我向在大赛中取得优异成绩的科技工作者致以最热烈的祝贺！向在科技大赛期间付出劳动和汗水的工作人员表示最衷心的感谢！向关注和支持×××科技大赛的领导和社会各界人士致以亲切的问候！

邓小平同志说过：科技是第一生产力！确实，一个国家、一个地区要想得到快速良好的发展，就必须优先发展科技。一个没有科技的城市永远是停滞不前的，科技的创造力是不可估量的，科技可以让大家的生活更美好，科技甚至可以改变世界、改变人们的生活！我市一向都非常重视科学技术的发展，并且推出了很多有利于科技发展的政策，营造出了更好的科技发展环境，我市的目标是让我市在经济发展的同时，科技也要腾飞，科技将成为飞翔的助力，让我市可以飞得更高、飞得更远！

此次的×××科技大赛举办的目的就是要弘扬科技的力量，让科技更好地为人民服务。在此次的科技大赛中，涌现出了很多优秀的科技人才，展示了更多的科技技术。在本次大赛中，最引人瞩目的当属机器人大赛，众多的科学工作者潜心研制出了多种机器人，这些机器人可以帮助人们做日常家务、帮助人们工作，带给人们的便利性是不言而喻的，如果这些机器人能够运用到生活和工作中，可以带来前所未有的效益，可以将人们从众多繁琐的劳动中解放出来。这就是科技的力量，它带给人们的是更好的生活，更多的美好，科技永远引领人们向前，走在人类的尖端。

在此次大赛上最让我感动的，就是那些参赛的选手，这些选手中除了专业的科技人员以外，还有更多的业余选手，他们并不是从事科技工作的人员，可是凭借着对科技的一腔热血，发明和创造出了造福人类的高科技产品。参赛选手中，年龄最大的有72岁，最小的11岁，如此大差别的年龄，却没有妨碍他们对科技的热爱，他们的精神是值得我们永远学习的。从他们身上，我看到了未来，我懂得了学海无涯，创意无限的科学态度，我市拥有这样的科技人才，未来肯定是美好的，肯定是辉煌的！

这次的×××科技大赛是成功的，我们要从中吸取经验，为今后的科技发展提供更多的条件和基础，同时，我们以后也要多多举办这样的大赛，推动我市的科技发展，激起我市人民学习科技文化的热情！

最后，祝各位领导、各位来宾、同志们、朋友们身体健康、工作顺利！

谢谢大家！

在旅游节欢迎晚宴上致辞

【致辞背景】在×××旅游节欢迎晚宴上

【致辞人】市领导

各位领导、各位来宾、同志们：

大家好！

胜地逢盛事，佳节迎嘉宾。在这个春暖花开的季节，我们×××市迎来了第一届民俗旅游文化节！在这里，我仅代表×××市委、市政府和全市人民向到来的全国各省各界的嘉宾们和朋友们表示最热烈的欢迎！欢迎你们在百忙之中不远千里风尘仆仆来到我们×××市！

×××市位于中原腹地，具有两千多年的悠久历史，这里是中华文明发源地之一，这里是华夏民族寻根之处！×××市有着如此深厚的历史沉淀，是我们×

××的骄傲，同时也是我们整个中华民族的骄傲，我们×××市将着眼于现有的历史资源，大力弘扬华夏文明，让全国乃至全世界了解我们中华的古老文明！中国的历史是悠久的，也是优秀的，我们应该为我们的祖国而自豪，我们应该为能够作为华夏民族的后代而骄傲！中华深厚的历史造就了古老的文明，我们×××市就好比是中华民族的一个缩影！这里有着从两千多年前到今天的历史遗迹，在这里可以看到我们中华民族的发展轨迹，作为×××的一分子，我们有义务将×××的文化历史发扬光大，宣传出去，让人们了解历史、感知历史！

除了深厚的历史文化资源，×××市还拥有多处自然景观，山河并存，秀丽壮美，同时也体现出了民族特色文化。×××市将以历史为经，以自然景观为纬，形成一个旅游的新模式，相信我们×××市一定会成为一个独具魅力的旅游城市！

此次的旅游文化节是我市举行的最大规模、最大范围、最多活动的盛会，整个活动将以展现×××市的历史为主，展示出我市的精品旅游文化，塑造出×××的人文形象，达到弘扬选宣传的目的，以盛会促旅游，以盛会结友谊，希望我们的旅游节能够带给大家欢乐和笑声！

再次欢迎大家的到来，希望你们的×××市之旅能够给你们留下一段美好的回忆！让我们共同举杯，祝×××旅游节顺利进行，祝各位领导、各位来宾、同志们身体健康、工作顺利！干杯！谢谢大家！

在集团迎宾宴会上致辞

【致辞背景】×××集团迎宾宴会上

【致辞人】×××集团老总

尊敬的客人，女士们、先生们、朋友们：

大家晚上好！欢迎各位前来我们集团参观考察，我感到非常高兴！今天，我们欢聚在一起，一起庆祝你们的到来，你们的到来让我感到激动万分！在此，我代表我们集团的所有员工，向前来的考察团表示最热烈的欢迎！

×××集团成立于×××年，已经有了××年的历史。回想当年，我们集团刚刚成立的时候，还仅仅是一个小小的有限责任公司，仅有办公室三间，员工还不足二十人，可是，在经过这这些年的发展后，我们公司已经成为一个股份制集团公司，下属的分公司就多达××家，在全国多个城市有我们的驻地，涉及的领域也从原先的单纯对外贸易，拓展到了外贸、制造业、零售业、房产等。从小到大，从单一到多样，证明着我公司在一步步向前稳步发展。我们公司能够有今天的规模，除了全体员工的努力以外，也离不开社会各界人士的支持和帮助，在此，我要感谢所有支持和帮助我们×××集团的人！

×××集团或许在大家眼中是比较成功的，但是，我们希望我们集团可以获得更好更多的发展机会，能够更加壮大，如果我们就此停滞发展，那么，就相当于我们退步，因此，我们×××人凭着开拓进取、勇于创新的精神继续探索发展之路，寻求合作之道。相信，在不久的将来我们×××集团将会更上一层楼！

×××考察团能够前来我们集团进行考察我感到非常高兴，这是对我们集团的肯定和认可，希望你们在考察的过程中给我们提出更多的宝贵意见，我们会虚心接受，用心改善！此次考察的行程和内容我们已经作出妥善的安排，希望考察团的朋友们满意此次行程，也希望你们能够在我们集团度过一段美好的时光！我们集团也会用百分之百的热情来为你们服务，让你们真实感受到我们×××人的活力和风采！在此，我再次对考察团的到来表示热烈的欢迎，希望在今后的日子里你们能够继续帮助和支持我们×××集团，我们也会用更大的效益来回报你们的关心和帮助！

最后，祝所有的来宾和客人身体健康、万事如意，让我们为此次行程的圆满成功而干杯！谢谢大家！

总经理在客户联谊会上致辞

【致辞背景】×××公司客户联谊会上

【致辞人】×××公司总经理

各位领导、各位来宾、各位客户、朋友们：

大家晚上好！万丈积雪难抑苍松挺立，千里冰封不碍寒梅留香！在这个寒风凌厉的隆冬时节，在这个岁末繁忙的季节！各位经理、各位老总能够在百忙之中抽出时间冒着严寒来到我们××年第×届×××集团客户联谊会，我感到非常激动。在此，我谨代表×××集团领导班子以及全体员工向前来的各位嘉宾表示最热烈的欢迎和最衷心的感谢！

×××集团能够有今天的发展是和在场的各位老板、经理分不开的，是你们多年的支持和厚爱才有了我们×××集团今天的成就，你们对我们的关心，我们

×××人始终记在心中，我们×××是一个知道感恩的团体，我们从内心深处感谢你们的关心。因此，我们×××人辛勤耕耘、努力奋斗，从一个小小的公司发展成为全省第一大企业，我们这样做的目的就是要回报支持和关心×××集团的各界人士，俗话说：大恩不言谢。我们唯有以行动来表明内心的谢意！在此，我深深地向你们表示感谢，希望你们以后能够继续关心和支持×××集团，我们×××集团也会继往开来，不断创新，争创一流！

我们×××集团是一个重感情、讲诚信、责任感强的公司，同时也是值得大家信赖的公司。我们×××人永远记得最开始和我们公司合作的伙伴，无论你们是小小的刚起步的个体户，还是具有规模的大公司，×××都一视同仁，用心和你们合作，如今，那些当初的小个体户已经成为本行业的销售佼佼者，也成为我们×××集团的销售主力，相信在不久的将来我们将开拓更大的市场、取得更好的成绩。说到诚信，我们×××从一开始建立就确定了“诚信待天下”的宗旨，将诚信作为我们首要的宗旨，在这几十年的发展中，我们从来没有违背自己的诚信原则，相信很多合作伙伴也正是看中了我们这一点，才和我们长久合作下去的，诚信为本乃是在商界立足的基础，我们×××人相信诚信的力量，也相信诚信带给我们的声誉，今后，我们还将继续奉行“诚信”的原则，让诚信始终贯穿在我们×××集团的历史中！×××能够屹立多年不倒，能够得到广大客户的信任，还有一个重要的原因就是我们×××有着很强的责任感，我们不为为了一己利益而置客户而不顾，我们着眼于客户，一切为客户着想，我们的目标是共生存、共发展，我们希望大家一齐腾飞，而不是一个人独自翱翔，因此，我们在多年的经营中，和客户结下了深厚的友谊，也成为客户最信赖的公司！

今天，我们将各位老总、经理请到这里来，就是想要大家更深一步了解×××集团，同时也让大家联络一下感情，更重要的是希望大家能够给我们提出更多的宝贵意见，以便×××集团更进一步的发展！今后，我们×××将继续完善自己，为广大客户朋友们提供更优质的产品和服务！

在此，我祝在场的各位领导、各位来宾、各位客户、朋友们新年快乐、万事如意！也祝今天的联谊会圆满成功！谢谢大家！

部门经理在同事婚礼上致辞

【致辞背景】下属婚礼上

【致辞人】×××公司部门经理

尊敬的各位领导、各位来宾、朋友们：

大家好！锦堂双璧合，玉树万枝荣。今天是我们部门的×××先生和他恋人×××女士新婚大喜的日子！作为×××先生的部门经理，我代表公司全体员工向他们致以最衷心的祝福，祝愿他们新婚快乐、百年好合、早生贵子！

天上的鸟儿成双对，地上的人儿成婚配。今天，×××先生和×××女生喜结良缘，从此他们就要开始幸福的新生活了，这不仅是两个人的大喜事，也是我们部门的一件大喜事，从此以后一个新家庭诞生了，我们部门又多了一位有成熟的男士。希望×××先生以后能够承担起家庭的责任，做一个好丈夫、好父亲！也希望×××女士能够体谅丈夫，两个人能够携手并进，相互扶持，白头到老！

新郎×××是我们部门的精英骨干，每年都被评为优秀员工，业绩也是遥遥领先，他聪明好学、踏实上进，从来都是脚踏实地，没有半点的浮夸，是一个有事业心、有责任心的好青年！作为他的部门领导，我为能有这样的下属而感到高兴，我相信×××不仅会是一个好员工，更会是一个好丈夫！×××女士在和新郎×××结合之后，必然会为拥有这样一位好丈夫而感到幸福，而×××女士漂亮大方、事业稳定，是一位公认的大家闺秀，新郎×××能够娶得这样一位佳人，也是他的福气。两位优秀的青年可谓是天生的一对，地造的一双，希望一对璧人的婚姻生活能够幸福美满！

今天，我们能够站在这里一起体会你们的幸福，参与你们一生中最美好的时刻，我感到非常荣幸。但是，新人在高兴之余，不要忘记了你们的父母！乌鸦尚且知道反哺，更何况是我们郎才女貌的新人呢！现在，你们最应该感谢的就是你们的父母，他们辛辛苦苦将你们抚养长大，教给你们做人的道理，供养你们读书，你们能够有现在的幸福生活，是离不开父母辛苦的付出的，你们要牢记他们的养育之恩，在今后的日子里要孝顺他们、关心他们。同时，新郎还要感谢女方父母，感谢他们将女儿放心交给你；新娘要感谢男方的父母，感谢他们培养出一个可以让你依靠的丈夫。俗话说：百善孝为先！希望你们能够永远孝字当先，做一个孝顺父母的人！

最后，我再次祝愿新人永结同心，白头偕老！也祝愿双方父母以及在场的所有嘉宾身体健康、永远幸福！谢谢大家！

董事长在企业上市答谢宴上致辞

【致辞背景】在×××企业上市答谢宴上

【致辞人】董事长

尊敬的各位领导、各位来宾、女士们、先生们：

大家好！我们公司经过不懈的努力终于上市了，今天我们在这里特地举办了一场答谢宴，庆祝我们公司的成功上市。非常感谢大家能够在百忙之中抽出时间来参加我们的宴会，在这个激动万分的时刻，请允许我代表×××公司的全体员工向前来的各位领导、各位来宾、女士们、先生们表示最热烈的欢迎！感谢多年来关心和帮助我们×××公司的各位领导和朋友，在此，我要特别感谢×××和×××，感谢你们在公司上市期间给予的帮助。感谢公司全体员工的团结努力的拼搏精神！

×××公司已经成立二十多年了，也算是一个成熟稳重的公司了，我们公司从小做到大，从单一做到多样化，到今天终于成功上市。×××公司可以取得今天的成绩，除了全体员工的努力之外，也是社会对×××的支持和认可，没有整个社会的关爱，我们×××也就不会有今天的成就。任何一个公司的发展历程都不是平坦的，我们×××同样如此，在发展的过程中，我们经历过磨难，经历过挫折，但是，我们没有被打垮，将困难和磨难一一克服，最终取得了今天的成就。我们×××二十多年的发展如果是一段历史的话，那么，我们就要坦然面对历史得失，我们将从得失中吸取教训，在今后的日子里时刻提醒自己，历史的错误将不会重演才是我们的目的。

×××公司的上市将是一个里程碑，意味着我们将面临着一个新的旅程，也将迎来新的挑战和机遇，我们将会牢牢把握住机遇，勇敢面对挑战，认真做好公司的每一项业务，更加严格地规范公司的各项规章制度，提高自身的竞争力，加大公司的改革步伐，争取将×××做成一个大规模规范的国家公司！我们也会争取获得更大的经济效益，带给广大投资者丰厚的回报，让广大投资者更加信赖我们！

×××的上市，有利于充分发挥公司的长处，实现资源的多方面组合，有利于提高企业的竞争力。×××在这样一个良好的环境中，一定会继续保持诚信、敬业、创新的精神，以上市为契机，加快发展的脚步，进一步壮大自己，为国家建设作出更多的贡献！

最后，祝×××上市答谢宴圆满成功！也祝各位领导、各位来宾、女士们、先生们身体健康、事业顺利！谢谢大家！

校长在高考庆功会上贺辞

【致辞背景】在高考庆功会上

【致辞人】校长

老师们、同学们：

大家好！六月又飞歌，金榜再报喜。一年一度紧张而又重大的高考终于结束了，在热切的等待中，录取结果终于出来了！我们××中学果然不负众望，取得了辉煌的成就，在此，我代表学校的全体领导班子向辛苦了一年的教职工以及奋斗在一线的全体高三教师致以崇高的敬意，向你们说一声辛苦了！同时，也向取得优异成绩的同学们道喜，祝贺你们成功跨入了大学的门槛，十年寒窗苦读，终于苦尽甘来！

首先，我要大力表扬我们的老师们，是你们的辛苦教导，才能取得如今的好成绩，你们的付出得到了最好的回报！人们都将老师比作辛勤的园丁，但是，我却认为，老师是任何职业所无法比拟的，老师的工作相对于任何职业来都是辛苦的，尤其是高三的老师，他们面对的是一群即将走到人生岔路口的学生，作为老师他们不仅要在学习上给予指导，还要在生活上给予指导，帮助学生们顺利度过人生的分岔口。老师是不容易的，之所以说老师高尚，就是因为老师教书育人的伟大事业，是你们给予了学生知识，给学生指引正确的道路！在此，我代替学生们向我们伟大崇高的老师们说一声谢谢！

其次，我要感谢学生们，俗话说：师父领进门修行在个人。如果没有你们各人的努力，你们也不会取得如此优异的成绩，虽然老师的教导很重要，可是个人的主动性更是重要。我校是一个具有优良传统的学校，具有百年的历史，具有严谨的学风，你们不仅继承学校的优良传统，而且将其发扬光大，发扬了不怕吃苦不怕累的精神，将知识转化为动力，任意遨游在知识的海洋中！我很欣慰，你们是一群爱学习、爱生活、积极向上的孩子们，在此，我祝贺你们取得优异的成绩，也希望你们在今后的学习中更加努力，创造出更多的辉煌！

汗水铸造了辉煌，成绩是来之不易的。虽说只是短短的一年，可是，确实是最关键的一年，感谢在这一年时间里，配合我们高三工作的全体教职工和同学们，有了你们我们××中学才能不断前进，有了你们我们的教育事业才可以得到发展，今后，我们××中学还会将学校品牌影响力不断扩大，做出更大的成绩来！

同志们、老师们，辉煌是属于过去的，我们不应该在已有的成绩上沾沾自喜，而是要放眼未来，始终牢记历史的使命，勇敢担负起教育的重任，争取为××市培养出更多的优秀人才，为××市的教育贡献一份力量！

最后，祝我们的高考庆功会圆满结束，祝各位老师们工作顺利、生活美满，祝同学们学习进步！

谢谢大家！

总经理在公司中秋酒会上贺辞

【致辞背景】在公司中秋酒会上

【致辞人】总经理

各位领导、各位来宾、全体员工们、员工家属们：

大家晚上好！花好月圆、丹桂飘香，在这个全国欢庆的中秋佳节里，我们公司特意举办了一场酒会来庆贺这个传统佳节！非常感谢你们能够前来参加我们的酒会，在此，我代表公司的领导层向在场的各位领导、各位来宾、全体员工们、员工家属们致以节日的问候！

相逢是首歌，相识是杯酒，相处是缘分，相知是幸运，我们来自不同的地方，出自不同的家庭，但是却能够相逢、相识、相处、相知，并且为了同一个目标而奋斗，这是非常难得的。我十分珍惜和大家之间的友谊，也十分感谢大家为公司付出的心血和汗水，没有大家的努力就没有今天我们丰硕的成果，是你们让公司逐渐强大，是你们让公司年年创出新高。

我们公司在最近几年里发展迅猛，一来是有了好的机遇，二来是我们具有积极向上的核心力，我们是一个团结、向上、积极的集体，大家一心为公，以公司为家，一心为公司的发展而奋斗，我为你们的这种精神感动，也为公司能够拥有这样的员工而感到激动！在此，我向你们道一声：辛苦了！同时，我也要感谢员工的家属们，感谢你们对亲人工作的支持和理解，你们是他们的坚强后盾，是你们给了他们奋勇前进的力量，在这里我要向你们致以最衷心的感谢，也希望你们今后能够继续支持你们的亲人，相信在你们的支持和鼓励下，他们一定会创造出更好的成绩！

在过去的半年多时间里，我们公司的业绩同比增长了将近30%，这是一个可喜可贺的成绩，我们公司拥有这样的成绩，是大家废寝忘食努力的结果。因此，我借着中秋佳节这样一个节日，在此举办酒会，也是为了庆贺大家取得的成绩，表扬和鼓励大家的辛苦付出！回顾过去，我们硕果累累，但是，我们不能对取得的成绩沾沾自喜，我们应该展望未来，我们肩上的任务依旧很重，我们要将以往的成绩作为基础，以它们为起点，来夺取更大的目标！在今年下半年，我们争取要超过上半年的业务量，到年底的时候来一个更大的收获，过一个丰收年！

最后，祝各位领导、各位来宾、全体员工们、员工家属们中秋快乐、生活幸福！也祝今晚的中秋酒会圆满成功！

谢谢大家！

在企业年终总结庆功酒会上致辞

【致辞背景】在×××企业年总结庆功酒会上

【致辞人】公司老总

各位来宾、全体员工们：

大家晚上好！在这个辞旧迎新的时刻，我们公司一年一度的年终总结会圆满结束了！在这里我代表公司董事会和全体领导层向大家致以新春的问候！

今天，我们的总结会非常圆满，大家总结了过去一年的收获和过失。总体来说，我们这一年的收获是颇丰的，这和大家的努力是分不开的，我们公司在今年已经成功转型，并且上了新轨道，今后我们将会以更好、更新的面貌面对大家！同时，我们今年推出的新产品也逐渐打开了市场，得到了消费者的认可，这是一个很好的开头，我们要乘胜追击，争取让该产品占领更大的市场，获取更大的市场份额，我们的目标是要做本行业的佼佼者，成为本行业最优质的产品，成为消费者最信赖的产品！

新的一年就要来到了，我们将要面对新的机遇和挑战，我们要勇敢面对、勇往直前，在机遇和挑战面前不畏艰险，开创出新的局面！对此，我对大家十分有信心，因为我们是一个团结的集体，有战斗力的集体，充满活力的集体，相信，在我们董事会的领导下，在全体员工的努力下，明年我们会创造更大的辉煌！

过去的一年已经过去了，无论我们有多少的收获，有多少的过失，都不要去计较了！如果有收获，是应当受到嘉奖的，不过我们在高兴之余，要将这些经验充分利用，作为以后工作的参考，帮助我们以后的顺利开展。如果有过失，我们也不必气馁，失败乃是成功之母，有成功也就会有失败，我们要好好总结自己的过失，争取在以后的工作中不要出现类似的错误，让这个错误时刻提醒我们的工作，这对我们的工作是非常有益的，相信犯过错的人可以将工作做得更好，因为这也是一种宝贵经验！

总结会已经圆满结束了，很高兴大家在总结会上的积极发言，从大家的发言中，我感受到了你们对公司深厚的感情，我感受到了你们对×××的期望，我知道公司就好比是一个大家庭，我们需要互相帮助、相亲相爱！做为公司的领导，我也会努力去关心员工，做到人性化管理，我希望每一位员工都能够在我们这里愉快工作、愉快生活，这是我的目标！

今天的酒会是为大家准备的，大家可以开怀畅饮、畅所欲言，尽情地欢乐，将一年的工作烦恼都抛弃脑后，以一个新的姿态来迎接新年的到来！希望大家能够度过一个美好的夜晚！

最后，祝大家新年快乐、合家幸福！谢谢大家！

十、慰问致辞

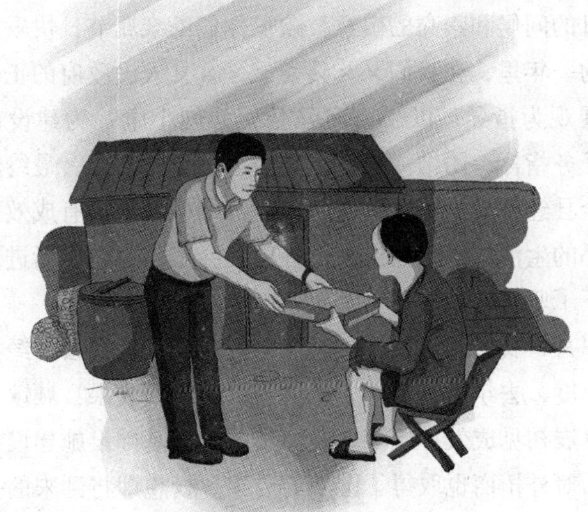

县领导在春节慰问离退休老干部时致辞

【致辞背景】在××××年春节之时上级领导前来慰问退休干部

【致辞人】县领导

尊敬的各位老领导、老同志：

大家好！

翠柏苍松兆福寿，金樽檀板庆新春，又是一年新春佳节来临之际。能够在此刻与各位老领导、老同志欢聚一堂，共同回首难忘的岁月，畅想美好的未来，我感到十分激动和高兴。在此，我谨代表××县委，××县人民政府，向在座的各位老前辈致以节日的问候和崇高的敬意！顺祝你们的亲属节日快乐，心想事成！

在即将过去的一年里，在我们××县委、××县人民政府的正确领导下，全县人民以科学发展观为指导，以“富民强县，共创小康”为建设目标，围绕着年初下达的各项任务指标，团结一心，迎难而上，奋力拼搏，最终超额完成了年初的目标任务。全县经济发生了巨大变化，经济结构调整颇有成效，综合实力显著增强，全县人民的生活水平明显提高，各项社会工作也在不断进步，为我县的文明和谐创建打下了坚实的基础。

回首过去的岁月，我们的硕果结了满枝。近些年来，我县的经济发展一直保持着稳步发展的速度，去年更是取得了经济建设的丰硕成果：城镇化步伐稳步加快；现代畜牧业发展初见成效；旅游事业稳步前进；基础设施建设大力推进，民生工作十分显著，对外招商也取得了圆满的成果。畅想即将到来的一年，我们激情满怀。我县刚刚结束第××届×次全体会议，会议上全面科学地计划了明年我县经济发展的工作，明确了指导思想和奋斗目标，下达了主要任务和具体措施。我们应当认真地落实好会议精神，在新的一年里再接再厉，以更加饱满的精神，更加脚踏实地的精神做好今年的工作，向党和政府交出满意的答卷！

莫道桑榆晚，晚霞尚满天。在我们取得成绩的同时，我们也不能忘记，我们的事业是各位老领导、老同志开创的。你们付出了自己宝贵的青春，用辛勤的劳动和丰富的智慧，为我县的建设和发展作出了巨大的贡献。如今，虽然大家先后都离开了曾经担任的岗位，但是你们身离心不离，依然牵挂着县里的各项工作，并通过各种形式支持县委、县政府的工作，奉献着自己的余热。可以说，全县取得的成果都凝聚着广大老领导、老同志们的心血，每一项事业的进步都凝聚着他们的关心和支持。老同志们这种老当益壮、老有所为的高尚精神和奉献精神，赢得了全县人民的尊重和赞扬，也为全县的领导班子树立了楷模。在此，我谨代表县委、县政府向各位老领导、老同志们表示衷心的感谢和崇高的敬意!

最后，祝愿各位老领导、老同志们都能身体健康，心想事成，阖家幸福!谢谢!

医院领导慰问离退休老同志时致辞

【致辞背景】医院院长在重阳节前慰问退休的老同志们

【致辞人】医院院长

尊敬的各位老同志们:

你们好!

岁岁重阳，今又重阳，在这个秋高气爽的日子里，我们迎来了传统的节日重阳节。在这里，医院的领导班子代表全院的职工干部在此向你们致以节日的问候和祝贺，并表示亲切的慰问!

回忆往昔，在过去的峥嵘岁月里，你们用自己的满腔热血，为祖国的繁荣富强和人民的健康幸福奉献了自己的青春，为医院各项工作的改革和发展默默耕耘，奉献着自己的热量，你们用自己的敬业和专注谱写了一首首人生的赞歌。今天，你们虽然离开了原来的工作岗位，但是你们老当益壮，仍然倾心关注着国家的发展和社会的进步，关注着卫生事业的发展。你们曾在工作中积累起来了丰富的经验和宝贵的知识，现在你们通过各种方式继续支持着医院的成长。我知道你们中，有的老同志深入临床搞科研，为医院的改革发展和医疗事业的发展献计献策；有的老同志用自己一生的经验教训教导着青年一代的健康成长；有的老同志则奋斗在救死扶伤的临床一线，服务患者，服务社会。在你们的身上，我看到了中华民族的优秀品质在闪耀，你们永远是我们学习的榜样。

莫道桑榆收之晚，西边晚霞正漫天。在此，还希望各位老同志能够继续发扬自强不息、努力奋斗的好传统，加强自身学习，老有所为、老有所乐。更期盼各位老同志能够一如既往地关心和支持医院的建设和成长，让我们共同为医院的美好明天作出新的贡献!

祝愿各位老同志健康长寿、合家欢乐、万事如意，祝你们节日快乐!

市领导慰问敬老院老人时致辞

【致辞背景】市领导赴敬老院慰问老人

【致辞人】市领导

尊敬的各位老同志们：

你们好！

在这个春暖花开的季节里，我们很荣幸能够来到这里看望各位，并向你们带来最真诚的问候：希望你们的身体健健康康，生活平安幸福，每天都能笑口常开！

尊敬老人是中华民族的传统美德，是中华民族几千年的文明体现。在当今经济飞速发展的时代，我们依然不会忘记，曾经有人为我们的幸福生活付出了一生的辛勤劳动。各位老同志，你们曾投身于社会主义建设中，为社会主义的文明建设做出了努力；你们曾为了社会的安定和谐和繁荣发展作出了巨大贡献。你们不要以为人们忘记了你们，也不要因为儿女们选择将你们送来这里而痛心。如果没有你们艰苦的创业和辛苦的劳动，今天的我们哪有机会站在这和睦春光下？如果没有你们的挥汗如雨和无私奉献，今天的我们哪有这么幸福的生活？我们所走的每一步，都凝刻着你们深深的关心和惦记，我们在享受着幸福生活的同时，也感念着你们的曾经的辛苦，牢记着你们的贡献。

人们经常把老年比作即将下落的夕阳，比作漫天的晚霞，然而“最美不过夕阳红”，年老绝不意味着年龄大了就没有作为，只能枯坐庭院，默然发呆。年老，意味着你们拥有着丰富的人生经验，拥有着年轻人所没有的智慧，更意味着你们人情练达、世事了然的从容淡泊之心。当我们迷茫的时候为我们指明人生道路的，总是老者；为我们传授经验、指点迷津的，也是老者。古语里说，家有一老，有如一宝！谁都无法抵挡迟暮之年的来临，所以，做好老龄工作应该受到政府的重视，因为这关系到每一个人的切身利益。甚至，若干年以后的我们也将迎来自己的耄耋之年，你们的今天就是我们的明天，你们能够生活得开心快乐，也就是我们最大的心愿了。

最后，我代表全市人民，祝愿你们在以后的日子里能够心情愉快，晚年生活能够丰富多彩，安详地度过人生的晚年！相信有了党和政府的关怀，在全社会的共同努力下，老人们的生活水平会得到进一步的提高，老人们将会更加健康、安闲地度过每一天！祝愿所有的老人身体健康，福如东海，寿比南山！

公司领导慰问企业员工时致辞

【致辞背景】××集团公司领导下车间慰问员工时的致辞

【致辞人】公司领导

员工同志们：

大家辛苦了！

我很高兴能在今天来到车间慰问大家，在此，我代表集团公司的领导班子，向你们致以最亲切的问候和崇高的敬意。

在过去的时间里，我们并肩共进，豪情满怀。××××年，我们××集团公司紧紧围绕着市场的发展趋势，抓住了机遇，取得了迅猛的发展。我们响应了市委、市政府的号召，以打造“强、精、特”企业为目标，励精图治，最终取得了有目共睹的进展，各个部门捷报频传。然而这一年来，公司上下也承受了不小的压力。面对着外部市场残酷的竞争和严峻的形势，面对着生产指标的沉重压力，在公司党委和领导班子的正确领导下，我公司全面贯彻党的××大精神，以“三个代表”重要思想和科学发展观为指导，在注重经济效益和加快发展的同时，调整了结构，提高了产品质量，为企业的快速发展提供了敦实的平台。可以说，××××年是我公司的质量效益年，而这一切成绩的取得，都得益于各位的辛苦劳动和无私付出。

在新的一年中，我们将风雨同舟，信心百倍地迈向新的征程。当前的社会是一个飞速发展的社会，变幻莫测的市场使得我们的前景充满着激烈的竞争，也饱含着许多机遇。公司将围绕国家改革发展的总体目标“以建立现代企业制度为目标，加快企业制度创新的步伐，企业内部的经营机制要与不断扩大的经营规模相适应，使公司在国内外市场具有较强的竞争力，居于国内同行业的领先水平”。继续坚持我公司原有的市场发展目标，优化产业结构和内部经营机制，提高企业总产值、综合竞争力，为我公司的进一步发展做出良好的铺垫，为开创我公司辉煌的明天而时刻准备着！

最后，祝愿大家能够身体健康，心情愉快，工作顺利！顺祝大家的家人幸福平安，合家欢乐！谢谢！

企业领导慰问员工时致辞

【致辞背景】企业领导慰问员工及其家属

【致辞人】企业领导

各位员工：

大家好！

在企业全体员工团结一心、共创未来之时，很高兴能够来到大家身边，向大家表示我们的感谢之情和崇敬之情！在这里，我谨代表公司的领导班子祝福您和您的家人们身体健康，家庭美满，生活幸福！

过去的一年对我们来说，是绝对不平凡的一年。我们公司在全体员工的努力下，取得了丰硕的成果，生产总量和企业总产值比去年都有了大幅度的提高，在市场中占据了一席之地、在激烈的竞争中，我们看到了全体员工的敬业精神，也看到了你们对企业的忠诚和无私的奉献，我们深刻认识到企业最大的财富就是每一位辛劳刻苦的员工们。公司一贯主张将每一位员工都当成公司的合作伙伴来对待，虽然公司在管理方面比较严格，但这是对企业负责，也是对员工负责。因为，今天你不努力工作，明天就要找工作，这是市场竞争的必然结果。所以，公司要和员工一起成长，就要共同努力。

公司在对员工的管理方面，讲究的是长期合作，以及提高员工的主观能动性，力求为每一位员工都提供一个展示自己的舞台。是金子终会发光，我们也相信在这样灵活的管理机制下，在竞争的氛围中，每一位员工都会得到很好的发展。你们能够来到企业工作，是我们之间的缘分，有缘相识，定能相伴一路。

尊敬的各位员工家属，我们在此要感谢你们的亲人为企业作出的巨大贡献，更要感谢你们对他们工作的支持和帮助，甚至你们中间有些人还做出了巨大的牺牲。你们的关心和照顾使他们能够专心工作，全身心地投入到企业的发展建设中来。为此，我们向你们表示由衷的感谢和诚挚的敬意，员工的辛劳背后是你们操劳的身影，公司的业绩里面也有着你们的汗水。

我相信，在优秀的员工和可敬的家人们面前，公司的明天一定是光辉和灿烂的。我们还有更长的路要走，还有更高的目标要去追求。在此，我们希望每一位员工都能够戒骄戒躁，继续钻研业务，勤劳奋进，希望家人们能够一如既往地支持和鼓励他们，让他们在工作上做出更优异的成绩！

领导慰问医护工作者时致辞

【致辞背景】医院院长在护士节对全院护士的慰问致辞
【致辞人】医院院长

各位护士同志们：

大家好！

云霞开锦绣，万物启芳华。在今年的护士节来临之际，我谨代表咱们××医院的全体领导，向全院辛勤工作、奋战在救死扶伤第一线上的护士同志们送上节日的祝福，同时向你们说一声：你们辛苦了！

护士节是一个国际性的节日，在这一天，全世界的白衣天使将接受大家的赞美和祝福，你们也获得了大家的理解和尊重。在这里，我和医院的其他职工也不吝啬对你们的赞美：在××医院，你们是美丽的，是最具奉献精神和自我牺牲精神的。如果说医生用自己精湛的医术接触了人们身体上的病痛，你们则用真诚的爱心治愈了人们精神上受到的伤害。你们的温柔细致是××医院最亮丽的风景，你们的微笑是××医院最著名的招牌，你们的汗水散发着人性的光彩，你们的服务具有着诚信的光辉。如果把××医院比作一座鲜花盛开的花园，那么你们这些可爱的护士就是一朵朵娇艳的花朵！

护士同志们，××医院在你们的辛勤工作和无私奉献下不断地成长和进步着，在全院×××名医生护士和职工的共同努力下，我们××医院成为我们事业的家园。医院的进步和发展是我们责无旁贷的使命，因此，在这里我对全院的护士也寄予着深切的厚望。希望你们在以后的工作中继续发扬无私的奉献精神，努力工作。我相信，在我们全院职工团结一心的努力下，医院的未来会更加辉煌、灿烂！

最后，我再次代表领导班子向全院的护士们送出我们最真挚的祝福：祝愿你们每一天都能够健康快乐，祝你们工作顺利，心想事成！谢谢大家！

校长在高考前慰问高三老师致辞

【致辞背景】某校校长在高考前慰问高三老师的大会上致辞

【致辞人】校长

尊敬的各位老师：

大家好！

首先请允许我代表校方所有领导，向高三的全体老师们致以亲切的问候和衷心的感谢！

时至今日，距离高考已经仅剩下××天。进入高三的半年以来，各位老师就绷起了紧张的弦，每天起早贪黑，披星戴月，为学生们做了一个好榜样。你们每天的工作是枯燥的，除了讲课、做题，就是测评、排名，工作时间连轴转，连个周末和节假日都没有。在繁重单调的备考过程中，我知道你们都曾感到过疲惫和失落，但是我想，你们深知毕业班的责任有多重，深知有多少学生的希望都寄托在你们身上。因为在这样艰苦的工作面前，你们没有一个人退缩，而是默默地担起了这副担子，辛苦地努力着。

一个学校没有了教学质量，就没有了生命力。我们学校工作的重点一直都放在高三的工作上，并全力支持着高三的教育工作。学校高三学生配备的各科教师都是德才兼备、数一数二的，在座的各位大多数都是从高一、高二年级选拔上来的，从上一届高三筛选下来的老师更是优中择优，所以高三教师整个群体素质是很高的，你们的人品和学识都被大家认可。在高三整个学年的工作中，你们团结一心，无私奉献，用自己的行动赢得了学生的敬佩和爱戴，用优秀的成绩来回报了领导和学生家长们的信任。此外，学校的政策也一直向高三学生们倾斜，围绕着高考展开各项工作，关心学生们的学习和生活，关心高三教师的工作和生活，一旦发现问题就及时解决，绝不让外界力量干扰到学生们的备考工作。

“革命尚未成功，同志仍需努力”。在接下来的××天里，各位老师们要注意调整自己的心态，不要有急功近利的思想，更不要急于求成。在接下来的复习中，要把重点放到基础知识和课本上，要让学生们做好基本题，打好基本功，不要偏重怪题和难题。在生活上，注意安抚学生们的情绪，要让他们劳逸结合，加强锻炼，保证在高考时有一个健康的身体，以最佳的状态和积极的心态去面对考试。

总之，各位老师们一定要围绕着高考这个中心，做好查漏补缺、深化知识的工作，要细心钻研考纲，科学地工作；要让学生们放松心态，增强他们的信心，不能还没有上考场就泄气了。我相信，在大家的共同努力下，你们一定能够取得今年高考的优良成绩，为我校争光！谢谢大家！

教育局局长慰问全市教育工作者时致辞

【致辞背景】教育局局长在教师节来临之际慰问全市教育工作者的致辞

【致辞人】教育局局长

各位教师、教育工作者：

大家好！

在这个秋高气爽的好天气里，我们迎来了你们的节日——教师节。在这里，我代表市委、市政府的各位工作人员向你们表示热烈的祝贺和崇高的敬意，并向你们致以节日的问候！

教育事业传承了人类的文明，是一个国家民族复兴的重要事业，而教师是人类灵魂的工程师，是开启人们智慧的光辉行业。每个人的成长都离不开老师的启蒙，每一个人身上都凝聚着老师的心血。中华民族五千年的光辉文化中，尊师重教是很重要的一个传统。只有重视教育事业的发展，才能为经济发展和民族振兴打下基础，只有尊重和关心教师，才能推动全社会对教育事业的重视，大力发展教育。

近些年来，我市在全市上下大力推行优先发展教育事业的战略，加大了对教育事业的资金投入，将基础教育、民办教育、职业教育和高等教育协调一致地发展。全市的办学条件有了明显改善，教育质量也得到了明显的提升。这些成绩的取得，是全市各级领导高度重视、正确领导的结果，也是社会各界人士关心和支持的结果，更离不开广大教育工作者的恪尽职守和无私奉献。在这里，我代表市委、市政府感谢你们！

胡锦涛总书记曾在全国优秀教师代表座谈会上发表讲话，他充分肯定了人民教师为人师表、行为世范、默默耕耘、无私奉献的高尚精神，肯定了人民教师对教育事业所作出的巨大贡献，阐述了教育事业对于国家发展和民族复兴中的重要地位，对于加强教师队伍的建设提出了明确的要求。在此，还希望广大教育工作者都能够认真学习，在以后的工作中刻苦钻研、严谨治学、敢于创新，不断提高教学质量。你们不仅要教会学生们懂得书本上的知识，更要挖掘他们的兴趣和潜能，教育他们怎么做人。

发展教育事业是党和政府的职责所在，市委、市政府在进一步的工作中，要落实教育事业的优先地位，加强对教育事业的大力支持，推动各类教育协调发展，进一步改善教师的工作和生活条件。要将工作落实到实处，切实加强教师们的切身利益，在全社会弘扬尊重知识、尊师重教的优良传统，才能为教育事业的改革和发展创造良好的社会环境。

祝愿全市的广大教师和教育工作者身体健康，工作顺利，合家欢乐！祝你们节日快乐！

市委领导慰问市委办公室职工家属时致辞

【致辞背景】市委领导慰问市委办公室家属

【致辞人】市委领导

××市委办公室的全体家属：

你们好！

很高兴能够在今天来到这里，我谨代表市委办公室的全体领导和职工向你们致以最诚挚的问候和深深的敬意！

在过去的一段时间里，我们办公室的全体职工在领导班子的带领下，以“建设一流队伍，创造一流业绩，树立一流形象”为工作目标，积极推进管理机制的建设，改进服务方式，为提高整个办公室的工作质量和水平而不断努力着。所有的办公室职工热情饱满，干劲充足，最终全面完成了市委的工作任务，提高了服务质量和整个队伍的整体素质。在所有干部职工挥汗如雨取得成绩的背后，是你们这些家属们在默默地奉献和支持着我们，给了我们前行的勇气和力量。

我们深深地知道，当我们在办公室加班加点忙工作的时候，是你们在家里将饭菜热了一遍又一遍；当别人全家围在桌子上吃饭说笑看电视的时候，你们却守候在门边等待着家人的归来；当你们一家人好容易能在周末团聚和放松的时候，一个电话的响起就有可能将这温馨的一幕打破，却只能无奈地看着家人出门回到办公室去。你们就这样熬过了一天又一天，现在我们终于做出了成绩，我们怎么能够忘记你们在背后默默地奉献和牺牲？我们的光荣薄上凝聚着家属们勤劳的汗水，如今我们站在新的起跑线上，这新的开始也凝聚着家属们殷切的期待。只为了这一份期待的目光，我们也会不辱使命，以更加敬业的精神做出更好的成绩！

站在新的起点上，我们斗志昂扬。虽然前方路途遥远，虽然任重道远，但是我们相信，有了家属们的无私奉献和鼎力支持，我们的办公室就有了牢固的后盾，我们的道路也会越走越广阔。让我们为了我市繁荣富强的美好未来一起努力吧，我相信，有了你们的支持，我们一定会信心百倍地迎接前方的挑战！最后，衷心祝愿您的全家平安健康，幸福快乐！谢谢大家！

慰问省外工地职工及家属时致辞

【致辞背景】某企业工程处党委领导向省外工地的职工家属进行慰问

【致辞人】企业党委书记

各位省外工地的职工及家属同志们：

你们好！

爆竹声声除旧岁，春风送暖入屠苏。在新春佳节到来之际，我代表企业的全体干部职工向你们和你们的家属致以节日的问候和最诚意的敬意！祝愿你们能辞去旧貌，迎来新颜，家家安好，户户平安！

在过去的一年中，我们共同经历了很多事情，走过了很多困难的路程，也获得过很多收获。在新一届领导班子上任之后，带领我们共同谋划了三年发展战略，去年是这三年的第一年，我们做了一个很好的开始，工程部喜获丰收，捷报频传。这一年来，工程部的干部职工们把“固本强基，加速发展”作为工作重心，对内树立员工素质，对外树立企业形象，我们顶着酷暑盖过楼，也冒着严寒拆过路，省内省外的战线同时拉开，各项工作齐头并进。在工程质量上我们做出了保证，在工程的管理上我们取得了明显的提升，施工生产和经营发展平稳，最终总产值达到××亿元，净赚利润××万元，超额完成了年初的工作计划，圆满实现了全年的任务指标。

这些成绩的取得，每一项都和工程处干部职工们的无私奉献精神、拼搏进取的勇气是分不开的，其中更是渗透着你们这些长期奋战在省外的同志们的辛劳汗水。你们几乎走过大江南北的每一寸土地，巍巍青山、滔滔江河水，辉映着你们火热的情怀；草原大漠、丘陵黄土，留下了你们踏实的足迹。在此，我代表全体工程部的职工干部向你们表示深深的敬意和最诚挚的感谢！

春回大地，日暖神州。在新的一年里，希望你们能够振奋精神，坚定信念，继续发扬艰苦奋斗的作风，为企业的发展再立新功！我相信，只要我们团结一心、共同努力，我们一定会取得更好的成绩，我们企业的未来也会更加灿烂辉煌！在此，祝大家新春快乐，身体健康，万事如意！

慰问地震灾区时致辞

【致辞背景】省人大代表在“5·12”汶川地震时期的致辞

【致辞人】省人大代表

各位干部群众、解放军指战员、武警官兵、医务工作者、新闻工作者、志愿者以及社会各界人士，同志们：

2008年5月12日，14时28分，我省的汶川县发生了里氏8.0级的强烈地震。瞬间，许多城镇被夷为平地，无数家庭家破人亡，数百万人无家可归，数千万人受到了地震灾害的波及。这次地震破坏严重，人员伤亡惨重，救灾难度历史罕见，给国家和人民群众的生命财产都造成了巨大的损害，举国上下为之悲痛，全世界为之震惊！

在这里，我谨代表四川人大常委会向受灾群众表示深切的慰问！向在此次灾难中不幸遇难的同胞们表示沉痛的哀悼！向不分昼夜奋战在抗震救灾第一线的广大解放军指战员、武警官兵、公安干警、国内外救援人员、救灾志愿者以及广大的人民群众，向你们表示衷心的感谢，并向你们致以最崇高的敬意！

灾情发生以后，党中央和国务院本着“人民利益高于一切”的原则，对抗震救灾的计划作了周密部署和紧急动员，要求倾尽全国之力打赢这场抗震救灾的硬仗。胡锦涛总书记和温家宝总理冒着余震的危险，亲自奔赴救灾现场看望受灾群众，慰问救援人员，实时部署救灾工作，给了我们战胜灾难的勇气和决心！四川省委和省政府坚决贯彻执行党中央和国务院的决策，迅速开展工作，各项救援行动有序有效地开展起来。广大救援人员、救援志愿者和医务人员也加入到救援行动中来，他们将灾区人民当做自己的亲人，不惧流血牺牲，不畏艰难险阻，日夜奋战在抗震救灾的第一线，同死神作顽强斗争。数万群众的生命被抢救回来，数百万受灾群众被妥善安置，与此同时，近千万受灾群众发挥了自强不息的精神，以超乎寻常的勇气展开自救和互助，与自然灾害奋力抗争。这场灾难是巨大的，但是在你们顽强的精神和奋力抗争面前，它只是一只纸老虎！你们的行为可歌可泣，你们谱写出了生命的奇迹，你们的所作所为撼动了神州大地，也必将被历史铭记！

当前，抗震救灾工作刻不容缓，正处在十分紧要的关头。在这个时候，我们要紧紧围绕着党中央和国务院的领导周围，坚决贯彻省委、省政府下达的指示，一切要以抗震救灾为中心，继续发扬不怕累、不怕苦、不怕牺牲的精神，全力以赴抗震救灾行动。虽然我们无法抵御自然灾害的来临，但是我们可以尽自己最大的努力将损害减少到最低。帮助受灾群众重建家园，尽快恢复生产和生活是我们目前工作的第一要务。

地震可以使沧海变成桑田，灾难可以摧毁我们的家园。但是，任何苦难任何灾害都无法改变我们的坚强意志，无法摧毁我们的坚定信念。我们坚信，在党中央和国务院的正确领导和指挥下，我们万众一心、众志成城、不屈不折、不畏艰难，一定能够夺取抗震救灾的全面胜利！

慰问泥石流灾区时致辞

【致辞背景】向遭受到泥石流自然灾害的群众致辞

【致辞人】市领导

同志们：

××××年××月××日，我市××县××村发生了特大泥石流地质灾害。灾害发生后，灾区群众的生产和生活均遭到了极大损害。灾害发生后，市委市政府、各级领导机构、各企事业单位，以及社会各界人士纷纷行动，向灾区人民伸出援手，通过捐款捐物等方式奉献自己的爱心，希望可以帮助灾区人民尽快重建家园，恢复生产。他们通过自己的行动表达着对灾区人民的支持，也更加坚定了灾区群众鼓起勇气战胜困难的信心。

××日，我们向这里发送了第一批生活物资，很多无家可归的受灾群众得到了安置，灾区人民的生活在一定程度上得到了保障。目前，受灾群众的生活十分艰难，恢复生产的任务举步维艰。在今天，我们又集中发送了第二批救灾物资，共五车农用物资和建房物资，对解决灾区群众生活困难的问题起到了一定的作用。市委、市政府的广大干部职工以及社会各界都在关注灾区的受灾情况，关心着受灾群众有没有得到妥善的安置。他们的深情厚谊，是我们的坚强后盾，有了他们的支持，我们就有了战胜灾害的信心和保障！

与此同时，全体救灾人员要充分认识到这场泥石流灾害的严重性以及这次救灾工作的艰巨性、紧迫性。全体干部职工、全体党员都应该有一种高度的责任感，要严格按照“三个代表”重要思想和科学发展观指导自己的工作，以扎实肯干的工作作风投入到救灾工作中去，做好自己力所能及的一切，用自己突出的表现、优秀的成绩来体现对灾区的大力支持。

我们坚信，在省政府的亲切关怀下，在市委、市政府的正确领导下，在广大的干部群众和社会各界的关心和支持下，我们同舟共济，和灾区人民同甘苦、共患难，就一定能够战胜这次自然灾害，迅速恢复生产生活，重建美好家园！

慰问矿难家属时致辞

【致辞背景】矿难过后向遇难者家属进行慰问
【致辞人】矿场领导

××煤矿职工家属们：

今年××月××日，××煤矿发生了重大的瓦斯爆炸事故，事故发生后，矿上的干部职工们怀着万分焦急的心情，安置伤员，密切关注被困矿工的情况，并迅速投入到救援行动中去。然而，我们惊悉井下的××名矿工已经全部遇难，大家的心情都格外沉痛。这次矿难不仅给国家的财产造成了重大的损失，更是给遇难矿工的家属带来了难以挽回的伤害。对此，我们向遇难者表示深切的哀悼之情，并向遇难者家属致以深深的歉意和诚挚的问候，希望你们节哀顺变，千万要保重身体，我们会极尽我们的所能来帮助你们，和你们一起共渡难关。

和所有关注矿难消息的社会各界人士一样，我们也十分关注矿难的善后工作，为了做好矿难的救援工作和确保矿区尽快恢复生产，我们也在不懈地努力着。我矿区的干部职工自愿自发地组织了一次捐款捐物活动，每个人都积极地参与了进来，最后共捐款×万元，以微薄的资助表示我们的慰问之情。我们深知，在如此巨大的灾难和悲痛面前，这×万元确实是杯水车薪，微不足道的，我们谨以此略表寸心，希望在矿难中遭遇到不幸的人们能够鼓起重新面对生活的勇气，希望所有遇难者的家属都能够早日走出悲痛，勇敢地面对明天。

我们相信，在党和政府的关怀下，在市委、市政府的正确领导和统一部署下，按照事故专家组下达的事故抢救方案，一定会尽全力做好救治伤员、慰问家属等善后工作，一定尽早将事故救助工作做好，尽快恢复安全生产。相信有了大家的支持和帮助，我们共同努力，同进同退，就一定能够战胜灾难。

慰问救灾部队官兵时致辞

【致辞背景】特大狂风和强降雨等自然灾害侵袭市区后，市委领导慰问救灾官兵
【致辞人】市委领导

奋战在抗灾救灾一线的各位官兵同志们：

你们辛苦了！

×月×日晚，一场特大暴风雨突然袭击我市，狂风、暴雨、雷电交加，持续了两个多小时。在这两个小时里降雨量达到30毫米以上，局部地区风力达到了11级。自从我市建立了气象记录以来，这是最严重的一次自然灾害，给我市的正常生产和人民的正常生活带来了严重影响，给国家和人民的生命财产安全都带来了极大损害。

面对这突如其来的自然灾害，我市××部队主动请缨，××部队紧急增援，先后共出动了3千余名官兵和2万名预备役人员，分别开赴各个县区，在最短的时间里投入到抗灾救灾的行动中去。他们不怕辛苦，不惧劳累，帮助地方救灾人员清扫排查道路故障、恢复电路通信、抢收抢种等等。这几天里，他们发挥着不怕辛苦、不怕困难、敢于吃苦、敢于奉献的优良作风，想尽办法排除困难，采用一切手段帮助灾区人民克服困难。他们主动承担起危险的重任，遇事冲在最前面，充分发挥了主力军的作用，为维护灾区人民的生命和财产安全作出了重要贡献。他们的汗水洒在灾区的每一寸土地上，他们的感情心系每一个受灾群众，他们将“为人民服务”这五个大字刻印在自己的心中，用自己的实际行动践行着。他们的行动赢得了地方政府和全国人民的高度赞扬，树立了广大部队官兵的良好形象，为此，我市市委、市政府和全市××万人民向你们致以最崇高的敬意和亲切的慰问，谢谢你们！

江河奔流，自有史册千载；沧海横流，更显英华一代。当前，我市的抗灾救灾工作仍然处于极度紧迫、极度艰难、极其繁重的状态之中，在此，还希望你们可以继续发扬部队的优良传统，发挥自身自强不息、迎难而上的坚韧精神，打好这场硬仗！

我们相信，在市委、市政府的正确领导下，在社会各界的关注和支持下，全市部队和人民齐心协力，共同努力，一定能够赢得抗灾救灾的全面胜利！

市领导慰问英烈家属时致辞

【致辞背景】新中国成立××周年之际，××省公安局局长慰问公安局的英烈家属

【致辞人】公安局局长

各位英烈家属同志们：

你们好！

值此新中国成立××周年之际，我谨代表全局干部职工向你们致以亲切的慰问和崇高的敬意！

新中国成立的××年来，中国共产党带领全国人民共同建设具有中国特色社会主义事业，推动了中华民族的伟大复兴，公安事业也随着改革的浪潮不断进步着。××年来，我局干部职工和公安干警们积极紧紧围绕着党中央、国务院和各级领导的指示，以邓小平理论和“三个代表”重要思想为指导，坚决贯彻执行党的政策，以为人民服务为指导思想，忠诚地履行法律赋予他们的神圣使命，努力践行着自己背负的职责，为维护我省的长治久安和人民安居乐业，促进我省的经济发展和社会进步作出了巨大的贡献。

然而，伴随着荣誉而来的，往往就是牺牲。在新中国成立的××年里，我省共有××名公安干警英勇牺牲，××名公安干警光荣负伤。在生与死的严峻考验面前，他们没有退缩，没有畏惧，而是临危不惧，挺身而出，前仆后继地用自己的鲜血和生命向党和人民证明了自己的忠诚，谱写了一曲曲光辉的乐章。他们的英雄事迹，展现了人民公安为人民的精神风采，弘扬了公安民警的浩然正气，展现了人民警察的英雄本色！他们是中华民族的优秀儿女，是人民忠诚的卫士！

公安事业的发展，离不开各公安干警们的舍身忘我精神，更离不开广大干警家属的理解和支持。长期以来，广大干警的家属们识大体顾大局，无怨无悔地支持着我们的工作，以坚强的信念和宽大的胸怀默默奉献着自己的力量，勇敢地承担起教育子女，赡养老人的家庭重担。特别是英烈们的家属和负伤民警的家属们，你们以常人难以想象的精神力量，承受着亲人离世或伤残的痛苦，克服着生活上沉重的困难和压力，勇敢地面对生活中的艰辛，你们付出的牺牲是巨大的，无人可及的。正是因为你们的理解和支持，我们广大的公安干警才会勇往直前，正是因为你们的无私奉献，我们的工作才能顺利进行，整个公安队伍才能稳定地

向前发展。我们永远不会忘记英烈们的功勋，更不会忘记广大干警家属们的无私奉献！

如今，我们的工作即将开启一个新的征程，我们将面临更加艰巨的保卫任务。在此，还希望广大干警能够紧密结团结在党中央、国务院的周围，高举中国特色社会主义的伟大旗帜，深入学习科学发展观，时刻以“三个代表”重要思想指导自己的工作，努力在新的起点上做出新的努力，做出更加优异的成绩！

希望广大公安干警的家属们能够一如既往地关心和支持我们的工作，支持公安队伍的建设，激励广大公安干警继续发扬自强不息、临危不惧、奋发向上的精神，投身到公安事业中，为建设社会主义事业再立新功！谢谢大家！

慰问防汛抗灾人员时致辞

【致辞背景】在防汛抗灾期间，指挥部领导慰问防汛抗灾人员

【致辞人】防汛抗灾指挥部领导

奋战在抗灾第一线的同志们：

近日，由于强降雨的影响，我县水位暴涨，汛情频发。在县委、县政府的正确领导下，全县人民群众投入到防汛抗灾战斗中，面对严峻的灾情考验，我们迎难而上，迄今已经经受了淮河三次洪峰的考验，河堤安然无恙，受灾损失降低到了最小，赢得了防汛抗灾战争的初步胜利。在此，我代表指挥部所有干部职工，向日夜奋战在抗灾救灾第一线的广大关官兵和群众们致以最崇高的敬意，并向你们表示我最诚挚的慰问！

自六月下旬以来，我县暴雨频发，河水水位迅速上涨，××、××和××等多处水位均超过了警戒线，部分地区发生洪灾。洪涝灾害发生后，县委、县政府和各级领导极度重视，并迅速制订了防汛措施。我县广大干部群众也紧急出动，全力以赴，顽强斗争，应对自然灾害带来的严重损害。受灾严重的××、××和××地区迅速成立了指挥部，各成员按照指挥部的部署迅速就位，县领导亲临现场，和救援官兵们一起奋战在第一线，指挥着防汛抗灾的行动，妥善安排和落实行动计划，协调救援官兵的行动。全县亲自上到河堤指挥救援工作的干部达到1500多人，××、××和××河堤上的救援人员一度将近两千多人，调动预备土3万立方米，编织袋4万条，砂石料900吨，排涝器械207台，抗洪救灾工作紧张而有序地进行着。

目前，我县的抗洪救灾工作已经初见成效，取得了阶段性的胜利。但是淮河的汛期还没有过去，××、××和××等地的防汛抗涝工作还没有成功，我县防洪抗灾的工作仍然还要继续下去，依然任重道远。在此，还望全县的广大干部群众谨慎起来，再接再厉，不要被暂时的胜利麻痹了心神，更不要怀抱侥幸心理松懈了工作。要集中精神应对下一轮可能的洪涝险情，为夺取防洪抗灾工作的全面胜利，确保尽快恢复人民群众的正常生活，恢复全县的正常生产而做出努力，确保实现我县经济发展的各项目标而作出新的贡献！

部队领导慰问军嫂时致辞

【致辞背景】八一建军节来临之际，部队领导慰问军嫂
【致辞人】部队领导

军嫂同志们：

大家好！

在这第××个建军节来临之际，我代表咱们××部队的每一位领导和官兵，向大家致以亲切的慰问和衷心的祝福！

在我市的经济发展和社会进步的过程中，每一步都饱含着人民军队的汗水。在每一个危险的地方，你总能看到军人的身影；在灾难来临的时刻，你总能看到人民子弟兵冲在最前面。如果说军人是这个世界上最可爱的人，那么我要说，军嫂就是最值得人们尊敬的人。她们牺牲了花前月下卿卿我我的浪漫时光，成全了军人刚毅的精神和顽强的心智；她们牺牲了“小家”的利益，支持着部队的建设，顾全了“大家”的安全和团结。她们的双肩是柔弱的，然而她们却担起了家庭的重担。军嫂们在岗位上辛勤工作建立功勋，在岗下自主创业，将自己的青春和热情奉献给了祖国人民；她们抚养着孩子，赡养着老人，团结邻里，关爱他人……她们谱写了一曲新时代的女性赞歌，她们弘扬了现代女性自强不息的精神，用实际行动塑造出了刚强自立的军嫂形象！

在党的××大上，党中央、国务院为我们描绘出了构建社会主义和谐社会、全面建设小康社会的宏伟蓝图。全国妇联的十大会议上，提出了新时期的妇女们应该“共促科学发展、共建和谐社会、共创美好生活”。在此，我们也对在座的各位军嫂们寄予了殷切的希望。愿你们能够胸怀大局，积极进取，提升自身素质，勇攀高峰，弘扬传统女性的美德，继续以宽容和博爱的精神来支持国家国防

建设，全力支持和积极参与全市经济建设。希望你们能够当好这个贤内助，营造出美满的家庭，使家庭成为军人们幸福的港湾。也希望你们能够同时注重内在涵养和外在的形象，成为更加美丽、健康的女人！也希望你们能够更加幸福！

祝军嫂们永远健康美丽，永远年轻！

公安机关领导慰问警嫂时致辞

【致辞背景】在公安局表彰警嫂的会议上，公安局局长慰问警嫂

【致辞人】公安局局长

各位警嫂同志们：

大家好！

很高兴，在今天能够和大家共聚一堂，对一年来大力支持我们工作，为社会治安作出了贡献的警嫂们给予表彰。在此，我首先代表全局干部、职工对你们这一年来的辛苦付出表示衷心的感谢！同时也感谢各位警嫂能够在百忙之中抽空前来参加这次会议，对你们的到来，我们表示热烈的欢迎和崇高的敬意！

咱们××公安局历来就是全市公安系统的一扇明亮的窗户，承担着维护社会治安稳定、保护人民群众生命财产不受威胁的工作任务。全局干部职工团结一心，辛勤工作，从不畏惧艰难险阻，为营造和谐稳定的社会氛围作出了巨大的贡献。

我们深知，我们的工作取得的成绩越优秀，背后你们的付出就越辛劳。我们的任何一点成绩，都包含着你们的汗水和泪水！正因为有了你们的理解，我们的工作才会越做越好，更上一层楼；正因为有了你们的支持，我市的公安事业才能一步步稳健地向前发展，树立了典范。在此，我代表全局干部，向一年来默默付出的干警们表示诚挚的感谢，并向默默无闻的警嫂们表示崇高的敬意！

最后，祝愿大家身体健康，家庭幸福，工作顺利！继续全身心地投入到社会主义和谐社会的建设中去，在新的征程中作出更大的贡献！

三八妇女节市妇联领导慰问辞

【致辞背景】三八妇女节来临之际，市妇联领导慰问妇女

【致辞人】市妇联领导

尊敬的女士们、先生们：

大家好！

随着春天脚步的来临，三八妇女节也向我们款款地走来了。今天，我们在这和煦的春风中欢聚一堂，共同庆祝属于我们自己的节日！在此，请允许我代表××市妇联向在座的各位姐妹们致以节日的问候，向百忙之中抽空参加这次会议的领导们表示热烈的欢迎！同时，我们也向在此时仍然辛勤工作在岗位上的妇女姐妹们表示衷心的感谢！

回首我国百年的沧桑巨变，半个多世纪的浴血奋战，我们才迎来了民族独立和解放；半个多世纪的艰苦创业，我们才获得了中华民族的伟大复兴。我们的国家从封闭走向了开放，从愚昧无知走向了文明开化，从贫穷走到了富裕。在这个过程中，我们妇女的地位也得到了提升和肯定。沐浴在新世纪的曙光中，我们不由得为自己身为一个新中国的女性而感到由衷的骄傲！在祖国的沧桑巨变中，我们妇女做出了不可替代的成绩；在我们××市的繁荣富强中，我们妇女也作出了巨大的贡献！

作为女性，我们都有着善良和宽容的心，我们期待着这个城市在我们的双手和我们的辛勤努力下更加美好，更加繁荣；我们有着相同的愿望，那就是在一个平等、和平的环境中，谋求人类共同的发展和进步！××市的改革开放，使我们的心灵紧紧地团结在一起，××市的美丽离不开妇女同志们的辛勤努力；××市的繁荣少不了各位无私的付出和奉献。如今，我们正站在新的起点上，为把我们××市建成美丽富饶、科教发达、经济繁荣的城市而努力着！让我们继续携手并肩，为××市的改革开放注入新的活力，增添新的风景！

最后，祝愿在座的各位节日快乐，生活幸福！在属于自己的人生舞台上绽放出更加美丽的光彩！谢谢大家！

五一劳动节交通局领导慰问辞

【致辞背景】五一劳动节来临之际，交通局领导慰问下属

【致辞人】交通局领导

各位同志们：

你们好！

在五一国际劳动节来临之际，我谨代表交通局的党委及各级领导向在自己的岗位上勤劳工作、无私奉献的全体干部职工们致以节日的问候和崇高的敬意！并顺祝你们的家人健康幸福！

劳动创造历史。近几年来，在各级领导的正确指挥下，广大干部职工义不容辞地挑起了责任的重担，面对困难，你们迎难而上，从不气馁；面对工作，你们任劳任怨，义无反顾。你们锐意进取的精神，破解了交通事业发展过程中的一个又一个难题；你们艰苦奋斗，脚踏实地的工作作风，谱写了一首又一首新世纪的赞歌！公路系统合力奋战，在早春公路养护和施工材料配备方面做好了充足的准备。路政执法部门昼夜监管，按章办事，有效保障了道路交通的顺利运行。征费部门严格管理，为公路建设贡献着力量。客运站坚持“热情周到、服务人民”的总宗旨，不惜辛苦地争创优质服务。全局的干部职工各尽其职，不畏辛苦，团结协作，推动了我局在管理和服务方面的创新，支撑起了全市交通事业的发展！

今年，我们面临着更加严峻的挑战，我们的工作任务更加繁重。让我们用热情的心去拥抱明天，用尽职尽责去歌唱时代的华章！让我们戒骄戒躁，再度积极行动起来，将“为人民服务”这五个大字表现在我们的行动上，开创交通事业新的辉煌！让我们在交通局领导班子的带领下，齐心协力，奋发图强，为早日实现任务目标贡献自己的力量，向党和人民交上一份满意的答卷！

最后，再次向依然坚守在工作岗位上的干部职工们表示真诚的感谢！向全局的同志们致以节日的问候！祝大家节日快乐，身体健康，合家欢乐！

春节董事长致全体员工时慰问辞

【致辞背景】在新春佳节来临之际，董事长慰问公司员工

【致辞人】公司董事长

××公司的全体员工们：

你们辛苦了！

爆竹除旧岁，瑞兆迎新春。在新春佳节来临之际，作为公司的董事长，我代表公司的领导班子向大家致以亲切的慰问和新春的祝福！

去年，是我们公司发展迅速的一年，也是各部门捷报频传的一年。全体员工面对市场激烈的竞争和巨大的压力，面对沉重的年度销售任务，在各部门经理的带领下，全体员工迎难而上，奋力拼搏，接连取得了辉煌的战绩，为公司的发展

作出了贡献。你们是我们××公司的勇士和英雄!

在过去的一年里，我们满怀豪情壮志。我们流下了太多泪水，也付出了太多的汗水。我们都一样，都是父母的宝贝孩子，都是爱人眼里的稀世珍宝，但是，你们却用自己的行动作出了不平凡的事迹!

遥记去年夏季，温度一度飙至39°以上。面对酷暑和高温天气，你们没有退缩，而是冒着炎热的太阳，奔波在每一个客户和销售点。汗水打湿了你们的衣服，太阳晒黑了你们的皮肤，有时连口水都顾不上喝一口。每天晚上回家的时候，你们都拖着疲惫的身体……到了冬季，一场罕见的大雪袭击了我国各地。这个时候，还是你们，坚强而勇敢地站着，顶着鹅毛大雪，冒着凛冽的寒风，在各自的市场奔波忙碌，不放过每一个商机。

你们每一个人，都是可敬的。不屈不挠的信念让你们拿下了市场，奋勇的拼搏让市场上捷报频传!因为你们，公司的销售业绩一再提高，你们都是××公司最可爱的人!

站在新的一年的开始，我们信心百倍，壮志满怀!我相信在我们的共同努力下，我们公司的前景一定会更加广阔，我们公司的未来一定会更加辉煌灿烂!我期待着你们在工作中做出新的成绩，同时也向大家保证，新的一年中，公司一定会在减轻员工负担上作出改进，希望能够为员工想得更多，为员工营造一个舒适的工作氛围!

最后，我代表我们××公司向所有的员工致以节日的问候，祝大家新年快乐，万事如意!

十一、吊唁致辞

悼念见义勇为烈士致辞

【致辞背景】在悼念见义勇为烈士×××活动中的致辞

【致辞人】镇党委书记

同志们、同学们：

今天，群山静默肃穆，碧水几度哽咽。我们怀着无比沉痛的心情，在这个庄严的场合，悼念党的好战士、人民的好儿子×××烈士牺牲×周年！在此，让我们向×××烈士表示深切的怀念和沉痛的哀悼！并向×××烈士的家人和亲属们致以亲切的问候和最诚挚的感谢，谢谢你们教导了这样一个优秀的好男儿！

人间有正义，时代造英雄。×××用自己的勇敢行为展示了一名优秀的青年应该具有的高尚品格，用青春诠释了一名新时代青年的人生意义和价值，他用自己的生命践行了自己在党旗下“随时为祖国、为人民牺牲一切”的誓言。在生与死的考验面前，他将生的希望留给了别人，却把死的危险留给自己，用生命向党和人民递交了他人生的答卷，谱写了一曲悲壮的英雄赞歌。他忠实地履行了身为一名共产党员的职责，只给我们留下屡屡哀思，让我们怅惘凭吊。

今天，我们在此缅怀×××烈士的英勇事迹，就是要学习他舍己为人的精神，学习他勇敢坚强的行为，学习他奋不顾身、迎难而上的情操，学习他忠诚为民的品格。英雄为人民而死，我们则为英雄的离去而悲痛，烈士的精神将会永远激励着我们前进，激励着我们在自己的事业上更加奋发向上，在精神上更加高尚，拥有坚贞不渝的人生信念！

青山处处埋忠骨，在和平年代，×××烈士可以挥洒热血，彰显正气，换得大地回春；我们后辈人也应当矢志不渝，在浩荡的征程中铸就新的辉煌。我们坚信，在党的××大会议精神的指导下，在科学发展观的正确指引下，我们全镇人民团结一致，奋力拼搏，烈士家乡的明天一定会更加灿烂，我镇人民的生活必定会更加美好，我镇的精神文明建设一定会上一层新的台阶。

同志们，在这个庄严的时刻，让我们立下自己的誓言。让我们永远斗志昂扬地面对生活中的一切困难，让我们永远坚守自己心里的那一份底线，让我们步伐坚定地勇敢前行，把烈士“为了人民幸福”的殷切希望变成我们心里牢记的誓词，用一生践行！

人民英雄永垂不朽，×××烈士将永远活在我们的心中！

悼念殉职烈士致辞

【致辞背景】在公安分局举行的悼念殉职人员×××烈士的活动上致辞
【致辞人】公安分局副局长

同志们：

清明时节雨纷纷，这纷飞的细雨，诉说着我们沉痛的心情；这暗淡的天气，表达着我们内心的怀念之情。今天，我们怀着沉痛的心情，在这里深切怀念我们可敬的同事和战友×××烈士。

×××烈士，××××年出生，××省××县人，×族，××××年参加工作，××××年××月××日在参与抓捕犯罪分子的行动中光荣牺牲，年仅××岁。同年××月××日，省人民政府批准授予他优秀共产党员和革命烈士的称号，次年××月××日，省公安厅给他追记一等功。

为打击犯罪、保护人民群众的生命和财产安全，×××烈士在抓捕犯罪分子的行动中表现英勇，奋不顾身，英勇牺牲。他把自己的一生都献给了他为之奋斗的公安事业，他把自己的一腔热血全都献给了人民。他的一生虽然短暂，却散发着辉煌的光芒，他的一生是勤劳勇敢的一生，是无私奉献的一生。在工作岗位上，他任劳任怨、爱岗敬业，无私地奉献了自己的热情和青春；他对待同事热情、真诚，他高尚的思想品德永远值得我们学习！他用自己对公安事业的一片热爱，用自己对党的无限忠诚，谱写了他壮丽的人生篇章！

×××烈士短暂的一生，是不断奋斗的一生。他热爱祖国，热爱人民，更热爱公安事业。面对人生，他乐观向上，从不轻易说泄气的话，表露消极的情绪；面对工作，他严肃认真，从不马虎大意放过任何一个犯罪行为。他是我们打击犯罪、保护人民的动力，他永远是我们公安队伍的骄傲！

虽然×××烈士离开我们已经有×年了，但是，他的音容笑貌永远在我们身边，他的精神永远在激励着我们前进！作为×××烈士的战友，我们更应该牢记他的光辉事迹，学习他的英勇精神和优秀的思想品德，将有限的生命投入到为人民服务的事业中去，在自己的工作岗位上奋力拼搏，为我市公安事业的建设作出更大贡献！通过这次的活动，我们要进一步加强队伍建设，争取将我们的队伍建成一支立场坚定、作风优良、公正严肃的队伍，为巩固共产党的执政地位、维护国家长治久安、保障人民安居乐业作出贡献，让党和人民放心，让党和人民满意!

×××烈士，我们永远怀念您!

清明节悼念革命烈士活动致辞

【致辞背景】清明节来临之际，×××学校在烈士陵园悼念革命烈士的活动

【致辞人】校长

同学们:

今天，我们在××市革命烈士陵园举行清明节扫墓活动。此时此刻，我们正站在这威武庄严的纪念碑前，我们悼念着烈士们的离去，品读着烈士们的高尚，铭记他们的英勇事迹。在那个战火纷飞的年代，无数的革命烈士将生死置之度外，他们坚持着自己的信仰，高举着手中鲜红的党旗，为了中华民族的解放英勇捐躯。他们坚贞的信仰，和不屈不挠的民族精神，在多年之后，依然影响着我们的生活，让我们为之震撼、感动。下面，同学们立正站姿，闭上眼睛，用一颗真诚的心灵为烈士们默哀祈祷。

时间虽然一直在流失，信念却未曾被更改过。多年来，革命先烈们的英勇事迹和丰功伟绩一直被人们传颂着。不管时代怎样进步和变迁，先烈们抛头颅、洒热血、前仆后继舍生忘死，为了人民的幸福和祖国的独立解放而奋不顾身地牺牲，他们的高尚品德不应该被人们遗忘，他们的大无畏精神和奉献精神当万古长青!

面对这高耸竖立的纪念碑，让我们记得，要珍惜生命，珍惜这来之不易的生活，珍惜生命中一切美好的事物。为他人着想，为他人带来快乐，这就是我们缅怀人民英雄的真正意义所在。

同学们，弘扬以爱国主义为核心的民族精神，增进爱国情感，才能提高中华名族的整体素质。这就要求我们要树立远大的理想，规范自己的行为习惯，培养良好的道德品质和文明行为。我校之所以举行清明节扫墓活动，就是希望同学们能够在瞻仰烈士纪念碑，怀念革命先烈的同时，学习先烈们可歌可泣的感人事迹，从而提升自己的思想境界，使自己成为具有高尚的思想品质的人，成为社会主义事业的合格建设者和接班人！同学们，为了自己的幸福人生做准备，为将来服务和奉献社会积蓄力量，是你们现在肩负的主要任务。将爱国主义的高尚情操融入到爱学校、爱集体、爱家庭的具体行动中，从小事做起，让一件件小事见证

你们的成长，让英雄先烈的精神洗礼你们的灵魂！

今天，在这庄严的纪念碑前，缅怀着革命烈士的丰功伟绩，感念着这用烈士们的鲜血换来的幸福生活，让我们在心中许下誓言，不要辜负烈士们的遗愿，让我们踏着先烈们的足迹稳步前行，为社会主义事业的建设，为了祖国的繁荣富强贡献自己的力量！

在老领导追悼会上致辞

【致辞背景】在××学校老校长追悼会上致辞

【致辞人】学校教师代表

各位老师、各位同学：

大家下午好。

春风吹散了冬天的寒冷，岁月于峥嵘之间流逝。不知不觉之间，清明节又来到了我们身边。在“清明时节雨纷纷，路上行人欲断魂”的哀怨诗句中，人们纷纷放飞了自己的思绪，沉浸在对远去故人的怀念和追忆中。最近，我身边的很多人都在进行祭扫祖先陵墓的活动，为的是将每一家世代传颂的家风和美德进一步传达给孩子们，继续传扬下去；每一所学校，也都通过到烈士陵园扫墓、参观爱国教育博物馆等各种形式，来缅怀为了新中国的成立和壮大而牺牲的先烈们。

此时此刻，我们怀着敬佩而沉痛的心情，站在校长的雕像前，缅怀着这位我们××学校的创始人和开拓者。微风轻拂中，雕像那双深邃的眼神正引领着我们向前方眺望，提醒着我们不要忘记曾经的磨难和坎坷，更是在激励着我们要承前启后，秉承着开拓进取的精神，放眼美好未来！

为了××学校的今天，×××校长付出了毕生的心血，做出了无人能及的牺牲。铭记着过去艰苦创业的过程，将光荣的历史一步步传承下去，才是我们××学校最重要的精神文化，更是我们得以生存和进步的重要基石。时至今日，每一位××学校的学子，都还在享用××校长遗留的恩赐。在此，我们当饮水不忘挖井人，沐浴着浓郁的书香气息，翻过每一页书卷之时，我们也应该感念于这位伟大的老人辛苦奋斗的一生。

今天我们站在这里，不仅仅是为了怀念而怀念。之所以怀念，是为了更好的纪念。在清明节纷飞的雨丝里，让我们用心地去怀念×××校长，让我们记住他对××学校的每一份贡献和努力。我们只有好好学习，珍惜现在的每一份时光，我们××学校才能够更有活力，才能迎来一个因你们而灿烂的明天！

在同事追悼会上致辞

【致辞背景】在××单位的员工×××追悼会上的致辞
【致辞人】单位同事

各位乡亲们、各位同志、各位来宾：

今天，我们怀着沉痛的心情来到这里，沉痛悼念××市××单位的优秀职工×××同志。

×××同志，××××年出生，××省××县人，×族人。××××年××月××日，×××同志因突发心脏病，经抢救无效不幸去世，享年××岁。在此，我谨代表××市××单位××名干部职工，对×××同志的不幸去世表示沉痛的哀悼之情，并向其家属表示亲切的慰问，希望你们节哀顺变，一切都好！

×××同志一生勤勤恳恳，兢兢业业，在自己的工作岗位上任劳任怨，默默地为单位、为人民、为国家奉献自己的光和热。对待同事，他为人豪爽真诚，总是一副热心肠的样子；对待自己，他严格要求，刻苦钻研，不断进步着；对待家人，他关心负责，是家人很信任和尊敬的一位老人。他的敬业精神和道德品质永远是我们学习的榜样，我们将以他为楷模来衡量自己的行为，争取做一个像×××同志一样的人！

向×××同志学习，要学习他正直做人，踏实做事，认真工作，做一个平凡而高尚的人，做一个有益于人民的人；学习他，就是要学习他艰苦创业、脚踏实地、不计较个人得失的精神，做一个有始有终的人。在悼念×××同志的同时，我们也要谨记应该化悲痛为力量，在各自的工作岗位上奋力拼搏，努力工作，迎来我们××单位辉煌的明天，这才是对×××同志最好的报答。

×××同志，安息吧！

在领导追悼会上致辞

【致辞背景】在××公司的总经理追悼会上致辞
【致辞人】部门经理

敬爱的×××总经理：

今天，我们××公司的全体员工怀着悲痛的心情，集体前来向您告别，表示哀悼！

×××总经理，我们不会忘记，在您领导咱们××公司的几年来，您一向勤恳敬业、任劳任怨，和员工同甘共苦，以锐意进取的精神和肯干的作风，带领着我们发起了一次又一次冲锋，克服了工作中的一个又一个困难，我们××公司的业绩一次次被刷新，取得了巨大的胜利。我们公司拥有了辉煌的业绩，您也赢得了我们公司全体员工的尊重和爱戴。

×××总经理，在改革开放的浪潮中，您开动了自己的脑袋，发挥着自己的智慧，根据社会主义市场经济理论的规律，您研究新技术，开发新的产品，让公司以创新和领先的思路在市场竞争中脱颖而出，被列入全市税收千万元效益企业的行列。我们公司受到了政府的表彰，受到了群众的夸赞，为同行企业树立了一个好榜样。

但是，就在我们××公司站在一个新的起点，正准备扬帆再一次远行之时，敬爱的×××总经理，您却与世长辞。我们失去了一位决策果断、处事周全的好领导，我们的战线上失去了一名好先锋，企业界失去了一位好朋友！但是您的精神，必定会长存不泯，将永远鼓舞着咱们××公司的员工奋发向上！

敬爱的×××总经理，安息吧，我们将永远怀念您！

在员工家属追悼会上致辞

【致辞背景】在公司员工×××母亲的追悼会上致辞

【致辞人】公司部门经理

同志们：

今天，我们迈着沉重的步伐，怀着悲痛的心情来到这里，悼念×××老人的不幸离世。首先，请允许我代表××公司的全体职工向×××老人的不幸离世表示最沉痛的哀悼，对×××老人的家属表示最诚挚的慰问！并为我们失去这样一位好长辈、好家长而痛心难过。

月有阴晴圆缺，人有悲欢离合，亲人的离去是一个人一生中最痛苦、最难过的事情了。×××老人在岁月的长河中走过了××个春秋，她的一生是艰苦朴素的一生。她勤俭节约，任劳任怨地将自己的儿女们养大成人，她将自己的爱毫无保留地奉献给了家人，即使在她生命的最后一刻，她仍在惦念着自己的儿女们。这是一位多么可敬的母亲！她本该享受儿孙绕膝之福，本该尽享天伦之乐，可是因为年事已高，早一步离我们而去。千言万语，也道不尽亲人和儿女们对她的怀念和追忆之情，说不完她为后人留下的光辉形象和精神财富！

×××同志是×××老人的好儿子，他是我们公司一位优秀的管理人员。在×××老人的悉心教导和关心下，×××在自己的工作岗位上也做出了不平凡的业绩。他以身作则，为员工树立了认真工作、勤劳做事的典范。他大胆管理，敢于创新，为公司的管理系统作出了不小的贡献。他多次被评为××公司的优秀党员的现金工作者，他的工作态度和业绩受到了公司领导和全体员工的一致认可和好评。这也是×××老人思想熏陶的结果，是她谆谆教导、悉心教育的结果，也是×××老人这一生的真实写照。

风吹寒水起悲波，哭声相随愁云飞。往日论交称厚德，今朝追悼寄哀思。今天，让我们在此深深地悼念×××老人，缅怀她的高尚人格，同时也感谢各位领导、各位同志、各位亲朋好友长年来的关心和支持，感谢你们在这个家庭披上风霜的时候送来了温暖和情意，使丧事办得圆满，让老人家走得安心。让我们化悲痛为力量，学习×××老人高尚的精神、严谨的作风和热爱祖国、热爱人民的优秀品质，在各自的工作岗位上努力工作，勤奋努力，用优异的成绩和幸福的生活来告慰×××老人的在天之灵！

×××老人，您安息吧！

在汶川地震一周年纪念大会上致辞

【致辞背景】在汶川地震一周年的纪念大会上致辞

【致辞人】××县县长

同志们：

在一年前的今天，那本是和我们生命中的每一天一样，是普通而又平淡的一天。可是一瞬间，世界就发生了改变，那天的我们谁都不会想到，一场被称为“5·12”汶川大地震的灾难会发生！几秒钟的时间，我们就承受了生命中不能承受的苦难！直到今天，我们的心还在痛着，我们的眼泪依然想要流出眼眶，去年有一群同胞就那样离我们而去，美丽富饶的巴蜀之地瞬间就成了一片废墟！

然而，我们更应该看到的是，在这废墟之上升腾起的希望和民族之光！5·12汶川大地震发生以后，政府马上组织了救援行动，一天之内我国政府集结了2万军队，通过山地空降、空运等方式进入汶川，新闻报道实况跟进，中断的通信和交通通过及时地抢修迅速恢复。国外媒体将这次行动称为“人类历史上规模最大、行动最迅速的救援”，中国政府“以国民生命的危机为国家最高危机，以国民的生命尊严为国家最高尊严”，“以整个国家的力量去营救废墟下的普通生命”……中国政府及时而有效的行动得到了全球媒体的盛赞。

在地震中幸运生还的孩子们，他们将自己的生日改为了2008年5月12日。是啊，在这一天，他们几欲被废墟掩埋，从断壁残垣下爬出来的他们，就如同涅槃的凤凰一样，在烈焰中获得了重生。鲜艳的五星红旗重新飘扬在校园里，朗朗的读书声和欢笑声又回到了他们中间。这一场劫难，让他们懂得了感恩，懂得了宽容，懂得了责任，也懂得了坚强，而这些，是灾难给予他们最好的教育，也只有这些，才能够用来祭奠“5·12”中华之殇。恩格斯曾经说过，每一次巨大的历史性灾难，都将以历史进步的方式为补偿。在那些曾经少不经事的少年心里，已经渗透进了一种特别而强大的力量，那就是国家的力量！

诗人红烛有这样一段话：“这个民族的圣火，已经由遇难者传递到了幸存者手上。因而，幸存者将要担负起双倍的责任。要铭记他们的勇敢和不幸，努力避免悲剧重演。否则，就会对不起这些先于我们倒下的人。他们不需要纪念碑，也不奢望能够在幸存者心里刻下自己的名字，但是，一定有一些无力实现的愿望不愿被轻易遗忘。遗忘集体的苦难，或者对此麻木不仁，就是苟且偷生者。”

历史不能忘记，我们更不能忘记！在我们记忆的深处，我们应该给在地震中不幸身亡的同胞们留一个小小的位置！在苦难的洗礼下，重生的生命应当如同茂盛的草一般蓬勃生长，意志应当像一把屡经打磨的钢刀一般锋芒毕露。学会向灾难学习，我们的民族才能充满希望，终将走向不凡的道路！

谨以此纪念汶川地震一周年！

县委书记在泥石流遇难同胞哀悼仪式上致辞

【致辞背景】在舟曲特大泥石流灾难发生后的纪念活动中致辞

【致辞人】××县县委书记

同志们、同胞们：

舟曲大难，九州同悲。山崩地裂，举国挂牵！今天，我们怀着无限悲痛的心情在这里集会，共同悼念在舟曲特大泥石流灾害中遇难的同胞们，寄托我们的哀思，表达我们的怀念之情。

2010年8月7日22时，甘肃舟曲发生了特大泥石流灾害。顷刻之间，暴雨冲垮了房屋桥梁，美好的家园顿时满目疮痍，上千人不幸遇难。噩耗传来，全国人民的心都被刺痛了，社会各界都在时时刻刻地关注着灾区的情形。政府和人民迅速的行动起来，通过各种方式向灾区人民伸出了援助之手，和他们坚定地站在同一阵线上，生死与共。

今天，我们在这里为所有的遇难同胞们默哀，为他们祝福。希望所有的遇难者可以得到安息，受伤的人能够早日康复，希望所有的生还者能尽快调整好自己的状态，更加珍惜自己的生命，好好的生活。自然灾害可以摧毁我们的家园，可以轻易夺去我们的生命，但是它无法催款我们战胜灾难的信心，无法摧毁我们重建家换的战斗意志！有这种信心在，我们就能鼓足勇气面对前方的一切艰难险阻；只要有这意志在，我们就能团结一致，不屈不挠地赢得抢险救灾的全面胜利，以告慰遇难同胞们的英灵，回报全国人民的关怀。

在自然灾害面前，人的生命是脆弱的；可在灾难面前，人的生命是高于一切的。在为死者哀伤的同时，我们也要迅速行动起来，加入到援救队伍中去，为帮助灾区群众早日渡过难关而付出自己的力量！我相信，只要我们携手并肩、众志成城，就一定能够克服困难，赢得抗灾救灾的最后胜利！

最后，让我们为每一位不幸遇难的同胞们默哀三分钟……

在退休老干部追悼会上致辞

【致辞背景】在某位退休老干部追悼会上的致辞

【致辞人】老干部的上级领导

同志们：

今天，我们怀着无比悲痛的心情，在此悼念中国共产党党员、退休老干部×××同志。×××同志于××××年××月××日不幸逝世，享年××岁。他的离去使我们损失了一位好同志、好党员，只给我们留下了无限的哀思。

×××同志是××人，出生于××××年××月××日，于××××年开始参加工作。在国家最困难的时期，他投身于革命工作中去，在长期的工作中，他一直坚持着自己的原则，正直勇敢、热爱集体、团结同志，他做到了一个共产党员应该做到的一切，是我们党的好干部，人民的好儿子！在此起彼伏的政治斗争中，他立场坚定，坚持着党的信念，坚守者身为一名共产党员的底线，始终旗帜鲜明地信任着中国共产党，是一名忠诚的共产党员。在他任职的××多年里，他始终和人民群众同甘苦、共患难，将党和人民的利益高于一切，尤其是在××市工作期间，他能够做到坚持以××市的经济发展和社会进步为自己工作的主要目标，无私奉献，忘我工作，为××市的发展和建设作出了突出的贡献！

在他退休后的十多年里，他仍然以一名共产党员的标准严格要求自己，积极参与各种工作，向党和政府进言献策。即使退休在家，他也不失个人风范，生活朴素节俭，勤劳发家致富，为群众树立了一个良好的榜样。在他离世之时，仍然在辛勤劳动着，这充分体现了他奋斗不息、勤奋到老的革命精神！这种精神，正是现在的青年人身上所在或缺的，值得我们每一个人学习。

×××同志，在此，我们就要永别了！我们的心情非常沉重，也非常悲痛！但我们知道，他最想看到的就是我们能够化悲痛为力量，学习他坚定信念的作风，坚持原则的精神和勤劳朴素的品格，为社会主义现代化建设作出自己力所能及的贡献！同时，我们也向×××同志的家人表示最诚挚的慰问，希望你们保重身体，将×××同志自强不息、艰苦奋斗的革命精神进一步传承下去，发扬光大，在党的领导下，为建设我们伟大的祖国，为了我们祖国的繁荣富强而不断奋斗努力！

×××同志，安息吧！

在退休教师追悼会上致辞

【致辞背景】在退休老教师追悼会上致辞

【致辞人】学校领导

各位领导、各位朋友、同志们：

今天，我们怀着十分沉重的心情，在此举行追悼会，深切悼念和追忆××学校的退休教师×××同志。

×××同志，生于××××年××月××日，××人。她的一生，是教书育人、辛勤耕耘的一生，是为教育奉献的一生。她将自己全部的心血都倾注在教育事业上，将炽热的爱都给了她的学生们，她用自己一生的事迹谱写了一首忠于人民、忠于党、忠于教育事业的壮丽诗篇！

在将近四十年的教育生涯中，×××老师在人民教师这一平凡而又神圣的岗位上做出了不菲的成绩。她学识渊博，工作踏实，她的谆谆教诲启迪了无数幼小的心灵，她的兢兢业业培养了一批又一批品学兼优的学生，为祖国的建设输送了无数栋梁。几十年来，她牺牲了自己的节假日，为渴求知识的学生送去甘霖雨露；她一片丹心为学生，勤劳地耕耘在三尺讲台上，为社会培育英才。现在，她的学生已经遍布各处，桃李满天下。

她一生爱岗敬业，任劳任怨，一心扑在了教学工作上，为学校奉献了自己的青春岁月，为学生奉献了自己的全部热情，受到了学生和家长的尊重和爱戴。她是一名辛勤的园丁，用自己的汗水照亮了学生们的前程；她是人类灵魂的工程师，引导着无数学生走向属于自己的人生大道。×××老师一生待人宽厚，宽容大度，事事处处都在为他人着想。在同事面前，她是一位平易近人、有难必帮的好同事；在儿女面前，她是一位细心的母亲；在朋友面前，她是一位善解人意的好伙伴。谁有了困难，她会慨然出手帮忙，谁生了病，她会在知道的第一时间赶去看望。她从不计较得失，对人从无所求，但给人的却是这世间最温暖的真情。

一个人做好事并不难，难的是一辈子都在做好事。她助人为乐的精神值得我们每个人学习，她无私奉献的工作态度赢得我们为她鼓掌喝彩。四十年如一日，春风化雨迎来桃李满园；××年人生路，风尘仆仆换来彩霞满天。×××老师的离世，我们失去了一位好老师、好母亲、好朋友，但是她崇高的品德和善良的人品，以及她对事业的热忱之情，对待工作一丝不苟的态度，永远是我们学习的榜样！她身上的高尚人格将会永远激励着我们前进，让我们化悲痛为力量，为祖国和人民作出更大的贡献！

安息吧，×××老师！

十二、答谢致辞

经理在年末客户答谢会上致辞

【致辞背景】在年末客户答谢会上

【致辞人】经理

尊敬的各位来宾，女士们、先生们：

大家下午好！

值此新春佳节之际，我公司今天召开了××××年客户答谢会。请允许我代表××有限公司，对各位的到来和一直以来你们的关心和支持表示热烈的欢迎和衷心的感谢！

自××××年公司成立以来，我们经历了不同的发展阶段和不同寻常的发展历程。多年来，我们与社会各界的朋友建立了深厚的友谊，尤其是和在座的各位嘉宾之间的互动交流与合作。在大家的关心和支持下，我们的工作也取得了骄人的成绩。在刚刚过去的××××年里，我们××公司先后荣获了第×届中国国际品牌××交易会“十佳××奖”、“特殊贡献奖”、第×届“××”牌设计大赛“特别设计奖”等的荣誉称号。在大家的大力支持下，我公司的经营有了新的发展，这也更使我们对今后的市场前景充满了希望。

这些成绩的取得，离不开在座各位的支持和厚爱，谢谢大家！

在未来的一年里，我们将一如既往，努力致力于××行业，为广大客户提供更优质的服务。我们将继续坚持“以质量求生存，以互利双赢求发展”为指导思想，积极与各位客户朋友真诚合作，进一步开拓市场、搞好销售服务，希望大家今后一如既往地支持我们，对我们提出宝贵的意见和建议，使我们双方再创佳绩。

展望未来，××公司将秉承“专注××，做大做强品牌”的经营宗旨，在新的一年里不断推出高品质、高市场占有率的产品。在做大做强的同时，让在座的各位也都红红火火、生意兴隆。我坚信：我们携手，将共同见证中国第一××品牌的成长。让我们共同祝愿：××公司在新的一年开启新的希望，迈向更高的发展平台！祝愿各位客户在新的一年取得更加辉煌的成绩！让我们与大家一起谱写××行业新的篇章。

最后，再一次对各位一直以来的支持表示衷心的感谢！祝大家新年愉快，万事如意，合家欢乐！

谢谢大家！

商场领导在春节感谢员工大会上致辞

【致辞背景】在春节感谢及慰问员工大会上

【致辞人】商场领导

亲爱的兄弟姐妹们，同志们：

大家好！

在这辞旧迎新之际，公司董事会向你们及大力支持和深深理解你们的亲人们拜年！祝大家新春快乐，合家欢乐，身体安康！

令人回味的××××年过去了。在这充实的一年里，公司的全体员工时刻牢记“服务顾客、奉献社会”的企业宗旨和要求，为实现“建设温馨和谐卖场、创造幸福美好生活”的战略目标，发扬“勤奋、跟进、细致、微笑”的企业精神，不断创新，努力奋斗，圆满地完成了公司的各项任务要求。在过去一年的时间里，××系列洗衣机的销量达××万台，同比增长××%；××系列的冰箱销量达××万台，同比增长××%；××系列的空调销量达××万台，同比增长××%；××系列总销量达××××万台，同比增长×%。销售金额达××亿，同比增长××%。这一切成果的取得，离不了各位兄弟姐妹的辛勤汗水和无私的奉献，更加离不开广大家属对我们的理解和支持！谢谢大家！

在过去的一年里，我们的管理人员在做好本职工作的同时，深入到卖场第一线，为保证公司各项工作的有序完成而努力工作着，甚至到了呕心沥血、耗尽心神的地步。广大业务人员，更是常年奔波在外，风餐露宿，保证了一线商品的供应。广大的卖场一线员工，特别是广大女性员工，舍弃小家照顾大家，一门心思全放在了工作上，为我们××的发展作出了巨大的贡献。广大业务人员，更是常年奔波在外，风餐露宿，保证了一线商品的供应。广大的后勤人员，更是树立了为一线服务的意识，既是解决基层的疑难问题，保证了卖场的正常营运。在此，让我们真诚地向大家说一声：××的兄弟姐妹们，你们辛苦了！

辞旧迎新，充满希望和梦想的新的一年已经到来，我们公司新的配送中心也已经建成并投入使用，××万平方米的新卖场将成为我们新的征战基地，成为我们梦想的实现地，我们大展身手的舞台。××公司将实现跨越式的发展。我希望全体的员工们，兄弟姐妹们继续勤奋学习，努力拼搏，用我们的勤劳的双手托起我们××公司这轮冉冉升起的太阳。

最后，祝大家在新的一年里再接再厉，取得更加辉煌的成绩！祝大家新年快乐，万事如意！

谢谢大家！

在上市公司答谢会上致辞

【致辞背景】在某上市公司的答谢会上

【致辞人】领导

尊敬的各位领导，各位来宾，女士们、先生们：

大家好！

非常感谢各位在百忙之中前来参加××公司的上市挂牌仪式，在这激动人心的时刻，我代表我们××公司的全体员工，向多年来关心、支持、帮助我们的各位领导、各界朋友表示衷心的感谢！向公司全体员工的精诚团结和多年的努力拼搏致以亲切的问候！向投资××公司的广大股东致以崇高的敬意！

××公司自成立以来，已走过了×个岁月，通过这些峥嵘岁月里的努力，公司从小做大，最终成为上市公众公司，这是社会对××公司的认可。相信在座的各位已经阅读过××公司上市招股的说明书，在这里我就不再重复××公司的发展历程了。这次上市是××发展史上的里程碑。我们会非常珍惜国家证监会给予××公司进入资本市场发展的机会，认真做好公司的主业。我们全体经营班子深感责任重大，除了严格按照上市公司要求规范管理，更重要的是将进一步提高公司的核心竞争力和盈利能力，加快产业规模化进入国际市场，获取更大的经济效益，给广大投资者带来满意的回报。不辜负广大投资者以及各级领导和各界朋友的信任和期望。

××公司将继续保持“稳健经营，效益经营”的理念，继续发挥××人的“诚信、敬业、创新、奉献”的企业精神，依靠科学技术和资本杠杆的力量，将公司从事的幕墙工程，玻璃产品主业做专、做精、做强、做大。通过十年的时间发展成为国际行业龙头企业集团，为国家的富强繁荣和谐社会事业贡献××人应有的力量。

最后，再此感谢大家的光临！

谢谢！

领导在食品厂接待参观团答谢会上致辞

【致辞背景】在接待参观团的答谢会上

【致辞人】参观团领导

××食品厂公关部的同志们：

大家好！

今天我们来到贵地，刚下火车时就受到了你们的热情款待。公关部的××部长还向我们详细地介绍了情况和经验，给我们详尽周到安排了参观路线、吃饭和住宿的场所，让我们有了回到家的感觉，是那么的亲切、温暖、和睦。在此，请允许我代表参观团的全体同志们向你们和你们的厂领导以及全体员工表示衷心的感谢！

早就听闻，××食品厂因其生产的××产品质量上乘而闻名全国，我们虽然是远在千里之外，但是××食品的名声却早已经如雷贯耳。我们这次是慕名而来，不仅是想看看你们的生产的过程、学习方式和环境、生活情况，了解你们的企业文化、企业宗旨和企业指导思想，更是想要向你们学习，学习你们的新思想、新观念和宝贵的经验。可以说我们是来取经的。刚刚××部长在介绍你们的几条经验时就已经使我们大家都感到耳目一新，明明是很简单的道理，到了你们这里就成为至理名言。明明是很细微的地方，到了你们这里成为高度重视的环节。这就是以小见大，细微之处见差别吧。

我们见识到了你们员工的认真细心精神，更加见识到了你们的敬业精神。员工们不是把这项工作当做他们挣钱的工具，而是把它看成了自己的事业。无私的付出和奉献，只为能把企业办得更好，能为广大的消费者提供高质量的食品。他们是在为广大市民的健康和安全着想，在为他们的健康提供保证。虽然最近市场上总是出现食品危害现象和问题，但是你们正以你们的力量在缓解这种冲击，在解救这种现象。你们有太多值得我们去学习的地方。

在今天的参观学习中，我相信我们一定能够学到更多的东西。我们这次的餐馆团是自发组织的，虽然不全部都是做食品行业的，还有做电器的、做家具的、做机械的、做饮料的等等，但是我们相信，你们的经验对我们来说就是一笔宝贵的财富，是我们以后生产、工作上的不竭源泉，对我们有着极大的帮助和启发。

再次感谢东道主的盛情接待！希望我们以后加强彼此间的交流，更希望我们能够有机会合作，让我们共同进步和发展，取得事业上的佳绩！

谢谢！

总经理在公司答谢会上致辞

【致辞背景】在公司答谢会上

【致辞人】总经理

尊敬的各位领导，各位朋友：

大家下午好！

正所谓感恩知福，饮水思源，值此新春到来之际，我代表××公司全体员工对各位领导的光临表示热烈的欢迎和节日的问候！

××××年是我们××公司不平凡的一年，是我们××公司取得佳绩的一年。在这一年里，我们××公司率先在××市得到了××部颁发的建筑装饰专业承包一级企业资质，填补了××市这么多年来装饰一级资质的空白。当然，这些成绩的取得，离不开在座的各位领导、各位朋友的长期以来的关心、支持和帮助，特别是××市建委的领导，一直都在帮助我们申报、呼吁，给予我们大力的支持和鼓励。在此，我表示最衷心、最诚挚的感谢！

近年来，我们××公司在经营上始终坚持“诚信经营、争创品牌”的方针，坚持“优秀服务、业主至上”的服务理念，通过自身的努力，营造了完美的工程作品来奉献给客户。从××××年我们创建公司开始，就坚持在巩固本地业务的同时，积极向外拓展业务。经过这么多年的努力，我公司在多项竞标中中标，中标工程多达××个，总施工面积达到××××万平方米，实现产值过亿元，并且创优质工程×个，工程合格率达100%，受到了社会各界的好评和当地政府的大力赞扬和支持。

在过去的一年里，我们始终把工程的质量、工作的环境、职工的健康和安全作为公司发展的出发点和支撑点，不断加大人才培养和科技投入的力度。在大家的共同努力下，公司的管理水平和经营能力在不断地提升，工程质量、安全指标、建筑装饰能力逐渐迈入我市同行的前列。此外，我们的大批工程被评为优质工程和样板工程。比如××酒店建筑工程、××体育健身中心工程、××住宅工程、××科技大厦工程等等，这些成绩，与在座的各位努力是分不开的。

在新的一年里，××公司将继续保持“优秀服务、业主至上”的理念，继续发挥××人的“诚信、敬业、创新、奉献”的企业精神，把建筑装饰做专、做精、做强、做大。同时，进一步发展成为国际行业龙头企业集团，为国家的富强繁荣和谐社会事业贡献××人应有的力量。同时也希望各位能够一如既往地支持我们。

最后，再次感谢大家的支持和光临本次的答谢会，祝愿各位身体健康、工作顺利！

谢谢大家！

董事长在公司投产仪式答谢会上致辞

【致辞背景】在公司投产仪式答谢会上

【致辞人】董事长

尊敬的领导，各位业界同行，各位朋友：

大家上午好！

在新年来临之际，我很高兴能够邀请到各位参加我们××集团的投产仪式，共同见证××集团成立的历史时刻。在此，我谨代表××集团的全体员工向各位朋友的到来表示衷心的感谢！

××集团现在有四家公司组成：××建筑装饰公司、××家具公司、××商贸公司、××餐饮公司。最先成立的××建筑装饰公司，以诚信为本，经过×年的发展，在各级领导、合作伙伴和社会各界朋友的大力支持和帮助下，从小做大，从弱到强，承接了餐饮、宾馆、娱乐、休闲等多行业领域，有着大型的项目。在业界同仁中树立了良好的企业形象。在此，我们对各级领导的厚爱和曾经支持过××建筑装饰公司发展的各行业的朋友表示衷心的感谢。

为了贯彻国家建筑装饰行业的“十一五”发展规划的刚要，使建筑装饰行业几块实现产品规模化、生产专业化，逐步实现建筑装饰行业与家具配套一体化生产。我集团投资××万元新建装饰配套家具企业，该厂投产后将隶属我集团下属公司配套生产。××集团装饰行业在提高产品的质量、节能、环保方面将再上一个新台阶。

为了谋求更大的发展空间，全面提升企业的知名度，更好地服务社会、服务客户，我们组建里××集团。而集团的组建得益于全天××人的诚信、勤奋、积极开拓市场，更加得益于社会各界朋友和各位领导的大力支持。在此，我对在×

×集团筹建过程中给予大力支持的朋友们表示衷心的感谢。

千里之行始于足下。××集团成立仅仅是事业的开始，今后我们争创世界一流的品牌，在远大的目标的支持下以一流的品牌、一流的管理、一流的诚信、一流的服务作为企业的追求。在实际工作中，我们将立足××省面向国内、国际市场，昂首奋进，为××省广大客户制造出符合企业潮流的精品装饰工程、精品家具，为××省的经济发展作出应有的贡献。

最后，祝各位领导、各位来宾、各位朋友们身体健康、事业有成！

谢谢大家！

领导在公司开业答谢会上致辞

【致辞背景】在公司开业的答谢会上

【致辞人】公司领导

尊敬的各位领导，各位来宾，女士们、先生们：

大家好！

在这孕育新希望的美好日子里，我们欢聚一堂，共同庆祝××公司隆重开业！首先，请允许我代表××公司的全体员工，向今天到场的各位领导、董事长和所有的来宾朋友表示衷心的感谢和热烈的欢迎！

××公司位于××市的中心地带，是按照星级一站式标准建立的新型综合性豪华汽车服务企业。它有着优越的地段、优质的服务、豪华的环境和智能化的配套设施，必将给您带来耳目一新的感觉。

××公司是我们智慧和汗水的结晶。它的筹划和诞生，倾注了我们××人的全部心血，凝聚了我们××全新的信念。令人欣慰的是，有这么多的朋友默默的关心和支持着我们，陪伴我们一路走来。其中，有市区各位领导的高度重视和政策指导，业界同仁的热情关怀和大力支持，有社会各界朋友的热心帮助等，让我们感谢不已。

我们深知，开业揭牌后的××公司将以新的姿态和形象面对世人，可以更好地服务××市民和地方经济，营造商机、大展宏图、凝聚人气。我们争取用三年的时间把××公司打造成为管理规范、信誉卓越、机制灵活、服务一流的现代化专业××服务行业；打造成设施安全、功能齐全、业绩优良、服务优质的精品企业。以全新的形象、全面得服务、优良的业绩回报社会，回报关心支持我们的社会各界友人。

进入新世纪，××市的现代化建设突飞猛进，××行业的竞争更是如火如荼，这使未来的经营管理就显得尤其重要。作为公司的领导，我深知自己肩负的重担和使命，我们的言行举止都将和××公司的的经营发展联系在一起。困难是与希望同在的，我们有这么多朋友的关心和指导，我相信我们将有足够的信心和勇气去面对挑战，相信我们××公司必将在市场上傲然挺立。为此，我将携公司全体员工，用良好的业绩回报各界，不辜负领导、董事长和各位朋友的期望。同时，我们××公司全体员工，将继续坚持不断创新、开拓进取、奋发向上的精神，和诸位业界同仁一起，全力以赴，共同致力于××市的建设，用我们的发展为××市的繁荣昌盛添上辉煌的一笔。

最后，我要特别感谢市区领导在百忙之中前来莅临指导，感谢董事长亲临开业现场！再次感谢各位朋友的光临。

谢谢大家！

领导在公司文艺演出答谢会上致辞

【致辞背景】在公司的文艺演出答谢会上

【致辞人】领导

尊敬的各位领导，各位来宾，女士们、先生们：

大家好！

首先请允许我代表××公司全体员工向前来××公司慰问演出的合作区艺术分团的老领导、老同志及所有的成员表示最热烈的欢迎和最衷心的感谢！

我们××公司成立于××××年，注册资金××万，现有员工××名，是××市一家专业的××公司。公司主要服务于××××，提供××。公司以“××××、××××”为核心价值，希望通过我们的专业水平和不懈努力，为企业的发展和建设提供服务指导和贡献。

××××年，我们××公司在市委、市政府的大力支持下，企业经济有了很大的发展，另外城市对热能、电能的需求也日益增加。为了保证城市经济的快速发展，今年，我们又在政府的鼎力支持下，展开了××热电联产扩建工程的前期工作。该工程建厂厂址就选在我们这个电厂院内，规模是我们这个厂的十倍，预计总投资××亿元。工程竣工后将新增发电量××kwh，新增供热能力为××万平方米。我们公司能在短短几年的时间内取得这样的成就，我认为这不仅是我们全体员工共同努力的结果，也是在座艺术团的全体演员大力支持和帮助的结果。为此，请允许我再一次向你们表示真诚的感谢！

今天前来我公司慰问演出的合作区艺术团的成员曾经是××市各行业的老领导、老同志。他们为了××市的经济建设、边疆繁荣奉献了自己的青春和力量。如今他们离开了工作岗位，登上了文艺舞台，为繁荣我市的文化生活、提高城市品位再次奉献自己的力量。

希望合作区艺术团的全体演员在今后的演出中能够继续发扬勤学苦练、持之以恒、团结奋进、努力合作的精神，用精彩的节目向世人展示我们××市人的风采。同时也希望合作区艺术团的所有演员在今后的生活中能够一如既往地支持我们的工作，为我们公司的建设和发展建言献策，支持和帮助我们做好服务工作。

最后，我预祝合作区艺术团在我公司演出取得圆满成功！

谢谢大家！

市长在出国访问时答谢会上致辞

【致辞背景】在出国访问的答谢会上

【致辞人】市长

尊敬的朋友们：

大家好！

在这充满生机的美好时节里，受××文化界同仁的盛情邀请，我们来到了贵地，开展这次的文化交流与访问，得到了你们的热情款待，感受到了中×两国人民之间的深厚友谊。借着这个机会，我代表此次前来×国的全体人员向×国的朋友表示衷心的感谢！

××市处于中国××省的中南部，位于长江下游南岸，，××市风景优美是中国××文明的发祥地。这里的铜采冶史上下绵延三千年，××市也因此被誉为“中国古铜都”。今天，勤劳的××市人正在努力的把该市建设成为新型的工业化先导区、城乡一体化的示范区、区域交通枢纽和生态山水铜都、沿江工业名城。

×国的××市与我们××市有着很多的相似之处。两者都同样拥有悠久的文化历史、优美的自然风光，而且两市的有色金属冶炼工业都十分发达。去年的×

月，贵国的文化艺术交流团来到我们××市，拉开了两地文化交流的序幕。同时也为××人民带来了一道精彩的×国民族文化大餐，这些，我们至今难以忘怀。

中国古语有云：和实生物，同则不继。这就是说不同的事物应当通过交流达到和谐，这样才有利于发展。中国还有句古语：以文常会友，唯德自成邻。意思是说人与人之间通过有益的精神交流可以提高道德水准。因此，多开展两国两地之间的文化交流活动，将有助于两地之间文化界的沟通、文化人之间的交流，从而达到以文化为纽带，将本民族文化的精华更好地向外界传播的效果。我们在彰显自身特色的同时，也可以达到相互学习、共同发展的目的。

中×两国的交流与合作可谓是源远流长。如今，随着国际合作的不断加强，两国在各方面的交流也变得更加活跃。仅××市就有许多贵国企业的投资项目，而且本地企业中也有不少贵国的管理人员和技术专家。我们希望，随着经济交流的增多，两国两地之间的文化交流能够更加的深入，两国文化交相辉映最终成为一道独特的文化风景。我们相信：贵地的热情和友谊一定会通过我们传到××市。这些传播文化、传播友谊的种子，一定会发芽、成长，进而枝繁叶茂、永远长青。

再次对贵地的热情接待表示衷心的感谢！

县长在公司捐赠答谢会上致辞

【致辞背景】在公司捐赠答谢会上

【致辞人】县长

尊敬的各位领导，各位来宾，女士们、先生们：

大家好！

在这万物复苏，春暖花开的时节，我们欢聚在一起。首先请允许我代表××县人民政府，向××集团无偿捐赠给我县的×万元的研究基金，致以崇高的敬意和由衷的感谢！

我们××县是一个传统的农业大县，有着鱼米之乡的称号。最近几年，通过调整农业产业结构、培养特色产业，我县的果品蔬菜生产基地形成了新的大框架，农业基础设施也得到了很好的完善。如今我县的产业结构更加科学，产品的质量有了大幅度的提高。目前我县蔬菜品种齐全，实现了错季生产、粗细搭配的目标，做到了四季生产不断，常年批发有货。果品生产也逐渐形成了早、中、晚、特晚的生产模式。近几年来，我县先后被国家确定为“中国桃园之乡”、“农业产业化经营示范县”、“中国果蔬十强县”、“环京津蔬菜生产基地县”等荣誉称号。这些成绩的取得，是广大菜农和果农辛勤劳作的结果，更是××集团为我们捐赠研究基金、支持我们研究和生产的结果。你们的关心和支持帮我们渡过了一个个的难关，你们的帮助让我们一直走到现在，拥有了今天这样的成绩。在此，我向你们真诚地说一声：谢谢你们！

农业产业结构的调整，使我们深刻地认识到：农业的大发展必须以科技为基础。只有科技的进步和发展才能推动农业产品和质量的发展和提高。而今天，××集团再一次为我们无偿捐赠了×万元的研究基金，可以说是又一次为我县的果蔬的发展注入了新的生机和活力。因此，我们绝不能辜负××集团的一片深情厚谊。我们一定要合理安排和使用这批资金，然后认真总结经验，不断发展创新。为果蔬产品的成功推广和发展，为农业的增效、农民的增收做出积极的努力和应有的贡献。

最后，再次向××集团表示深深的谢意！并真诚地邀请贵方代表到我县参观考察！

谢谢！

镇长在企业发展交流答谢会上致辞

【致辞背景】在企业发展交流答谢会上

【致辞人】镇长

尊敬的各位领导，各位来宾，女士们、先生们：

大家好！

在这个非凡的日子里，我们相聚一堂。今天，我镇在这里举办医药企业发展交流答谢会。在此，我谨代表××镇人民政府对大家的到来表示最热烈的欢迎！向一直以来关心、支持和帮助我镇医药产业发展，积极投身我镇医药产业建设的企业和社会各界人士致以最衷心的感谢和最亲切的问候！

××镇位于××市西南××公里处，坐落在××、××省的交界地带。×××年建镇，下辖×个行政村，占地面积××万平方米。同时我镇也是××机场、××科技园的所在地，是××国道的必经之地，是××市的工业发展特别是医药工业发展的重要基地。经过×年的努力和发展，××镇的医药产业有了较大的规模，现在已经凝聚了××家医药及医疗器械企业，总投资额超过××亿元，形成了具有一定影响力的现代医药产业群。预计全部项目建成投产后，年产值可以达××亿元人民币。其中有很多享誉海内外的知名品牌，像“联邦制药”、“民彤制药”、“亿邦生物制药”等。这些成果的取得单靠我们自己的努力是不够的，全赖于大家的支持和投资者的帮助。特别是在座的各位医药企业的支持、交流与合作，才使得我们的技术能够不断的更新，与时俱进。感谢各位一直以来的支持和帮助。

在未来的发展中，我们要把医药产业进一步做大做强，把××打造成具有较强竞争力的医药产业化基地。××医药作为××市技术创新和高科技产业发展的重要载体之一，要立志发展成为医药领域产学研一体化的技术创新区和产业功能区，成为中国南方医药产业的知名品牌和产业化基地。预计到××××年我镇医药工业产值将达到××亿元。

实现这样的一个目标，单靠我们的努力是难以实现的，因此就需要大家的支持和广大投资者的帮助。我们衷心地希望：各位领导、各位嘉宾在今后能给予我们更大的支持和鼓励，也希望与广大海内外客商互惠互利，共同为××医药的发展谋划献策。

最后，再次感谢各位领导和社会各界友人的支持和帮助，祝愿大家事业顺心、身体健康！

谢谢！

市长在政府督导评估回访工作答谢会上致辞

【致辞背景】在政府督导评估回访工作答谢会上

【致辞人】市长

尊敬的省政府督导主任，各位领导，各位专家：

大家好！

今天是一个值得载入政府史册的光荣日子，是个丰收的日子。刚才，政府督导组代表宣读了督评回访意见，对我市的整改工作给予了高度的评价和充分的肯定，并宣布××市通过了回访检查，可以确定为“××省示范市”。这是我们期盼已久的结果，是市委、市政府以及全市人民多年辛劳的结果，更是各位专家、各位领导关心和爱护我市发展的真切表达。在此，我谨代表××市向各位领导、各位专家表示衷心的感谢和崇高的敬意！

为了加快我市的全面发展，近几年来，市委、市政府加大资金投入，尽最大的努力来促进我市经济又好又快的发展。全市人民也积极投身到××市的发展和建设上来，争做文明市民，为××市的发展贡献自己的力量。终于，我们通过多年的努力和辛勤的汗水，在今天正式跨入了省级示范市的行列。在这里，我代表市委、市政府向大家保证：一、我们将认真学习和深刻领会专家组的回访意见，在今后的工作中继续认真整改，不断完善和提高城市建设质量。二、市委、市政府将在以后的工作编制上实行更加优越、更加合理的政策倾向，充实我市的领导班子。三、市委、市政府将加大对人民群众的扶持力度，帮助群众发展、创业，促进我市经济的快速发展。荣获省级示范市不是一个终结，而是一个新的开端，我希望我们能够以此为契机，进一步解放思想、鼓舞士气、再接再厉、开拓创新，向更高的目标迈进！

在督评回访期间，各位专家认真负责的工作态度、高效敬业的工作精神、严谨务实的工作作风、简朴严格的生活态度都给我们留下了深刻的印象，让我们充分领略各位专家高境界、高水平的风范和人格魅力。你们富有意义的停留为我市刻下了弥足珍贵的一页，留下了美丽而深刻的记忆。此时此刻，我们无法简单地仅用谢谢二字表示我们内心深处对各位专家、各位领导的感谢之情，唯有以加倍的努力和更加辉煌的业绩来回报各位。

最后，让我们再次以热烈的掌声向各位专家、各位领导致以最衷心的感谢和最崇高的敬意！同时真诚地祝福各位专家、各位领导及各位来宾工作顺利、万事如意！

谢谢大家！

县委书记在政府办公楼乔迁仪式上致辞

【致辞背景】在政府办公楼乔迁仪式上

【致辞人】县委书记

尊敬的各位领导，各位来宾：

大家好！

喜迁新居喜气洋，福星高照福满堂。今天我们县政府办公楼能够顺利地实现整体迁建，靠的是全县干部群众的团结拼搏、实干兴乡、勤劳勇敢的精神，靠的是县委、县政府、县移民安置工程指挥部的正确领导和县直各个部门、社会各界的大力支持。在此庆祝乔迁盛典之际，我代表县委、政府和全县的父老乡亲，向长期以来一直关心、支持我县建设的领导和县直各部门、各乡镇、社会各界表示衷心的感谢！向参与移民迁建、实施搬迁宏伟工程的社会团体和群众表示诚挚的问候！

一分耕耘一分收获，×年来迁建工作一直在进行，风雨同行风雨在。为了政府工作事业，迁建工作从未间断过。在这期间广大建设人员发挥了顾大局、识大体，顾大家、失小家的精神；发扬不畏艰难、不畏困苦的作风；体现了作奉献、作牺牲的崇高思想；涌现了爱岗敬业献身事业的气概。他们用这样的精神、作风、思想和气概，保证了整个迁建工作的顺利开展和目标任务的如期实现。

十载风雨身后事，策马扬鞭向前看。政府的迁建工作已经完成和准确到位，我们接下来就要开展长期性的社会工作、政府工作。我们会始终坚持为人民服务的宗旨，替人民办实事、办好事，认真做人民的公仆。我们也要发扬解放思想、实事求是的工作作风，时刻关注民生问题，相信群众、团结群众，带领群众积极投身到改革开放建设中去。依靠人民群众的力量，采取有效的政策和措施，切实解决改革发展中群众强烈反映的问题。我们应该让人民群众参与到社会建设的过程中，让百姓受益，让人民满意。

我相信，只要我们心里时刻装着人民，始终把人民群众的满意不满意、答应不答应、支持不支持作为我们政府工作的出发点和落脚点。只要我们在本职岗位上无私奉献、矢志不移、争做勤奋学习的模范、清正廉洁的模范。只要我们真正做到情为民所系、权为民所用、利为民所谋，就一定能赢得人民的认可、赢得人民群众的信任。

最后，请允许我再次向为了政府迁建工作而作出贡献的各位表示衷心的感谢！祝全县人民心想事成、合家欢乐！

谢谢大家！

市长在考察欢迎晚会上致辞

【致辞背景】在考察欢迎晚会上

【致辞人】市长

尊敬的××市长，各位领导，同志们：

大家晚上好！

今天我带领我们××市政府有关部门和县区负责同志来到贵地学习考察，感到非常高兴。一下飞机我们就受到了当地××书记的亲切会见，××市长还亲自安排学习考察团的行程并亲临今晚的欢迎晚会。在此，我谨代表我们××市委、市政府和全体考察队员对××市委、市政府的热情接待和细致的安排表示衷心的感谢！

××市依山傍水、风景秀美。有着悠久的历史文化内涵、淳朴的民族风土人情；有着美丽的沙滩、细浪等风景线；有着独特的中西合璧的建筑风格，是人们梦想的旅游胜地。此外，××市还是全省经济发展和对外开放的龙头。近年来，××市一直在大力发展蓝色经济，全面实施“××××、××××”的发展战略。几年来，××市的很多工作都逐步迈入全国、全省的前列。我们这次来，主要是学习你们的进步之处，找出我们之间的差距，同时我们也要学习贵市关于旅游、经济等一些先进的管理、发展模式。今天我们在各位领导的陪同下看到了××、××、××等一些知名品牌和企业的运营模式，切身地感受到了××市发展现代服务业、高新技术产业、推进自主创业取得的突出成绩。同时我们也看到了贵市在推进城市建设上的气魄和投资力度，学到了××市委、市政府积极应对危机的有效举措，可以说是受益匪浅。我们会把这些好的经验、好的做法带回去，认真地学习和借鉴，运用到我市的发展上去，进一步把我市的工作做好。

在此，我代表考察团，同时也代表我市××万人诚心邀请贵市各位朋友能到我们××市，来泡泡清澈碧蓝的××泉，来攀登雄伟壮观的××山。今后，希望我们有更深入的交流与合作。贵市有什么建议和要求可以提出来，我们一定重视。在今后的工作中，我们不仅要发展两市之间的关系，更加珍惜我们与各位朋友和同志之间的友谊。

最后，再次向××市委、市政府的热忱接待和周密安排表示衷心的感谢，欢迎各位到我们××检查指导、传授经验。祝大家身体健康、合家欢乐、工作顺利！

谢谢大家！

校领导在山区小学捐赠答谢会上致辞

【致辞背景】在山区小学捐赠答谢会上

【致辞人】校领导

尊敬的各位领导，各位来宾，老师们、同学们：

大家好！

今天对我们××小学来说是一个很不平凡的的日子，是一个值得庆贺的日子。全校的师生和全村的父老乡亲们，怀揣着无比激动的心情迎来了前来捐赠助学的领导们。在此，我谨代表××小学的全体师生，向县委、教育局的各位领导表示最诚挚的感谢和最崇高的敬意！

××镇是典型的贫困镇，由于历史和客观条件，这里的经济不发达，人民的生活水平低下。这里的教育也因为硬件设施的严重缺乏、有些家庭经济条件的不允许、课本的缺失而无法正常运转，甚至还有一些家庭经济特别困难的孩子无法正常地完成学业。他们迫切地需要社会各界的支援、关爱和帮助。

正所谓，一方有难八方支援。近年来，党和政府也加大了对教育的扶贫攻坚的力度，通过各种不同的渠道对山区农村的教育进行帮助。社会各界也纷纷向我们伸出了援助之手。“春蕾计划”、“希望工程”等一些列的爱心行动，不仅资助了众多的孩子完成学业，而且还改变了他们的一生。这些都有力地推动了我镇农村基础教育的发展，塑造了时代的新风。

今天，××书记亲率教育局领导到这里举行××县劳动局固定资产扶贫助学捐赠仪式。这不仅是对山区贫困孩子的关爱，更是对革命老区、边远山区的教育和社会各项事业发展的关心、鼓舞和支持；是以实际行动实践“三个代表”重要思想的具体体现，更是实现永葆共产党先进性的最好体现，同时也是城市扶助农村政策的又一丰硕的成果。

我们××学校的孩子素来有艰苦奋斗、奋发向上的光荣传统和良好的发展基础。我们会以本次的捐赠仪式为契机，以山区淳朴、善良、感恩的优良作风为准则，带领全校师生抓住这个大好机遇，进一步开拓创新、解放思想，努力把山区的教育办好，把学校的各项工作做好。我们会努力真正做到让广大学生和家长得到实惠，向党和人民交一份满意的答卷，向关心、支持我们的各界人士交一份满意的答卷，向社会交一份满意的答卷。

我衷心希望全体师生能够铭记各位领导的深情关爱，并以此为动力，努力学习、练好本领、提高素质、报效祖国、回报社会，报答各位领导和所有关爱我们的同志们。

最后再次感谢各位领导和朋友们！祝愿你们身体健康、万事如意！祝好人一生平安！

谢谢大家！

校领导在学校建校周年答谢会上致辞

【致辞背景】在学校建校周年答谢会上

【致辞人】领导

尊敬的各位领导，各位来宾，亲爱的老师、同学们：

大家好！

今天，我们大家欢聚在这里，共同庆祝××中学建校××周年庆典。在这里，请允许我代表全校师生员工，对在座各位的到来和一直以来对我们的关心、支持表示热烈的欢迎和衷心的感谢！

百年大计，教育为本。21世纪是竞争激烈的时代，而这些竞争主要是人才之间的竞争。教育关系着整个民族的盛衰、国家的兴亡。在当今社会办好教育事业已经成为民族复兴的头等大事。为了发展我国的教育事业，提升我国的竞争力，我们于××××年××月创办了××中学。经过×的风雪历程，××中学目前已经发展成为拥有××个教学班、××××在校生、××名教师员工的市级中等院校。

办学×年来，××中学始终坚持德育为首、智育为主、全面发展的素质教育，实行人性化、科学化管理。××中学参加各级各类竞赛累计×××人次，其中省级以上××人次，每年中统考成绩名列市区、城区前列，优秀率、及格率、升学率、重点高中录取率在在市内学校中一直排名第一。为高一级学校、社会培养了××××名高素质的初中毕业生。

回顾××中学的创业历程，我心潮澎湃。在此我想感谢在座的各位领导、老师、校友。过去你们一直与××中学同甘共苦，为学校的建设奉献着自己的力量，现在你们又和我们同舟共济，共商学校的发展大计。你们为学校奉献了青春年华和毕生精力，你们是××中学的建设者、支持者，是××中学取得辉煌成绩的奉献者、见证者。××中学把你我的命运连接在一起，而历史的使命又把我们与学校的命运连接在一起。为了××中学的辉煌成就你们付出了辛劳和汗水。在此，我要向你们道一句：辛苦了，同时我也要对你们说一声：谢谢！

展望未来，我们信心百倍。在今后的工作中，我们将认真学习和贯彻“三个代表”重要思想、党的××大关于全面建设小康社会的精神，发扬优良的传统，坚持“以人为本，以学生的发展为本”的办学思路，大力推进教育体制改革和创新。同时我们也会一如既往的构建以德育为核心、以可持续发展为根本、以科技教育为特色的素质教育实施体系。让我们用饱满的热情，把我校建设成为师资力量雄厚、办学水平高、教育质量一流的学校。我相信：有各位领导、各界人士、校友和老师的关心、支持，××中学的明天会更好！

最后，再次向各位表示感谢！也在新年来临之际，祝愿各位工作顺利、身体健康、万事如意！

谢谢大家！

校长在学校活动答谢会上致辞

【致辞背景】在学校活动答谢会上
【致辞人】校长

尊敬的各位领导，老师们、同学们：

大家好！

在这春暖花开的时节，我们满怀喜悦的心情，迎来了尊贵的客人——××社团，这对我们学校来说是一件大喜事。在此，我代表××学校的全体师生向你们的到来表示最热烈的欢迎！向关心、支持××学校教育发展的各位领导、各界朋友表示最衷心的感谢！

十年育树，百年育人。今天的这个活动除了要对我们学校的老师进行现场指导外，还要对向我们学校捐赠了价值××的教学设备和图书的××团体表示感谢。此外，更加让人欣喜的是××社团以赠送锦旗的形式寄语我校学生：让生命在教育中有诗意的成长。这句充满了感情的话语，不仅向我们展示了××团体先进的教育理念，更加表明了××社团对我们的厚望。他们送来的不仅仅是丰厚的物质财富，更是宝贵的精神财富。当我们的教师站在崭新的讲台上时，一切工作上的压力都被这温情所洗涤。这份温情时刻激励着我们所有的老师，激发我们的激情。它鞭策着我们认真对待学生，唯恐愧对了这份情意。当我们的孩子们如饥似渴地去吸收知识的营养时，我们会感到骄傲。但我们也时刻牢记着：我们能有这样良好的学习环境，全赖于各位领导和××社团的鼎力支持。

各位领导和各界朋友为××学校教育事业所付出的努力、作出的贡献，我们全校师生会铭记在心。为了回报你们，我们会加倍努力地学习、工作，不辜负你们的希望。我们会争取把××学校的办得更好，为祖国培养更多的优秀人才。我们还会教育学生们学会感恩，不忘你们对我们的帮助、鼓励和期望。同时，我们也希望各位领导、各界朋友能够继续支持××学校教育的发展，继续关注××的教育教学改革，继续给予我们更大的关怀和帮助。

沟通是增进友谊的桥梁，交流是合作创新的基石。我们愿以此为新的契机、新的起点，在以后的工作中加强沟通、加强交流，为促进××教育事业的蓬勃发展而努力。

最后，祝各位领导、各界朋友工作顺利、身体健康、万事如意！

谢谢大家！

校领导在学校综合楼剪彩答谢会上致辞

【致辞背景】在学校综合楼剪彩答谢会上

【致辞人】校领导

尊敬的××协会的各级领导，各位来宾，老师们、同学们：

大家上午好！

今天，××协会的各级领导，踏着沙石、冒着严寒，不辞辛劳地来到这里，来参加我校综合楼的落成剪彩仪式。我们全体师生此刻是万分激动，是千言万语难以言表。在此，我谨代表我校××××名师生，向××协会的帮助和各位领导的关心支持表示衷心的感谢！

学校综合楼的建成，为我校教育事业的发展带来了新的机遇。自××协会项目成立以来，他们就一直关心着农村孩子的教育问题，协助学校解决贫困家庭子女入学难的问题和学生失学问题。近年来，他们已经先后帮助过很多学校修建校舍、添置设施、组织教师培训和学生活动。我校就是受其资助的对象之一。他们多次深入学校争取意见、进行指导工作。他们也因此被传为佳话，深受人们的爱戴。

学校综合楼自××××年××月××日招标、××××年××月××日破土动工以来，我们就一直期待着，期待着我们的学校能够新貌换旧貌，期待着我们的学生能尽快摆脱学习、住宿、吃饭三难的局面。今天，我们的期望终于实现了。这是××会爱心援助的结晶，是他们倾情奉献的硕果。在此，我向你们致以最崇高的敬意和最诚挚的感谢。

“愿每个孩子活出丰富，求每一颗心灵矢志达成”是××协会的愿望，“宣爱明德、情系教育”是××会的实际行动。为感谢××协会各位官员、各级领导的关心和厚爱，我在此承诺：我们会在最短的时间内做好校园的绿化美化工作、做好校园的管理工作、营造更好的育人环境。我们会竭力管好、用好这些设备、设施，使其在教育教学中发挥应有的作用。我们还会进一步加强教师队伍的建设和教风学风的建设。同时，我们也要努力加强对学生的指导和教育，以优异的成绩回报××协会、各级组织和各位领导！

最后，再一次衷心地感谢××协会各位官员和各级领导对我镇教育事业的关心和支持。希望你们能一如既往地给予我们更多的帮助。真诚祝愿××协会的事业蒸蒸日上，兴旺发达！诚挚地祝福各位领导工作顺利，身体健康！

谢谢大家！

校领导在访问×高中举办的答谢会上致辞

【致辞背景】在访问×国××高中举办的答谢会上

【致辞人】校领导

尊敬的校长，亲爱的老师、同学们：

大家好！

今天是我市与××市结为友好城市×周年纪念日，我们的代表团一下飞机，就受到贵国各位朋友的热情接待，并受到了你们的热情款待，在此，我代表与我同行的××名学生向你们表示诚挚的感谢！

中×两国是一衣带水的友好邻邦关系，历来交好，×国××市更是我国××市的长期友好城市之一。今天我校代表团能够再次访问××高中，并为×周年庆典活动拉开序幕，我们倍感激动和荣幸。我校建校×周年校庆的时候，贵国××市的××先生也曾发来热情洋溢的贺信，并派了××人的代表团到我校参加校庆典礼，在此我们表示衷心的感谢。

中×文化交流一直是两国关系的重要组成部分，也是两国关系中的一大亮点。中×两国同属东方文明古国，都具有悠久的历史。而且两国在建造东方文化的过程中，都为人类留下了宝贵的文化遗产。在漫长的历史长河中，中×两国的文化互相借鉴，优势互补，共同谱写了灿烂的文化篇章。中×两国人民在长期的友好交往和交流中，彼此都有某种亲近感和认同感。文化似水，润物无声。文化交流就像是黏合剂，拉近了两国人民之间的距离；更像是催化剂，促进了两国人民之间的友好感情。我们衷心地希望能继续得到贵市的支持和帮助，也衷心地祝愿我们与贵校之间的友谊天长地久。

虽然这次的访问时间比较短暂，但是能够和知名的××高中的各位老师、同学们欢聚一堂、相互交流，我们感到十分的荣幸。我相信：通过这次访问，必会进一步加深双方学校及老师之间的相互了解，增进双方之间的友谊，为进一步加强我们的合作交流奠定良好的基础。

最后，再次向校长、各位老师和同学表示衷心的感谢！祝愿你们身体健康、万事如意！并谨代表我校的新任校长××诚挚的邀请贵校的校长和老师、同学来我校参观访问，进而掀开两校友好交往的新篇章。

谢谢！

校领导在公司捐赠助学答谢会上致辞

【致辞背景】在公司捐赠助学答谢会上

【致辞人】校领导

尊敬的各位领导，各位来宾，老师们、同学们：

大家好！

在这春回大地、绿意勃发的美好时刻，请允许我代表××学校的全体师生，向××公司的副总经理和一同光临的诸位贵宾，以及在百忙之中前来我校的××县各级领导表示热烈的欢迎和衷心的感谢！感谢你们不远万里奔赴××捐赠助学的深情厚谊，感谢你们关心、支持教育事业，造福一方父老乡亲的情节！

在政府的支持下，在社会各界人士的关爱下，我们××学校这颗民办的教育幼苗，幸运地在××之地扎根了，进而沐浴着阳光、伴随着风雨、茁壮地成长，最后开花结果。

建校初期，××公司资助我校资金××千万元，政府帮我们争取校区面积，社会各界人士对我校的筹建踊跃献计献策，终于，在大家的共同努力下，我们终于建成××××平方米面积的校区，建成了师生吃、住、学并辅以水、电、路等相关配套设施，为今日学校的繁荣奠定了坚实的基础。

自建校之日起，我们就坚持以“融合东西方历史文明和现代文明，培养未来型高素质人才”为办学理念。我们始终坚持科学、民主、严谨、务实的管理，坚持高素质、国际化、分流型、低收费的办学特色，落实“以德树人、以技成人、让每个学生走向成功”的办学宗旨。学校先后从国内外聘请到了××名德才兼备的优秀教职员工，吸纳了来自×个省区的××××名学生，形成了一个现代化新型民办学校。学校之所以能够做到这些，离不开××公司的支持和帮助，在此，我要衷心地对你们说一声：谢谢。

学校一直是建校、教学两手抓，在软件建设上取得良好的成绩。我们首先是在艰难的起步发展过程中，逐渐形成了一支高效、团结、务实的领导班子；其次是教育教学的质量有了很大的提高。比如在××××年的考试成绩位居全县第一、××××年全校各科整体成绩有了提升、××××年升学率高达××%，许多优秀考生凭借着自己雄厚的实力，进入了各个高校。

我相信：在我校全体师生的共同努力下，我校的成绩会愈加辉煌。我希望：××公司能够一如既往地支持和帮助我们。我保证：我们将用永不停息的奋斗、坚持不懈的努力，向各大高校迈进、向世界各国迈进。为构建和谐中国，为社会的进步作出自己的贡献。我们会努力回报党和政府的呵护，回报你们和社会各界的关爱和帮助！

最后，请允许我再次向××公司和支持、帮助我们的社会的各界人士致以崇高的敬意和深深的谢意！

谢谢大家！

十三、公益活动致辞

工会领导在赞助学生活动上致辞

【致辞背景】在学校举办的助学金发放仪式上

【致辞人】市工会领导

尊敬的各位老师、各位家长，亲爱的同学们：

大家好！

再过几天，我们就将迎来共和国母亲的生日。在举国上下热烈迎接国庆节之际，我们在××学校举行“金秋助学”活动助学金发放仪式。

首先，我代表××市总工会向在座的所有人以及你们的家属表示诚挚的问候和良好的祝福，并对长期以来关心和支持工会工作的各位领导和社会各界朋友表示衷心的感谢！

工人阶级是我国社会主义建设事业的先锋队，他们团结友爱、充满智慧，用自己的一双手创造了无数的丰功伟绩。我市的工人群体是经济发展和社会稳定的一支重要力量，多年来，他们一支默默奉献，凭借艰苦卓绝的努力和拼搏进取的精神，为推动我市的物质文明精神和精神文明建设，促进构建和谐社会发挥了巨大的作用，得到了社会各界的认可和赞扬。

目前，我国的改革开放事业和社会主义现代化建设取得了举世瞩目的伟大成就，人民的总体生活水平不断提高，然而，仍有部分职工和农民工在生活上仍存在困难，特别是受到去年金融危机的影响，工人阶级的就业和收入均出现了下滑，生活水平下降，一些困难职工和返乡农民工子女的入学就读已经成为一个亟待解决的社会问题。

维护工人阶级的和合法权益是工会组织的基本职责。切实帮助困难职工解决生产生活问题，解决工人子女入学难的问题，是学习和实践科学发展观的具体体现。所以，总工会开展“金秋助学”活动，动员全市各级工会组织和社会各界积极援助，共同帮助广大工人子女渡过难关，让他们平等地享有受教育的权利。

从××××年起，工会组织的“金秋助学”活动已经走过了×个年头。在这×年中，总工会已经为××××名贫困学生发放了××××万元助学金。今年，我们一共筹到了×××万资金，足够帮助我市所有的贫困学生了。

“金秋助学”活动发扬了工人阶级团结无助的优秀品质，加强了党和政府与人民群众的联系，体现了总工会对困难职工和农民工的关爱，产生了良好的社会影响。

但是我们不能为这点成就而自满，工会未来的负担还很重。我希望各级工会组织要进一步发挥自己的优势，不断创新助学方式，拓宽筹资渠道，完善救助机制，最大限度地对广大工人子女进行扶助。将“金秋助学”这项惠及困难职工和农民工子女的活动办好办实，不仅是为党和政府分忧解难，也为我市实现科学发展和构建和谐社会作出贡献！

在这里，我也要寄语领取助学金的莘莘学子们，你们克服了家境贫寒的苦难，努力学习，体现了一种坚持不懈、拼搏向上的顽强精神，希望你们能继续发扬这种精神，把党和政府对你们的关爱转化为学习的新动力，在逆境中成长，树立远大的理想，积极进取，争取使自己成为国家的栋梁，以优异的表现回报祖国，回报父母，回报所有关爱你们的人！

最后，我祝愿学生们好好学习，天天快乐，也祝福在座的所有朋友工作顺利、生活如意！

谢谢大家！

卫生局局长在捐赠医疗设备仪式上致辞

【致辞背景】在医疗设备和药品捐助仪式上

【致辞人】××县卫生局局长

尊敬的各位来宾、各位朋友：

大家好！

春回大地，万物复苏、在这个充满希望的春季，××医药集团为我县各大医院集中捐献了价值××万元的治疗设备和药品。在这里，我要代表县委县政府和全县人民，向××医药集团表示衷心的感谢，并向出席这次捐赠仪式的各位领导、各位来宾表示热烈的欢迎和中心的祝福！

近年来，我县乘着改革开放的东风，顺应国家发展趋势，在经济发展和社会各项事业取得了长足的进步，我县的生产总值和财政收入均保持了两位数的增长速度。

伴随着经济的大发展，我县的卫生事业也步入了新的阶段：医疗卫生条件得到了大幅度改善，医疗水平也在不断提高，特别是农村地区，卫生院的基础设施有了较大变化，综合卫生服务能力逐步增强，群众看病难、吃药贵的问题正在得到缓解，农村居民日益享受到新型农村合作医疗带来的实惠。

医疗卫生事业能取得今天的成就，离不开上级部门的关心和指导，离不开我县广大医务工作者的共同努力，更离不了社会各界朋友的关爱和帮助。今天，××医药集团向我们捐赠了众多的医疗设备和药品，这是一个充满人道主义精神、惠及千家万户的善举。他们这种深情厚谊和博爱精神，我们将永远铭记于心。

在此，我向在座的朋友和全县人民保证，我们将会有效地利用这批捐赠物资，使其发挥最大的社会效益，为广大人民群众解除病痛，不辜负上级领导和人民对我们的支持和厚望。我相信，这批医疗物资将会给数以万计的家庭带来健康和温暖。

同时，我也恳请××医药集团的领导以及社会各界朋友能一如既往地关心和支持我县医疗卫生事业的发展建设，欢迎你们光临我县卫生院进行指导工作，为卫生院的发展提出宝贵意见。

让我们再一次以热烈的掌声，向关心和支持我县卫生事业发展的社会各界朋友以及在座的来宾表示感谢!

最后，我祝愿各位领导、各位来宾身体健康、工作顺利、生活幸福、万事如意!

谢谢大家!

希望工程领导在希望工程答谢会上致辞

【致辞背景】在希望工程答谢捐助方宴会上

【致辞人】希望工程领导

各位来宾、各位朋友：

大家好!

今天，××市政府与市希望工程联合在这里举办“希望工程答谢捐助方宴会”。在此，我代表市委市政府向不辞劳苦专程来参加此次活动的来宾表示热烈的欢迎和诚挚的感谢!

我市希望工程助教兴学活动自××××年启动实施以来，取得了十分显著的成果。在全市各级党政领导的关心重视下，在社会各界人士的鼎力支持下，这十多年来，我市希望工程一共收到了居住资金×亿元，对外协调资金×××万元，援建希望小学××所，希望图书馆×××个，资助失学儿童××××名。特别是近两年，希望工程不断拓宽筹资渠道、扩大救助范围，先后开展为下岗特困职工子女献爱心、扶助贫困大学生、救助贫困孤儿等行动，在社会上产生了强烈的反响和积极的效果。

这些救助行动的实施，对改善农村办学条件、激发贫困学生的学习热情、促进我市基础教育事业的发展、以及弘扬扶贫济困、助人为乐的社会新风，促进我市精神文明建设都起到了巨大的推动作用。

我市希望工程的各项工作能够广泛开展，离不开上级领导部门的重视支持和全体工作人员的勤奋努力，更离不开社会各界的关爱与积极参与。

在希望工程助教兴学活动实施这十几年来，我市广大人民群众给予了热情的关注和支持。不论是国有企业、还是私营工商业，不论是小商小贩、还是教师职工，均踊跃地向希望工程捐款捐物，为我市的助学活动作出了一份贡献。

我市每年的捐款总额都在提高，从第一年的××万元，到去年的××××万元，每一年都有质的跨越。这些捐赠充分体现了我市广大企事业单位和人民群众爱党、爱国、爱民的崇高情怀，也充分展示了他们关心他人、关爱社会的可贵精神风貌和高尚的道德情操。

希望工程事业是一项利国利民的伟业，它功在当代、利泽千秋。在这里，我希望市委市政府和希望工程的全体同仁能够积极创设优秀的活动载体，不断拓宽捐助渠道，用事业和真诚打动社会人士，用高度的诚信赢得社会的信赖，用事业的持续发展回报社会，推动我市的希望工程工作再上一个新台阶！同时，我也希望在座的来宾以及社会各界能一如既往地支持这一社会公益事业，为贫困孩子的学习生活和健康成长提供切实的帮助，用爱心为他们撑起一片蓝色的天空，给他们创造一个美好的明天，为提高国民的整体素质，促进社会的文明进步，作出积极的贡献！

最后，我祝愿在座的来宾们身体健康、生活幸福、有事业的生意兴隆、有工作的步步高升！

谢谢大家！

体育局领导在体育比赛冠名仪式上致辞

【致辞背景】在“移动杯”工人男子篮球赛上

【致辞人】××市体育局局长

各位领导、各位来宾，同志们、朋友们：

大家好！

今天，我们欢聚一堂，隆重举行××市工人男子篮球赛冠名仪式。首先，我谨代表××市体育局和大赛组委会，向出席这次仪式的所有来宾表示热烈的欢迎，向赞助这次篮球赛的××市移动公司表示衷心的感谢！

“全民健身，利国利民。功在当代，利泽千秋”，这是江泽民主席对实施全民健身运动意义的高度概括和殷切期盼，体现了党和国家对广大人民群众健康的高度关心和爱护。

为了响应国家对全民健身运动的号召，经过市体育局策划，并由市人大常务委员会决议，由市体育局、市文化局、市篮球协会等多家事业单位联合举办的××市“移动杯”篮球赛正在紧锣密鼓地筹备，再过几日就将正式开赛。本次篮球赛就是要通过开展形式多样的群众性体育健身活动，推广一批科学体育健身方法，使社会化体育组织网络、信息网络和全民体育健身体系得到逐步建立，使群众体育活动成为推动我市体育事业发展的强大动力。

我们相信，通过本次活动的开展，对于增强全市人民的体育锻炼意识、丰富群众文化业余生活、维护社会稳定、都将起到十分重要的作用。

本次邀请赛得到了社会各界的大力支持，组队参加比赛的有政府部门的干部职工，有人民军队的钢铁战士，有民营企业的工人大哥。在此，我代表市体育局和大赛组委会向他们表示诚挚的感谢！当然，更要感谢本次篮球赛的赞助商××市移动公司，他们为篮球赛的整个活动提供了充足的比赛经费和众多的体育设备，才能使这次比赛能够顺利开展。

对于即将开始的“移动杯”工人男子篮球赛，我希望比赛工作人员能尽心尽责，做好比赛中的服务细节，使运动员能够安心在场上比赛，我也希望在比赛过程中，各位裁判员能够发扬“金哨”精神，铁面无私、秉公执法，参赛的代表队秉持“友谊第一”的风范，赛出水平、赛出风格，取得好成绩！

各位朋友，我们坚信，在市委市政府和各级领导部门的重视和关怀下，有各个单位、社会团体和广大人民群众的拥护和积极参与，有××市移动公司的鼎力赞助，“移动杯”篮球赛这一顺应民心、合乎民意的全民健身工程一定能够顺利实施，利国利民的预期目标一定能够实现。

最后，预祝本次篮球赛能够取得圆满成功！

谢谢大家！

文化宫领导在图书捐赠仪式上致辞

【致辞背景】在县青少年发展基金会捐赠图书的仪式上致辞

【致辞人】××县文化宫领导

各位领导、各位来宾：

你们好！

在这春暖花开的季节里，今天，我们在文化宫内隆重举行××县青少年发展基金会图书捐赠仪式，共同感受××县共青团和青少年发展基金会为我们送来的暖暖爱心。

首先，请允许我代表××县文化宫全体工作人员向出席本次仪式的领导和来宾表示热烈的欢迎，向给我们捐赠图书的青少年基金会表示衷心的感谢！

××县文化宫成立于××××年，至今已经走过了七八个年头了。由于我县自然条件恶劣、经济水平较低，造成了文化事业投入有限、文化底蕴薄弱，××县文化宫在成立之初也是举步蹒跚、发展艰难。

今天，县青少年发展基金会怀着传授知识、传播文化的热情，本着提高我县知识文化氛围的目的，为文化宫捐赠了图书×万册，价值约×××万元。

这批图书的投入使用，将极大地弥补了文化宫部分图书收藏不足的实际困难，为文化宫成长为××县的文化教育中心夯实了基础，更为重要的是，这批图书的投入使用，对我县教育机构的老师和同学们产生深远的影响，老师可以通过查阅图书提高自己的教学水平、学生可以通过阅览图书开阔眼界、提高自己的综合能力，这批图书将极大地丰富师生们的课余文化生活。

今天的捐赠活动，让我们真切地见证了中华民族团结互助的传统美德，也让我们真切地感受到了县青少年基金会对我县青少年的成长以及广大人民群众的文化生活所包含的关心与支持。

在这里，让我们再一次用热烈的掌声向为文化宫和我县文化事业的发展建设而慷慨解囊的青少年基金会表示诚挚的谢意，也向长期以来关心和帮助文化宫事业发展的社会各界朋友表示衷心的感谢！

我相信，这批捐赠的图书一定能起到它应有的作用，给我县青少年和人民群众提供丰富的精神食粮，满足他们的精神文化需求，进一步提高他们的文化修养！我也希望我县人民今后能够怀着一颗求知的心，多来文化宫阅览读书，你们一定会有惊人的收获的！

最后，我祝愿在座的来宾们工作顺利、生活幸福、万事如意！

谢谢大家！

福利院院长在捐赠仪式上致辞

【致辞背景】在捐赠仪式上

【致辞人】××市儿童福利院院长

尊敬的各位领导、各位来宾：

大家好！

新春佳节将至，处处洋溢着欢乐喜庆的气氛，××市儿童福利院也迎来了一件大喜事。在市委市政府的号召和领导下，我市社会各界友人纷纷来到福利院为孩子们捐献物资。站在这个捐赠仪式的讲台上，我深感荣幸，看到你们为孩子们奉献的爱心，我又倍受鼓舞。我代表儿童福利院，向为我院捐赠物资的各位来宾朋友表示热烈的欢迎和衷心的感谢，我也要向一直关心和支持我福利院工作的市委市政府领导表示深深的谢意和诚挚的祝福！

孤残儿童在这个社会上是最弱势、最需要帮助的群体，他们年纪幼小，没有独立生存的能力，只有靠全社会伸出友爱之手，关心他们，维护他们的利益，保障他们的生活，他们才能健康成长。只有人人都献出一点爱，孤残儿童也会有美好的明天。

作为儿童福利工作者，我们更是责无旁贷了。我们必须尽职尽责，对于每一件有利于孤残儿童的事情，我们都应该做好；我们必须去关爱每一个被遗弃的儿童、去呵护每一颗幼小的心灵。我们希望福利院的每个孩子都能够带着快乐茁壮成长，看到他们一天天长大，我们会觉得喜悦甜蜜。

今天，在座的社会各界朋友为我们福利院捐赠了大批的物资，有上千册图书、有数百套新衣、有几百种玩具、还有数额巨大的现金。如此丰富的捐助，令人感动。这批捐赠物资将极大地改善福利院孩子们的生活条件，让他们度过一个美好的春节。在此，我要再次向在座的、为我福利院捐助的来宾朋友们以及所有为我市儿童福利事业给予关心和作出贡献的人们，真诚地说一声："谢谢你们！"

同时，我也代表儿童福利院全体职工，向各位领导、各位来宾、各位爱心人士郑重承诺：我们将尽最大努力，合理利用各项捐赠物资和款项，发挥他们的最大作用，来为院里的孩子们服务，使孩子们感受到社会的温暖，感受到生存的价值，体会到生活的快乐。我们将把人间的真爱传递给每一个孩子。

最后，新春将至，我在这里给大家拜个早年，祝大家新春愉快、大吉大利、红红火火、万事如意！

谢谢大家！

市领导在环保活动上致辞

【致辞背景】在“与世界同步，与低碳同行”环保演出活动上

【致辞人】××市市长

各位领导、各位来宾，同志们、朋友们：

大家好！

一元复始、万象更新，春天的到来为我们今天的聚会带来了融融暖意，呈现一派文明祥和的氛围。

××市“与世界同步，与低碳同行”大型系列公益演出活动，经过三个月的精心准备，今天就要正式启动了。在这里，我代表市委市政府和环保局对这次活动表示祝贺，并向出席活动的各位领导和市文明办、生态协会等联合主办单位，以及关心和支持此次活动的社会各界朋友表示热烈的欢迎和衷心的感谢！

纵观当今世界，当人类面对生态危机的挑战而寻求可持续发展之路的时候，中国率先顺应历史潮流，向世界人民作出了低碳发展、包容性增长的庄严承诺，先后提出并实施了科学发展、和谐发展，以及建设生态文明和“两型社会”战略。

今年是我国“十二五”规划的开局之年，党的十七届五中全会对实现经济社会科学发展、加强生态文明和“两型社会”建设进一步指明方向，提出新的战略目标和任务。今年也是我市发展建设的重要一年，面对国家建设“两型社会”的战略规划，市委市政府积极应对，进一步明确了我市未来发展的战略构想和科学布局，在未来发展的漫长道路上，建设以绿色环保、资源节约、低碳生活为主要内容的生态宜居城市，将继续成为我们不懈追求的一个重大战略目标。

正是在这样一个“经济发展，环保先行”的历史背景下，我们主办了“与世界同步，与低碳同行”大型系列公益演出活动。这项活动以人与自然和谐为价值观基础，以倡导低碳生产、低碳生活为基本题材，用反映生态文明建设要求的

文艺创作和表演进社区、进企业、进学校、进乡村的独特艺术形式，把环保理念转化为人民群众生产生活的实际行动，使更多的人们了解生态文明、生态文化、生态道德的基本规范，掌握环境保护的基本常识，在全社会大力倡导健康、文明、科学、低碳的生活方式，引导人们自觉发挥主体作用，不断增强推进科学发展，参与生态文明和“两型社会”建设的积极性和主动性！

朋友们，逆水行舟，不进则退。实现可持续发展、建设生态文明和“两型社会”是历史赋予我们的重要责任，反映了我国人民对美好明天的憧憬和期待。开展多式多样的环保演出活动，有利于彰显科学发展和生态文明的核心价值，有利于生态文明观念和低碳生活方式在全社会的确立。我们一定要担当起匹夫之责，努力使“与世界同步，与低碳同行”活动开展起来，持续下去，并在实践中不断深入，切实发挥生态文艺在实现科学发展和生态文明建设中的作用，为实现我市科学发展、可持续发展的宏伟战略目标，推进中国特色社会主义伟大事业作出更大的贡献！

最后，我预祝这次演出互动能取得圆满成功！

谢谢大家！

公司领导在尊老助老活动中致辞

【致辞背景】在××市××区尊老助老活动中

【致辞人】××公司董事长

尊敬的各位领导、各位来宾，同志们、朋友们：

今天非常高兴能参加××区尊老助老活动启动大会，能站在这个台上发言，我感到非常荣幸。

我公司是一个集电子商务、电子通信、贸易、物流、娱乐、广告、音像出版与一体的综合性企业。自公司成立以来，一直得到××区广大朋友的支持，、公司的各项事业也因此得到了长足的发展，并取得了不错的业绩。但是，我们不能只求经济效益，还应当积极履行社会义务。我们应该学会感恩和回馈，努力帮助需要帮助的人，将爱心传递下去，为社会尽自己的一份责任。我们必须铭记：爱，是我们永恒的主题。

借此机会，我代表××科技有限公司全体员工，向××区敬老院各位老师表示衷心的问候和热情的慰问，并对正在建设和谐社区付出辛勤劳动的社区工作者表示深深的敬意！

现代社会处于高度发展阶段，人们匆匆忙忙地工作着、生活着，他们的压力大，节奏快！然而，人们在追求美好明天的时候，却也遗忘了很多东西。大部分都忽视了老人内心的需要，步入老年的他们，需要的不是每月子女寄来的充裕费用，而是社会、家庭、儿女对他们的呵护和关爱。每个人都会步入人生的黄昏，每个人都会年老体衰，在他们处于夕阳之时，不再有梦想时，他们唯一渴望的，就是大家的关爱。

关爱老人，让我们从点滴做起，用实际行动来解决老人生活中的诸多困难，表达对他们的关爱之情。比如说我市去年三月份举办的“老人与青春同在”活动，我们奉献的是真挚的激情和真诚的祝福；还有去年重阳节举办的老人登山活动，我们是本着“老吾老以及人之老”的心态，带着热情陪伴老人，帮助老人解决他们在登山时遇到的难题，尽自己的绵薄之力，给老人们多一份关爱。这些活动无不带动了社会爱老、尊老、敬老、助老的优良风气。

敬老助老是美德、是修养，它滋生了情感、滋润了生活，创造了生命的意义，而它也必将成为一个国家、一个民族发展进步的标志。

今后，我公司将与××区敬老院继续保持联系，把“关爱老人、尊重老人、孝敬老人、帮助老人”的活动作为提升企业文化内涵的核心价值观，号召公司全体员工为老人服务，为构建和谐社会作出我们的贡献。

最美不过夕阳红，温馨又从容，夕阳是晚开的花，夕阳是陈年的酒。只要我们都伸出热情之手，关爱和帮助老人，他们就能感受到社会的温暖，安心地生活，享受天伦之乐。有了你我的关爱，老人们将不再寂寞！

让我们带着一颗真诚的心，拿出实际行动，为那些需要帮助的老人撑起一片蔚蓝的天空；让我们的世界处处充满欢声笑语，变成最美好的人间，为促进老龄事业以及地区经济的发展而努力奋斗吧！

最后，祝愿大家身体健康、生活如意、心想事成！

谢谢大家！

市领导在残疾人日庆祝活动上致辞

【致辞背景】在残疾人日残疾人代表大会上

【致辞人】××市市长

各位代表，同志们、朋友们：

大家好！

今天是国际残疾人日，我们欢聚一堂，隆重召开残疾人代表大会。这次大会不仅是庆祝残疾人节日的大会，也是我市深入贯彻科学发展观的大会，有利于推动我市残疾人事业发展，有利于团结带领我市广大残疾人，有利于鼓励全市人民信心十足地投入到全面建设小康社会和社会主义现代化建设事业当中去。我代表市委市政府，向我市广大残疾人士表示亲切的问候和节日的祝福，向多年来默默坚守在岗位上的残疾人工作者表示诚挚的感谢！

随着我市经济快速发展，社会事业的全面进步，我市的残疾人事业也取得了显著的成就。市委市政府高度重视残疾人事业的发展，采取了一系列政策措施，切实推进残疾人康复、维权、教育、就业等工作。经过数年的努力坚持，我市残疾人的生存环境明显得到改善，生活水平不断提高。级残疾人组织和残疾人工作者，积极发挥桥梁纽带作用，全心全意为残疾人排忧解难，为我市残疾人事业的发展做了许多卓有成效的工作，而我市广大残疾人也努力克服诸多困难，自强不息、拼搏进取、努力学习、勤奋工作，为经济社会的发展作出了重要贡献。

虽然近年来残疾人的生存情况得到了较大的改善，但是，为了确保残疾人能平等融入社会，还需要大量工作要做。

对于我市残疾人事业的进一步发展，市委市政府应坚持以人为本，从科学发展和可持续发展的全局出发，充分认识和重视残疾人事业，切实加强对残疾人工作的指导，全面落实中央《关于促进残疾人事业发展的意见》的决议，推动我市残疾人事业在新的起点上进一步发展，实现残疾人事业与经济社会协调发展，使我市广大残疾人与人民群众一起，向着更高水平的小康社会迈进！

在当前和今后的一个时期，加快残疾人事业的发展，要紧紧围绕残疾人最关心、最直接的现实问题，切实为残疾人士办好事、做实事，解难事。要加强残疾人的医疗康复工作，健全残疾人康复措施和预防体系；要着力保障残疾人的基本生活，不断缩小残疾人生活状况与社会平均水平的差距；要努力改善和提高对残疾人的服务，健全服务体系，千方百计为残疾人的生活和工作提供便利；还要大力发展残疾人教育，丰富他们的精神文化生活，促进残疾人的全面发展。

残疾人事业是一项崇高的事业，是中国特色社会主义事业的重要组成部分。促进残疾人事业的发展，改善残疾人的生活状况，是全面建设小康社会、实现科学发展、和谐发展和可持续发展的重大举措。

各位残疾人工作者，各位残疾人士代表，让我们坚持以科学发展观为指导，团结一致，努力工作，为开创我市残疾人事业的新局面，建设我市更美好的明天而共同奋斗！

最后，祝愿我市广大残疾人士节日快乐，生活幸福，岁岁平安！

谢谢大家！

市领导在植树节活动上致辞

【致辞背景】在××市植树节上

【致辞人】××市市长

各位来宾、各位朋友：

你们好！

春回大地，万物复苏，一年一度的植树节到来了。今天，我们相聚在郊外，举行植树造林活动，为我们祖国的绿化事业作出自己的一份贡献。首先，我谨代表××市委市政府，向支持和参加这次绿化活动的朋友们表示衷心的感谢，向工作在植树造林第一线的广大干部群众表示亲切的问候和诚挚的谢意！

在过去的一年中，我市遭受到百年一遇的特大干旱灾情，这是大自然对人类破坏生态环境的一次严重惩罚。为了弥补过失，给市民营造一个绿色的生活环境，在市委市政府的正确领导下，在全市人民的大力配合下，我市以“绿化人类家园，还原蓝天白云”为主题，开展了一系列国土绿化和植树造林活动，并取得了显著的成效。

而在今年，全市人民应围绕“贯彻科学发展观，建设文明生态城市”的主题，进一步提高对国土绿化意义的认识，坚持经济、社会、生态协调发展，加快我市林业建设，全面提高我市的森林覆盖率和森林生态质量，努力实现山清水秀和蓝天白云的宏伟目标，为我市全面建设小康社会提供优良的生态保证。

在未来的一年里，我们要加大宣传力度，大力宣传党和国家关于国土绿化和植树造林的各项方针政策，不断提高全市人民的环保意识和绿化意识，促进全社会都能关心和支持我市的绿化事业。

推动我市的绿化事业，促进人与自然和谐发展，我们必须不断丰富和发展全民植树活动，要在原有的基础上，拓展广度、拓宽深度，丰富内涵，做到领导到位，政策到位，财政到位，才能早行动，早出成绩；我们还必须大力开展城市部门绿化，健全部门绿化体制。各事业单位在做好自身绿化的同时，积极参与地方植树活动，履行公民应尽的义务，要大力推进城乡绿化建设，建造绿色通道，让我市的绿化事业真正成为我市经济社会发展的动力根基。

各位朋友，让我们行动起来，充分发扬中华民族植树造林的优良传统，每个人都动起手来，利用春天的美好时机，再次掀起全民植树活动的新高潮，创建我市更美好的家园！

最后，我预祝这次植树活动能圆满完成，取得更大的成效！

谢谢大家！

市领导在市艺术协会义卖活动上致辞

【致辞背景】在义卖活动上

【致辞人】××市市长

尊敬的各位爱心女士、爱心先生：

大家好！

今年4月份，青海玉树县遭受7．1级大地震，造成了两千多名同胞遇难，并有大量人员受伤和失踪，这是中国乃至世界上的一次重大地震灾害。在全国人民纷纷解囊向灾区献爱心的时候，我市艺术协会发起了本次赈灾义卖活动。这是我市对5·12汶川地震赈灾行动的延续，也是我市爱心慈善行动的延续。

上个星期，在艺术协会会长×××先生联合我市新老艺术家发起这次义卖活动以后，×××先生等老一辈艺术家在第一时间内送来了他们的艺术作品和珍藏多年的艺术文物。在他们的积极带动下，我市许多艺术爱好者以及社会各界友人也都纷纷捐献出自己持有的艺术品，在短短一个星期内，艺术协会就筹集到了139件艺术品，为今天的这次义卖活动打下了坚实的基础。

特别令人感动的是，在这次捐赠活动中，绝少有赝品和敷衍之作。在我看来，每一件艺术品都是无价之宝，因为每一件艺术品都包含着各位爱心艺术家感人至深的善良灵魂。

这139件艺术品，有古典意蕴的水墨画，有精美的青花瓷；有当代名家的最新力作，也有历史悠久的文物古董；有在全国享受盛名的著名艺术家的手笔，也有今年崭露头角极具潜力的青年艺术家的大作。

这139件艺术品，它们的市场价格不等，但是它们代表的爱心是相等的；他们的品种不尽相同，但是它们代表的善良是相同的。在我看来，这些艺术品，它们已经超越了市场价格，它们是价值连城的；而今天的拍卖，同样也已经超越了普通的拍卖，它同样也是价值连城的。今天的这次拍卖活动，已经远远超越了它的商业意义，它将成为一条运送爱心的魅力航船。

再过一个小时，这些珍贵的艺术品将被在场的爱心人士一一认购，而拍卖所得的资金，将变成一条充满爱的河流，流向那片饱受摧残的土地，为那片土地上的人民带去温暖和希望。

老子说，上善若水。善水流过，留下了生机，爱心走过，留下了感动。我相信，遭受地震灾害的玉树人民，将会因为我们的爱心行动，变得开朗，变得坚强；这次拍卖出去的艺术品，也将因为我们的爱心行动，变得富有生命力。

在这个爱心交汇的时刻，请允许我代表市政府和全市人民，向那些无私捐献艺术品的爱心艺术家们深深致敬，向为这次义卖活动而奔波劳累的艺术协会工作人员深深致敬，向那些即将把这些艺术品变成爱心雨露的认购者深深致敬。感谢你们的爱心奉献！

我本来还想说一句，预祝本次义卖互动圆满成功，后来我想，其实已经不需要了，当我们这份爱心发起的时候，当这次义卖活动顺利开展的时候，它就已经成功了，因为我们的爱心已经成功了，得到了所有人的积极响应，因为对于奉献者来说，结果并不重要了，重要的是我们正在行动中。

最后，让我们共同期待，祝愿玉树人民健康平安，能从震灾中坚强挺过来；也让我们共同祝福，我们伟大的祖国健康平安，吉祥如意！

谢谢大家！

基金会领导在网络慈善活动启动仪式上致辞

【致辞背景】在网络慈善活动上

【致辞人】××市慈善基金会秘书长

尊敬的各位领导、各位来宾：

大家好！

今天是个值得纪念的日子，我们在这里隆重举行××市“爱心2010”大型网络慈善活动启动仪式。首先，我代表××市慈善基金会向出席这次启动仪式的各位领导、各位来宾，以及记者朋友们表示热烈的欢迎和衷心的感谢！

××市慈善基金会成立于20世纪80年代，是我市最大的一家公募基金会，是国家4A级基金会。基金会成立二十多年来，始终坚持“帮助困难人民，促进家庭幸福”的服务宗旨，积极动员社会各界力量，开展了“阳光工程”、“幸福孤儿”、“关爱女性健康”、“快乐学生”等一系列旨在消除贫困、促进平等、改善贫困人民生活、生产状况的慈善活动，为我市人民的生活保障和家庭幸福作出了积极而重要的贡献。在前年，被中央民政部授予“全国先进单位”的荣誉称号。

改革开放以来，我国的国民经济快速发展，社会各项事业不断进步，取得了举世瞩目的成就，然而，我国农村的发展一直是整个国家经济发展和社会建设的短板，制约着我国的整体发展水平。我市有3000多个行政村，大部分农村的经济水平都处于落后状态。特别是边远地区，由于交通不便、资源不足，居住在那里的人民生活相当困难。要改变农村的落后现状，推动贫困农民脱贫致富，推动社会主义新农村建设，尤其需要在教育和文化领域给予重视和支持。慈善基金会作为非政府组织，也是关注着我市农村的建设、农业的发展，以及农民的征收，并广泛开展了多种救助行动。

前年，基金会开始实施“图书馆下乡”慈善活动，在我市周边农村地区建立了一百多个小型图书馆。这项举措极大地解决了广大农民群众“买书难、借书难、看书难”的问题，为提高农民群众的文化素质、更好地促进新时期农村经济社会协调发展，都有积极作用。去年，基金会提高了农村图书馆的建设数量，在更多的农村增建了将近两百个图书馆，同时，基金会还向农村的中小学校捐赠了各类图书1. 7万册和5000多台电脑。这些举措，无疑极大地提高了农村的教育水平，提升了农村的文化氛围。

在今年，我基金会联合联合腾讯公司发起了“爱心2010”网络慈善活动，希望能借助网络这一平台，动员全社会力量，特别是广大网民的力量，号召大家每人捐献2元钱，汇聚点滴爱心，帮助我市其余的上千个农村捐建图书馆，以改善农村地区文化设施缺失的现状，丰富广大农民群众的精神文化生活。

本次活动是一次大规模的网络慈善活动，借助腾讯公司的网络通信技术和庞大的网民群体开展本次活动。为了方便广大网民参与，基金会开通了支付宝、网银在线等国内在线支付平台以接受捐款。

基金会在此作出庄严承诺，我们一定会遵循国家相关法律法规及本次活动的规定，将所筹集到的款项用来选购各类教育图书以及在农村租借图书场馆，合理使用每一分钱，使每一分钱都发挥其应有的价值；我们也会将善款募捐明细和活动进度进行动态公示，欢迎每一个活动参与者的监督。

最后，我要感谢我市腾讯分公司的经理×××先生为本次活动付出的努力，感谢各位媒体朋友对慈善活动的宣传，感谢每一位关心和支持公益事业发展的朋友，并希望大家能继续关注我们！

谢谢大家！

市文化局领导在公益文化艺术活动上致辞

【致辞背景】在市文化艺术活动上

【致辞人】××市文化局局长

各位领导、各位来宾、各位乡亲父老：

大家好！

在充满挑战与机遇的××××年开局之际，市文化局在我市××镇举办“情系农家、文化下乡”系列公益文化汇演活动。我谨代表市文化局向在座的来宾朋友们致以节日的问候，向参与这次演出活动的艺人和所有工作人员表示衷心的感谢，向长期以来支持我市文化艺术事业的各级领导和广大人民群众表示衷心的祝福和诚挚的谢意！

由市文化局、市委宣传部、市电视台、市艺术协会联合主办的“情系农家、文化下乡”文艺演出活动，自××××年3月启动以来，已顺利开展了四期。迄今为止，本活动已经走过了我市一百多个乡镇，举行了五百多场文艺演出活动，使我市近百万农民从中受益，满足了广人农村居民的文化需求，对丰富农村的精神文化生活，促进农村精神文明建设和社会主义新农村建设，发挥了积极的作用。

“情系农家、文化下乡”活动得到了广大农民朋友们的一致好评，也获得了市委市政府领导的充分肯定，市委书记和市长分别对活动作出了重要批示，要求将本活动办成一项“得人心、聚人心、暖人心”的民心工程。

为落实上级领导的重要批示精神，把这项活动引向深入，进一步推进农村公共文化建设，丰富农村文化生活，提高农民的文化素质，实现和保障农民群众的基本文化权益，促进社会主义新农村建设与和谐农村建设，在今年的一月份，市文化局联合有关单位，再次举办新一期的“情系农家、文化下乡”系列公益文化汇演活动。

经过两个多月的不懈努力和精心准备，今年文化汇演活动在今天终于和大家见面了。本次活动的演出内容涵盖了戏剧、歌舞、小品、话剧等多种题材的文艺样式，而且大部分的文艺节目都与农村有关，富有浓郁的生活气息，从不同侧面忠实地记录了党的十一届三中全会以来我国农村改革开放30年的辉煌历程，真实描写了我国农村社会的深刻变迁，展示了改革开放以来农村思想观念的不断更新和农村经济社会发展所取得的巨大成就。

做好文化汇演活动，丰富农村的文化生活，是激发农民群众自觉参与农村文化建设积极性、主动性、创造性的优良措施，是农民群众在文化建设中实现自我创造、自我服务、自我发展的好途径，是满足农民群众的文化新要求新期待的好方式。对于挖掘、继承和发扬农村优秀民间文化、发挥农民群众在农村文化建设中的主体作用，实现农村文化的大发展、大繁荣，也具有深远的意义。

人民群众是一切文化创造的源泉，蕴藏着无穷的创造力，我相信，随着今年的文化汇演活动的推出，不仅会让农民群众成为文化产品的消费者，还会促使他们去主动创造新的农村文化生活。在这里，我希望更多的农民朋友们能够积极投身到农村文化建设中来，为社会主义新农村文化建设作出更大的贡献。

最后，我预祝“情系农家、文化下乡”系列公益文化汇演活动取得圆满成功！

谢谢大家！

市体育局领导在公益体育活动上致辞

【致辞背景】在体育活动上

【致辞人】××市体育局局长

各位参赛选手、各位贵宾、各位朋友：

大家好！

在这个金秋送爽的时候，我们迎来了首届“慈善杯篮球名人邀请赛”。

这是一场具有历史意义的赛事，因为这是我市慈善事业历史上第一次名人邀请赛，它的重要意义在于：今天的参赛选手都是为了救助我市的孤残儿童而来，是以一种独特而健康的形式参与中华慈善事业。举办此次邀请赛的目的，是希望通过名人效应的特殊影响力以唤醒人民群众都来关爱孤残儿童，支持孤残儿童救助事业。我认为这是一个非常优秀的创举，是一项值得提倡的爱心行动。我代表市体育局、市慈善总会和市希望工程对首届篮球名人邀请赛的召开表示祝贺。

同志们、朋友们，经过三十多年的改革开放、拼搏奋进，我市的体育发展建设事业取得了令人瞩目的伟大成就，人民的生活质量发生了根本的变化，这是我市每一位公民奋斗的结果，也是每一位公民的骄傲。

但是，在我们欢呼成功的同时，我们不能忘记我们的孩子。孤残儿童一直是我市乃至全国的一个重要社会问题，目前我市已经有大约 8 万名孤残儿童，他们的生活还极度贫困，没有经济来源，缺少人照料。这些孩子都是处于社会上最底层的弱势群体。

孩子是国家的未来，是一个民族的希望，关爱每一个孩子的成长，才是一个国家、一个民族不断发展壮大的根本保证。市委市政府领导对我市日益增多的孤残儿童这一社会问题十分关注，采取了许多措辞来辅助孤残儿童，比如建立孤儿院、为孤儿寻找新的家庭。但是，仅凭政府的力量是不够的，我们希望，也强烈呼吁能够有更多的仁人志士、社会团体、企事业单位能够参与到关爱孤残儿童的慈善事业中来，为改善我市数以万计孤残儿童的现状献上一份赤子之心。

可喜的是，由我市慈善总会、市希望工程和市体育局联合举办了本届慈善杯篮球名人邀请赛，目的就是希望能够能唤起全社会关爱我们的下一代，救助万千孤残儿童，也是向我市广大民众提供一个募捐慈善的平台和关爱孩子的机会。

今天参赛的选手和嘉宾都是放下手上的工作，闻讯而来的社会各界名人，他们的这种功成不忘父母、名就报效社会的博爱精神令人感动，这说明我市的慈善事业充满了希望，我市数万孤残儿童都将会有一个美好的明天。

在此，我代表市慈善总会、希望工程和市体育局向他们表示衷心的感谢！

希望在今天的赛场上，选手们能打出一场精彩的比赛，取得优异的成绩，赛出天下第一的风格，赛出慈善仁爱的崇高友谊。

最后，预祝本次比赛圆满成功！

十四、纪念活动致辞

党委书记在纪念五四运动周年大会上致辞

【致辞背景】在纪念五四运动××周年大会上致辞

【致辞人】党委书记

尊敬的各位领导，各位来宾，同志们：

大家好！

今天，我们在这里欢聚一堂，共同纪念五四运动××周年。在此，我谨代表××市党工委、办事处对各位领导、各位嘉宾的到来表示热烈的欢迎和衷心的感谢！向××市所有的青年朋友们致以节日的祝福和问候！

五月是火红的，象征着青春的火热，象征着青年人的活力。五四运动已经作为中国青年运动史上最光辉的一页被载入了中华民族的史册中，而且它将永远地被人们所传诵和流传。

在民族危亡、风雨飘摇的历史时代，五四先驱们喊出了“以青春之我，创造青春之中国”的口号，掀开了波澜壮阔的中国现代史的序幕。××年来，在中国共产党的带领下，一代又一代的优秀青年遵循着前辈们火红的足迹，站在时代的前沿，为民族解放和国家富强，进行着不懈的奋斗。

“五四”传授给我们的是“爱国、进步、民主、科学”的精神。它为中国的革命建设和事业提供了不竭的源泉和动力，激励着一代又一代的青年去前赴后继地为家国奉献。“五四”传达给我们的是一份感悟，感悟青春的短暂，因为谁也不能留住时间的脚步；感悟青春的永恒，因为青春是与祖国同在、与事业同在的。因为有了这样的感悟，所以我们学会了珍惜，珍惜我们的青春、珍惜我们的生活、珍惜我们来之不易的一切。“五四”交接给我们的是一种责任。我们生于盛世，但是伟大的时代激扬青春的风采，时代需要我们承前启后、继往开来。先辈们把历史的重任、人民的重任交付到了我们手里。我们要站在新的历史起点上，把国家建设得更加富强、民主、文明，让中华民族立于世界之巅而不倒。

我们××市人民也将继续和传承这种精神，承担起这份责任。我们要充分展示××市人超越的勇气、逆风起飞的豪情、勇往直前的精神风貌。我们要为祖国的建设事业增砖添瓦，奉献自己的力量。

各位领导、各位来宾、青年朋友们，青春是一首歌，回荡着欢快的旋律。生活是一幅画，镌刻着浪漫的色彩，让我们一起为青春赞歌、为生活喝彩！祝愿伟大的祖国永远青春、永远美丽！

谢谢大家！

县委副书记在纪念建党周年大会上致辞

【致辞背景】在纪念建党××周年大会上致辞

【致辞人】县委副书记

各位领导，同志们：

大家好！

今天我们在这里隆重聚会，共同庆祝建党××周年。值此美好之际，我代表县委、县政府向辛勤工作在全县各条战线上的广大共产党员致以节日的问候和祝福！向在工作中表现突出受到表彰的先进集体和个人表示衷心的祝贺！

中国共产党自成立以来，始终坚持与时俱进的开拓创新精神，奋力拼搏的革命斗争情怀，始终站在时代的最前列。中国共产党带领和团结全国各族人民致力于社会主义现代化建设，力排万难、不畏艰险、积极发展，开创了历史发展的新局面。历史再一次证明：没有共产党就没有新中国，坚持共产党的领导是正确的选择，是人民群众的选择，是发展的新希望，也是历史发展的必然选择。

在建党的××年里，我们××各级党组织和广大共产党员始终与党中央和全国广大共产党员共命运、同呼吸，不断地开拓创新，最终使得城乡面貌发生了翻天覆地的变化。特别是在召开了县××届党代会以来，全县人民积极投身到经济大建设和发展中来，社会各项事业得到了全面发展，人民群众得到更多的实惠。××县先后荣获了“社会发展先进单位”奖和“目标责任考核”奖。

我们今天庆祝党的华诞，不仅是对先辈光辉成绩的缅怀，发扬党的优良传统和作风，更是牢记自己肩负的历史使命，认清我们发展所面临的形势。此次庆祝活动要求全县各级党组织和广大党员增强忧患意识和责任意识，充分发挥先进模范带头作用，以推进全县经济发展为己任，全心全意投身到加快××发展上来，不断创新思维、奋力拼搏，坚定不移抓改革、聚精会神搞建设、千方百计促开放、一心一意谋发展。为实现县域经济社会的突破发展而努力。

回首××年的峥嵘岁月和奋斗历程，我们感到无比的骄傲和自豪。展望××县的发展和未来，我们满怀激情和信心。全县广大党员要自觉站在时代的前列，以踏实苦干的工作作风、奋发有为的精神状态、敢为人先的豪迈气概、勇攀高峰的昂扬斗志，为实现全面建设小康社会作出新的贡献！

最后，祝愿全体党员节日快乐！祝愿伟大的中国共产党永远年轻！

谢谢大家！

局长在纪念建党周年庆七一大会上致辞

【致辞背景】在纪念建党××周年庆七一大会上致辞

【致辞人】局长

尊敬的各位领导，同志们：

大家好！

在这微风送爽的时刻，我们在此聚会，纪念伟大的中国共产党××岁生日，热情讴歌党的伟大业绩，表达我们对当的热爱之情。在此，我代表××党委向莅临今天大会的各位领导表示热烈的欢迎！向多年来关心支持我们××工作的各级领导、各界朋友表示衷心的感谢！向一直奋战在第一线的全体工作人员致以亲切的慰问和崇高的敬意！

风雨砥砺，奋进高歌。××年来，中国共产党引吭高歌、披荆斩棘，历经磨难，先后经过了民主革命、土地革命、万里长征、抗日战争、解放战争、社会主义建设、改革开放等，谱写了灿烂辉煌的篇章。中国共产党的××年，可以说是带领人民不畏艰险、不怕流血牺牲、艰苦奋斗、创造辉煌的××年；是马列主义和中国实际相结合、救国图强、民族振兴的××年；是历经千锤百炼、深受人民拥护的××年。这么多年的奋斗足迹再一次证明：中国共产党是富有生机和活力、富有凝聚力、经得起考验的党；是能够依靠自身力量解决问题，走向胜利的党；是压不倒、摧不跨的党；是代表先进生产力的发展要求、先进文化的前进方向、最广大人民根本利益的党。我们党既然能领导中国人民取得民族独立、人民解放和社会主义胜利，也一定能领导中国人民实现民族振兴、国家富强的伟大目标。

我们××是国家治安行政力量和刑事司法力量，是人民民主专政的重要工具，关系着政权巩固、国家安危、社会稳定，承载着血与火、生与死的严重考验，为改革开放和经济建设提供有力的保障。今天，在庆祝建党××周年这一庄严而喜庆的时刻，我们更加深切的怀念中国共产党所走过的艰难历程，缅怀一代代的革命先烈不怕牺牲、前仆后继的崇高精神，铭记我们党的丰功伟绩。同时，也要树立建设有中国特色社会主义的共同理想，坚持中国共产党的领导，继承和发扬革命先烈的光荣传统和优良作风，忠于党、忠于祖国、忠于人民、忠于法律，发扬不畏艰难、不怕牺牲、无私奉献的精神，在区委、区政府的坚强领导下，在广大人民群众的支持下，团结务实、积极向上，以更加扎实的工作和更加优异的成绩向党的××周年献礼！

谢谢大家！

区委书记在纪念新中国成立周年大会上致辞

【致辞背景】在纪念新中国成立××周年大会上致辞

【致辞人】区委书记

尊敬的各位领导，亲爱的同志们：

大家好！

秋风送爽，丹桂飘香。在全国上下共同庆祝新中国××华诞的日子里，我们在这里隆重聚会，举行庆祝新中国成立××周年大会。首先，我代表全区人民，向新中国××岁生日致以深深的祝福！向精心筹备这次大会的各位社区干部和群众表示衷心的感谢！

××年的风雨征程，走过的是伟大祖国的不朽篇章，走出的是中华民族的新姿态。当历史的车轮驶入中国近代，在积贫羸弱的中国陷入任人宰割的境地之际，伟大的领袖毛泽东同志带领广大人民群众奋起反击，于1949年10月1日在天安门城楼庄严的宣告中华人民共和国成立。中国这条巨龙苏醒了，昂然腾起了。从新中国成立到现在，已经经历了××个春秋。××年的风雨岁月，××年的昂首向上，新中国在披荆斩棘中走向了康庄大道，在乘风破浪处铸就辉煌。今天，在喜迎新中国××华诞的时刻，我们在这里铭记中华民族的艰难历程，深切缅怀革命先烈的丰功伟绩，深情展望祖国的美好未来。

我区是全市的带头模范区，在五星红旗的照耀下，我们追随着共和国的脚步，也已经走过了××年的历程。今天呈现在大家面前的××区，是一条条宽阔洁净的街村道路，一间间标准化的住宅新房，一片片繁华为热闹的城区景象，我们的艰辛和汗水终于还是看到了收获的成果。如今的××区可谓是城市霓虹璀璨，人民安居乐业。伴随着城建计划的全面启动，一批批重点项目相继开工。全区上下掀起了新一轮的发展热潮，在我市经济社会发展中发挥着重要的引领和服务作用。

庆祝新中国成立××周年，看到全区的发展成就，我们深切体会到伟大祖国为我们带来的无限福祉，深刻感受到改革开放为我们提供的重大机遇，明确认识到全区在推动社会发展方面承担的使命和重任。我们为拥有这样一个伟大的祖国而自豪，为我们是这样一个伟大民族的一员而骄傲！

雄关漫道真如铁，而今迈步从头越。让我们手挽手、肩并肩，在共和国的的指引下，满怀豪情、积极向上，为××区的和谐发展、为祖国母亲的繁荣昌盛，贡献出更加强大的力量！演绎出更加绚烂的精彩！

最后，祝我们伟大的祖国繁荣昌盛、青春美丽！祝各位区委干部和广大市民节日快乐、心想事成！

谢谢大家！

县长在纪念新中国成立周年晚会上致辞

【致辞背景】在纪念“新中国成立××周年晚会上致辞

【致辞人】县长

尊敬的各位来宾，同志们、朋友们：

大家晚上好！

丹桂飘香，桔红稻黄。今天，我们欢聚一堂，共同庆祝我们伟大的共和国××岁生日。在此，我谨代表县委、县人大常委会、县政府向全县各族人民致以节日的问候和祝贺！向辛勤工作在各个岗位上的同志表示亲切的慰问！向一直以来关心、支持我县经济建设和社会发展事业的各界朋友致以衷心的感谢和崇高的敬意！

新中国走过××个风雨征程的岁月，全国人民在中国共产党的带领下，克服了各种难关、风险和挑战，把四分五裂、贫穷落后的旧中国建设成为人民生活总体上达到小康水平、蓬勃发展的新中国，取得了伟大的成就。现在的新中国面貌日新月异、综合国力不断增强、国际地位日益提高、人民生活显著改善。

我县是革命老区。在第二次国内战争时期，××、××等老一辈的无产阶级革命家率领红军在我县进行了艰苦卓绝的革命斗争，建立了红色政权，召开了具有深远意义和影响的××会议，取得了××战役的重大胜利。当年我县人民也承受了战争的重创，为革命的胜利做出了巨大的牺牲和贡献。新中国成立后，历届的县委、县政府带领全县人民，励精图治、艰苦创业。现在我县的经济建设取得了令人瞩目的成绩，城乡面貌发生了巨大的变化。如今我县已经实现了产业结构的调整、农民收入的增加、城镇设施的加强、城市功能的完善、科教创新的进步、医疗条件的改善。各项事业正在协调发展，整个社会也正在文明进步。

回顾过去，我们感慨无限；展望未来，我们豪情满怀。“中华儿女多奇志，敢叫日月换新天”。党的××大确立了我国本世纪头20年全面建设小康社会的奋斗目标，我们也因此拥有了一个大有作为的战略机遇。我们要抓住机遇、乘势而上，以“为中华之崛起而奋战”的态势，有为祖国富强而献身的志向，为建设我们的祖国而努力。

今天，我们在这里举行庆祝新中国成立××周年的晚会。让我们用歌声来抒发对祖国的深挚感情，让我们用舞蹈来诠释对祖国的一片真心，让我们以最欢快的方式，释放我们对祖国的那份激情！

最后，预祝新中国成立××周年晚会演出取得圆满成功！祝我们伟大的祖国母亲永远年轻！

谢谢大家！

市长在纪念抗日战争胜利周年大会上致辞

【致辞背景】在纪念五四运动××周年大会上致辞

【致辞人】市长

同志们，朋友们：

今天是中国人民抗日战争胜利××周年纪念日。我们××市各界人士在这里聚会，隆重举行纪念活动，以此来寄托我们对抗日英雄的缅怀之情，表达我们在新的历史形势下捍卫国家和平的坚定信念！

××年前的今天，是一个让人难以忘怀的日子，是中国及全世界历史进程中一个新的里程碑。这一天，我们摘掉了亡国奴的帽子，恢复了中国人的尊严；摆脱了法西斯侵略和奴役的阴影，迎来了和平和安宁。上个世纪之初的中国积贫羸弱、多灾多难。帝国主义列强对我神州大地是虎视眈眈。××年前，七七事变爆发，一场蓄谋已久的日本侵华战争全面爆发。在国难当头之际，中国共产党高举抗日民族统一战线的伟大旗帜，发动了全面抗战。全国上下的民众不分种族、不分宗教，团结一致，誓死抗战。在各大战场，一批批的热血儿女抛头颅、洒热血，以身殉国；各个战役里，一个个的爱国将士舍身赴死、为国捐躯，彻底粉碎了日本“三个月灭亡中国”的计划。他们是一群勇敢的人儿，他们不为强暴、不怕流血牺牲，用自己的血肉之躯保卫了中华民族。

抗日战争的胜利是人类战争史上的奇观，是近代史上中华民族反抗外来侵略取得的第一次全面胜利，是中华民族由衰败走向复兴的伟大转折点，是中国共产党新民主主义革命历程中一个极具辉煌的阶段，是以爱国主义为核心的中华民族精神的伟大胜利。在世界人民反法西斯斗争中，我们写下了灿烂辉煌的一笔。

前事不忘，后事之师。我们缅怀抗日战争的那段岁月，更加坚定了不忘过去、维护稳定、珍惜和平、开创未来的信心。当前的世界仍不太平，一些西方敌对势力仍在仇视中国的崛起、日本军国主义仍旧妄图死灰复燃。对此，中国共产党正努力带领全国各族人民，全力进行社会主义现代化建设。我们会用实际行动告诉他们：历史不会重演，已经站起来的中国人民绝不会让遭受侵略的耻辱再次发生。

我们也要继承和发扬伟大的抗日精神，学习他们奋勇争先，不屈不挠的斗争精神；学习他们胸怀祖国、勇赴国难的爱国精神；学习他们舍生取义、不怕牺牲的奉献精神。让我们以中华民族的复兴为己任，团结和动员××市各界人士，为构建和谐社会、实现祖国统一而努力奋斗！

谢谢大家！

党委书记在纪念南京大屠杀周年大会上致辞

【致辞背景】在纪念南京大屠杀××周年大会上致辞

【致辞人】党委书记

尊敬的各位领导，各位来宾：

你们好！

今天不是一个值得高兴和庆祝的日子，而是一个沉重和值得纪念的日子，是全球华人的一个耻辱纪念日。此时此刻，我的心情是复杂的。我们今天举行这个纪念活动，不仅是缅怀过去，感受那份悲痛，更是牢记历史教训，培养爱国情操，为祖国的强大作贡献。

××年前的今天，日本侵略者攻占南京，对当地无辜居民和已经放下武器的中国士兵进行了长达6个多星期的血腥大屠杀。刺耳的枪声一直在南京城的上空回荡，三十万同胞倒在了血泊之中，昔日繁华的六朝古都顿时变成了人间炼狱。翻开中华民族的史册，回首那段历史，他们的斑斑兽行，罄四海之竹，无以书其罪；倾九天之水，难以洗其恶。我们为日军惨无人道的暴行而愤慨，我们为丧生的同胞而哀痛，我们也为中华民族惨遭如此蹂躏而痛心。

虽然阿里汉曾说："上代的恩怨不应由下代来延续。"但是，忘记历史就意味着背叛，每一个有血性的中华儿女都应牢记这段历史，激励自己不断奋发图强，为祖国的强大尽自己最大的努力。因为，落后，就会挨打！

今天是南京大屠杀××周年祭日，南京的上空就要响起警示后人、勿忘国耻的警报声。我们在这里集会，重温历史，悼念遇难同胞，就是要以史为镜，不忘国耻，不再让历史的悲剧重演。同时也是为了揭露和批判日本右翼势力。现在我们生活在新时代，虽然不用在战场上抛头颅、洒热血，但我们仍然需要铭记"落后就要挨打"的教训。我们要在爱国主义、社会主义的伟大旗帜下，振奋民族精神，为实现祖国的伟大复兴而努力奋斗！我们呼吁：全世界爱好和平的人都要团结起来，维护和平、反对战争！

谢谢大家！

党委书记在纪念改革开放周年文艺晚会上致辞

【致辞背景】在纪念改革开放××周年文艺晚会上致辞

【致辞人】党委书记

尊敬的各位领导，各位来宾，同志们：

大家好！

在这秋高气爽、云淡风轻、万物成熟、硕果累累的大好时光，我们满怀成功的喜悦，带着沉甸甸的收获，带着对未来美好的憧憬，在此欢聚一堂，隆重举行纪念改革开放××周年文艺晚会。

××年前，党召开了具有划时代意义的十一届三中全会，作出了改革开放的重大决策，中国的命运从此发生了根本改变，逐渐走上了富强、民主、文明、和谐的道路。随着改革开放的实施，家庭联产承包责任制得到了全面推广；中国广大农民从温饱不足发展到总体小康；祖国经济从积贫积弱跃居到世界第四；香港、澳门相继回归；我国顺利加入世贸组织；我们在 2008 年成功举办奥运会。这一切都表明中华民族正昂首阔步，行进在伟大复兴的征程上。可以说改革开放

××年的成就，超过了中国历史上任何一个时候。

××年来，在党的带领下，我们××县也发生了翻天覆地的变化。我县乘着改革开放的东风，以领先的意识、开阔的视野、创新的举措为基础，抓住机遇、乘势而上，谱写了谋发展、求进步、促和谐的美丽篇章。我们的乡镇企业从无到有，由弱变强，历经改革后，成为我县工业经济的中坚力量。我们的引进企业也进入了改革开放的行列，在励精图治后，成为经济发展的领军。我们始终坚持自主创新，不断结合实际发挥相应的优势，成为全国改革开放的先进典范。此外，我们还大力弘扬崇尚创新、宽容失败的创新文化，创造了富有鲜明时代气息的××精神。

改革开放的历史是一部思想解放史。对我县而言，检验思想解放和生产力发展程度，最根本的一条就是要看能不能把××县建设好、发展好。××年历程波澜壮阔，成就来之不易。这期间承载着几代人的心血，凝聚着无数人的汗水。在此，我谨代表县委、县政府向我县历届老领导、老同志，向全县各民主党派、工商联，向所有关心、支持和参与××县改革开放事业的朋友们，表示衷心的感谢和崇高的敬意！

回顾改革开放××年光辉业绩，我们不能被鲜花和成就所淹没，而是要始终保持冷静和清醒。雄关漫道真如铁，而今迈步从头越。××年盛世来之不易，在今后的发展历程中，我们要按照县委、县政府既定的方针，高昂斗志、团结拼搏，在新一轮的发展中，实现富强、和谐的目标，创造更加辉煌美好的未来。

最后，预祝文艺晚会演出圆满成功！祝愿伟大的祖国繁荣昌盛！

谢谢大家！

校长在建校周年校庆上致辞

【致辞背景】在××中学×年校庆上致辞

【致辞人】校长

尊敬的各位领导，各位来宾，校友们、老师们、同学们：

大家好！

秋风送爽、丹桂飘香。在举国上下庆祝新中国成立××周年之际，我们也迎来了××中学××周年华诞。在此，我代表校党委、校长室向各位领导、各位来宾、各位校友及各位朋友表示最热烈的欢迎和崇高的敬意！向全体离退休老同志和全校师生员工致以亲切的问候和节日的祝贺！

××年春风化雨，××载砥砺自强。我们××中学经历过充满坎坷的艰难期，也有过柳暗花明的阳春时节。××××年，昂首进行现代化建设的××市人民创建了我们这所全新的学校——××中学。岁月悠悠，××年来，××中学在“严谨务实办新校，锐意改革创特色”精神的指引下，在各级领导的指导下，锐意改革，坚持可持续发展，终于从最初的一无所有到今天教育界一颗璀璨的新星，留下了××中学人勇于开拓前行的光荣传统和奋勇向前的开创精神。

××年孜孜求索，××年蓝图共谱。××年来，××中学人始终秉承艰苦创业、开拓创新、拼搏进取的精神，凭着冲天的热情、不懈的努力、深入的钻研，使××中学的发展日新月异，办学条件不断完善、办学特色不断彰显、办学质量不断提高。我们在教育教学工作中体现出丰富多彩的教育教学风格和丰硕的教育教学成果，为社会输送了上万名合格的毕业生，为高一级院校输送了数千名优秀学子。

××年，也是××中学艰苦奋斗的××年。回顾历史，我们曾是××中学的创造者，××中学的昨天因我们而更加的厚重深沉；面对现在，我们又是辛勤的耕耘者，××中学的今天因我们而更加的精彩恢弘；展望未来，我们更是未来的奠基人。××中学正迎着新世纪的曙光，为未来的发展插上翱翔的翅膀。××中学的明天将会因我们而更加的灿烂辉煌！

我深信：在各级领导和各届校友的关怀和支持下，××中学会为社会培养更多的人才；会创造出××中学更加辉煌的明天；会凭借××年校庆的东风，在教育教学的碧海上乘风破浪、勇往直前！

谢谢大家！

党委书记在建校周年校庆上致辞

【致辞背景】在建校×年校庆上致辞

【致辞人】校党委书记

尊敬的各位领导，各位来宾，亲爱的各位校友，老师们、同学们：

大家好！

今天，是我们××中学建校××周年纪念日。此时此刻，我们怀着无比激动的心情，带着美好的祝愿，在这里隆重举行建校××周年校庆大会。出席今天大会的有关心、支持××中学发展的省、市各级领导、高等学校代表及社会各界朋友，还有风尘仆仆从全国各地回来探望的校友，有离退休老同志和在校全体师生员工。值此××中学××华诞之际，我谨代表校党委、校长室向各位领导、各位校友及在座的各位朋友表示热烈的欢迎！向离退休老同志和全体师生员工致以亲切的问候和节日的祝贺！

××中学是教育部直属的一所重点中学，是我们党亲手创办的一所具有光荣传统的学校。我校自从××××年××月××日建立以来，经过××年的发展，经过几代人不懈的努力、奋斗、拼搏，学校具有了鲜明的办学特色。××中学在学科建设、师资队伍建设、教学质量、科学研究、国际交流与合作等各个方面取得了长足的进步和发展。学校“低进高出”的办学质态已经初步形成。××载风雨历程，一路艰辛走来，凝聚了历代××人的心血，铸就了团结拼搏、求实创新、科学发展的××中学精神，换来了满园春色。

得英才而教育，育桃李满天下。追溯我校××年的办学历程，回首我校所走过的风雨岁月，××中学所有的成就都是××精神的结晶。团结拼搏是基础，它要求我们要凝聚力量、不断进取、同舟共济，以强大的合作力，开创各项工作的新局面。求实创新是策略，它要求我们脚踏实地、不断创新、与时俱进，以无穷的智慧，创造出更加辉煌的业绩。科学发展是导向，它要求我们尊重规律、和谐发展、科教兴校，以科学的态度，实现办学品位的全面提升。

回顾××年历程，我们之所以能够不断取得成绩、获得进步，是因为各级领导一直以来都在无微不至地关怀和照顾我们，是因为××中学的人始终谨记“讲爱心、求真知、健体魄、创一流”的校训。在新的历史阶段，我们将踏上新的征程，未来孕育着希望和挑战。我们会孜孜以求地追求着自已独具特色的教育理想的同时，坚持从传统中汲取教训和经验，在发展中创新，力求为社会提供更加优质的教育服务，创造××中学一流的教育品牌！

最后，祝大家身体健康、合家欢乐、工作顺利！

谢谢大家！

在公司成立周年庆祝会上致辞

【致辞背景】在××公司成立×周年庆祝会上致辞

【致辞人】公司领导

尊敬的各位领导，各位嘉宾，女士们、先生们：

大家好！

今天，是我们××公司成立××周年的纪念日。我们××公司的全体同仁和员工在此聚会，欢聚一堂，共同庆祝××公司成立×周年这个喜庆的日子。

×年前的今天，××公司刚成立。全公司只有×个人，是以×万元起家，是一家小厂。经过××年的努力发展，我们已经从一个只有×人的小厂，发展成为×××人的大型企业；从一个只有几亩的小作坊式小厂，发展成为占地面积××万平方米的现代化公司；从单一产品生产发展成为多项目生产的大企业；从一个名不见经传的小厂发展成为拥有“中国知名品牌”、“中国驰名商标”等一些列殊荣的企业。回顾××走过的×年，是极不平凡的×年。

用×年的时间，在竞争激烈的市场上打造出一个深受消费者欢迎和喜爱的著名品牌，不是一件容易的事。品牌的背后是文化的沉淀和积累。××公司从无到有、从小做大、从弱到强。这一系列的巨大转变，是我们全体员工不懈努力、拼搏奋进、同心同德的成果，是我们公司的同仁历经×载春夏秋冬，勤奋工作、热情服务的结果，是我们全体员工汗水和智慧的结晶。我们大家都应该为此感到骄傲和自豪。值此××周年庆之际，我代表公司的董事会，向一直以来为××公司的发展辛勤工作、默默奉献的全体同事们，表示衷心的感谢！

历史告诉我们，任何事物的发展都不可能是一帆风顺的，在发展中会遭受到各种困难和挫折。在美国的爆发经济危机波及全球时，我们××公司也受到了一定程度的影响。但是，由于公司决策正确、反应迅速、措施有力，在全体员工团结奋进、务实拼搏的努力下，我们公司重新走上了快速发展的道路，取得令人欣喜的成绩。

我相信，只要我们全体员工继续坚持“开拓创新、拼搏奋进”的精神，只要我们同心同德、不懈努力，只要我们努力学习、不断更新，在全公司形成一个上进、共勉、文明、乐观的氛围，我们就一定能够创造出××更加辉煌的明天，我们全体员工也能够工作、生活更加和谐美好！

最后，祝全体员工身体健康、合家欢乐、工作顺利！

谢谢大家！

在集团成立周年纪念日致辞

【致辞背景】在集团成立×周年纪念日上致辞

【致辞人】董事长

尊敬的各位来宾，亲爱的女士们、先生们：

大家上午好！

今天，是个欢乐和喜悦的日子，是值得在记忆的长河中长久珍藏的特殊喜庆之日，是××集团成立×周年纪念日。在此，我代表××集团董事会及全体员工向各位嘉宾的到来表示热烈的欢迎和衷心的感谢！

回首×年的风雨历程，我××集团从最初的××厂发展到××股份，再到××集团，企业经历了半个多世纪的风雨。一代代勤劳朴实的员工以自己的汗水和智慧，描绘了一张张的画卷，谱写了一曲曲的乐章。他们通过艰苦奋斗、不断创新，在企业发展历程中，确立了自身独特的地位，铸就了辉煌的丰碑。在此，我代表公司董事会向为公司发展作出贡献的员工表示崇高的敬意！公司的发展离不开政府和社会各界的支持。在漫长的×年间，我们得到了太多的关心、支持。在此，我代表公司向一直以来关心、支持和帮助企业发展的领导和各界朋友表示衷心的感谢！

××的发展史是不平凡的。××××年，在省委省政府的决策和支持下，我公司承接了××求生存、谋发展的历史重任。多年来，××集团走过了“稳定、巩固、调整、提高、恢复、创新”的振兴之路。在市委、市政府和××集团的支持下，一系列的产品结构调整、产业升级和整合工作顺利完成。公司产品的市场竞争力和盈利能力得到了有效提高。××××年，为提高上市公司盈利能力，优化资产结构，公司启动了重大资金重组工作。在××集团的全力支持下，重组工作获得了中国证监会正式核准并实施完成，公司的资产规模和盈利能力大幅提高。

公司成立×年纪念日将成为公司发展史上的一个重要里程碑和实现飞跃发展的新起点。在公司成立×周年之际，我们郑重承诺：企业是社会的、公正的。企业的成长过程，正是报效国家和社会、造福职工、回报股东的过程。我们将为此而不懈努力，用辛勤的汗水和智慧铸就美好的未来！

各位领导、各位来宾，我们希望你们一如既往地关心、支持我们公司的发展，作为我公司发展的支持者和见证者。在这欢庆的时刻，我代表××董事会，代表全体员工，再一次向大家表示衷心的感谢！

谢谢大家！

院长在医院周年院庆上致辞

【致辞背景】在医院×年院庆上致辞

【致辞人】院长

尊敬的各位领导，各位来宾，同志们：

大家上午好！

光阴荏苒，岁月流转。正当全国人民庆祝伟大的共和国××华诞之际，我们在今天又满怀激情和喜悦，迎来了××医院成立×周年纪念日。在此，我代表××医院向在百忙之中前来光临院庆的各位领导、各位来宾和各位朋友，表示热烈的欢迎和衷心的感谢！向在座的各位长期以来关心、支持我们××医院致以崇高的敬意！

××医院自××××年建院至今，已经走过了×个风雨岁月。×载岁月峥嵘，×载砥砺奋进，锻造了××医院人的智慧和勇气。回首过去的×年，可以看到他们艰难创业、栉风沐雨、不断攀登、矢志不移的身影。×年来，春华秋实、几经风雨，医院的发展壮大凝聚了几代人的心血和汗水。×年来，××医院的全体员工风雨同舟、不倦追求。正是你们的甘于奉献、不辞辛劳的奋战在一线，我们才能取得今天这样的成绩。是你们的汗水、青春和热情，让我们××医院克服了一切的艰难险阻。是你们的才华和智慧，让我们××医院的远大前景有了依托和动力。在此，我动情地说一声：你们辛苦了！

×年或许在历史的记载上不过是沧海一粟，但是对于我们这个市内第一家成立的合资医院来说是不容易的×年。×年奋力拼搏、一路探索、从弱到强。我们从默默无闻发展到今天的路人皆知，这是一段艰辛的成长史，是一段刻骨铭心的发展史，更是成绩辉煌的骄傲史。目前，医院已经迈入正轨，医院的知名度也有着良好的发展势头。通过不断的磨合和成长，我们已经建立起一支团结奋进、训练有素、充满斗志的队伍。同时医院也正在大力引进专家与先进设备。不断营造更为温馨和谐的医院环境。

站在新的历史起点上，孕育新的希望。我希望大家一起继续提供优质、一流、高效的医疗设备和服务，追求卓越、争创一流。相信经过大家的不懈努力，我们能走得更远、更稳，届时我们大家再一起庆祝医院××周年、××周年。

最后，我代表××医院真诚地向大家致以最高的谢意！

谢谢大家！

院长在建院周年纪念日致辞

【致辞背景】在××医院建院×周年纪念日上致辞
【致辞人】医院院长

尊敬的各位领导，各位来宾，女士们、先生们：

上午好！

今天是我国改革开放×周年，也是我们××医院建院×周年纪念日。在这美好的时刻，请允许我向在座的各位领导、专家们、广大一线同仁们的到来表示衷心的感谢！

××××年××月××日××医院建院，到今天已经走过了×个岁月，经历了×个日日夜夜。长期以来，在市委市政府、市卫生局的正确领导和大力支持下，医院逐渐地走向了一条以创新发展为动力、以市场需求为导向、以人才技术为根本的超常规跨越式发展之路。医院走过的每一段历程，取得的每一点成绩都离不开政府的正确领导；离不开社会各界的关心、支持；离不开兄弟单位的热情帮助；更离不开全院员工的拼搏进取和无私奉献。值此建院×周年之际，我谨向各级领导、社会各界人士、同仁、全院员工致以衷心的感谢！

看今朝，成果辉煌。近年来，医院相继完成了×万平方米医院楼房的修建和改造，新建了×万平方米的干部病房和洁净化手术室，新增各类器材××件，引进大量的医学博士、教授和专家，使得我院的医疗技术水平大幅度地提升。医院的结构更加合理、科室更加齐全、住院条件更加优良。

本次×周年院庆纪念活动，一方面是缅怀往昔创业的艰辛，另一方面是期勉全院员工再接再厉。我们不仅要珍惜已经取得的成果，更应该策励未来。我们要本着以人为本、精益求精的信念，不断提升服务品质，为人民群众的健康服务。雄关漫道真如铁，而今迈步从头越。我们会站在新的起点上，努力把医院建成对病人最亲切、对病人最负责、让病人感到最安全的医院。

最后，再次感谢给予我们关怀和帮助的各级领导、社会各界朋友，感谢为医院发展作出贡献的老一辈医务工作人员，感谢与医院并肩奋战的全体员工。祝愿各位身体健康、万事如意！

谢谢大家！

在社团成立周年纪念大会上致辞

【致辞背景】在社团成立×周年纪念大会上致辞

【致辞人】社团主席

同志们、朋友们：

大家好！

在全国人民喜迎新中国××华诞之际，我们在这里隆重纪念××社团成立×年。这是一件大事，是一件值得庆祝的事情。在此，我代表××社团的干部向社团的新老成员表示衷心的感谢和节日的祝贺！

××××年××月××日，在这个没有别样华丽和特殊的日子里，我们××社团成立了。自此，这个日子对我们××社的兄弟姐妹来说，有了别样的特殊和喜庆的面纱，就在这一天，我们创造了一片神奇而美丽的天空和舞台。×年来，它容纳了我们的欢笑、哭泣、高歌和低吟浅唱；它包容了我们的畅游、快乐、执著、任性和惬意心境。

×个春秋岁月里，××社团的成员们自觉自愿地付出，以真心凝聚、用汗水浇灌、用执著搭建，共同编制起了一股团结的绳索、栽种起了一棵常青的树、树立起了一块不朽的丰碑。社团中的人们用亲人的关爱和朋友的热情，展示着人与人之间、人与社团之间血浓于水的情谊。在每一次的风雨中，我们始终紧紧地凝聚在一起。在繁缛而沉重的任务面前，我们毫不退缩、鞠躬尽瘁；在挫折打击之下，我们毫不低头、任劳任怨。我们从最初的×个成员发展壮大到如今的上万名成员。从一个千万社团中最普通的一员发展为现在的繁荣精彩社团。这是我们社友上上下下共同努力的结果。因为这些的社友我们可以走得更远更好。

我们是一个自发的组织。成员的加入，就是希望能够在一个志同道合的平台上实现自我，奉献社会。社团作为广大社员的家，应该认真做好各项服务工作，要充分发挥我们的桥梁和纽带作用，逐步形成广泛的工作网络和平台，为社员提供机会，促进发展；要调动社员的积极性，使他们有一个相互学习、相互促进、共同发展的机会；要倾听社员的呼声，维护社员的合法权益，积极为社会作贡献。

牢记社团宗旨，我相信：在广大领导班子的带领下，在广大社员的共同努力下，我们必能顺利开展各项活动，全心全意为社会作贡献；必将把社团办成一个温馨的家园，让更多的人加入到我们的行列中来！

最后，祝愿各位身体健康、幸福快乐！祝愿我们社团明天更加美好！

谢谢大家！

在纪念焦裕禄同志逝世周年大会上致辞

【致辞背景】在纪念焦裕禄同志逝世××周年大会上致辞

【致辞人】县委书记

同志们：

今天，我们怀着十分崇敬的心情隆重聚会，纪念焦裕禄同志逝世××周年。在此，我代表县委、县人大、县政府、县政协对焦裕禄同志表示深切的怀念，对焦裕禄同志的亲属表示亲切的慰问，对在全面建设小康社会、加快中原崛起的宏伟时间中弘扬焦裕禄精神、做出非凡成绩的优秀共产党员、优秀领导干部和其他先进分子表示崇高的敬意！

这次纪念活动主要是追忆他的模范事迹，缅怀他的高尚品德，并以此为契机进一步在全县掀起深入学习焦裕禄精神的热潮。

焦裕禄同志是中国共产党的优秀党员和县委书记。1962 年 12 月，他肩负着党的重任和人民的期望来到兰考县担任县委书记。面对内涝、风沙、盐碱三害，他带领全县人民顽强斗争、积极与灾害作斗争，努力改变兰考县贫穷落后的局面。焦裕禄同志为了兰考的发展始终不懈奋斗、不怕困难、深入基层，把全部的精力都放在兰考的发展上。他带领群众用智慧和汗水绘制出兰考的新面貌，十分出色地完成了党交予的任务，实现了人民的期望。但是由于他辛苦付出、艰苦生活、带病工作，在 1964 年 5 月 14 日因肝病不治而不幸逝世，享年 42 岁。

焦裕禄同志虽然离开我们了，但是他的光辉的一生却留在了我们每个人的心中。他为人民利益鞠躬尽瘁；他牢记宗旨、亲民爱民，经常关心、帮助群众；他在漫天风雪中、在群众最困难、最需要帮助的时候，出现在群众面前送去温暖和关爱；他始终和老百姓同呼吸、共命运，心相连、情相依。他用自己的一生、用自己的生命、用自己的光辉业绩、用自己的崇高品质，充分展示了共产党的先进性和杰出的执政能力。自此焦裕禄精神光芒四射，照耀了各个地方、照亮了每个时期。

焦裕禄精神是不朽的丰碑，不因岁月的流逝而失色，不因时代的变迁而黯然；焦裕禄精神是强大的动力，鼓舞着兰考干部群众奋发图强，激励着中原儿女锐意进取；焦裕禄精神是锐利的思想武器，是指引亿万党员前行的灯塔，是鼓舞广大群众的号角。可以说焦裕禄同志和焦裕禄精神是兰考的乃至全国的；是历史的也是现实和未来的；是基层的也是全党和全人民的；是生动具体的也是广泛深刻的；是我们要传承和优良传统的一面鲜艳的旗帜。

同志们，时代在发展，社会在进步。伟大的事业需要崇高的精神，让我们更加紧密地团结在以胡锦涛同志为总书记的党中央周围，坚持以邓小平理论和“三个代表”重要思想为指导，深入贯彻落实科学发展观，大力弘扬焦裕禄精神，以开创中原崛起新局面纪念焦裕禄同志，以创造科学发展新业绩谱写新的篇章！

谢谢！

在纪念孔繁森同志诞辰周年大会上致辞

【致辞背景】在纪念孔繁森同志诞辰××周年大会上致辞

【致辞人】市委书记

同志们：

今天，是孔繁森同志诞辰××周年纪念日。我们怀着无比崇敬的心情，缅怀他的事迹，学习他的精神。

××年的今天，孔繁森出生在山东省聊城一个普通的家庭，父母是老实忠厚的农民。在父母的教育下，孔繁森一直清清白白地做人，实实在地做事。××××年，孔繁森加入中国共产党，从此开始了一名党员的艰苦奋战、无悔付出的生活。

孔繁森曾两度赴藏工作，为了西藏的发展，他远离年迈的母亲、体弱多病的妻子和幼小的孩子。他在西藏任职期间，曾分管文教、卫生和民政等工作；曾跑遍了当地的乡村、牧区，与藏族群众结下了深厚的友谊；曾为发展少数民族的教育事业奔波操劳；曾为了帮助群众解决饮水问题，多次爬到山顶采取水样；曾收养受灾的孩子并养育他们。他公私分明，简朴生活。即便是在身体亏损时，他也从不曾贪污一分钱。他在 1994 年 11 月 29 日在去新疆塔城考察途中，因车祸殉职，年仅 50 岁。

孔繁森同志用堂堂男儿血肉之躯，干出了一件件感人的事迹。孔繁森对党无限忠诚，总是以“是党的人”来严格告诫和约束自己。他一生艰苦朴素，勤俭节约，为了他人的幸福，却自己挨冻受饿；他对事业鞠躬尽瘁，不怕苦、不怕累，表现出大无畏的精神气概；他脚踏实地，诚心诚意为群众办实事、办好事；他以身殉职时，留给群众的振兴阿里经济的十二条建议，留给自己和妻儿的却是8块6毛钱。他用自己的一生实现了由一个平常人到高尚人的超越；实现了由一名普通党员到模范党员的超越；实现了由一个普通干部到领导干部楷模的超越。

孔繁森精神是共产党的性质和宗旨的内在体现，是马克思主义世界观、人生观、价值观的集中反映，是中华民族灿烂文明的传统美德的继承和发扬，是雷锋精神、焦裕禄精神在新时期的自然延续和时代折射。学习孔繁森，就是要做一个高尚的人，时刻表现出爱人和助人的优秀品质；学习孔繁森，就是要做一个模范共产党员，始终体现出一个先锋战士的无私奉献精神；学习孔繁森，就是要做领导干部的楷模，始终践行全心全意为人民服务的宗旨。

孔繁森是高尚的、纯粹的，但又是普通的、具体的。他的事迹和精神是感人至深的，是真实可学的。他是我们每个人的榜样，是我们每个人的镜子，我们要不断地对照他，鞭策自己。作为一名政工人员，我们应该检讨自己的不足和差距，进一步强化“事业重于家庭、任务重于生命、使命高于一切”的责任意识，努力成为一名政治强、业务精、作风硬的政工人员。

孔繁森同志走了，但是他的精神却永远存在我们心中。

谢谢大家！

航天部部长在纪念钱学森逝世周年大会上致辞

【致辞背景】在纪念钱学森逝世×周年大会上致辞

【致辞人】航天部部长

尊敬的各位领导，各位来宾，同志们：

今天是钱学森先生逝世×周年之日。我们在此隆重举办这个纪念活动，来缅怀钱学森先生的丰功伟绩和不朽精神。

钱学森同志曾是上海交通大学的××××年校友。在校期间就曾遍览关于航天理论和火箭技术方面的书籍，曾发表过关于火箭和飞艇发展前景的论文。钱学森是世界著名的科学大师，也是一位具有崇高爱国主义精神的著名科学家。在美国学习和工作期间，钱学森就致力于力学和航空工程的研究，并作出了许多开创性的贡献。作为近代力学的代表性人物之一，他创立了物理学和工程控制论，拓宽了近代力学的基础和应用领域。回国后他接受了我国的航天事业，为我国的“两弹一星”事业作出了重大贡献。他倡导的系统工程和系统科学思想，为科学技术乃至社会发展提供了新的思路。他的成就和风范，是我们航天部的骄傲。他的科学精神、科学思想、科学成就是中华民族的宝贵财富。

钱学森为后人留下了极其丰富的科学思想和学术遗产，同时还留下了他那强烈的创新意识和创新精神。他是一位德才兼备的科学大师，他不计个人得失、重视教育。始终坚持真理、科学求实、治学严谨、精益求精。在钱学森去世×周年之际，那些曾追随过钱学森科学理想的后辈们，如今已经成为学界的泰斗。他们如今的成就和付出让我们明白缅怀和学习钱学森的思想和精神具有极其重要的现实意义。我们要不断地继承和发展他未完的事业，为实现我国科技事业的跨越式发展而努力奋斗。

在此，我希望大家矢志不移地坚持钱学森开创的创新性基础和应用基础研究，做好丰厚的科学储备，时刻为完成国家的重大任务做好科研准备工作。这是我们纪念钱学森先生的最好的方法，也是继承和发扬钱学森科学传统的最好途径。

谢谢大家！

文化部长在纪念朱自清诞辰周年大会上致辞

【致辞背景】在纪念朱自清诞辰××周年大会上致辞
【致辞人】文化部长

同志们，朋友们：

今天是朱自清先生诞辰××周年纪念日，我们在此举行隆重的活动，纪念和缅怀这位爱国民主战士、文坛巨子。朱自清为世人所称赞和纪念，不仅仅因为他是我国现代文化史上的著名诗人、散文家，更因为他的爱国情怀。

朱自清先生有着渊博的学识、丰厚的著作、高尚的人格，他为后人留下了宝贵的文化精神财富。朱自清先生一身正气、顽强斗志、气节高尚，为后世做出了光辉的典范。作为新文化运动的一代宗师，朱自清先生用他的散文定格了一个世纪的背影，更用文章诠释了他对爱、伦理和道德的理解。他的散文感情真挚淳朴，对自然景物观察细致入微，善于采用赋比兴的手法。他的文笔精美，节奏跌宕。朱自清先生对优雅和谐、含蓄节制的美好追求，一方面源于中国传统文化精神的延续，一方面也隐含着对中国现实社会景象的逃逸和否定。

但朱自清先生的一生也是颠沛流离的。在日寇侵华时他曾几经搬迁；在战乱时他的生活水准大大降低，经常饿着肚子；抗战胜利后，国民党的统治也使得经济几乎崩溃，一时间物价飞涨，很多人没法生活下去。国民党就向人们发送美国的救济粮，但这却是一种污蔑和屈辱的侮辱粮。朱自清先生宁可饿死也不去领救济粮。作为一名爱国民主战士，他得到了不同的称赞。毛泽东曾评价他：表现了我们民族的英雄气概。吴晗曾说："朱自清一身重病，宁可饿死，不领美国的救济粮。"由于长期受胃病的折磨，他的身体过度衰弱。

今天，我们怀着深深的敬仰和缅怀之情来纪念朱自清先生。我们纪念他，就是要继承和发扬他治学严谨、积极创新的学术品格，要始终坚持与时俱进的创新思维；继承和发扬他勇于追求光明和真理的人文精神，要始终坚定崇高的理想和信念；继承和发扬他恪守大义、坚贞爱国的民族精神，要为建设更加繁荣昌盛的祖国而努力奋斗。

谢谢大家！

党委书记在纪念鲁迅逝世周年大会上致辞

【致辞背景】在纪念鲁迅逝世××周年大会上致辞

【致辞人】党委书记

各位来宾，同志们，朋友们：

今天是鲁迅先生逝世××周年的纪念日。我们在此聚会，隆重地纪念中国20世纪最伟大的文化伟人，缅怀他的事迹和精神。

鲁迅先生生活在风雨飘摇的时代。当时，国家面临着被瓜分的威胁，人民过着被奴役的生活。在这样一个时代，鲁迅先生以笔做武器，针砭时弊，抨击时政。他以刚直不阿的性格、毫不妥协的战斗精神、勇往直前的气概来直面社会、直面人生。他的作品风格凝练犀利，是最锐利的武器；他反对固守旧文化，赞扬埋头苦干、舍身求法、为民请命的人；他主张学以致用，提倡"拿来主义"；他博采古今，聚众家之长，创造出新的富有教育意义的作品。如今，鲁迅的作品和思想已经成为我们的精神财富，成为时代的代表和标志。

如今，很多地方都在以不同的形式纪念鲁迅先生。无论是东亚各国还是欧美知识界，都在研究鲁迅先生遗产的现实意义。他是属于中国的，更是属于世界的。鲁迅的时代已经远去，但是鲁迅的精神却永远地留了下来。鲁迅精神唤起了中国人民的觉醒和团结奋进；鲁迅精神增强了中华民族的凝聚力；鲁迅精神提高了民族的自信心。鲁迅精神是中华民族精神的结晶，是中国名族优秀文化传统中最为光彩鲜亮的部分。曾有人评价说鲁迅的方向就是中华民族新文化的方向。

鲁迅为培养具有新型人格的青年呕心沥血。今天，我们在党中央的领导下，全面贯彻和落实科学发展观，努力构建社会主义和谐社会，前仆后继地探索和追寻鲁迅那种为追求光明而不懈斗争的精神。我们在努力追求民族解放、国家的独立、人民的自由。正如鲁迅曾说的：世上本没有路，走的人多了便有了路。我们现在也正在探索一条具有中国特色的社会主义道路，我们正在追寻和谐社会。其实和谐的实现是一个过程，是一个不断走路最终走出一条新路的过程。和谐是矛盾中的发展、差异中的协调、运动中的平衡、多样化中的统一。和谐社会的构建，最根本的是全民族思想道德素质和科学文化素质的提高，同时也是鲁迅精神的体现。

今天，我们纪念鲁迅，就是要坚持他的立人思想，为国培养有理想、有道德、有文化、有纪律的建设者和接班人！

谢谢大家！

十五、媒体见面会致辞

市长就创建省级卫生城市的电视致辞

【致辞背景】在××市创建省级卫生城市的电视讲话上

【致辞人】××市市长

××市各级干部职工、广大的市民朋友们：

在××市争创省级卫生城市活动紧张筹备之际，我谨代表市委、市政府向为了此次活动做出大量工作的各级干部和广大市民表示衷心的感谢，并致以诚挚的问候。同时，我也希望大家能够鼓足干劲，动员周围的人一起参加这次活动，打好争创省级卫生城市这场战役。

“××××××”已经成为本次创建省级卫生城市的主题。随着经济的不断发展，人们的物质生活水平和精神文明程度也正在不断的提高。加强公共卫生的建设和管理，创建市民生活的良好环境，养成良好的社会文明的行为习惯，已经越来越成为衡量一个城市的文明程度的主要标准。

争创省级卫生城市对于我市具有重要意义。此次活动不但能进一步改善城市的卫生状况，给市民提供一个良好的居住环境，提升市民生活质量和城市品位，而且能增强广大市民热爱××市的自豪感和骄傲感，使广大市民团结起来。在创建省级卫生城市的过程中，××市的整体功能也将得到提升，能为广大的市民提供一个管理水平较高、服务要素齐全、环境整洁优美、有利于人民群众身心健康的人居环境。如果此次××市能成功成为省级卫生城市，也能够为××市继续争创全国文明城市和国家优秀旅游城市打下坚实的基础。因此，××市市委和市政府决定争创省级卫生城市是一项顺应民意、构建和谐社会的重要措施。

从××××年到现在，我市创建文明城市已经进行了×年。在此期间，社会各界对创卫活动作出了很大贡献，创卫活动也取得了一系列的成效。本次创卫活动的主要任务是××××××，希望大家继续发扬在之前创卫活动中不怕吃苦、不怕艰辛、不怕困难的奋斗精神，将创卫活动进行到底。

每一个市民都是创卫活动的参与者。希望广大市民都自觉遵守创卫活动的各项规章制度，将创卫活动融入到生活中的每一件小事中，养成文明健康的生活方式，树立良好的公共环境卫生意识，做一个文明守法的好市民。每一个市民也是创卫活动的监督者。创卫不仅是政府的工作，也是每一个家庭和每一个市民的责任。每一个人都应认真履行维护城市环境卫生的职责，对损害创卫活动的行为一定要进行劝阻、举报和制止。每一个市民更是创卫活动的传播者。我们要积极宣传创卫工作的相关规定，要身体力行从小事做起，用自己的行动将创卫的规则、文明的行为规范传播到社会各个角落。

创建省级卫生城市是××市每一个人的责任，也是人人都能受益的活动。让我们大家都积极地行动起来，提倡更加健康、文明、卫生的行为规范，实现创建省级卫生城市的目标，把我们共同生活的家园装扮得更加的清洁和美丽，让我们共同生活的环境越来越美！

谢谢大家！

市领导就做好防汛工作的电视致辞

【致辞背景】在××市动员市民做好防汛工作的电视讲话中

【致辞人】××市市长

各位市民、同志们：

这个夏天，我们××省××市正遭受××年难遇的特大洪水袭击。因为连续××天的强降雨，××市的水位已经高达××米，超过了警戒线×米，长江段水位也已经逼近防汛大堤。这场洪水来势汹汹，我省，尤其是我市，防洪抗灾的形势格外严峻。

根据×××部门的预测，长江的第×次洪峰将于×月××日逼近市区。××市是临江城市，届时，整个××市区都将面临洪水的严峻考验。××也是长江沿岸、中部地区的中心城市，战略地位非常重要。从中央到省委、市委市政府对我市的防洪抗灾高度重视。国务院总理温家宝同志非常重视我市的防汛工作，亲自前来视察汛情。省政府已经发出了紧急动员令，号召全省的力量联合起来抵御这次洪灾。省长×××等主要领导坚守在指挥抗洪的第一线。这对于奋战在抗洪第一线的广大干部群众和官兵来说是一个巨大的鼓舞。

抗洪救灾是我市人民面临的一场严峻考验。在这危急关头，我代表××市市委、市政府号召全市人民群众都团结起来，将防洪抗灾的各项措施全面落到实处。同时我们还要保持高度的警惕，万众一心、众志成城、全力以赴、严防死守，确保抗洪救灾工作全面胜利。

接下来的××天将会成为我市防御特大洪水的最关键时期。在这一段时间内，我希望全市各区、各级、各部门，甚至到每一个街道、每一个小区的负责人；还有所有奋战在抗洪第一线的广大干部群众、官兵，都能严格地遵守防汛指挥部关于抗洪救灾的各项措施。除此之外，还要落实24小时的轮班制度；做好对各种工作的详细预案；加强对江堤的巡查，特别是危险江段的巡视。相关部门要密切关注汛情，一旦发现紧急情况，就要立刻科学处理、果断处置。

在整个防洪救灾的过程中，我们一定要把确保人民群众的生命财产安全放在最重要的位置，保持高度的重视。切实落实防汛首长责任制，将每一项工作都落实到具体的负责人，确保责任到位、人员到位、物资到位、措施到位。在发现险情后，相关负责人要切实做好人员的撤离、安置和转移的各项工作。

我们坚信，在党中央、国务院的正确领导下，在省委、省政府，市委、市政府的英明指挥下，在各级部门、各个部门的紧密配合之下，在广大干部群众和市民的大力支持和共同努力之下，我们一定能够取得这次防洪救灾工作的全面胜利！

市领导就“119消防日”宣传活动的电视致辞

【致辞背景】在××市“119消防日”宣传活动的电视讲话中

【致辞人】××市领导

同志们、朋友们：

今年是全国统一开展“119消防日”宣传活动的第××年，也是《中华人民共和国消防法》颁布施行的第××年。为了表示纪念，也为了能够切实提高全市广大人民群众的消防意识和消防知识，市委市政府决定开展一系列以“×××××××”为主题的“119消防日”宣传活动。在当前社会上各类火灾事故不断的严酷形势下，举办本次宣传活动是非常有必要的，可以借此机会呼吁广大市民关注消防知识、关注安全、关注生命。

近年来，市委市政府一直对消防工作高度重视，不断加大消防工作的领导力度，加强公共消防基础设施建设，强化了消防系统的监督管理职能，开展了一系列的消防的专项工作。尤其是在今年，市委市政府重点加强了火灾隐患的整改力度，一些重大的火灾隐患得到整改，全市抵抗火灾的能力大大提升，消防安全工作取得了一定的成效。借此机会，我谨代表市委、市政府向辛勤战斗在工作一线的消防官兵表示亲切的慰问！向多年来一直关心和支持消防工作的社会各界人士表示衷心的感谢！

在看到成绩的同时，我们必须清醒地认识到，随着各种社会经济活动的展开，我市面临的火灾形势依然非常严峻。据统计，在去年，全国共发生火灾××××起，死亡人数超过××××。而我市去年共发生火灾×××起，伤亡×××人，财产损失高达××××万元。面对这样严峻的现实，市委市政府决定再一次开展“119消防日”宣传活动，强化人民群众的消防意识，普及消防知识，提高自救能力。

在这一次的宣传活动中，全市的各部门和各单位都应积极配合，建立起政府领导、单位负责和媒体配合的消防宣传体系，营造出全民关注、学习参与消防宣传活动的良好氛围。同时宣传、文化教育和公安消防机关也要密切配合这次活动，充分利用这次活动的契机，结合当前正在展开的××××活动，宣传和普及消防知识和火灾逃生技能。各企事业单位也要对员工开展普及消防知识的教育活动。新闻媒体则要充分地发挥出舆论监督作用，对消防事故进行及时的通报，对整治不力的火灾隐患进行曝光，保障全市消防活动有序进行。

在本次消防宣传活动期间，希望广大市民能够积极地参与其中，用自己的实际行动来关注消防知识、支持和监督消防工作的展开，为全市的经济发展的稳定贡献出自己的力量。

消防工作关系到人民群众的切身利益，也关系到社会改革、发展和稳定的大局，意义非常重大。我号召全市的各部门、各单位都以“三个代表”重要思想和科学发展观的具体要求来做好××市的消防工作，共同营造出一个良好的消防安全环境！

工厂领导就安全生产活动的广播致辞

【致辞背景】在××工厂开展的安全生产活动中的广播讲话

【致辞人】工厂领导

全厂职工及家属同志们：

我厂决定从×月开始在全厂范围内展开一次以“××××××××”为主题的安全生产月活动。本次活动的开展是为了响应国家安全生产监督局发布的文件精神，希望通过这次活动的开展，大家都能认真学习、广泛宣传安全生产的法律法规。除此之外，我厂还将开展一系列安全专项整治活动，完善我厂的各项管理制度，提高全厂职工的安全意识，推进我厂的安全文化建设。

近几年，我国的安全生产形势一直非常严峻。四川的×××工厂、广东的××××工厂、湖南的×××工厂等和我厂性质相同的××行业，相继发生了多起安全事故，人员伤亡惨重。另外，其他行业的工厂也出现了多起重大的安全生产事故。这些血淋淋的教训告诉我们：安全生产，事关人命，必须引起高度重视，这也是企业能够得到长久发展的重要前提和保证。虽然我厂已经保持了××年无安全事故的良好成绩，但是在这样严酷的形势下，我们依然要保持高度的警惕性，不能因此而松懈安全工作，更不能就此满足而不思进取。作为一个××行业的企业，“安全”两个字永远都是企业的生命，是每一个领导、每一名员工义不容辞的责任和义务。

现在，我厂的安全生产月活动即将正式启动，在这里，我代表厂党政机关和领导对大家提出几点建议和希望。

首先，充分认识到安全生产月活动的重要性，狠抓安全生产。安全生产月活动在我厂已经多开展多次，在厂党政机关的大力支持和各部门的密切配合下，有针对性的开展了形式多样的安全活动，取得了一定的成效。通过活动，职工的安全意识加强了，我厂的安全建设也有所创新。在今年的活动中，希望大家从思想上重视起来，继续精心组织、积极参与到活动中去，争取使这次活动能取得更好的效果。

其次，采用灵活多样的形式，保证活动的时效性。今年活动的主题是“×××××”，所有的组织活动都要围绕这一主题来开展。在活动开展的过程中，要贴近基层工作、贴近生活、贴近职工，从实际出发，不拘泥于某一种固定的形式，采用各种方法更好地体现活动的创新性、时代性、针对性和时效性。在活动中贯穿科学发展观的指导思想，普及安全生产知识，提高全厂职工的安全素养。

最后，加强组织领导，各部门之间互相配合，发动广大职工参与到安全生产的宣传活动中来。各个部门要结合自己的实际情况，充分发挥自身的主动性和能动性，在参考我厂整体安全生产活动的安排之下，将活动有条不紊地安排好、组织好。全体职工可以根据自身部分的特点，扬长避短，通过各种形式，广泛宣传安全生产的法律法规，普及安全生产知识，为创建安全稳定的工厂环境贡献自己的力量。

谢谢大家！

市长就安全生产宣传活动中的电视致辞

【致辞背景】在春节前夕安全生产宣传活动的电视讲话中

【致辞人】××市市长

同志们：

今年的春节即将带来，值此辞旧迎新、喜迎佳节之际，我代表市委市政府以及安全生产委员会的工作人员向全市人民致以新春的祝福和问候！向正奋战在全市各行各业上的安全生产工作者们致以崇高的敬意和诚挚的祝福！

在过去的一年里，我市的安全生产工作保持了稳定状态，完成了去年的既定目标，实现了“四个零”突破：工矿企业特大伤亡事故为零，特大火灾事故为零，水上交通事故为零，道路交通特大恶性事故为零，取得了一定的成效。能取得这样的成绩，离不开市委市政府的正确领导；离不开各地广大干部群众的共同努力。在过去的一年中，大家紧紧围绕着经济建设的中心任务，以完善完全生产责任制为重点，不断地加强安全检查，才取得了今天的成绩。

虽然在过去的一年中我们取得了不错的成绩，但是必须清醒地认识到：我们的工作还有很多问题未解决，面临的形势依然十分严峻，离上级的要求、人民群众的期望还有很大的差距。因此在新的一年里，我们要继续努力，进一步加大安全生产的工作力度。

临近春节，节日的气氛日渐浓厚，但是安全工作丝毫不能放松。近期，为了切实做好安全生产工作，确保广大市民能过上一个吉祥如意的春节，省市委多次发出了通知，对春节期间的安全生产提出了明确要求。

第一，各部门、各单位要继续坚持以“×××××”为方针，树立人民群众利益高于一切的信念。希望广大干部站在维护社会稳定大局和人民群众生命财产安全的高度上，充分地认识到安全生产的重要性，用实际行动做好春节期间的安全工作，全面落实安全生产责任制，认真做好各种防范措施。此间，各级领导部门也要切实安排好春节期间的安全监督工作。

第二，各生产单位要正确地对待生产和安全的关系，对于重生产、忽视安全的思想要坚决反对，绝对不能允许超能力、超负荷的生产出现。各个生产单位要严格地执行各项关于安全生产的法律法规，定期开展安全检查，一旦发现安全隐患，要立刻处理；还要防止在岗职工在节日期间出现松懈，加强对他们的安全教育，确保生产安全。

第三，各部门都要认真履行监督安全生产的职能，落实安全生产问责制。各部门的主要负责人可以亲自挂帅指挥，在近期内迅速地组织一次专门的安全生产检查，亲自督办春节期间的安全生产工作。对于重点区域、重点部位、重点行业，要派专人负责，确保措施到位。

希望各级干部都能正确清醒地认识到目前的形势，明确任务、抖擞精神、扎实工作，让全市人民度过一个祥和安全的春节。

最后祝愿全市人民春节吉祥如意、幸福安康！

下篇：领导致辞技巧

十六、妙言佳句

节日致辞好句

有关春节的好句

★新年的钟声即将敲响，值此辞旧迎新之际，我很高兴地代表××县委、××县人民政府向各位致以新春的问候和节日的祝贺！并通过你们向全县的父老乡亲也致以节日的问候！向至今奋战在工作第一线的朋友们致以衷心的感谢！祝愿各位新春快乐，合家幸福，吉祥如意！

★“东风夜放花千树，更吹落，星如雨。宝马雕车香满路。凤箫声动，玉壶转，一夜鱼龙舞。”烟火洒满天空，五彩缤纷，昭示着新的一年，我们的生活会更加精彩。祝愿大家新年新气象，用朝气向上的干劲创造更加美好的明天！

有关“三八”妇女节的好句

★春光明媚，万物复苏，今天我们迎来了第××个国际妇女节。为了表彰在各条战线上作出巨大贡献的妇女同志，我们在此隆重聚会。首先，我代表××省委、××省人民政府向在座的女同志，并通过你们向依然坚守在岗位上的女同胞致以节日的问候和最良好的祝愿。祝大家节日愉快、家庭美满、青春永驻、工作顺利！

★女同胞们，新的一年里，希望大家一鼓作气、振奋精神，在家庭和工作中，充分发挥“半边天”的作用，为树立女性崇高的地位而努力。

★新时代的女性用自身的努力，谱写了一曲“谁说女子不如男”的赞歌。女性正在得到重视，女性在社会中的地位会越来越高。

有关“五一”劳动节的好句

★阳光明媚，花团锦簇。在这充满生机的五月里，我们迎来了“五一”国际劳动节，这是我们劳动人民自己的节日！在此之际，我代表市委、市政府向辛勤工作在全市各条战线上的劳动人民及其家属们致以最亲切的节日问候和由衷的祝贺！向荣获“五一”劳动模范称号的先进集体和先进个人致以崇高的敬意！

★劳动是天底下最光荣的一件事。能劳动，说明你这个人无愧于生存在这个世上，能用自己的双手养活自己的同时，也能为社会创造财富。好好享受劳动所带给你的快感吧！祝大家节日快乐、万事如意、合家欢乐！

★今天，在这个属于劳动者的节日里，我想到：“一分耕耘，一分收获”，公司的每一次成长、每一个进步，都是大家的功劳，与大家的无私奉献分不开，凝结着全体员工的智慧、汗水和心血。我们的全体员工是最有资格分享公司发展过程中每一颗胜利果实。

有关护士节的好句

★作为“白衣天使”的护士，不仅要学习和发扬前辈“燃烧自己，照亮他人”的精神，把救死扶伤作为自己的天职，还要用自己真诚的爱心对待每一位患者，为人类健康事业作出自己的贡献！

★在这春意盎然的季节里，我们迎来了自己的节日——“5·12”国际护士节。今天大家欢聚一起，在这喜庆的时刻，除了表彰一些优秀护士之外，还要吸收一批新的成员。值此之际，我代表全院领导，医生及病患，向大家，以及至今奋战在护理工作第一线的姐妹们表示由衷的感谢和崇高的敬意。

★“出淤泥而不染，濯清涟而不妖”，作为人们称颂的“白衣天使”具有莲花一样高洁的品质，她们心向莲花，永远有一份淡雅高贵，不与世俗同流合污的精神。希望“白衣天使”们今后在平凡的岗位上，永葆圣洁的品质，做到处变不惊、无私奉献，用自己真诚的心，平等地去对待每一位病患。

有关儿童节的好句

★同学们，在你们的身上，我看到了朝气蓬勃和青春的活力，校园因你们的存在而变得生机勃勃、充满动力。朗朗的读书声和追逐嬉戏的笑声构成了学校最动听的旋律，操场上矫健的身影和课堂上争相举手回答问题的场面形成了学校最亮丽的风景。

★你们是祖国的花朵、未来的希望。希望家人、老师、社会对你们的爱，如同阳光雨露般滋润着你们，伴你们快乐健康地成长，将来成为报效祖国的栋梁之才！

★在花团锦簇、骄阳似火的六月里，我们再次迎来了属于你们的节日——六一国际儿童节。在这欢乐的时刻，我代表全校老师由衷地祝愿你们节日快乐、学习进步、身体健康，快快乐乐地成长！

有关八一建军节的好句

★沧海桑田，风云际会，世事无常；但无论世界如何变化，人类如何改变，也改变不了铁一样的事实：人民子弟兵时刻效忠于党和人民，是党和人民忠诚的卫士。他们保家卫国、驻守边疆，为我们营造了一个和谐、稳定、团结、发展、向上的环境氛围。我们也爱人民子弟兵，军民鱼水情，情意比海深！今天是八一建军节，至此特殊的时刻，祝愿解放军和武警官兵节日快乐！希望他们的队伍不断壮大！我们的伟大祖国更加繁荣昌盛。

★中国人民解放军与中华民族同呼吸、共命运。××年来，在中国共产党的带领下，浴血奋战，抛头颅、洒热血，为民族独立和国家富强谱写了一曲英雄史诗般的赞歌。在解放军的守卫下，我们国家在新时代铸就了辉煌。人民解放军是一支具有良好革命传统和辉煌战斗业绩的人民军队，是人民民主专政的坚强后盾，是社会主义建设的重要力量。他们起到了捍卫国家主权和领土完整的作用，不愧为全心全意为人民服务的子弟兵。

有关中秋节的好句

★“海上生明月，天涯共此时。”中秋佳节是一年一度的团圆节日。今天，我们欢聚于此，不仅表达一份盼望团圆的心情，也表达省委、省政府对各位为全省发展作出的贡献的感激。在此，我代表省委、省政府对大家致以真挚的节日问候和美好的祝福！

★“但愿人长久，千里共婵娟”。怀揣着美好的祝愿，希望我们伟大的祖国更加蒸蒸日上，××的事业更加辉煌，全国人民节日快乐、和和美美、永远幸福！

有关重阳节的好句

★“人生易老天难老，岁岁重阳，今又重阳，战地黄花分外香。一年一度秋风劲，不似春光，胜似春光，寥廓江天万里霜。”这首毛主席的《采桑子·重阳》是对重阳节的很好描绘。今天，在这金风送爽、丹桂飘香的季节里，我们又迎来了一年一度的传统敬老节日——九九重阳节。在这个欢乐的时刻，大家喜聚一堂，畅谈曾经的峥嵘岁月、意气风发的年轻时光，是一件多么具有意义的事情。值此机会，我谨代表市委、市政府向全市广大老年人致以节日的问候和崇高的敬意，祝愿老年朋友们身体健康、万事如意、家庭美满！

★“最美不过夕阳红”。希望老年朋友有个多彩的晚年生活，祝愿全国老年人身体健康、寿与天齐，永享天伦之乐！

有关教师节的好句

★“春蚕到死丝方尽，蜡炬成灰泪始干”，老师如春蚕、如蜡烛，都是具有无私的奉献精神。你们甘愿在平凡的三尺讲台上，燃烧自己，照亮着别人。你们总是怀揣着谦虚的品质，用无言的爱，培育了一批又一批的祖国栋梁之才，他们的辉煌明天是对你们最好的证明。

★加里宁说：“很多教师常常忘记他们应该是教育家，而教育家也就是人类灵魂工程师。”回想我的学生生涯，从幼儿园开始到大学毕业，在学校度过了将近20年的时光，在建构知识体系和人生观的重要时期，是每一位老师陪我走过，给予我充足的知识，让我明白人世间的真善美。很难想象，假如天下没有教师这个职业，我的人生会是什么样子？社会的面貌会是什么样子？

★在这收获的季节里，我们迎来了第××个教师节的到来。首先，我代表园领导对我们所有的老师致以节日的问候，向你们道一声：你们辛苦了，节日快乐！

有关国庆节的好句

★举国欢乐迎国庆，阵阵红浪舞秋风。男女老少齐欢畅，家和国盛万事兴。很高兴，在这个激动人心的时刻，我们迎来了共和国妈妈的60周岁华诞，我代表大家向祖国妈妈问好，道一声：妈妈生日快乐

★在共和国60周岁华诞之际，祝伟大中国更加繁荣昌盛，欣欣向荣！祖国万岁！祝愿伟大的祖国向新的征程上迈进，让所有的人民都能共享改革发展的成果！

★我相信：在党中央的领导下，我们的祖国明天会更好，新世纪的中国一定会在国际上站稳脚跟，屹立于世界民族之林！

★彩旗飘飘迎国庆，锣鼓声声表成就；举国上下同欢乐，八方宾朋共聚首。值此共和国的第××个生日到来之际，我们欢聚于此，我代表公司党委、领导层向各位来宾、公司全体员工及员工家属表示节日的祝贺和诚挚的问候！

有关元旦的好句

★老师们、同学们，新的一年总是充满希望和期待，让我们祝愿学校的明天更加辉煌！在新的一年里，再创佳绩！祝愿老师们工作顺利、身体健康、合家欢乐！祝愿全体同学奋发上进、学业有成、前途无限光明！最后，我代表学校预祝本次晚会圆满成功！希望全体师生尽情享受歌舞带给大家的欢乐！

★“元旦人同乐，祖国万象新”。值此新年伊始，我谨代表省委、省政府向全省人民、驻地人民解放军、武警消防官兵，以及所有关心支持我省经济社会发展的各界朋友致以诚挚的问候和新年的祝福！

★希望各位在新的一年里永葆龙马精神，共创佳绩！

庆典致辞好句

★今天，我们喜气盈盈，每一面旗帜都舒展着节日的欢乐。

★我们的脉搏都跳动着同样的旋律，繁荣地方经济，造福一方人民，为实现这一愿望，我们今天欢聚在一起。

★我们今天为×××公司开工建设举行隆重而热烈的庆典。

★今天，高朋满座，喜气洋洋，共同庆祝×××公司成立，我谨代表××××公司全体同仁，衷心感谢各位嘉宾的光临！

★今天，我们怀着激动的心情，在这里共同庆祝××的落成，这不仅是××××的一件喜事，同时也是××××的一件喜事。

★在此，我代表市委市政府，对希望小学的落成表示热烈的祝贺！向为学校的建设提供援助和支持的企业和爱心人士，表示衷心的感谢！

★希望工程是一项通过社会募捐来获得资金，用于支持基础教育和资助贫困学生入学问题的公益事业。

★这些措施，不仅促进了我市基础教育事业的发展，也激起了人民群众对教育事业的重视，有效促进了社会主义和谐社会的建设。

★经济全球化条件下，国家的竞争是综合国力的竞争，但归根到底是科技的竞争，而科技的发展又是人才的竞争。

★借此机会，我也向社会发出呼吁，希望更多的爱心人士能够重视教育和公益事业，积极回报社会，捐助更多需要帮助的贫困学生。

★近年来，在县委县政府的高度重视下，我县的卫生事业有了长足的发展。

★从项目规划之初，就得到了县委县政府和社会各界的广泛关注。

★工程开工以来，县医院全体干部职工和承建单位，本着高度负责的精神，克服了重重困难，严把质量关，抢抓工期，确保了工程如期竣工。

★这一项目的建成，必将极大改善我县人民群众的就医环境，也必将有力地带动全县卫生基础设施建设和医疗服务质量的提高。

★几年后，我们将在县委县政府的坚强领导下，以此次新院址的落成为契机，充分发挥自身优势，大力弘扬救死扶伤使命，为全县人民的生命健康不断努力、不断进步而奋斗！

★县医院会进一步加强内部管理，提高医疗服务质量和水平，以先进的硬件设施、精湛的医术、优质的服务，实践为人民服务的使命！

★长久以来，我县的文化基础设施都处于很落后的局面，不能满足人民群众日益增长的文化需求。

★这是我县文化基础设施建设的一次跨越，也是我县文化建设新的发展阶段上的一个大的动作，它必将会对我县的经济发展产生重大的影响！

★面对全县人民的呼声，县领导广泛听取各方意见，做出了这一决定。

★我们希望，各级领导和各界人士今后能够一如既往地关心和支持我们的文化建设事业，为我县早日实现文化事业的跨越式发展，创造出更多更好的条件，提供更大的帮助。

★百年大计，教育为本。

★建设小康社会，快速发展经济，必须加快教育事业的发展，为经济发展提供精神动力和智力支持。

★近年来，县委县政府始终以贯彻落实科学发展观为重任，把教育作为发展的先导性、全局性的任务，放在优先发展的位置上。

★在领导同志的关心指导下，我县的教育事业呈现出良好的发展势头，教育质量连年上升，升学率在全市名列前茅。

★今后，我们应该一如既往地重视教育问题，进一步深化教育改革，全面推进素质教育，加大教育的投入力度，合理调整学校的网点布局，提高办学规模和效益，鼓励社会力量进入教育领域。

★多年来，在县委县政府的正确指导下，广大社区党员干部和群众认真贯彻落实党的路线、方针和政策，坚持以科学发展观为指导，围绕着建设文明社区的思想方针，坚持因地制宜、实事求是的方针，克服了重重困难，顽强拼搏，务实创新，实现了将社区建设成为秩序井然、环境优美、现代化设施齐全。服务健全的美好愿望。

★今天我们聚集在一起，不仅要为这座大厦的落成而庆贺，更应该为企业美好的明天而祝愿!

开幕式致辞好句

★“春来谁做韶华主，总领群芳是牡丹。”在春风送暖、百花吐艳时节，古都洛阳迎来了第九届牡丹花会。

★西岳颔首邀宾客，渭水扬波迎高朋。在人类即将迈入新世纪的重要历史时刻，我们满怀秋收的喜悦和对未来的憧憬，迎来了参加我市“实施西部大开发经济社会发展战略高级研讨会”的各位领导和专家。

★五月的紫阳，满目翠绿，春茶飘香；五月的紫阳，茶山会情，汉水欢唱。此时此刻，热情厚道的紫阳人民迎未了各方宾客。

★今夜星光灿烂，金陵格外绚丽多姿，呈现出一派节日景象。我们在美丽的玄武湖畔，隆重举行××××开幕式。首先，欢迎来自世界各地的朋友，欢迎香港特别行政区、澳门特别行政区以及台湾地区的各位华商嘉宾……

★金秋十月，锦绣江南，天高云淡，诗意盎然。在这样美好的季节，经国务院批准，由文化部、中日作家协会和安徽省人民政府共同主办、马鞍山市人民政府承办的第一届中国诗歌节在历史文化名城马鞍山市隆重开幕了!

好词佳句在正文部分的多半是用来起承转合的，是根据致辞人的本身的才华来定的，这里就不一一举例。

而用于结尾部分的好词佳句能够和最后的祝福水乳交融，也能进一步强化致辞的感情元素，例如：

★年年岁岁花相似，岁岁年年“会”不同。我坚信，洛阳牡丹花会在中外友人的关注和全市人民的共同努力下，会愈办愈好！祝各位来宾在洛阳期间精神愉快，身体健康！

★愿丹水漂流的明天更加光辉灿烂！愿我们的友谊与丹水一样漂入清江，注入长江，奔入东海，源远流长！祝各位领导、各位嘉宾漂得开心，身体健康，万事如意！

★歌如潮，花似海，敢问玉兔今何在，嫦娥翩翩淮南来。愿朋友们共度今晚的良宵美景。祝第十二届中国豆腐文化节圆满成功！

需要注意的是，虽然这些好词佳句能够开幕致辞增色不少，但是并不是任何场合的开幕辞都可以运用的。它们在运用的过程中也不能使用的太多，那样反而会掩盖致辞本身的内容，只有华丽的语言，但是却没有实质性的内容，这就弄巧成拙了。因此，比较严肃的政府性会议不宜使用，这样会降低其严肃性；还有就是在有外宾参与的时候，也不适合使用；而在文体娱乐活动中可以适当的使用。

★今天，省政协第××届会议隆重召开了，从此掀开了××省“十二五”建设的大幕，这是我省政治生活中的一件大事。

★我相信，在全体代表的共同努力下，我们一定能够圆满地完成此次大会的各项任务，将这次大会开成一次解放思想、团结奋进的大会，使之成为我镇全力进行“十二五”建设的良好开端。

★希望全体代表能够深刻认识到肩上的责任，以对人民群众高度负责和对党负责的精神，充分地发扬民主的作风，严肃认真地听取并审议各项本次大会的各项政府报告，一起努力完成本次大会的所有任务。

★现在，××省发展的号角已经吹响了，让我们更加紧密地团结起来，高举中国特色社会主义的伟大旗帜，深入贯彻科学发展观，齐心协力地促进××省的经济实现跨越式发展，共创××省的美好明天！

★花开花落，一年飞度。××××年的今天，我们也是围坐在这里，共同勾画公司走专业化管理道路、实施稳步发展的蓝图。

★××××年第××届全国×××学术大会在经历了特大洪水袭击后如期召开了。

★阳春三月，风和日丽。在这春暖花开的日子里，“×××经济社会发展战略规划研讨会”在今天隆重开幕了。

★“金风送爽逢盛会，渭水含情迎嘉宾”。在这成熟与收获的美好季节，第××届××市传统文化与现代化研讨会在××隆重开幕了。

★值此××省国际经济合作和出口商品洽谈会开幕之际，我代表××省人民政府、××市人民政府，向远道而来的五大洲各国来宾、港澳台同胞、海外侨胞表示热烈的欢迎和良好的问候！

★在这里，我真诚地希望各位能集思广益，发表自己的看法，提出宝贵的意见和建议，指导我们把这次战略规划的研讨会开成一个高水平高质量的大会。

★今天，来自祖国四面八方的各级领导、朋友们欢聚一堂，都是为了庆祝一件共同的盛事——××市首届文化节的开幕。

★九月，生机勃勃、万紫千红，蓝天、白云、绿草、鲜花和红绿操场交相辉映。在崭新的塑胶田径场上，我校第××届学生田径运动会已经拉开序幕。

★春回大地，生机勃勃，风光无限。××县文化活动“×××”文艺晚会系列“××××专场演出”即将开始。

★又一届文化艺术节为我们的校园披上节日的盛装——处处阳光明媚，彩旗飘扬！值此盛典之际，我谨代表学校向筹备、组织这次盛会的全体工作人员表示衷心的感谢！向赛前刻苦训练、为校园文化节积极准备的师生表示亲切的问候！

★秋风送爽，古韵溢香。今天，我们在这里隆重举行××××年中国×××文化旅游节开幕式。

★今天我们欢聚在秀丽的千岛湖畔，载歌载舞，热烈庆祝××××年×××节的开幕仪式。

★在苍翠欲滴、清风送爽的金秋时节，在新中国××华诞即将到来之际，我们在这里举行××市第××届抒发艺术绘画展，作为对伟大祖国母亲的献礼，祝祖国母亲生日快乐！

★春光明媚，草长鸢飞。值此春暖花开的美好时节，首届××县×××文化艺术节今天隆重开幕了

★首先，请允许我代表×××和×××对第××届×××会代表大会的召开表示衷心的祝贺！

★我十分荣幸能在××两国之间的战略与经济对话首次会议开幕式上致辞。

闭幕式致辞好句

★××会议，经过全体代表和与会人员的共同努力，顺利完成了预定的各项

议程，取得了圆满成功。

★这次大会是民主的大会，是胜利的大会，是一次集中智慧、凝聚力量的大会，也是一次继往开来、催人奋进的大会。

★同志们肩负着××人民的信任和支持，一定会恪尽职守、奋发有为，努力创造出更辉煌的成绩。

★在全××干部群众的共同努力下，在历届领导班子工作的基础之上，经济发展近年来明显提速，各项事业全面进步，人民生活水平不断提高，市容市貌也有了很大的改观，社会治安稳定。

★此次大会期间，同志们抱着对人民的事业高度负责的精神态度，认真审视过去的工作，深入分析了未来所面临的形势，做出了科学的规划。

★在今后的道路上，我们既面临着难得一遇的发展机遇，又面临着严峻的挑战，所以，各位必须以更加坚定的信心，更加饱满的热情和更加务实的作风，积极推进各项事业的发展，不断谱写出新的华丽篇章。

★我们必须正视现实，同心协力，奋发进取，共同创造出更加美好的明天，这既是党和人民对我们的要求，也是时代所赋予我们的庄严使命。

★这次大会闭幕后，希望同志们在回到各自的工作岗位以后，能够带头宣传好、贯彻好此次大会的精神。

★各级党组织要把这作为当前和今后一个时期的重要任务，统一思想行动，凝聚智慧力量，将未来发展的蓝图逐渐实现好。

★在过去的×天里，运动员们弘扬了体育精神，在公平的竞争环境中顽强拼搏，展示了高超的竞技水平和良好的竞赛风格，创造了骄人的运动成绩。

★当凯旋的号角吹响时，让我们向取得优异成绩的运动员表示热烈的祝贺！向所有参加比赛的运动健儿致以崇高的敬意。

★本届展会期间，各参展企业投入了大量的人力、物力和精力，展位的布置、促销的手段等方面，都取得了良好的效果。

★我代表大会主席团，向大会期间做好服务工作的所有同志以及热情报道此次大会的新闻界朋友们表示衷心的感谢。

★本届展会规模之大，内容之丰富，形式之灵活，是历次活动所不多见的。

★本届博览会是一届洽谈踊跃、成果丰硕的盛会。

★本届展会会期虽然短，但各位嘉宾汇聚一堂，加深了了解，增进了友谊，促进了合作，给我们留下了美好的记忆。

★这次大会听取并讨论了×××的工作报告，肯定了过去几年所取得的辉煌成就，并对今后的工作提出了很多有益的意见和建议。

★在××××的共同努力之下，我们成功举办了一次盛会，这不仅仅是一次××的盛会，更是一次见证友谊的盛会，是一次站在新的起点上的盛会。

欢迎致辞好句

★在这春意盎然、生机勃勃的日子里，我们很高兴地迎来了××考察团一行。在此，我谨代表××县委、县政府对莅临××县的各位领导和同志们表示热烈的欢迎，并致以最诚挚的问候！

★胜地逢盛事，佳节迎嘉宾。今天，我们相聚×城，共同庆祝第×届××旅游节的胜利开幕。在这普天同庆的日子里，我谨代表中共××区委、××区人民政府和热情好客的××人民，向前来参加本次旅游节的各位领导、各位嘉宾和朋友们表示最热烈的欢迎！向本届旅游节的承办单位以及所有的工作人员表示衷心的感谢！向所有关心和支持××经济社会发展的各级领导、社会各界人士致以崇高的敬意和真挚的感谢！

★今天，请各位校友、社会各界人士为我校的发展和建设多提宝贵意见！并再次对各位校友与来宾的到来表示衷心的感谢！最后，恭祝各位领导、各位来宾、各位校友身体健康、事业通达，心想事成！

★最后，祝大家身体健康，事业亨达！祝愿我们的合资合作能够取得更加辉煌的成就！祝愿我们的友谊天长地久，就像黄山迎客松一样万古长青！谢谢！

★阳春三月，风和日丽。在这美好季节里，我们迎来了各位领导和教育专家检查调研一行。我谨代表中共××区委、区人大常委会、区政府、区政协对×厅长一行的到来表示热烈欢迎和衷心感谢！

★烟波太湖，春风浩荡。在这样一个特别的日子里，我非常荣幸地代表××全体职工，向莅临我处指导工作的各位领导和同仁致以热烈的欢迎和衷心的感谢。

★笑声含诗意，足音传阳刚。北国军营，荡漾着无限生机。一面面军旗，一盏盏彩灯，一句句关怀，一重重温暖……都在突出一个主题：欢迎你，新战友！

★各位朋友们，让我们秉着“坚韧、虚怀、奋进、担当、质朴”的××精神，让我们携手××地，共同谱写辉煌人生的新篇章！

★在这炎炎的夏季里，你们顶着烈日莅临我市进行检查指导工作，这是对我市××事业的关心与厚爱，也是对我市人民的鞭策和鼓励。在此，我谨代表中共××市委、市人大、市政府、市政协和×××万市民对×省长一行的到来，表示热烈的欢迎和衷心的感谢，并致以深深的问候！

★盛夏六月，大地流光溢彩，万象呈辉。在这惠风和畅、湖光旖旎、丽日高照的日子里，××县第二届××文化节隆重开幕了！首先，请允许我代表××县委、县人大、县政府、县政协以及全县××万人民，对前来参加这次活动的各位领导、各位来宾表示最热烈的欢迎！

★十月的××地，金风送爽，菊花飘香。群贤聚会××地，精英云集，共商教育发展大计。

★青山迎远客，丽水待佳宾。恰逢暮春时节，××地山水有幸，人民有幸，迎来嘉宾们的再次光临！佳山秀水，饱含××殷殷迎客情；丽日美景，充满××款款待客意。

★“潮平两岸阔，风正一帆悬”。在加快经济发展的进程中，××人民将以更加开阔的胸怀、开放的理念、开明的姿态，一心一意谋发展，抢先发之机，力争融进大市场、迈向大舞台、实现新跨越。开放又美丽的××地热忱为您服务，期待与您真诚的合作。让我们在千帆竞发、百舸争流的征程上携手并肩，共创佳绩！愿××之行为您留下美好的印象！

★××市人民将勇挑重担，携手并肩，以只争朝夕的勇气，以实际行动开拓美好未来；以迎难而上的锐气，让汗水升华成累累硕果；以奋力追赶的志向，让心血铸造辉煌，稳步推进××地的新发展、新跨越。让我们沐浴着和煦春风，共同迎接××××年中国第×届××文化艺术节。一江秀水，两岸青山，千顷沃野，万树梨雪，无不传达着××万人民的深情厚谊：××市人民欢迎您！

★在这群山叠嶂，田野翠绿的美好时节里，我们很高兴地迎来了远道而来的××省××市党政代表团的各位领导、各位朋友。绿水扬波含喜讯，青山昂头迎佳宾，淳朴好客的××万××人民真诚地欢迎您，热情地问候您！

★潮涌两岸阔，风正一帆扬。在深入落实“三个代表”，扎实推进“三个转变”，加快建设小康社会的过程中，我们一定承关怀而奋起，化帮扶为力量，在××人民的关怀和支持下，进一步解放思想，抓住机遇，求真务实，开拓进取，努力奋斗，用脚印踏出一片坦途，用汗水浇灌累累果实，用笑声迎接未来！祝××党政代表团的各位领导、各位朋友身体健康，工作顺利、万事如意！

欢送致辞好句

★俗话说“天下没有不散的筵席”，你们即将奔赴各自所在部队的工作岗位，履行军人的使命和责任，谱写你们人生的军旅生涯。在此，我谨代表部队领导对大家圆满地完成学业表示热烈的祝贺！

★在这一千多天的日子里，长了身体，还凝聚了友谊，学会了关爱与理解，熏陶与升华了人格，同时你们也见证了一代×中教师用品质承载重任，用卓越铸造辉煌；见证了他们学高为师，身正为范，执著追求、无私奉献的高尚情操与风骨！

★亲爱的××××届毕业生们，天下无不散的筵席，有今日分别的不舍，才有明日重聚的欣喜。既然要分别，就让我们将满腔的思念，托付给明天重逢的喜悦吧！各位领导、老师，以及你们的学弟学妹们，将时刻等候着你们成功的喜讯、胜利的捷报！

★人生短暂，×年军旅光阴，在人生的长河中转瞬即逝，然而这×年光阴却是你们一生中最宝贵的黄金时期，你们将在军营中用勇气、毅力谱写你们军旅生涯的“青春之歌”，用你们的汗水乃至鲜血去构筑共和国的蓝天长城！

★今天，我们欢聚一堂，为×××同志举行欢送会。首先，我代表市分行党委向光荣退休的×××同志表示热烈的祝贺！向×××同志为××农发行所作的贡献表示衷心的感谢！

★“无为在歧路，儿女共沾巾。”分别不是结束，而是崭新的开始！我们在火红的七月离别，必会在美丽的金秋相会！让我们携起手来，共创美好未来！祝愿所有志愿者朋友们工作顺利、前程似锦、事业发达、辉煌无限！

★伴随着金灿灿的太阳，带着老师和同学们的祝福，怀着依依惜别之情，你们即将满载丰硕的成果，告别你们辛勤耕耘的大学老师、告别朝夕相处的大学同学、告别丰富多彩的大学生活、告别共同建设与发展的母校，就要踏上新的航程、开辟新的航道、拥抱新的希望、创造新的辉煌！

★最后，希望我们的新战友能够在军营中施展自己的抱负，努力争当优秀士兵，向家乡父老交上一份满意的答卷！

★同志们！我相信咱们全队同志的明天会更加美好！希望大家常联系！也希望你们继续关注学校的发展。学校就是你们永远的家，希望你们常回家看看，××学院永远欢迎你们！希望你们早传捷报！最后，祝各位同志们身体健康、事业宏达、一路顺风、生活美满！

★今天，我们欢聚一堂，举行告别母校仪式。三年前，当你们踏入这所中学校园的时候，就注定了要面临今天这样一个十分特殊的日子。正因为有了我们的相聚、你们的努力，那青春灿烂的时光才变得如此缤纷多姿，无比炫丽！三年的中学校园生活，留下了你们那甜美欢乐的笑声，那些笑声仿佛还回荡在校园的每个角落；三年的高中苦读，留下大家苦练本领的背影，那些背影早已深深地印在了我们的脑海里。

★岁月布满了历史的足迹，天地沉淀着文明的精华。又是一轮流光溢彩，又是一年桃李芬芳。我们敬爱的××老师××年来在教育一线兢兢业业、恪尽职守、勤勤恳恳，马上就要退休了。尊敬的××老师，今天我们全体师生怀着无比崇敬的心情，特为您举行欢送会。

★同志们，“莫道桑榆晚，为霞尚满天”。目前我公司形势大好，为诸位发挥余热、再立新功提供了广阔的舞台。我衷心地祝愿各位退休的同志们，老有所乐，老有所为，身体更健康，合家更欢乐，万事更如意！

★最后，恭祝×书记身体健康、生活愉快、家庭幸福、万事如意！同时，让我们再次以最热烈的掌声，向×书记多年来为公司的发展所作出的重要贡献表示衷心的感谢！谢谢大家！

★我衷心地希望离开××工作的×书记、×副书记、×县长，把你们优秀的工作经验和做法留给我们。也希望你们到新的任职岗位之后，能一如既往地关注××，支持××的发展。最后，祝愿你们在新的任职岗位上，工作顺利，前程似锦，万事如意！

★早春二月，阳光明媚，处处充满生机。今天，你们就要告别父母，远离家乡，奔赴××经济发达地区去工作、去学习了。在此，我谨代表中共××市委、市人民政府衷心地祝福你们旅途愉快，心想事成！

会议致辞好句

★我坚信，公司的明天一定会更兴旺发达！

★我代表县委、县政府向大会的胜利召开表示热烈的祝贺，向今天出席大会的各位代表致以崇高的敬意！

★我代表董事会向所有同仁致以崇高的敬意，并祝所有同仁及其家属在新的一年工作顺利、身体健康、阖家欢乐！

★在这辞旧迎新之际，我代表公司董事会向长期关心和支持我们的各界朋友、各位同仁致以崇高的敬意和诚挚的感谢！

★在新的一个历史发展时期，我对××公司圆满完成这一历史使命充满信心，我在此代表董事长×××、总经理×××向所有员工道一句：你们辛苦了，希望大家再接再厉，为集团创造更辉煌的明天！

★这次会议的重要性不言而喻，它一方面是我们对过去一段工作的总结，有一定的警示作用；另一方面，它也是我们畅想未来、规划新蓝图的契机，希望各位朋友牢记本次会议的宗旨，做好自己的工作，确保大会的圆满成功。

★××××大会能在本市召开，是××市千载难逢的大喜事，谢谢各位领导、各位来宾、各界朋友对××市的厚爱，我们一定不负所望，再接再厉，加快×××项目的投入，争取在短时间内实现产业的跨越式发展。

★本次大会的宗旨，在于……，希望各位同仁……争取创造更辉煌的明天！

★通过这次大会，我们加深了彼此的了解，增进了彼此的友谊，促进了合作，共谋发展，为我们美好的明天奠定了坚实的基础。

★欢迎大家来到美丽的××，参加一年一度的××××会议。今年会议的最大特色，在于能为广大与会者提供一次难得的学习机会，也对××的加快发展起到较好的鞭策和鼓励作用。我在此代表中共××市委、市人民政府向参加会议的各位领导、各位同仁表示诚挚的欢迎，同时对大会的顺利召开表示热烈的祝贺！

★在邓小平理论和“三个代表”重要思想的指导下，在科学发展观的指引下，在省委、省政府和市委、市政府的领导下，××市（省、县）的经济建设和社会事业跨入了崭新的发展时空。

★我们要在市委的统一领导下，认真学习邓小平理论和党的××大精神，紧紧围绕党政工作核心，促进社会主义精神文明和民主法制建设，同心同德，锐意进取，为实现×××××的宏伟目标而奋斗！

★在新的一年里，我们要更积极地发挥共产党员的先进性，坚持×××××的宗旨，坚持××××××的主题，积极稳妥地推进各项事业的全面发展。

★今天，我们与××公司的领导，与××方面的专家以及企业界的各位同行欢聚一堂，共商合作大计，共谋发展大业，这是一件值得庆贺的大喜事，对于加强此后各方的合作，促进共同发展，实现共赢多赢，都具有十分重要的意义！

★金秋九月，金风送爽，丹桂飘香。在这个收获的季节，我们在××市隆重举办××××会。这次会议，既是加快经济技术协作区旅游发展的一项重大举措，也是加强西南部经济技术协作区旅游界之间友情的一次重要活动。在此，我代表……表示最热烈的欢迎和最衷心的感谢！

★“晴日暖风生麦气，绿阴幽草胜花时”。在这花红草绿四处芬芳的美好季节，我们迎来了×××××大会。借此机会，我代表中共××市委、市人大、市政府、市政协和×××万人民对大会的召开表示热烈的祝贺，向莅临现场会的各位来宾、朋友们表示最诚挚的欢迎！

★今天，与会的嘉宾有省委领导×××、市委办公室主任×××及其他省政府、市政府领导，这充分说明省、市领导对我县×××事业的重视与关心，借此机会，我代表县委、县人大、县政府、县政协对各位领导表示衷心的感谢，真心希望他们对我们的工作提供宝贵的意见。

★在全市人民深入学习××××会议精神、深入开展×××活动、加快区域经济转型、全民建设和谐社会的新形势下，××市妇女第八次代表大会隆重开幕了。

★对优秀教师进行表彰的目的是起到示范的效果，榜样的作用，激励更多的教师更加热忱地投入到这份事业中。当然，我们并未否认其他的老师所作出的贡献。大家一样的为学生的成长、社会的进步作出了无私的奉献，你们的功绩，学生、家长、领导，甚至社会都是看在眼里，永远铭记于心。

★各位领导、同志们，电力设施保护可以用“道路是曲折的，但前途是光明的”来形容，尽管前方道路上充满了荆棘，但我们坚信，有了各级政府关怀和指导、相关部门的大力支持，尤其是在电力职工的共同努力下，我们一定能够做好电力设施保护工作，确保电网安全稳定运行和电力可靠供应，为××经济发展作出新的贡献。

★“一方有难，八方支援”，不分城乡民族，凡我中华儿女，都会在灾难发生后，不论能力大小，为灾区人民献上自己的一份爱心。这份爱心可以是金钱、衣物、食品，哪怕是一个问候。所以希望大家能够伸出你的手，哪怕是一分钱、一件衣物，都能帮助灾区人民渡过难关。集腋成裘、积水成川，小小的爱心汇聚一起就是惊天的力量。

★伟大的民族英雄林则徐已为禁毒树立了好的榜样，已在人民的意识里种下了反毒品的种子。我们沿着先辈的足迹，在政府的政策支持下，在全体民众的齐心协力下，定能打胜禁毒这场没有硝烟的战争。

★各位领导、各位来宾、朋友们，在党的领导下，××在新的时期蓬勃向上，正以崭新的姿态迎接您的到来。真诚地希望你们来××县实地考察，我相信投资××将是你们无悔的选择，让我们携手实现共赢，共同推进小康社会目标的实现。

★希望在座的各位朋友，以后也能经常来××市绿色食品产业发展基地，像走亲访友一样常来转转，经常为我们提供宝贵意见，我们将不吝赐教。而淳朴好客的××市人，随时张开怀抱欢迎各位的到来。

★在座的不少都是经验丰富、学术水平很高的领军人物，你们在期刊上发表的有关外科的论文，我都曾仔细拜读过。对于我来说，你们都是我的前辈，希望大家不吝赐教，我会诚诚恳恳地向各位学习、请教。

★正如刘欢的《从头再来》歌词中所唱的那样："昨天所有的荣誉，也变成遥远的回忆，再苦再累也要坚强，只为那些期待的眼神……"过去是用激情和汗水成就的，但它已经像翻书一样被历史淹没，而我们要放眼未来，用智慧和勤劳再谱写明天的辉煌。我们有足够的理由相信，2012年将是更加激动人心的一年。我们将会一同体验成功的喜悦。同时，更加广阔的发展空间和更多的发展机会也会等待着各位员工的参与，有能力、有奉献精神的员工一定会脱颖而出，获得××商场的认可。

★伴随着时代的变迁、经济的好转，以及我们市日新月异的变化，特别是沐浴着改革开放的春风，经济政策的大好，公司焕发出更加旺盛的生命力，我相信，我们的公司会越办越大，知名度和影响力会越来越响。

★二十年的奋斗拼搏，二十年的峥嵘历程，我们公司终于实现了全国百强企业的梦想，实现了跨越式的发展，谱写了由小做大、由弱到强的光辉诗篇。展望未来，我们豪情壮志，相信公司的明天更加辉煌！

★"不经历风雨，怎能见彩虹"，××公司的今天来之不易，发展也不是一帆风顺的，经历了许多坎坷、挫折，到现在的成长、壮大，成为一流的品牌企业。

★进入新时代，发展的涛声在不断逼迫着我们，这正是腾飞的时刻。祝愿我们公司在××行业中迅速发展，在竞争日趋激烈的形势下，再创佳绩！再铸辉煌！

★我相信：在党中央的领导下，我们的祖国明天会更好，新世纪的中国一定会在国际上站稳脚跟，屹立于世界民族之林！同样，在强大的国力面前，我们的发展环境会更加优越，我们会迎来全新的明天！

★"不经历风雨，怎么见彩虹，没有人能随随便便成功！"希望各位在新的一年里永葆龙马精神，共创佳绩！

★"元旦人同乐，祖国万象新"。值此新年伊始，我谨代表省委、省政府向全省人民，、驻地人民解放军、武警消防官兵，以及所有关心支持我省经济社会发展的各界朋友致以诚挚的问候和新年的祝福！

岗位变动致辞好句

★无论这次竞聘能否成功，我都将继续勤奋努力地学习，扎扎实实地工作。最后，再次感谢各位能够给我这个展示自己的机会！谢谢大家！

★当然，如果我应聘失败，我也不会气馁，毕竟胜败乃兵家之常事。我会继续做好自己的本职工作，无论怎样的工作，都是在为社会主义建设增砖添瓦，我会一如既往地以身作则，端正态度！

★在新的岗位上，我不用许什么漂亮的诺言，因为我知道，只有实实在在的行动能够证明我自己，只有脚踏实地地工作才能造福于人民。

★从今以后，我将和各位一起开拓新的道路，研究今年即将开展的各项工作，我们一定不会辜负领导们的殷切期望，为加快我省的道路交通基础设施建设而做出努力和贡献！

★我相信，在县委的正确领导下，在全县父老乡亲的大力支持下，我一定能够挑起这副重担，也会挑好这副重担！只要我们全县上下一心，踏实肯干，××的明天一定会更加美好！

★我不会说豪言壮语，也没有博大精深的施政纲领，但我深知事业是一个人一生中最重要的追求。我也深知自己也有不适应这个职位的一面，但我相信，有各位领导的支持、各位同事的帮助，我一定能出色地做好这项工作！

★我渴望成功，也关注竞聘结果，但我更重视参与的过程。对我来说，过程比结果更为重要。无论最终竞聘成功与否，都不会改变我对事业的执著，已经对各位的尊重和热爱之情！谢谢大家！

★我相信，只要大家团结一心，踏实肯干，在以×××同志为首的新一任领导班子的带领下，一定能够开创×××更加辉煌的明天！祝愿大家工作顺利，身体健康！

★在此，我衷心地感谢各位领导、各位同事们，感谢你们多年来对我的关心和照顾，在我工作上的支持和帮助。谢谢大家！

★今后无论在哪里工作，我都会珍惜这份独特的经历，珍惜我们之间的感情，永远想念我最敬爱的领导和最亲爱的同事们！

★我会在新的岗位上进一步加强自己的学习，改正自己的缺点，完善自己，把我们××公司的好传统也带到新的岗位上去，将自己的工作做得更好！

★光阴流逝，转眼间我已经和大家在一起度过了四年的时光，此时，到了我即将离开的时刻。公司的一草一木，大家的音容笑貌，以及我们一起走过的路，共同开创的事业，时时刻刻萦绕在我的心头，让我百感交集。

★在我们××公司任职的××年，是我人生中最有价值、最有意义的××年，有这××年的经历，我不枉此生，××公司永远都是我的家。

★无论我今后身在何方，我都会记得我们一年来的工作场景，都会怀念我们在一起的时光，并将它作为我人生中重要的一个部分。为了这些记忆，我祝愿还在××工作的同志们好运，祝××好运，祝你们工作顺利，身体健康！

宴会致辞好句

★欢迎大家来到我们×××酒会，在此，我向大家表示最热烈的欢迎以及最衷心的祝福！希望大家能够度过一个美好的夜晚！

★我们今天酒会的目的就是及时联络大家的感情，让大家能够多多沟通交流，对前一段的工作有一个总结，而对未来一段的工作做一个规划。总结和规划将会使我们在得失中继续奋勇前进！

★在这个秋高气爽的夜晚，我们共同相聚在这里，是为了表彰先进工作者，他们为了工作废寝忘食、兢兢业业，用自己的勤劳的双手创造出了一个又一个的奇迹，他们是我们的楷模，是我们学习的榜样！

★奖杯凝聚千钧力，锦匾汇融万缕情！在这个晚风习习的夜晚，我们团聚在这里，为我们的十大杰出青年颁奖！作为政府领导，我十分高兴，看到人才辈出的年轻人，我感到十分欣慰，我似乎看到了我们国家的未来，是那么宽阔、那么光明！有了你们，我们的未来将是美好的！

★锦堂双璧合，玉树万枝荣。在你们新婚的大喜日子里，祝你们白头偕老、幸福一生！

★我要感谢所有关心和支持我们×××的人，在你们的关心和支持下，×××才有了今天发展与成功，我们将会在今后的工作中更加努力，来回报大家的关心和支持！

★大地流金万事通，冬去春来万象新。在这个新春佳节，我们欢聚一堂共同庆贺，这是我们×××值得庆贺的一件大喜事。此次事件的成功是我们集团的一个里程碑，从此我们将进入一个新纪元！

★取得成就是值得庆贺的，但是，我们千万不能骄傲，记住：骄傲使人退步、谦虚使人进步。我们不要为了今天的一点成就而沾沾自喜，我们应该在此成就的基础上继续奋勇前进，争取获得更大的辉煌！

★我们公司在今后的日子里，一定会继续秉承优良的传统，大力弘扬不怕苦、不怕累的精神，开拓进取、勇于创新，为大家提供更多的产品，更好的服务，相信我们的明天会越来越好！

★辞旧岁，爆竹声声人添喜；迎新年，红灯闪闪国增辉。在这个辞旧迎新的日子里，我们大家欢聚一堂，共同庆祝新春佳节的到来！在这里，我代表县委、县政府全体领导班子祝大家新春愉快、合家欢乐！

★各位领导和各位来宾们千里迢迢来到我们公司，为庆祝我们公司的成功上市，我感到非常荣幸，在此，我衷心地感谢大家，感谢大家对我们的关心和支持！

★俗话说：一分耕耘一分收获。你们取得今天的成绩，是你们辛苦得来的，是你们一步步踏踏实实走到这里的，衷心祝贺你们，希望你们在今后的日子里取得更辉煌的成绩！

★本次酒会的目的，一是为了庆祝我们公司的×××，二是为了联络大家的感情！希望大家能够借此机会进一步加深你们之间的友谊，也希望大家度过一个美好的夜晚！

★在成功面前，我们是渺小的。每一个成功的人，只有经过不断的努力，敢于直面挫折和失败，才能够取得现在的成就，对于一个集体同样如此。

★×××公司能够取得今天的辉煌，是和所有员工和领导层的努力分不开的，我们相信我们的明天会更加美好，我们的未来将会更加灿烂！

★在此，我预祝×××酒会圆满成功！预祝各位领导、各位嘉宾、朋友们身体健康、工作顺利！也祝×××公司生意兴隆、宏图大展！

★今天是五四青年节，我们在这里欢聚一堂为优秀青年颁奖，希望各位优秀青年能够弘扬伟大的五四精神，做到“爱国、进步、民主、科学”，继承先辈们的优良传统，担负起振兴中华的使命，为国家的繁荣富强而努力！

★瑞雪翠柏沐喜气，玉树银枝迎新人。今天是×××小姐和×××先生的婚礼，在这激动人心的时刻，我祝愿他们白头偕老、永浴爱河！

★生活在一天天中更加美好，人类在日新月异地进步，我们创造的一切都离不开劳动者的努力，劳动是最美丽的，劳动是最光荣的，在看似平凡的劳动中实则孕育着人类最伟大的事业！

★青年是国家未来的主人翁，是我们的接班人，每个青年都要担负起自己的责任，不计得失、不畏艰险、自强不息！

★值此春回大地、万象更新之际，我祝愿大家新年快乐、阖府康乐、如意吉祥！

★天增岁月人增寿，春满乾坤福满门。恭祝新春快乐、合家欢乐、新年新气象！

★海上生明月，天涯共此时，在这个中秋佳节之际，我祝愿公司的全体员工节日快乐、合家幸福，希望你们年年团圆、月月添福！

★天道酬勤，功夫不负有心人，你们能够取得今天的成就完全来自自身的拼搏和进取，来自你们执著的追求，来自你们无私的奉献，你们是我们学习的榜样，你们是我们心中永远的楷模！

★山河壮美人更美，今天是共和国母亲的生日，我们大家相聚在一起，共同庆祝这个伟大的节日，在此，我祝愿大家节日快乐、万事如意！

慰问致辞好句

★没有你们无私的奉献，就没有我们取得的优异成绩；没有你们的大力支持，就没有我们的一帆风顺！在这里，我向你们致以真诚的敬意和深深的感谢，你们辛苦了！

★让我们高举邓小平理论的伟大旗帜，全面贯彻“三个代表”重要思想和科学发展观，开拓进取，为实现×××的宏伟目标而努力奋斗！

★未来的征程充满了希望，我们要鼓足干劲，继续努力，在新的一年里争取让我们的工作再上一个新的台阶！

★让我们紧密团结在以×××同志为总书记的党中央周围，高举中国特色社会主义伟大旗帜，深入推进社会主义和谐社会建设，全面落实科学发展观，勇于创新，自强不息，为我××市的经济发展和社会进步作出更大的贡献！

★莫道桑榆晚，晚霞尚满天。还望各位老同志能够一如既往地关心和支持××的发展和改革，为××的美好明天再立新功！

★你们用自己的聪明才智为××事业作出了巨大贡献，为社会主义现代化建设添上了精彩的一笔，你们解放思想、实事求是的精神体现了劳动人民的高贵品质，你们淡泊名利、无私奉献的精神值得我们每一个人学习！

★你们的崇高精神，是人民的楷模；你们的光辉业绩，国家永远不会忘记，企业将永远铭记，人民会更加尊敬你们！

★在这个春暖花开的季节里，我们很荣幸能够来到这里看望各位，并向你们带来最真诚的问候：希望你们的身体健健康康，生活平安幸福，每天都能笑口常开！

★我代表全院的领导班子向护士们送出我们最真挚的祝福：祝愿你们每一天都能够健康快乐，祝你们工作顺利，心想事成！

★让我们为了我市繁荣富强的美好未来一起努力吧！相信有了你们的支持，我们一定会信心百倍地迎接前方的挑战！衷心祝愿您的全家平安健康，幸福快乐！谢谢大家！

★春回大地，日暖神州。在新的一年里，希望你们能够振奋精神，坚定信念，继续发扬艰苦奋斗的作风，为企业的发展再立新功！

★我相信，只要我们团结一心、共同努力，我们一定会取得更好的成绩！我们企业的未来也会更加灿烂辉煌！在此，祝大家新春快乐，身体健康，万事如意！

★江河奔流，自有史册千载；沧海横流，更显英华一代。希望你们可以继续发扬部队的优良传统，发挥自身自强不息、迎难而上的坚韧精神，打好这场硬仗！

★我代表全局干部，向一年来默默付出的干警们表示诚挚的感谢，并向默默无闻的警嫂们表示崇高的敬意！

吊唁致辞好句

★逝者已登仙界，生者请节哀顺变。

★对逝去亲人最好的安慰，就是生者的快乐和幸福。为了老人家的幸福，你一定要保重自己！

★他的教诲会永远回想在你耳旁，他的疼爱将会伴随你一生一世，你的脑海里也会经常浮现出他的笑容。为了关心你的亲朋好友，你一定要积极而快乐地生活，让他在天堂里能够微笑着看你。

★慎终追远，不忘先人。

★这纷飞的细雨，诉说着我们沉痛的心情；这暗淡的天气，表达着我们内心的怀念之情。今天，我们怀着沉痛的心情，在这里深切怀念我们可敬的同事和战友×××烈士。

★×××老师的离世，我们失去了一位好老师、好母亲、好朋友，但是她崇高的品德和善良的人品，以及她对事业的热忱之情，对待工作一丝不苟的态度，永远是我们学习的榜样！

★她身上的高尚人格将会永远激励着我们前进，让我们化悲痛为力量，为祖国和人民作出更大的贡献！

★我们向×××同志的家人表示最诚挚的慰问，希望你们保重身体，将×××同志自强不息、艰苦奋斗的革命精神进一步传承下去，发扬光大，在党的领导下，为建设我们伟大的祖国，为了我们祖国的繁荣富强而努力奋斗！

★在苦难的洗礼下，重生的生命应当如同茂盛的草一般蓬勃生长，意志应当像一把屡经打磨的钢刀一般锋芒毕露。学会向灾难学习，我们的民族才能充满希望，终将走向不凡的道路！

★风吹寒水起悲波，哭声相随愁云飞。往日论交称厚德，今朝追悼寄哀思。

★感谢各位领导、各位同志、各位亲朋好友长年来的关心和支持，感谢你们在这个家庭披上风霜的时候送来了温暖和情意，使丧事办得圆满，让老人家走得安心。

★让我们化悲痛为力量，学习×××老人高尚的精神、严谨的作风和热爱祖国、热爱人民的优秀品质，在各自的工作岗位上努力工作，勤奋努力，用优异的成绩和幸福的生活来告慰×××老人的在天之灵！

★请允许我代表××公司的全体职工向×××老人的不幸离世表示最沉痛的哀悼，对×××老人的家属表示最诚挚的慰问！并为我们失去这样一位好长辈、好家长而痛心难过。

★我们失去了一位决策果断、处事周全的好领导，我们的战线上失去了一名好先锋，企业界失去了一位好朋友。但是您的精神，必定会长存不泯，将永远鼓舞着咱们××公司的员工奋发向上！

★我们也要谨记应该化悲痛为力量，在各自的工作岗位上奋力拼搏，努力工作，迎来我们××单位辉煌的明天，在才是对×××同志最好的报答。

★我们要继承他的遗愿，努力拼搏，做好我们各项工作，为我县卫生事业的发展而努力奋斗！

★之所以怀念，是为了更好的纪念。在清明节纷飞的雨丝里，让我们用心地去怀念×××校长，让我们记住他对××学校的每一份贡献和努力。

★让我们踏着先烈们的足迹稳步前行，为社会主义事业的建设，为了祖国的繁荣富强贡献自己的力量！

★同志们，让我们永远斗志昂扬地面对生活中的一切困难，让我们永远坚守自己心里的那一份底线，让我们步伐坚定地勇敢前行，把烈士“为了人民幸福”的殷切希望变成我们心里牢记的誓词，用一生践行！

答谢致辞好句

★非常感谢各位在百忙之中前来参加××公司的上市挂牌仪式，在这激动人心的时刻，我代表我们××公司的全体员工，向多年来关心、支持、帮助我们的各位领导、各界朋友表示衷心的感谢！向公司全体员工的精诚团结和多年的努力拼搏致以亲切的问候！向投资××公司的广大股东致以崇高的敬意！

★正所谓感恩知福，饮水思源，值此新春到来之际，我代表××公司全体员工对各位领导的光临表示热烈的欢迎和节日的衷心祝福和问候！

★尊敬的各位领导，各位来宾，老师们、同学们：大家好！今天我们××小学一个很不平凡的的日子，是一个值得庆贺的日子。全校的师生和全村的父老乡亲们，怀揣着无比激动的心情迎来了前来捐赠助学的领导们，在此，我谨代表××小学的全体师生，向县委、教育局的各位领导表示最诚挚的感谢和最崇高的敬意！

★今天，我们大家欢聚在这里，共同庆祝××中学建校××周年庆典。在这里，请允许我代表全校师生员工，向在座各位的到来和一直以来的关心、支持表示热烈的欢迎和衷心的感谢！

★很高兴来到贵国，荣幸地结识了各位。中×两国历来交好，×国××市更是我国××市长期友好城市之一。今天我们踏上了这片热土，恰逢两地结为友好城市×周年之际。我校代表团能够再次访问××高中，并为×周年庆典活动拉开序幕，我们倍感激动和荣幸。受到你们的热情款待，更是感受到了贵国的深情厚谊。在此，我代表与我同行的××学生向你们表示诚挚的感谢！

★在这充满生机的美好时节里，受××文化界同仁的盛情邀请，我们来到了贵地。开展这次的文化交流与访问，得到了你们的热情款待，深深地感受到了中×两国人民之间的深厚友谊。借着这个机会，我代表此次前来×国的全体人员向×国的朋友致以衷心的感谢！

★最后，再一次对各位一直以来的支持表示衷心的感谢！祝大家新年愉快，万事如意，合家欢乐！谢谢大家！

★大家好！在这万物复苏，春暖花开的时节，我们欢聚在一起，首先请允许我代表××县人民政府，向××集团无偿捐赠给我县的×万元的研究基金，致以崇高的敬意和由衷的感谢！

★在这个非凡的日子里，我们能够相聚一堂。今天，我镇在这里举办医药企业发展交流答谢会。在此，我谨代表××镇人民政府对大家的到来表示最热烈的欢迎！向一直以来关心、支持和帮助我镇医药产业发展，积极投身我镇医药产业建设的企业和社会各界人士致以最衷心的感谢和最亲切的问候！

★值此新春佳节之际，我公司今天召开了××××年客户答谢会。请允许我代表××有限公司，向各位的到来和一直以来你们的关心和支持表示热烈的欢迎和衷心的感谢！

公益活动致辞好句

★当灾难降临时，我们用爱心来传递温暖、传递关怀、传递真情。爱心，如一座灯塔，照亮了人们的希望。

★坚持把节约资源放在工作和生活的首位，努力建设节约型城市！

★爱心是一缕冬日的阳光，使饥寒交迫的人们感受到了温暖；爱心是一泓沙漠里出现的泉水，使濒临绝境的人看到了生命的希望；爱心是一曲飘荡在夜空中的歌声，使孤单无依的人获得了灵魂的慰藉。

★保护环境，功在千秋；保护环境，人人有责。保护环境，是我们每一位公民应尽的责任。

★每个人都应该关心环境质量，每个人都应该参与环境保护啊。

★自然生态不可能被改造，但是人类的生活可以有选择。选择绿色生活，追求绿色时尚，走向绿色文明，是人类可持续发展的重要举措。

★为了我们能在一个美丽清新的自然环境中生存，我们应该从我做起，从身边做起，不乱扔垃圾，不随地吐痰、不乱伐树木，让我们行动起来吧！要知道，保护环境，就是保护我们人类的家园。

★体育是我们生活当中不可或缺的一件事，如果没有体育，我们的生活将会失去多少色彩？

★生活中，我们每天尝试，在不断尝试中，我们不断失败；在不断失败中，我们走向成功。运动员们，不要放弃尝试，如果你这次成功了，这会是你下一次尝试的动力；如果你失败了，那就总结经验教训，继续努力吧。

★无论成功或失败，都不重要，重要的是你敢于参与的勇气；无论成功或失败，我们永远赞美你，你们永远是我们的骄傲。努力吧，运动员！

★蓝天在为你加油，白云在为你鼓掌，执著、坚强、耐力与渴望，在漫长的白色跑道上点点聚集；力量、信念，目标与胜利，在遥远的终点线上渐渐明亮。奔跑起来吧，运动员们，时代的强音正在你们的脚下踏响！

纪念活动致辞好句

★今天，我们在这里欢聚一堂，共同纪念“五四”运动××周年。在此，我谨代表××市党工委、办事处对各位领导、各位嘉宾的到来表示热烈的欢迎和衷心的感谢！向××市所有的青年朋友们致以节日的祝福和问候！

★在这微风送爽的时刻，我们在此聚会，纪念伟大的中国共产党××岁生日，热情讴歌党的伟大业绩，表达我们对党的热爱之情。在此，我代表××党委向莅临今天大会的各位领导表示热烈的欢迎！向多年来关心支持我们××工作的各级领导、各界朋友表示衷心的感谢！向一直奋战在第一线的全体工作人员致以亲切的慰问和崇高的敬意！

★今天是中国人民抗日战争胜利××周年纪念日，我们××市各界人士在这里聚会，隆重举行纪念活动，以此来寄托我们对抗日英雄的缅怀之情，表达我们在新的历史形势下捍卫国家和平的坚定信念！

★在举国上下庆祝新中国成立××周年之际，我们也迎来了××中学××周年华诞。在此，我代表校党委、校长室向各位领导、各位来宾、各位校友及各位朋友表示最热烈的欢迎和崇高的敬意！向全体离退休老同志和全校师生员工致以亲切的问候和节日的祝贺！

★大家好！今天，是我们××公司成立××周年的纪念日，我们××公司的全体同仁和员工在此聚会，欢聚一堂，共同庆祝××成立××周年这个喜庆的日子。

★今天，我们怀着十分崇敬的心情，隆重聚会，纪念×××同志逝世××周年。在此，我代表县委、县人大、县政府、县政协对×××同志表示深切的怀念，对×××同志的亲属表示亲切的慰问，对在全面建设小康社会、加快中原崛起的宏伟时间中弘扬×××精神、做出非凡成绩的优秀共产党员、优秀领导干部和其他先进分子表示崇高的敬意！

★今天，是×××同志诞辰××周年纪念日。我们怀着无比崇敬的心情，缅怀他的事迹，学习他的精神。

★今天，是个欢乐和喜悦的日子，是值得在记忆的长河中，长久珍藏的特殊喜庆之日，是××集团成立×周年纪念日。在此，我代表××集团董事会及全体员工向各位嘉宾的到来，表示热烈的欢迎和衷心的感谢！

★今天是我国改革开放×周年，也是我们××医院建院×周年纪念日。在这美好的时刻，请允许我向在座的各位领导、专家们、广大一线同仁们的到来表示衷心的感谢！

★今天，我们怀着无比激动、喜悦的心情相聚在这人民广场、主席面前，怀着满腔的深情纪念我们伟大的领袖毛主席诞辰×××周年。

媒体见面会致辞好句

★在市委、市政府的正确领导下，在各地各部门广大干部的共同努力下，全市上下围绕经济建设这一中心，全市的经济建设取得了明显成效。

★牢固树立人民利益至高无上的理念，努力实践“三个代表”重要思想，提高执政能力、维护社会稳定大局、对人民群众生命财产安全负责。

★同志们，我们坚信，在省委、省政府的正确领导下，各职能部门相互协调、求实创新、扎实工作，社会各界一如既往关心、支持××××工作，我省的××××工作就一定会有更大的发展，我省在全面建设小康社会和率先基本实现现代化的道路上走得更快！

★希望各级干部各类从业人员正确认清形势，坚定信心，明确任务，振奋精神，通过扎实有效的工作，保证全市人民度过一个欢乐、祥和、安全的节日！

★让我们积极行动起来，用我们的热情和真诚，用我们的劳动和汗水，倡导健康、文明、卫生的行为方式，实现×××的目标。

★坚持邓小平理论、“三个代表”重要思想和科学发展观为指导，以经济发展为第一要务，统一思想、抓住机遇面对各种挑战。

★在大家的共同努力下，我镇的经济建设、民主法治和精神文明建设都取得了可喜可贺的成绩，在我镇的发展史上留下了浓墨重彩的一笔，也为我镇全面建设小康社会奠定了坚实的基础。

★和平、发展、合作是当今时代的主题。这种和平稳定的国际环境，对我们顺利完成“十二五”规划各项目标任务、实现经济社会的持续快速发展、构建社会主义和谐社会十分有利。

★××××年，对于广大员工来说是值得骄傲的一年，是团结奋进的一年，是无私奉献的一年。

★让我们行动起来，为了××××的发展振兴，为了公司事业的发展，为了每个员工的梦想与激情，贡献自己最大的力量和热情。

★“×××××”是本次×××企业活动的主题，更是每一位××人的心愿和追求！

★这次××××企业活动是对公司员工的一次全面检阅。希望所有的员工都能积极地参加本次活动，加强生产技术学习，展示自己的技能水平。

★随着科学技术的快速发展，那些有知识、有技术、具有创新精神、爱岗敬业的高技术人才就成为企业发展的中坚力量和宝贵的财富。

十七、好词集锦

节日致辞成语

春节致辞的常用词：辞旧迎新、五谷丰登、四季平安、新年快乐、福星高照、万事如意、恭贺新禧、吉星高照、多福多寿、财运亨通、健康长寿、鲤鱼跃龙门、开春喜临门、开春福临门、开春大吉、花开富贵、合家欢乐、飞黄腾达、万事顺意、万事顺利、荣华富贵、一帆风顺、金玉满堂、五福临门、龙门精神、百业兴旺、喜上眉梢、红红火火、事业有成、合家欢乐、心想事成、一帆风顺、二龙腾飞、三羊开泰、六六大顺、七星高照、八方来财、九九同心、十全十美等。

三八妇女节致辞的常用词：巾帼英雄、女子能顶半边天、三八红旗手、女中豪杰、不让须眉、仪态万方、女中丈夫、女中尧舜、才貌双全、英姿飒爽、英姿焕发、龙潜风采、风姿卓越等。

五一劳动节致辞的常用词：劳动模范、忘我工作、埋头苦干、积极肯干、勇挑重担、起早摸黑、夜以继日、大显身手、披星戴月、废寝忘食、争分夺秒、全力以赴、竭尽全力、踏踏实实、全心全意、汗流如注、任劳任怨、脚踏实地、兢兢业业、干劲倍增、同心合力、鼓足干劲、吃苦耐劳、精疲力尽、不遗余力、挑灯夜战、一马当先、热火朝天、扎扎实实、汗流挟背、日夜奋战、持之以恒、各负其责、干劲冲天、身先士卒、力争上游、摩拳擦掌

护士节致辞的常用词：白衣天使、救死扶伤、妙手仁心、无私奉献、医者仁心、无微不至、细心呵护、体贴入微等。

六一儿童节致辞的常用词：未来之星、后起之秀、国家栋梁、欲放花朵、聪明伶俐、活泼开朗、淳朴自然、体贴懂事、善良淳朴、吃苦耐劳、天真浪漫、童真无邪、生机勃勃等。

八一建军节致辞的常用词：保家卫国、守卫边疆、钢铁战士、人民子弟兵、军民一家亲、拥军爱民、为国为民、刚正不阿、舍生取义、英勇善战、听党指挥、坚忍不拔、令行禁止、无坚不摧、雷厉风行、铮铮风骨、英姿飒爽、威武雄壮、所向无敌等。

中秋节致辞的常用词：月到中秋分外明、嫦娥奔月、吴刚伐桂、花好月圆、月是故乡明、合家团聚、其乐融融、月白风清、皓月当空、天伦之乐、但愿人长久，千里共婵娟、举头望明月，低头思故乡等。

重阳节致辞的常用词：黄花晚节、敬老爱幼、老有所养、老有所医、老有所

教、老有所学、老有所为、老有所乐、家有一老，如获至宝、最美不过夕阳红、人老心不老、鞠躬尽瘁死而后已等。

教师节致辞的常用词：才华横溢、博古通今、鞠躬尽瘁、兢兢业业、无私奉献、春风化雨、有教无类、平易近人、古道热肠、十年树木，百年树人、作育英才、高山昂止、教导有方、桃李不言、虚怀若谷、阳春白雪、满腹经纶、德高望重、语重心长、字字珠玑、呕心沥血、诲人不倦等。

国庆节致辞的常用词：举国欢庆、歌舞升平、喜气洋洋、载歌载舞、举国欢腾、欢天喜地、国泰民安、欣欣向荣、四海升腾、高高兴兴、和平盛世、国泰民安、张灯结彩、千秋伟业、四化建设、彪炳史册、翻天覆地、成绩卓著等。

元旦致辞的常用词：一元复始、万象更新、一帆风顺、新年新气象、万事如意、家庭美满、百业兴旺等。

任何节日都可使用的万能词语：身体健康、合家欢乐、工作顺利、一帆风顺、如意吉祥、万事如意、家庭美满等。

庆典致辞成语

一般当我们遇到建筑物落成、奠基、揭牌、挂牌，甚至开业、婚庆、生日、乔迁、佳节等事情时，都会举办一个庆典来大肆庆祝一番。这么热闹的场合，领导作为一个社会团体的代表，势必成为整个庆典的核心人物。在这个特殊的舞台上，领导若想彰显自己的个人魅力，胸无点墨是不行的，至少应该知道这些场合会用到哪些好词，在自己的致辞没有实际内容的时候，至少可以多用一些成语给大家一定的震撼力。

不同的庆典活动，所涉及好词也是不同的，我们分场合分类别了解一些：

庆建筑物落成、竣工的好词有：宏基永固、物华天宝、新基鼎定、华厦开新、堂构更新、良辰安宅、宏基鼎定、创厦维新、堂开华厦、鸿猷丕展、华厦生辉、新厦鼎定、喜庆落成、栋宇壮丽等。

庆挂牌、揭牌时常用的好词有：财源广进、开业大吉、敬贺开张、宏图大展、兴隆大业、昌裕后人、花开富贵、财通四海、骏业宏开、万商云集、客似云来、大展经纶、骏业日新、骏业肇兴、大富启源、裕业有孚、丰盈八方、紫气东来、乾坤万里等。

其余庆典场合，如乔迁、庆功、佳节等喜庆场合，常用到词语在其他章节有说明，这里不再赘述。

闭幕式致辞成语

闭幕式是一个庄严正式的场合，在这种场合里发言，无疑是万众瞩目的焦点。怎样才能吸引众人的眼光，为闭幕式营造一个良好热烈的氛围，闭幕式致辞中的词语运用十分关键。下面，我们将举出一些场合中使用的经典词语，来供大家参考。

政府工作会议闭幕式致辞好词：继往开来、催人奋进、恪尽职守、奋发有为、解放思想、实事求是、与时俱进、开拓创新、求真务实、民主团结、同心协力、发扬光大、不懈奋斗等。

体育活动闭幕式致辞好词：顽强拼搏、满腔热情、精彩绝伦、激动人心、永久长存、再续辉煌、美轮美奂、史无前例、热情洋溢、奋勇争先、永不放弃、荡气回肠等。

经济活动闭幕式致辞好词：圆满成功、富有成效、成功务实、再接再厉、资源共享、互利互惠、弥足珍贵、蓬勃发展、通力协作、积极配合、精彩纷呈、丰富多彩、再续辉煌、绿色经济、高度重视、充分肯定等。

文娱活动闭幕式致辞好词：洽谈踊跃、成果丰硕、初见成效、同心同德、汇聚一堂、展示风采、精心筹备、日日夜夜、高潮迭起、异彩纷呈、无与伦比、陶冶情操、历史悠久、居功甚伟等。

欢迎致辞成语

一篇平常的欢迎辞也许得体恰当，但却没有用词精彩的欢迎辞引人注目，那么整篇欢迎辞的品质就要大打折扣了。因而，领导在致欢迎辞的时候，应该注意使用一些妙词、好词，从而给人耳目一新的感觉。

用于鼓励干部的词有：扎实苦干、锐意进取、求实创新、狠抓落实

用于表达来宾辛劳的词有：不辞辛劳、汗湿重衫、众口交赞、翻山越岭、不远万里、无怨无尤、任劳任怨、不舍昼夜、顽强拼搏、精诚团结、追求卓越

用于致辞开头的表示时令、季节或天气的词有：风和日丽、天朗气清、惠风和畅、阳春三月、春意盎然、金秋送爽、丹桂飘香、春意浓浓、春回大地、红日高照、春风浩荡

用来称赞来宾才识与品格的词有：经验丰富、学识渊博、胆识过人、赏罚分明、奋勇争先、不甘落后、廉洁奉公、

用于表达合作之意的词有：加强交流、一如既往、真诚合作、优势互补、共图发展、携手并进、携手并肩、精诚合作、风雨同舟、水乳交融、携手合作、共谋发展、共商大计

用于鼓励青年学生的词有：锻造品格、奉献青春、锤炼意志、年轻有为、夯实基础、奋发有为、乘风破浪、展翅翱翔、锐意进取

用于称赞地方的词有：物华天宝、人杰地灵、钟灵毓秀、资源富庶、科技发达、得天独厚、风景秀丽、山花烂漫、精英云集、地势平坦

欢送致辞成语

经过多年的沉淀与积累，欢送仪式上的常用词语也大致形成了一些不成文的规范。因而，一篇好的欢送辞中必然会包含很多精彩的词语。根据欢送仪式的不同用途，常用词语也不同。

用于赞扬被欢送者的成语：坚忍不拔、胸怀祖国、心系国家、艰苦奋斗、无私奉献、身形矫健、早传捷报、开动脑筋、顽强拼搏、不怕吃苦、辛勤耕耘、默默奉献、锦囊妙计、一心为公、心底无私、勤勤恳恳、任劳任怨、拼搏实干、奋勇拼搏、硕果累累、见微知著、团结拼搏、开拓进取、吃苦耐劳、顾全大局、不计得失、恪尽职守、尽职尽责、励精图治等。

用于表达格调高昂的送别基调的成语：“来日方长，后会有期”、天下无不散的宴席等。

用于表达壮志踌躇的成语：会当水击三千里、可上九天揽月、敢下五洋捉鳖、鹰击长空、乘风破浪等。

用于表达祝愿的成语：安康永远、幸福快乐、晚年幸福、宏图大展、事业红火、再创辉煌、万事如意、工作顺利、“乘兴而来，满意而归”、顺心如意、心想事成、健康长寿、阖家欢乐、鹏程万里、前程似锦、合家幸福、再创佳绩等。

用于行程的成语：一路平安、一路顺风、返程愉快、归国顺利、一帆风顺、归途顺利等。

用于表达双方友谊的成语：风雨同舟、共渡难关、携手并肩、地久天长、“同呼吸、共命运”、友谊长存、团结一心、众志成城、齐心协力等。

会议致辞成语

根据会议精神和会议内容的不同，不同的场合可以使用不同的成语，如：

会议上用来祝福祝贺的成语有：蒸蒸日上、欣欣向荣、国泰民安、国强民富，人寿年丰、繁荣昌盛、欣欣向荣、欢聚一堂、幸福安康、身体健康、万事如意、幸福美满、阖家欢乐、花开富贵、广开财路、开基创业、再创辉煌、心想事成、步步高升、事事顺心、前程似锦、财源广进、财源滚滚、生意兴隆、日夜红火、日进斗金，一帆风顺、二龙腾飞、三羊开泰、四季平安、五福临门、六六大顺、七星高照、八方来财、九九同心、十全十美，等等。

会议上用来勉励的成语有：志同道合、肝胆相照、互惠互助、同心协力、奋发图强、精益求精、力争上游、勤能补拙、人定胜天、精卫填海、得陇望蜀、磨杵成针、一鼓作气、愚公移山、百尺竿头、有志者事竟成、戒骄戒躁，山不厌高、海不厌深，等等。

会议上用来称赞（或表彰）的成语：兢兢业业、披星戴月、吃苦耐劳、才思敏捷、谦虚谨慎、不耻下问、舍己为人、大公无私、励精图治、高瞻远瞩、日理万机、英明果断、孜孜不倦，等等。

会议上用来自谦的成语：不吝赐教、以勤补拙、不敢自专、谨谢不敏、犬马之劳、抛砖引玉，等等。

会议的基本内容，一般不外乎总结、表彰、勉励这几个板块，有些特殊的会议会有其他板块，如学术性会议会有一些有关某个专题的内容。这些成语，在相应的板块都能用上，领导在致辞的时候，可以视情况选取，为自己的致辞增添色彩。

宴会致辞成语

宴会上的领导贺辞和其他场合的领导贺辞大致是相同的，只是酒会相对而言比较轻松一点，因此领导在致辞的时候，也可以不那么严肃，增加一些活泼或者轻松的氛围。但是，领导毕竟是领导，在贺辞中依旧不能缺乏威严，所以，贺辞中最好穿插一些成语，增加贺辞的分量！

下面是为大家搜集的常用成语，可以让你的贺辞更加文采飞扬！

酒会常用祝福成语：繁荣富强、鹏程万里、万古长青、恭喜发财、身体健康、万事如意、事业有成、蒸蒸日上、学业有成、马到成功、一帆风顺、一路顺风、一生平安、一马当先、白头偕老、早生贵子、永结同心、花好月圆、百年好合、长寿百年、福如东海、寿比南山、恭喜发财、开业大吉、财源广进、年年有余、新年快乐、步步高升、万事大吉、心想事成、事事顺心、合家欢乐、财源广进、年年平安、一飞冲天、龙腾虎步、辞旧迎新、恭贺新禧、迎春接福、喜气洋洋、好运连连等。

酒会常用赞美成语：流芳百世、名垂青史、两袖清风、高风亮节、德高望重、忠贞不渝、光明磊落、大公无私、严于律己、奉公守法、深明大义、持之以恒、锲而不舍、废寝忘食、大义凛然、不屈不挠、鞠躬尽瘁、死而后已、博学多才、见多识广、坚韧不拔、励精图治、高瞻远瞩、孜孜不倦等。

酒会常用激励成语：奋发图强、百炼成钢、知难而进、再接再厉、雄心壮志、不屈不挠、以身作则、信心百倍、天道酬勤、自强不息、锲而不舍、精益求精、聚沙成塔、卧薪尝胆、披荆斩棘、只争朝夕、自强不息、笨鸟先飞、斗志昂扬、任重道远、悬梁刺股等。

慰问致辞成语

在慰问致辞中，恰到好处地使用一些成语可以起到画龙点睛的作用，让大家听得舒服，领导自己也有面子。

表示祝福：前程似锦、捷报频传、马到成功、大有作为、丰衣足食、功成名就、衣锦还乡、步步高升、一鸣惊人、知足常乐、称心如意、心想事成、春光无限、大有作为等。

表示称赞：见多识广、吃苦耐劳、力挽狂澜、兢兢业业、谦虚谨慎、出类拔萃、舍己为人、大公无私、英姿焕发、日理万机、才高八斗、孜孜不倦、艰苦奋斗、果断神武、不耻下问、谈吐不凡、才思敏捷、披星戴月、锲而不舍、金石可镂、壮志凌云、坚韧不拔、励精图治、远见卓识、高瞻远瞩、长江后浪推前浪等。

表示鼓励：奋发图强、锲而不舍、专心致志、再接再厉、积极进取、精益求精、力争上游、人定胜天、磨杵成针、永不退缩、一鼓作气、斗志昂扬、更上一层楼、有志者事竟成、百尺竿头，更进一步、世上无难事，只要肯登攀等等。

表示安慰：好事多磨、再接再厉、胜败乃兵家常事、有福同享，有祸同当、塞翁失马，焉知非福、金无足赤，人无完人等。

表示支持：相濡以沫、风雨同舟、荣辱与共、众志成城、携手共进、鼎力相助、施以援手、雪中送炭等等。

需要注意的是，在使用成语的时候要注意被慰问者的素质和身份。如果被慰问者的文化修养较高，那么领导自然可以随心所欲地使用成语，在言语中使用正确、合适的成语会让大家认可领导的地位，不会认为这个领导只是个“草包”而已。如果被慰问者是毫无文化基础的工人或者农民，那么领导在慰问致辞中使用成语就要谨慎了，在这些人面前滥用成语可能会导致一些尴尬的状况，比如领导在上面妙语连珠，被慰问者却只能机械地点头、干笑，因为他们根本不知道领导说的是什么意思。因而，在向这些人致慰问辞的时候，要多说一些民间众所周知的谚语。比如，可以不说“饮水思源”，而说“喝水不忘挖井人”，不说“众擎易举”，而说“众人拾柴火焰高”，这样不仅拉近了和群众之间的距离，还让群众感受到了领导的贴心。

吊唁致辞成语

在悼词中，如果适当地用一些成语，就能更好地表达自己对逝者的敬意，寄托自己的哀思。我国的丧葬文化由来已久，内容深邃而丰富，在使用成语遣词的时候也要特别注意。此外，如果给逝者家属送鲜花或者挽联，在挽联中也可以用这些词语来画龙点睛，三五个字就能够让人知道前去吊唁的是什么人。这些词语一定要用对了地方，才会大放异彩，不然只会平生尴尬。

悼念朋友：旧雨空怀、牙琴谁听、痛失知音；

悼念烈士：浩气长存、永垂不朽、千古流芳；

悼念岳父：痛切东床、丈人峰坠、东床洒泪、蓬岛归真、东岳之封、泰山之寒；

悼念岳母：恩同生我、王母召归、女宗失仰、坤仪宛在、泰水冰封、母仪足式；

悼念舅父：泪洒西州、宅相增悲、音断渭阳；

悼念姑母：门楣风冷、云锁姑峰、悲失姑山；

悼念姐妹：吾甥何恃、泪洒同根、姐妹花残；

悼念家属：节哀顺变、尚望节哀、尚请保重；

悼念老师：手泽空存、哲人其萎、伤神立雪、绛帐空悬、师表长存；风范长存、教泽难忘、痛失师表；

悼念学生：风摧桃李、吾道安归、芳卉风落；

悼念学友：安得钟期、竟尔仙游、伤如手足、谁复知音、兰言空忆；

悼念政界男逝者：万姓奔号、羊碑犹在、仁风安仰；

悼念学界男逝者：玉楼赴召、地下修文、大雅云亡；

悼念医界逝者：橘井泉寒、如失良相；

悼念军界男逝者：将星陨坠、星暗上台、斗宿敛光；

悼念学界女逝者：德比倪欧、女宗安仰、钟郝遗风；

悼念商界男逝者：阑阓风高；

悼念英烈：永垂不朽、气贯长虹、浩气长存、英灵永吊、一代英豪、万古长青；

表达自己的哀戚：远道闻讣、不胜悲痛、不胜哀戚。

答谢致辞成语

答谢辞的主要基调是情感真挚的感谢，要反映真挚的情意，一般过于华丽的辞章会淡化这种情意。但这并不意味着答谢辞就要毫不修饰地呈现出来，适当加入一些好词，不但可以增添答谢辞的美感，而且有强化情感的作用，而且一篇好的答谢辞还可起到修饰领导形象的作用。

答谢辞中常用到的好词如下：

答谢帮助时可能用到的成语：感激不尽、回报社会、无私奉献、舍己为人，等等。

答谢授受时可能用到的成语：感恩父母、感谢不已、杯水之谢等。

公益活动致辞成语

公益活动的种类很多，所以公益致辞没有特定的词汇圈，需要根据具体情况而确定。具体来说，各个场合可用到的词汇如下：

赞助活动会用到的好词有：春风送暖、大爱无疆、雪中送炭、一方有难八方支援、关爱社会、乐于助人、甘霖雨露、众志成城、万众一心、同舟共济、一分援助一分希望、爱心使者、人道主义精神、恩惠万家、道德高尚、爱心奉献、冬日阳光、爱心同舟、慷慨解囊等。

环保活动会用到的好词有：绿色无污染、天蓝云白、山青水绿、绿色文明、绿色时尚、保护环境人人有责、绿色家园、手下留情足下留意、爱绿护绿、绿化大地、植树创造未来、环保美德、环保人人有责、回归自然、拒绝白色污染、爱护家园、不扔垃圾、不乱吐痰、不乱砍树等。

体育活动会用到的好词有：奋力拼搏、紧追不舍、咬紧牙关、旗开得胜、摩拳擦掌、全神贯注、并驾齐驱、你追我管、体育精神、友谊第一比赛第二、强身健体、龙腾虎跃、飞跃梦想、生命在于运动、更高更快更强、永不言败、永不放弃、生龙活虎、风驰电掣、动如脱兔、英姿飒爽等。

纪念活动致辞成语

纪念活动一般都是比较重大或正规的场合，纪念活动上的用词也很有要求。所以，在领导致辞中应该出现很多出众的词语，除了能够重温、缅怀那些历史上的事件、人物外，更应该通过这些经典的词语让人感觉到致辞人当时的心情。或悲恸、或激愤、或怀念、或沉重，这样的感情表达会让人觉得眼前一亮。所以在不同的场合上要有相应的用词。

纪念历史事件活动致辞常用词语：

前赴后继、承前启后、继往开来、民族危亡、风雨飘摇、风雨砥砺、奋进高歌、引吭高歌、披荆斩棘、历经磨难、救国图强、流血牺牲、不畏艰险、艰苦奋斗、创造辉煌、改革开放、峥嵘岁月、励精图治、舍身赴死、同仇敌忾、不忘国耻、翻天覆地等。

纪念日活动致辞常用词语：

春风化雨、砥砺自强、柳暗花明、孜孜求索、拼搏进取、日新月异、乘风破浪、勇往直前、灿烂辉煌、求实创新、团结拼搏、风雨岁月、凝聚力量、同舟共济、脚踏实地、与时俱进、不断创新、同心同德、拼搏奋进、一如既往、栉风沐雨、矢志不移、沧海一粟、共同进步、携手发展等。

纪念名人活动常用词语：

顽强斗争、鞠躬尽瘁、光芒四射、奋发图强、锐意进取、艰苦奋战、无悔付出、奔波操劳、诚心诚意、简朴生活、艰苦朴素、勤俭节约、以身殉职、公私分明、兢兢业业、殚精力竭、忍辱负重、机智勇敢、百废待兴、坚持真理、治学严谨、精益求精、威廉奉公、谦虚谨慎、气节高尚、呕心沥血等。

十八、佳联好对

节日致辞好对

春节致辞常用对联：

盛世万家兴，新春千家乐。

瑞雪兆丰年，举国迎新春。

欢声笑语迎新年，欢聚一堂贺新春。

喜气洋洋伴福来，财源滚滚随春到。

春风入喜福满门，岁月更新财入户。

大吉大利大和顺，新春新喜新世纪。

取天时地利人和，占五湖四海财宝。

高居宝地人兴旺，福照满门富生辉。

天地和顺家添财，平安如意人多福。

春回大地万事新，福降神州喜临门。

事事平安好运来，如意吉祥财源进。

年年财源顺意来，岁岁福禄随春到。

迎喜迎春迎富贵，接财接福接平安。

三八妇女节常用对联：

四化实干家，三八红旗手。

庆三八佳节，绘十七宏图。

一心为家庭，双手绣乾坤。

巾帼英雄豪情壮，劳动模范心灵美。

中华巾帼多奇志，当代女流胜伟男。

勇夺五连冠，长民族志气；描绘四化业，振中华豪情。

胸怀五洲，实为巾帼英雄；志在四化，不愧女中豪杰。

祖国腾飞，巾帼英雄显雄风；神州巨变，中华儿女展宏图。

同心协力，与男儿并驾齐驱；发愤图强，为妇女添光争气。

冲出小家庭，肩挑祖国千斤担；邀来众姐妹，同织神州四化图。

自重自强自尊自爱，身肩时代重任；多胆多识多才多艺，争做巾帼英雄。

五一劳动节常用对联：

山川披锦绣，人物显风流。

勤劳称美德，劳动最光荣。

劳动真本色，廉洁育高风。

红花献英雄，美酒敬模范。

鲜花献模范，美酒敬英雄。

勤俭是美德，劳动最光荣。

争当劳动模范，勇做时代先锋。

生产发展生活提高，劳动光荣劳工神圣。

劳动红旗高高举起，传统美德代代相传。

劳动人民力量无边，革命事业鹏程万里。

祖国山河锦绣披成，英雄儿女继往开来。

排山倒海豪情永在，改天换地乐趣无穷。

共树雄心建中华，同怀壮志为祖国。

风流人物看今朝，锦绣江山留胜迹。

挥毫共写大业章，展卷特书英雄谱。

护士节常用对联：

求恩作铭，铭记医世医人医者父母心；普济为幸，幸知救国救民救苦扶天下。

立一生救死扶伤之志；守万家福寿安康之愿。

护士心系患者，医生胸怀病人。

六一儿童节常用对联：

破土春笋节节高，绽蕾花树株株秀。

学习勤奋争三好；德智优良树标兵。

三春花朵向阳花，四化新苗经雨秀。

创建千秋大业；造就一代新人。

一代接班人，满园向阳花。

幼苗度春风，万木争荣，花蕊逢春雨，百花吐艳。

讲文明讲道德，造就一代新人；爱劳动爱科学，创建千秋大业。

微风习习，催放祖国花朵；春雨丝丝，滋润童稚心灵。

歌舞欢腾，六一儿童庆佳节；薰风和煦，万千花朵正宜人。

看一代红色少年，个个意气风发；铸千秋革命事业，人人雄心壮志。

树雄心，为一代新人，塑造美好心灵；立壮志，替万株幼苗，灌输文化养料。

八一建军节常用对联：

镇守边疆，保卫万里江山；建设祖国，描绘四化伟图。

握钢枪守国土，青松结屏；跨骏马戍边疆，高山列队。
穿林莽挂晨露，镇守国土；握钢枪戎边疆，保家卫国。
人民子弟为人民，肝脑涂地；钢铁长城胜钢铁，保家卫国。
可歌可泣，时代乐章动人寰；为国为民，英模奇迹惊天宇。
保国安邦，荣耀一身雄气锐；习文演武，人才两用蓝天高。
红星绿甲，人民军队猛似虎；金城汤池，祖国屏障坚如钢。
前辈英雄，开创革命千秋业；后代健儿，永保江山万年红。
提高警惕保边疆，众志成城；加强战备守国土，森严壁垒。
绚烂朝晖满军营，军威雄壮；明媚春色遍国疆，国运兴隆。
金戈铁马，千里征尘安社稷；酷暑寒冬，一腔热血铸长城。
提高警惕，众志成城保边疆；加强战备，森严壁垒守国门。

中秋节常用对联：

几处笙歌留朗月，万家箫管乐中秋。
叶落疏桐秋正丰，花开丛桂夜来香。
中天一轮满，秋野万里香。
天若有情天亦老，月如无恨月常圆。
人逢喜事尤其乐，月到中秋分外明。
地得清秋一半好，窗含明月十分圆。
千重远山万重水，十分相思百分念；三秋桂子十里荷，一轮明月两地心。
静观万物，欲平天下有如湖；佳景四时，最好秋光何况月。

重阳节常用对联：

九九重阳步步登高，三三节令年年有度。
元元春节年年复始，九九重阳步步登高。
青松迎仙鹤，聚首话重阳。
仙鹤昭大寿，醉菊酿重阳。
松菊重阳，山河共庆；鸾凤和鸣，风华绝代。
松竹长生，风云共舞；椿萱并寿，日月同辉。

教师节常用对联：

春蚕到死丝方尽，蜡炬成灰泪始干。
园丁众志栽桃李，伯乐一心育英才。
无私奉献，功在千秋。
化甘露育桃李浇开未来花，做红烛为后代默燃智慧火。
滴滴汗水，滋润桃李满天下；点点心血，培育英才惠神州。

甘露润桃李，粉笔书春秋。

园丁辛苦一堂秀，桃李成材四海春。

乐做人梯通大道，甘当绿叶托红花。

国庆节常用对联：

年年国庆，庆祝新面貌；处处欢歌，歌唱大丰收。

三阳播彩，小阳喜叠重阳；双庆临门，家庆欣逢国庆。

人民四化大业，百世其昌；祖国万里江山，千秋永固。

百花争艳，展望江山千里秀；万民同庆，欢颂祖国万年春。

天时地利人和，祖国共飞腾；虎跃龙骧鹏举，神州齐奋进。

不舍昼夜，浩荡江河汇大海；只争朝夕，英雄儿女铸伟业。

万家爆竹迎春，大地换新颜；四化旌旗报捷，江山添秀色。

元旦常用对联：

一元复始，万象更新。

岁岁欣逢元旦节，年年欢唱和谐歌。

天增岁月人增寿 春满乾坤福满楼。

绿竹别其三分景，红梅正报万家春。

元旦人同乐，神州地共春。

百世岁月当代好，千古江山今朝新。

庆典致辞好对

在建筑物落成的时候，一般会有一些对联来迎合喜庆气氛，领导在致辞的时候，也可将这些对联加入自己的致辞中，整个贺辞会与当时的气氛更贴切，起到意想不到的作用。因此，在庆典致辞中，领导可以适当用一下下面的对联：

琼宇落成市添颜，华构玉容喜谊亲。

两手两肩建大厦，一砖一石筑高楼。

岁寒三友添新颜，春风满堂聚德光。

吉日落成万事如意，良辰迁居百年顺心。

添瓦加砖筑大厦，万丈高楼平地起。

创建千秋大业，造就一代新人。

创业始门庭送祥云，宏图展宅第生瑞气。

日照华构生紫烟，月映丽厦吐瑞气。

华构式颖式构华，新居时艳时居新。

新居丕振显新貌，宏图奂命展宏容。

新第旁围多睦邻，小楼上下皆春意。

全方面发展努力自强，多媒体教学寓教于乐。

血播春雨培桃李，胸燃洪炉铸栋梁。

钢铁铸锤镰开天辟地，灯烛煌火炬接力传薪。

砌铜墙粉铁壁华居添彩，上金梁竖玉柱庭宇生辉。

近水楼台先得月，向阳花木易逢春。

新屋落成逢新岁，春风送暖发春华。

五色祥云笼甲第，华门安居进财源。

三多景福集门间，新厦落成增瑞气。

银屏似心扉，尽抒教师育才情；

视窗如天门，大展学子凌云志。

新厦落成创业始，依旧基旧址立柱。

宏图初振治国先，择新础新栋为梁。

建修坚固乐称心，钢骨框架筑高楼。

设计精美喜开怀，混泥坚基建大厦。

新宇喜迎四方客，两手两肩建大厦。

爆竹欢送五洲宾，一砖一石筑高楼。

迁入新宅吉祥如意，乔迁喜天地人共喜。

搬进高楼福寿安康，新居荣福禄寿全荣。

山河气象果新奇到处莺歌燕舞，栋宇规模真壮丽满眼虎踞龙蟠。

热汗千滴夜以继日，大厦落成到处欢天喜地；

高楼万栋遮雨避风，福人迁入满堂金碧辉煌。

闭幕式致辞好对

闭幕式致辞时，适当穿插一些适合当时场合和气氛的对联，一样能使致辞增色不少。如，可用这些对联：

拿出使命感，抓紧每一天。

踏踏实实做人，认认真真做事。

统一思想智慧，凝聚精神力量。

繁花似锦，欢歌如潮。

万紫千红百花争艳，五湖四海一体同贺。

九州春色莺歌燕舞，四海征程虎跃龙腾。

神州六十载，改革三十年。

同甘共苦声声唤，与时俱进阵阵风。

百花盛开尽显芳菲，有朋自来蓬荜生辉。

人间六月，南风迎贵客；天上百星，北斗耀嘉宾。

紫气东来江山如画，红旗招展龙虎扬威。

虎跃龙腾创人间奇迹，莺歌燕舞描大地春光。

花团锦簇江山添异彩，虎啸龙吟华夏壮神威。

需要说明的是，闭幕式一般是对会议活动进行的概括总结和对未来表示祝愿，并由激励人发奋图强的意图，所以，在闭幕式致辞中，要尽量使用一些能够催人奋进的对子和进行概括总结的对子。

欢迎致辞好对

一篇完美的欢迎辞，除了遵守相应的格式，使用出彩的词语之外，还应适当使用相应的对联或经典诗词。当然，致辞人也可以根据具体情形，化用某些古典诗词。但是，无论何种场合中的欢迎辞，对联或诗词都要根据仪式的性质、目的、对象而定。

一般而言，在致辞中，对联或古诗词多为化用。比如，在正文的开头，致辞人可以使用“室内高朋满座花更艳，窗外红日高照天更蓝”、“巍巍青山含敬意，悠悠绿水寄深情”等表达对来宾的欢迎之情。在正文的结束部分，致辞人可以用“千帆竞发击长风，万众一心兴伟业”等表达鼓励来宾创业之义。

又比如，致辞人还可以结合欢迎仪式举行的地点、场景来化用古诗词。如“山川形胜，集造化之工巧；人情世俗，承古朴之民风”就是根据当地的风景特点来表达当地的民风与山川特点。与干巴巴的陈述相比，这样无疑使致辞十分新颖、引人注意。此外，对于校友回校参观，致辞人可以用“昔日同窗读，今朝道为范”来表达致意；还可以用“时光流逝，岁月如歌”、“几度沧桑、斗转星移”等句子来表达校友分别××年的感慨之情。

至于运用什么样的对联或诗词，致辞人一定要具体问题具体分析，切忌生搬硬套，否则会带来事倍功半的后果。

欢送致辞好对

送别场合是多种多样的，因而各种精彩对联的使用也要根据场合来决定。比如在欢送退伍军人或毕业生仪式上，就有很多精彩的对联。如人们常用“海内存知己，天涯若比邻”、“莫愁前路无知己，天下谁人不识君”等来表达高昂的欢送基调，表示欢送之义而又不失低沉。如果能在欢送退休退伍人员或毕业生的致辞中用到这两句以及与此类似的句子，那么这篇致辞就会收到良好的欢送效果。

又比如，人们喜欢用“长风破浪会有时，直挂云帆济沧海”、“雄关漫道真如铁，而今迈步从头越”、“艰难困苦、玉汝于成”、“海阔凭鱼跃，天高任鸟飞”等句子来表达对被欢送者的勉励之情。欢送者为了鼓励被欢送者在今后能取得更大的成绩，一般可以用一些表示凌云壮志之类的句子。这样做必定会使被欢送者受到极大的鼓舞，从而营造良好氛围。此外，这样的句式尤其适宜于毕业典礼上的致辞。这样类似的句子还有“宝剑锋自磨砺出，梅花香自苦寒来”、“吃得苦中苦，方为人上人”等。

当然，除了勉励被欢送者，还有一些句子是用来表示主宾双方共勉的，如“先天下之忧而忧，后天下之乐而乐”之类的句子。

此外，还有一些对联特别适用于欢送离退休人员。在这种仪式上，致辞人可以对退休人员致以晚年幸福的祝愿，还可以对退休人员所做的努力表达感谢之情。比如，“夕阳无限好，晚霞别样红”是为了表达对退休人员的美好愿望。而“新竹高于旧竹枝，全凭老干为扶持”等句则是为了表示对老领导或老职工的谢意。

会议致辞好对

会议致辞既然类似于“八股文”，能用经典成语为致辞增色，自然也能用对联为致辞增色。只是中国传统文化中，没有专门“为会议而生”的对联，各个对联都是有一定的语境的，领导人如果能在合适的语境中使用符合语境的对联，定能令致辞不同凡响。

如，一位总经理，在年总结大会上，用了“马去雄风在，羊来福气生”这个对联形容辞旧迎新。一位商场的领导，在年度表彰大会上，用了“马岁事事如人意，羊年时时洽春风”来作为开场白。这两个对联的应用，既符合马年过去羊年来的语境，也具有一定的励志作用，表示对过去一年工作的总结，对未来一年工作的展望，非常得体，也增强了致辞的力度。

不仅是马年、羊年，在生肖对联中，任何一个年份都有这样有一定喜庆意义的对联。一般企事业领导在年总结大会、年表彰大会上，经常会用到这些有一定励志作用、喜庆作用的生肖对联，政府部门领导在春节前后的致辞，也会用到这些对联。因此，无论哪个行业、哪个部门的领导，可以熟练掌握一些生肖对联。

再如，一位校长在九月份开学典礼上，为了表示对过去一学年成绩的总结，用了一句“秋风吹来硕果，九月迎来喜庆”对联来作为开场白，时间、时令、内涵意义，都符合当时的场景，可谓绝佳的开场白。

类似与时令有关的对联，一般适用于会议召开的时机。如果某些会议是在春天召开的，领导在致辞的时候加入一句与春天有关的对联，既暗合当时的时令，又能将会议所产生的繁荣与春天的欣欣向荣联合起来，增添情趣。夏季和秋季，同样也是如此。

至于其他场合会用到什么对联，领导可根据自己内容的需要，寻找与当时语境相符的对联。手头如果一时没有好对联可以用，领导者也可自己即兴编造对联，只要体现当时时令特点，又能巧妙地引出本次会议即可，不必向古诗中的对联一样，讲究严格的押韵或平仄，这点一般还是容易做到的。其实原创的对联更能体现领导者的个人魅力，其致辞也更容易赢得会议参与者的关注，此类对联的效果也是不错的。

宴会致辞好对

在宴会致辞上，对联是必不可少的部分。对联一方面可以彰显领导的文学素养，也可以烘托现场的气氛，可谓是一举两得。但是，对联并不是可以乱用的，在致辞的时候要根据场合、对象来确定对联，不同的场合用不同的对联，或者根据特定场合自己书写一副对联亦是不错的。

表彰庆功对联：

业著光荣榜，花开报喜春。

花献革新者，功昭创业人。

千声颂乐歌功著，一卷宏图举业新。

改革涌新潮群龙戏水，振兴挥壮志大浪催舟。

振兴进取展鹏举，改革创新纵马腾。

声声颂誉催人奋，朵朵红花向党红。

奖杯凝聚千钧力，锦匾汇融万缕情。

功高且把云为鉴，誉重宜将岭作师。

巨手回天四化业，群英向党百花红。

作贡献青春灿烂，勇登攀事业辉煌。

伟业方兴功颂英豪报国，宏图大展名传志士骋才。

壮志凌云英雄奇迹惊天宇，凯歌动地时代新潮奏乐章。

巨龙崛起英雄兴大业，华夏腾飞时势造新人。

业绩辉煌无愧英雄本色，鹏风浩荡首推志士精神。

报晓鸡声，拂晓钟声，声声悦耳；赏心国事，舒心家事，事事关情。

与时俱进扬新风，英雄我辈出，清史留名；继往开来报国家，精忠济天下，永垂史册。

忆往昔奋发图强万众一心谋发展，看今朝继往开来众志成城铸辉煌。

产值效益日日攀升千峰正竞秀，工程建设月月创优百舸再争流。

英姿飒爽气贯长虹丰功伟绩天地人和源远流长，继往开来宏图大展德才俱进光耀乾坤万世流芳。

节庆对联：

辞旧岁，爆竹声声人添喜；迎新年，红灯闪闪国增辉。

新年携兴泰共绘蓝图，聚力谱新篇再创辉煌。

虎去兔来一年复始，春明日丽万象更新。

百世岁月当代好，千古江山今朝。

春雨丝丝润万物，红梅点点绣千山。

日出江花红胜火，春来江水绿如蓝。

万事平安幸福年，吉祥如意拜年顺。

九华灯炬云中挂，五彩鳌山海上移。

壮丽山河多异彩，文明国度遍高风。

大地流金万事通，冬去春来万象新。

三千世界笙歌里，十二都城锦绣中。

赛龙夺锦，鼓声催发健儿奋；端日弄波，浆拍浩汤舟队威。

去年秋别泪暗垂，远渡重洋，满载心酸，独在异乡为异客；今夜月明人尽望，海外游子，心系故土，每逢佳节倍思亲。

一身许国传科技，两袖清风做人师。

一代风流怀大志，十亿巨手绘宏图。

发愤图强，成材不负青云志；鞠躬尽瘁，报国常存赤子心。

寿诞婚礼对联：

半百光阴人不老，一世风雨志更坚。

三千美景添筹算，九十风光乐有余。

青霜不老千年鹤，锦鲤高腾太液波。

今日又添一岁，风华正茂；来年更上一层，斗志昂扬。

泰山不老年年茂，福海无穷岁岁坚。

乐享遐龄福如东海长流水，生逢盛世寿比南山不老松。

成双鸾凤海阔天空双比翼，一对鸳鸯花好月圆两知心。

凤落梧桐梧落凤，珠联璧合璧连珠。

不愿学鸳鸯卿卿我我浅戏水，有志学鸿雁朝朝夕夕搏长风。

海枯石烂同心永结，地阔天高比翼齐飞。

良理由夙缔，佳偶自天成。

锦堂双璧合，玉树万枝荣。

耳聪目明无烦恼，笑对人生意从容。

吊唁致辞好对

向逝者家属敬赠挽联，一来可以衬托追悼会上的沉痛、肃穆的气氛，二来可以表达自己对逝者离世的遗憾和悲哀之情，再者还可以表达自己对死者的敬重。从立意上说，挽联的遣词造句都应该是积极，符合时代精神，对前来参加追悼会的人们应该起到正面作用。挽联要有艺术性，做到言简意赅，让人过目难忘。

挽父联：

慎终不忘先父志，椿影已随云气散。

情切一堂痛泪相看都是血，哀生诸子斑谰忽变尽成麻。

愁思向谁宣空想胪欢承菽水，终古成永诀枉教涕泣进羹汤。

常若音容在，一天雨雪凋椿树；永怀风木悲，满目云山惨棘人。

挽母联：

含蘖全贞清名永著，断机教子遗训长存。

梦断北堂春雨萱花千古恨，机悬东壁秋风桐叶一天愁。

挽男丧通用：

清名终古长留，有才有德事业长存；

直道至今犹在，为国为民斯人可法。

忆杖履追随亮节清声犹在，帐老成调谢嘉言令德常存。

月冷庚公楼，直道至今犹可忆；星沉处士里，旧游何处不堪悲。

喜政策英明家业重兴方期克享晚福，正春耕紧急羸疴蓦起竟尔与世长辞。

高风传梓里，生前忠节似松凌凛雪；亮节昭来人，死后高风如月照长天。

大雅云亡梁木坏，大雅云亡空怀旧雨；老成凋谢泰山颓，哲人其萎怅望高风。

旧社会茹苦含辛寒暑操劳幸沐东风迎解放，新中国翻身立业儿孙绕膝应无遗憾别亲人。

挽女丧通用：

绣幕今看乔鹤翔，莲花香现佛前身。

瑶池旧有青鸾舞，宝婺光沉天上宿。

哀乐寄哀思亲友共钦贤母德；遗容寓遗志子孙长念三春晖。

画荻踪难觅，半世劬劳戚里咸钦懿范；扶桐泪欲倾，一朝永别合家同失慈晖。

挽男女丧通用

留有勤劳典范，美德堪称吾侪典范。

继承革命家风，遗言长示后世儿孙。

半世勤劳传姜风，千条溪壑是哀声。

一生俭朴留嘉范，万里名花凝涕泪。

答谢致辞好对

对联对于答谢辞的作用，与成语一样，同样能增添文章的美感，帮助树立领导者的形象，还可表达自己的受款待或受帮助的感恩之心、激动之情，强化谢意。

答谢辞中可用的对联有：

感谢政府一片心，百姓住宅根基稳。

热情服务诚信营业谢客来，货真价实如假包换酬来宾。

城墙高万丈，全靠朋友帮；生意有今日，皆因贵客来。

八方援手和谐泉城，时报倡导社会关爱。

风雨兼程路，扶持闯未来。

诚信源自商业商家商人之基本，成功始于客来客往客户予建议。

家贫志坚誓做社会有用之人，身正心善堪为学子雪中送炭。

工期紧迫，乘中秋月明，工人联玉兔勤捣，完成任务；事情繁多，趁桂子香远，老板化嫦娥漫歌，酬谢辛劳。

喜迁新居喜气洋，福星高照福满堂。

路漫漫其修远兮，吾将上下而求索。

雄关漫道真如铁，而今迈步从头越。

谁言寸草心，报的三春晖。

国盛昌明，社会和谐才有善长仁翁助学子；恩同再造，少年承惠方能攻书授业成栋梁。

为报家国挑灯夜读有志学子不忘资助义举，常行慈善节衣缩食无心获恩期盼赠与助学。

十年寒窗苦读圣贤望有成杰之时，百年心血助我之躯盼为国之栋梁。

东西南北缘自一片爱，春夏秋冬难忘永世情。

建三农伟业，为百姓鞠躬尽瘁；付一生全力，当万世英名不朽。

岂曰无义，商家出资以助教，国之幸事；莫道失信，企业捐款为帮学，民之福缘。

公益活动致辞好对

在中国古代，公益活动较少，所以也没有与公益相关的对联流传下来。到了近代，公益活动逐渐增多，这才出现了不少公益性质的对联。只是这种对联的指向性很强，通常所针对的都是具体的事情，而且若是没有具体语境，人们是很难将之与公益连接的。所以，在公益致辞中加入对联时，需要根据致辞的具体内容选择。如：

与爱心有关的对联：

一心一德为善乐，三生三世结福果。

善善良人慷慨解囊广开门路，堂堂君子疏财济困常献爱心。

雨露宏施种福种，种种不忘点滴恩；慈悲广播人心暖，人人爱心满九州。

风无碍，雨无阻，勇赴灾区；心相系，手相连，共渡难关。

大爱无疆，放眼寰宇，献爱心，不分国外国内；上善若水，纵观历史，做善事，何论谁后谁先。

与环保有关的对联：

比清新，比亮丽，画出一片好天地；你参加，我参加，环境清洁靠大家。

治山治水，山明水秀自然美；还林还草，林葱草茂生太平。

植树造林平衡生态神州处处松杉绿，栽花种果美化江山华夏家家玛瑙红。

绿化祖国山青水碧千秋美，平衡生态人杰地灵万物春。

改造自然年年风调雨顺，平衡生态处处水秀山青。

汽油少铅，无烟一身轻；能源多用，有道随时行。

节能减排江山前程似锦，循环利用环境前途无量。

费油增耗，污人污水污环境；节能减排，利人利己利国家。

铺张摆阔图虚名、勤俭节约传家宝。

今日节能明日里，前人栽树后人荫。

与体育有关的对联：

马不停蹄炮架当头直捣黄龙府，车出巡河士居田心拱卫紫禁城。

披坚执锐过五关斩六将瓮中捉鳖，捋须品茗思千载视万里海底捞月。

以百米跑速度跟随祖国建设步伐，用三级跳姿志赶超世界科技水平。

同心同德开创体育工作新局面，群策群力比攀登世界记录高峰。

创纪录争第一开展体育竞赛，兴民气壮国威振奋民族精神。

一把标枪闯天下，两个铁饼定乾坤。

其他公益对联：

敬爱无亲疏，天下高龄皆父母；老残不孤独，人间晚辈尽儿孙。

毋怨体态残缺，但修心灵健全。

世间哪有万人？竟把丹心描日月；天下岂无残障？更凭傲骨写春秋。

科技入户春来千枝秀，文化临门冬去万木芳。

纪念活动致辞好对

在表达纪念或怀念之情时，少不了要用到一些对联，因为对联不仅可以言简意赅的表达，而且能彰显你的文采。在致辞中那些恢弘的气势、委婉的情绪、远大的志向，都可以用简短的对联清晰地显示出来。一篇纪念致辞中，如果多处运用对联，不但可以使整篇文章的品位提升上去，而且可以影响氛围，显示其庄重。领导在致辞时可以参照以下对联：

前事不忘，后事之师。

三十年春风化雨，三十载砥砺自强。

三十年孜孜求索，三十年蓝图共谱。

喜今日人和校兴，十载耕耘凯歌高奏；看明朝春华秋实，二次创业气象更新。

讲台能载千秋伟业，烛光亦照万里河山。

雄关漫道真如铁，而今迈步从头越。

风雨兼程路，扶持闯未来。

路漫漫其修远兮，吾将上下而求索。

忆往昔，艰难拼搏；看今朝，成果辉煌。

风范永恒在，时时育后人。

长夜难明赤县天，百年魔怪舞蹁跹。

当五爱青年，做四有新人。

四有新人创大业，八方俊彦绘宏图。

当代青年多壮志，今朝学士照英才。

鱼跃碧海赞海阔，鸟飞蓝天颂天高。

峥嵘岁月春开笑，秀丽江山旭日升。

扬正气安外振中标青史，树雄风民清正廉展新篇。

华夏腾飞，靠科技发展奔小康社会；山乡巨变，凭改革开放过美满春秋。

一生为国，两袖清风，三更灯火理万机；四海同悲，五洲浊泪，六合庶民哭一人。

十九、致辞常识

节日致辞注意事项

节日致辞礼仪

致辞的语言并不是随意的，尤其是领导的用语，要与本人的身份相符，否则，有损领导的形象。就节日致辞来说，要发表一篇好的、得体的致辞，就需要作以下三方面的准备：

一、致辞前准备工作要充分

俗话说“台上一分钟，台下十年功”。领导人若想完成一篇优美的致辞，就必须之前把功夫下足，就是在台下要做好准备。

具体到节日来说，领导要根据不同的节日，首先要搜集相关节日的信息，对有关节日的由来、发展历程、意义等有充分的了解。其次，要了解当地的风俗人情，有什么相关的庆祝活动。最后找些相关节日的名言警句，运用到语言中，会起到意想不到的效果，为领导的语言增色不少。

除了这些基本常识性的准备工作，节日致辞最重要的部分，在于文稿结构的安排。一般致辞文章的模式都有开头的感谢、主体部分对成绩的描绘和赞美，以及最后的祝愿三部分。

1. 开头的感谢

开头的感谢，表示致辞人要对到场嘉宾致谢，常用句式如：“值此××节日到来之际，我代表××、××向各位奋战在××工作第一线的全体员工，及其家属表示节日的诚挚问候和由衷的感谢!”

2. 主体部分对成绩的描绘和赞美

节日致辞的主题部分，领导人要将节日的意义、节日的喜庆劲儿凸显出来，或者对一些特定人群进行赞美。如三八妇女节上，对女性今天地位的描绘：“今天，随着社会的发展，人们对女性事业的关怀，女性的地位发生了翻天覆地的变化。女性成为社会不可缺少的一部分，成为每个家庭里的‘主心骨’。在工作中，很多女性能够独当一面，做出不平凡的业绩。在家庭中，我们女性不仅要照顾老人和教育子女，也要做好丈夫的后盾，努力营造家庭的幸福和美满。”

3. 最后的祝愿

最后，要表达对与会人员，包括他们的家属，以及其他人员的祝愿。常用句式如“最后，我再一次向大家致以最美好的祝愿，并通过你们，向你们的家人致以最亲切的问候，感谢他们对你们工作的理解和支持，并祝愿大家节日愉快，幸福安康、工作顺利!”

文稿准备充分，一切事项安排得当，接下来就是在“台上”的正式致辞了。

二、致辞时把握好台风

在致辞时，发言人要在熟悉致辞文稿的基础上，把握好台风，确保在台上仪态端庄，符合礼仪。具体来说，要做到以下几点:

1. 语言清晰，声音洪亮

发表演讲时最起码要让听众明白你在说什么，如蚊子嗡嗡的音量是不可取的，会影响领导在民众心目中的形象。而清晰的语言、洪亮的声音会衬托领导很有魄力、很果断，大家因此会联想到你的办事能力。

2. 注意语速，节奏

在致辞时，语素过快会让听众听不清楚，语速过慢又会显得说话人拖拖拉拉，所以要注意说话时的速度和节奏。

3. 态度要端正，要稳重

说话时，要注意场合，注意身份。不同的场合、不同的人说话内容是不一样的，这样就避免造成不必要的麻烦。当然，作为领导，讲话时，可以微笑示众，或是保持一副稳重的姿态。这样不仅可以产生一种容易亲近的感觉，而且与领导的身份比较合适。

三、致辞后注意细节

不管你身居何职，在这个与民同乐的时刻，最好放下高高在上的姿态，表现出一副谦虚的样子，这样会给民众容易亲近的感觉。比如致辞后，一般都要说声“谢谢”，最好是再鞠一个功，会更能拉近与民众的心。

各个节日贺辞的侧重点

1. 春节和中秋节重“团圆”

平时亲朋好友分分离离，很难凑到一起，而春节和中秋佳节就是一解思念之情的节日。届时，大家都会从四面八方聚集在一起，共同度过这个重要的时刻。因此，在致辞的人时候，要突出体现这一点，容易在民众心中引起共鸣。这个场合的常用语如:“盛世万家兴，新春千家乐”、“ 欢声笑语迎新年，欢聚一堂贺新春”、“独在异乡为异客，每逢佳节倍思亲”、“但愿人长久，千里共婵娟”、“海上生明月，天涯共此时”、“ 人逢喜事尤其乐，月到中秋分外明”等等。

2. 三八妇女节重“地位”

在三八妇女节上致辞时，要重点突出女性解放所取得的成绩，和今天女性在社会中、家庭中的地位，以及所扮演的角色。因为女性解放事业如火如荼地进行了将近一个世纪之久，对于所取得的成绩是难能可贵的。因此，在致辞的时候，必须突出今天女性的地位，表现出女子当家作主的一面，体现女子在社会中、家庭中起到重要的作用。常用句式如："新时期的女性发扬了'巾帼不让须眉'的精神，起到了'半边天'的作用，你们不仅是理家的好手，更是社会上不可缺少的一部分力量。正是有了一大批像你们这样'出得厅堂，下得厨房'的女性，在平凡的工作岗位上做出不凡的成绩，我省各条战线才能团结协作、锐意进取、奋力拼搏，促进了我省物质文明建设和精神文明建设上了新台阶。"

3．劳动节和国庆节重"歌颂"

劳动是最光荣的，就像赵本山在小品里说的那样："我觉得劳动的人是天底下最美的人，没有普天下人的劳动，你吃啥？没有普天下人的劳动，你穿啥？吃穿都没啦，你还臭美啥?"的确，劳动是一切幸福的源泉，那么对于从事劳动，不仅要感到光荣，更要感到自豪。所以在劳动节致辞，致辞人要勇于歌颂劳动者。经典句式如："'一分耕耘，一分收获'，公司的每一次成长、每一个进步，都是大家的功劳，与大家的无私奉献分不开，凝结着全体员工的智慧、汗水和心血。最有资格分享公司发展过程中每一颗胜利果实的是我们的全体员工。"

与劳动节相似，国庆节也要重歌颂，歌颂对象变为新中国、党、广大人民群众，或者歌颂我们现在的美好生活。经典句式如："在中国共产党的带领下，浴血奋战，舍身忘死，终于推倒三座大山，建立新中国，从此中国人民站了起来。随着改革开放，我们一步步迈向小康社会，并且走向更加辉煌的明天。"

4．护士节、教师节和建军节重"赞美"

护士、教师和军人属于特殊的职业人群，他们从事的事业关系着人类文明的发展，是很高尚的。护士救死扶伤，保证患者的身体健康；教师是人类的灵魂的工程师，起着教化了人类心灵的作用，对人的精神方面提升了一个档次；军人的使命是保家卫国，为我们免除战乱和被压迫的后顾之忧，保证了国家的正常发展、人民的正常生活。因此，在护士节、教师节和建军节上致辞时，要重在赞美他们的伟大品质和不朽的功绩。

赞美护士时，可以这样说："多少个日日夜夜你们都是这样度过的：白天，你们洋溢着笑容，踏着轻盈的步伐，穿梭于病房之间；夜晚，你们拖着疲惫的身躯，守候在病人身旁。你们本着护士这个职业的操守，用微笑面对患者，用真诚赢得社会的尊重，用爱心创造着一个又一个生命的奇迹。"

赞美教师时，可以这样说："师恩不仅如巍峨的高山，使崇敬之感油然而生；也如奔腾的江河，绵绵不断。"

而赞美军人时也可以这样说："中国人民解放军与中华民族同呼吸、共命运。××年来，在中国共产党的带领下，浴血奋战，抛头颅、洒热血，为民族独立和国家富强谱写了一曲英雄史诗般的赞歌。在解放军的守卫下，我们国家在新时代铸就了辉煌。人民解放军是一支具有良好革命传统和辉煌战斗业绩的人民军队，是人民民主专政的坚强后盾，是社会主义建设的重要力量。他们起到了捍卫国家主权和领土完整的作用，不愧为全心全意为人民服务的子弟兵。”

5. 重阳节重“敬老”

尊老爱幼是中国优良的传统美德。老人为我们的社会、家庭付出了青春，为我国的经济起飞奠定了坚实的基础。我们要懂得饮水思源，不能忘本。所以，在重阳节致辞时要突出敬老的因素。经典句式如：“‘幼有所养，老有所终’，尊老爱幼自古就是中华民族的传统美德。我们要使老年人共享社会发展进步的成果，确保老年人度过一个幸福、快乐的晚年生活，达到‘老有所养、老有所医、老有所教、老有所学、老有所为、老有所乐’的目标。”

6. 元旦节重“新”

“一元复始，万象更新”，元旦节到来，象征着新起点、新气象，总之就是一个字“新”。新的一年里要有新的表现，新的成绩、新的发展。所以在元旦致辞时，领导可以对新年表示祝贺，也可在新的一年对大家提出新的期望。经典句式如：“我们深信在关爱我们的社会各界朋友的帮助下，在××人的不断努力下，在未来的征程中我们必将充满生机，满载而归。同志们，让我们以更加蓬勃向上的精神状态，更加务实的工作作风，更加昂扬的斗志，去创造公司更加光辉灿烂的明天吧！”

庆典致辞注意事项

庆典活动分类

根据场合和内容的不同，庆典可以分为三种情况：

一、典礼仪式

典礼仪式是指各种典礼和仪式活动，形式多样，没有统一的模式。一般来说，领导会参与的典礼仪式有：开业典礼、毕业典礼、就职仪式、颁奖典礼等。这其中有些典礼的仪式十分简单，致辞只需几句话便妥当；但也有一些非常的严肃和烦琐，需要按照既定的程序一步一步来完成。需要视具体的情况来确定你的庆典致辞。

二、节庆活动

在不同的国家和地区，都会有自己的节假日和纪念日，每当这些时候，人们都会举行盛大的集会来表示欢乐和纪念的庆祝活动，领导人作为一个团体的代表，势必要出席，与民同庆。领导出席比较常见的节庆有：劳动节、国庆节、感恩节、圣诞节、春节等。每当这个时候，一些酒店、饭店、商店等都会借机来进行推销活动，企事业领导的致辞，要在这些方面下足工夫，获得预期的社会和经济效益。

三、纪念活动

所谓纪念活动，一般是通过利用社会上的，或者是本行业、组织内一些具有纪念意义的日子而展开的活动。值得纪念的日子比如著名人士的诞辰纪念日、本组织的周年纪念日或者是本行业的一些重大纪念日等。通过举办这些活动，可以传播积极的理念和价值观，促进社会公众更好的了解、熟悉。所以，领导人在这些场合的致辞，要能充分体现这些理解和价值观，活动效果好的话，可以是一次极好的公关活动。

除了以上三种情况，建筑物落成、竣工、签约、揭牌等等场合，一般也会有庆典仪式。不同的场合，领导人的致辞风格不同，领导人要根据情况，具体情况具体把握。

庆典活动的组织程序

庆典活动需要按照一定的礼仪组织，依照常规，一次庆典大致上应包括下述几项程序：

1. 筹备阶段

首先，确定来宾及发放请柬，来宾组成一般由政府官员、地方实力人物、知名人士、新闻记者、社区公众代表、客户代表或特殊人物等组成。发放请柬时，应提前7—10天发放。重要来宾请柬发放后，组织者当天应电话致意。

其次，要设计好庆典活动的程序，一般的程序包括以下几个环节：主持人宣布开典——介绍来宾——由组织的重要领导或来宾代表讲话——安排参观活动——安排座谈或宴会——邀请重要来宾留言或提字。

再次，落实致辞人和剪彩人的人选。致辞人和剪彩人的人选，一般己方为组织最高负责人，客方为社会地位较高的知名人士，在选择时，一定要征得本人同意。

最后还要注意编写宣传材料和新闻通讯材料的问题。列出庆典主题、背景、活动内容等相关材料，将材料发给来宾。对记者，还应在其材料中添加较详细的资料，方便记者写稿。

2. 实际操作阶段

第一步，请来宾就座，出席者安静，介绍来宾。

第二步，主持人宣布庆典开始，全体起立奏国歌。

第三步，本单位主要负责人致辞。内容一般是对来宾表示感谢，介绍此次庆典的缘由，等等。重点是报告喜事以及庆典的可“庆”之处。

第四步，邀请嘉宾讲话。大体上讲，出席此次的上级主要领导、协作单位及社区关系单位，均应有代表讲话或致贺辞。不过应当提前约定好，不要当场当众推来推去。对外来的贺电、贺信等等，可不必一一宣读，但对其署名单位或个人应当公布。

一般的活动到这里就可以结束了，有的也会安排文艺演出，这是一项可有可无的程序，如果准备安排，应该注意不要有悖于庆典的宗旨。

庆典活动上的礼仪准备

庆典活动既是一次面向社会和公众来展示自身的机会，也是对自身的组织领导能力、交往水平以及素质的一次考验。所以，在进行庆典活动时，必须充分准备、头脑冷静、认真对待，将一切都做到最好。下面，我们来举例说明一些注意事项。

一、交接仪式礼仪

所谓交接，一般是施工单位根据合同规定，将已经建设或是安装好的项目、设备等，在验收合格的情况下，正式地移交给使用单位时举行的庆祝典礼。这既是对自己的祝贺，也是对社会的感谢，同时还是一种变相的宣传广告活动。

交接仪式开始之前的准备工作，与一般会议的准备工作相同，无非是邀请嘉宾，布置现场，准备相关物品。交接仪式的关键，在于控制好时间。时间要控制在一个小时以内，宜短不宜长，所以，程序上一定要准备充分，做好每个环节都紧密相扣。

交接仪式的一般程序是这样安排的：首先是主持人宣布开始，到场人员要全体鼓掌来表示祝贺。然后主持人宣布交接议程，接着就是单位代表来将文件和材料等交接给接收单位代表，然后热烈握手。此时，现场可以播放一些音乐来烘托气氛。然后各方代表可以作一个简短的发言。最后是主持人宣布仪式结束。

二、签字仪式礼仪

签字仪式的时间并不长，但是这是一种互相规定责任义务的过程，一般都很严肃，所以需要认真对待。

在签字时，双方的签字人的身份应该是大体一致的。首先，要做好文本的定稿、翻译、校对和印刷、装订等工作，准备好签字使用的工具，然后双方商量好参加仪式活动的人员。在签约时，所有参加谈判的人员都要入场，一起入座。双方都要设置一名助签人员，以协助签字人员的一些琐碎工作。双方在签字完成后，应该由助签人员来交换文件。

其他到会人员应该按照礼仪来排好座次。一般情况是，签字人在签字桌的右边就座，主方代表坐在左边，其他的人按照一定的顺序坐在自己一方人的正对面，或者按照职位的大小来站在自己人的后面。

在双方签字后，用过的笔也需要来进行交换，有的还举办一个香槟酒会，来增添喜庆的气氛。此外，还要强调的一点是，到会人员都应该穿着正装，男士一般就穿具有礼服性质的深色西装或者是中山装，女士则穿着西装套裙或者旗袍。

三、剪彩仪式礼仪

在一些大型建筑物、展览会、企业的开张落成仪式上，一般都要举行隆重的庆典，其中，邀请名流来剪彩就是一项很重要、不可或缺的程序。剪彩仪式的主要作用就是向世人通报新事物的诞生并来传达出一种喜庆的气氛。

在剪彩仪式中，大红的缎带就是活动的主要物品，通常是由一整匹新的红色绸缎，在中间结成很多很大的花团。其中，花团的数目要和现场邀请来剪彩的人数相关联，一般多出一个或少一个，有些单位为了省钱，也会用红色的缎带或者是布条、细绳来代替。

剪彩仪式上使用的剪刀，必须是专门为剪彩而新买来的，而且现场剪彩人要人手一把。剪刀一定要够锋利，免得影响剪彩的进行。不过最重要的还是人的表现。现场每一位剪彩者都是活动的关键人物，一定要做到穿着整洁、表情庄重、精神饱满，帽子和墨镜是不应该戴的。在剪断红绸，放下剪刀后，要转身向周围的人鼓掌致意。

在剪彩时，一般主剪者在中间的位置，右边的地位要高于左边。在活动开始前，主办单位还应该告诉剪彩者，和他一起担任此工作的人员都有谁，显示对他们的尊重。

剪彩是一种很高的荣誉，通常剪彩者多是上级领导、合作伙伴、社会名流、员工代表或客户代表，可以是一个人，也可以是多人，但不宜超过五人。若剪彩者不止一人时，最好要估计他们的尊卑。一般规矩是：位于中间的剪彩者是主剪者，地位尊于两侧剪彩者，右侧高于左侧。主办单位在仪式举办之前，要尽早告知剪彩者，多人剪彩则还要分别告诉他届时他将与何人同担此任，这些事前的招呼是对剪彩者的尊重。

开幕式致辞注意事项

开幕式致辞结构

不管是什么活动的开幕辞，都有既定的结构，好的开幕辞尤其如此。如何才能写成一篇精彩的开幕辞呢?

开幕辞一般分为三个部分：首部、正文和结束语。下面就从这三个部分来说明怎样写出一篇出色的开幕辞。

一、首部

首部包括了标题和称谓。

标题的组成很简单，将具体的事件和体裁结合到一起就可以构成一个标题。例如《中华人民共和国第十四届全国政协会议开幕辞》，其中的“中华人民共和国第十四届全国政协会议”就是具体的事件，而其中的“开幕辞”则是属于应用文的一种体裁。

有的标题是复式结构的，有主标题和副标题之分。主标题一般是用来揭示会议或者活动的主题，或者是中心内容，而副标题则一般和上述的标题形式是一样的，例如《我们的文学应该站在世界的前列——中国作家协会第四次会员代表大会开幕辞》，前部分是主标题，后部分是副标题。

还有一种标题形式是由致辞人、具体的事件和体裁构成的，比较典型的就是《×××同志在第十五次全国人民代表大会上的开幕辞》。

开幕辞的称谓一般都是根据会议或者活动的性质来确定的，也可以根据参加会议或者活动的人物身份来确定。在政府的工作会议中，比较常见的就是“同志们”“代表们”；在体育类的比赛项目中，“运动员们、裁判员们”等是比较常用的；而在其他的场合下，“女士们、先生们”“各位嘉宾”等一般都能适用。在开幕辞中，称谓只需要符合现场的环境，并没有太多其他的要求。

二、正文

正文包括了开头、主体和结尾。

开幕辞的开头部分可以有多种形式，可以开门见山地宣布会议或活动开幕，一般常用“今天是×××会议隆重开幕的日子”来作为开头；也可以借会议或者活动的规模来进行。例如“这一次的会议和之前的会议相比，是规模最大、人数最多的一次”。还可以利用参加者的身份来作为切入点，“参加这次会议的还有×××和×××同志”。

开头部门有一项比较重要的内容：要对会议的召开或者活动的举行表示祝贺，对参加会议或者活动的人表示感谢。比较经典的句型就是“我谨代表×××对这次大会的召开表示热烈的祝贺”或者是“我代表×××向前来参加此次会议的人致以崇高的敬意和诚挚的感谢”。

需要说明的是，开头部分要单独成段，即使只有一句话也要自成一段。作为和主体部分的区分。也就是说，在开幕辞中，第一段一般就是开幕辞的开头。

接下来就是开幕辞的主体部分。一般来说，这是开幕辞中最核心、最重要的一部分内容，通常包括三个方面：

第一，阐明会议或者是活动的内容和意义。

这一点一般会通过总结过去工作的经验，分析当前的社会形势来入手。以此来说明会议和活动是在怎样的社会大背景下举办的，是为了解决什么问题，达到什么目的而进行的。在这一点上，最常见的说法就是“本次×××会议是在党的××大会议精神的指导下，在邓小平理论和‘三个代表’重要思想的指导下，在科学发展观的指导下召开的一次×××的大会”。

第二，提出会议或者是活动的指导思想，并阐明大会和活动的主要任务，对会议和活动的进程作出安排。这一点是主体部分的重点，需要进行一些详细的说明，尤其是会议的主要内容。在这一点上，“此次大会以××××作为主题来展开讨论，主要内容就是听取上一年的工作报告，并对下一年的×××工作作出安排”是比较常用的句型。

第三，为了保证会议或者活动的顺利进行，致辞人会对在场的人提出一些要求。例如在学校举办运动会的时候，校长就可以说“为了保障这次运动会能够顺利举行，我现在对所有的人提出以下几点要求和希望”。但是在提出要求的时候，一定注意要十分谦虚，否则会引起部分人的不满，就达不到渲染气氛的效果了。

主题部分的结尾也就相当于整篇开幕辞的结束语。一般在结束的时候会表达对本次会议或者活动的美好祝愿，并对大家表示感谢。一般都是以“预祝本次×××会议（或活动）取得圆满成功，谢谢大家”作为结束语。

只有将以上说到的几点运用在开幕辞的写作过程中，加上个人的才华和表现力，一般都可以写出一篇上等的开幕辞。

开幕式礼仪

在各种大型活动中正式开始之前都会举行开幕式。开幕式很简单，不需要讲究特别的礼仪，但是在整个开幕式的过程中也需要注意很多细节问题。能够保证开幕式的顺利进行就是最好的礼仪，所以从开幕式的准备到结束，都要考虑得非常周全。

一、开幕式的准备。

首先要考虑到邀请的对象。邀请的对象一般是和会议或者活动相关的领导人，可以根据具体的情况邀请一些媒体记者进行采访和报道。在一些国际性的活动中，例如奥运会、亚运会等，一定要邀请国外元首前来参加，对境外媒体也不应该进行限制。

其次就是场地的选择和布置。在进行场地的选择上，要考虑到会议的规模和预计参加的人数，做好充分的估算。在开幕式中一定要有主席台。一般设置在场地的中心或者是会场的上方，在运动会中，主席台一般会有横幅、摆放花篮等装饰物。在主席台上一般会准备三只以上的话筒，供支持人、致辞人和翻译人员使用，一般主持人位于主席台的左边，翻译人员位于其右边。

二、开幕式的举行

在参加开幕式的时候，一般主办单位的代表位于会场的左边，而其他参加开幕式的代表位于右边。在人数上，主办方和其他代表的人数应该是大致相等的。双方的发言人应该站在各自的位置上，面向外，其余的人则应该面向里。

在所有的人员都就位之后，就应该按照程序来举行开幕式了，基本的程序如下：

1．主持人宣布开幕式正式开始。

2．奏国歌。

一般这个环节都是在国际性的会议或者活动中才有的，国内的活动这一环节可以省略。如果只是双边关系，那么就应先奏主办国家的国歌，再奏另外一个国家的国歌。如果是多边关系，可以只奏主办国的国歌。

3．主办方负责人致开幕辞。

4．合作方负责人致开幕辞。

5．剪彩活动。

现在剪彩活动在大型的开幕式中已经不多见，但是在一些小型的开幕式上还是会举行剪彩活动。剪彩人一般会邀请主办方的领导人和来宾中身份地位较高的人一起来剪彩。在剪彩的时候，人数不宜过多，主宾双方各派出一到两名即可。

邀请东道主或来宾要身份地位较高的官员，或知名人士剪彩。（有宾主双方各一人或两位人士共同进行）

6．剪彩完毕后进行参观活动。

在进行参观的时候，主办方应该热情地招待，耐心地解答嘉宾的问题。而嘉宾则应该尽量保持会场的秩序。

如果以上每个环节的工作都准备充分，那么开幕式一般都会顺利进行，也能保证活动的成功。

三、大型文体活动的开幕式

在大型文体活动的开幕式中，除了有主持人、领导人和社会名流之外，还会有很多群众参加，人数相对较多，一不小心就会出现混乱。这样按照固定的程序来进行开幕式就显得尤其重要。一般这种大型文体活动的开幕式程序如下：

1．主持人宣布开幕式正式开始。

2. 奏国歌或者是运动会会歌。

3. 运动会开幕式播放《运动员进行曲》，运动员入场。

4. 领导人致辞。

5. 运动员退场。

6. 团体操和大型歌舞表演。

7. 主持人宣读贺电。一般宣读贺电都是在歌舞表演之前，或者是节目的间隙。

8. 主持人宣布开幕式结束。

在每一个环节中都要做到万无一失，这样才能保证开幕式的顺利进行。这些不仅是主办单位的责任，更需要每一个参与者的配合才能完成。

展览会礼仪

随着经济全球化的不断深入，展览会已经逐步发展成为一个单独的产业，其重要性日益明显。在现实生活中，展览会一般都是通过现场的展览和示范来传达信息的，常用于推广企业形象。领导要明晓展览会上的礼仪，借此机会光大自己的企业形象，为企业带来更多的机遇。

展览会中需要特别注意的礼仪，主要从以下两方面入手：

第一，展览会筹备阶段。

如果展览会具有国际性质，就要邀请国外的企业领导人前来参加，这样的展览会应该提前半年发出邀请函。除此之外，展览会相关说明材料也是必不可少的。

如果主办单位很多，筹备工作就应该分工明确，这样有利于准备工作的细化，也避免当双方意见不一致时的尴尬。

在筹备的阶段，开幕时间的确定也是很重要的。在考虑时间时，开幕式所在地的交通、气候和工作习惯等因素都是要照顾到的。而且开幕式的时间不宜过长，这样容易喧宾夺主。

第二，展览会开幕式阶段。

开幕式一般都会有固定的主持人，一般都由主办方代表担任，也有礼仪小姐担任主持人的。如果是主办方的代表应该用适当的方式说明自己的身份。

在进行开幕致辞之前，主持人应该对出席活动的领导进行介绍时也要注意。在介绍领导时，不要出现过多领导人的名字，而且主办单位领导人的名字尽量不要出现。一般情况下是首先介绍外宾和外单位的领导人，再介绍主办方的领导人。如果是级别较高的展览会，会有驻华大使的参加，一般在介绍的时候就应该将他放在最前面介绍。

主持人介绍完出席的领导之后，致辞人开始致辞。

致辞人的开场白，按照国际惯例都称“女士们、先生们”或者是“贵宾们、女士们、先生们”，至于“朋友们、同志们”则主要用于国内政府组织的展览会。

在致辞的过程中，不宜出现过多的“欢迎”“感谢”的句子。这是因为在这些句子出现的时候，嘉宾都会鼓掌，出现的太频繁就会使鼓掌占用太多的时间。

在国际性的展览会中，有翻译人员对致辞的内容进行翻译。在致辞人讲完之后，中方代表不应该立刻就鼓掌，而是应该等翻译完之后和外国嘉宾一起鼓掌，这是对外宾的尊重。

说到翻译，还有一个问题需要注意：要尽量避免使用国内工作中常用的缩略词，例如“三改一加强”“扫黄打非”等，还有谚语和古诗等也应该少用。这样不仅给翻译工作带来困难，外宾也很难理解其中的意思。

致辞人在介绍地方或者企业的基本情况时，语言要精练，不要长篇大论面面俱到，只需要突出重点即可，也不要用所谓的数字来堆砌成绩。开幕式致辞毕竟不同于报告大会，应该尽量简短，不需要太多无谓的客套话。

致辞结束后，展览会正式开始。在展览会正式开始之前，有些举办方会安排剪彩活动，注意剪彩时不宜有太多的人参加。

除了以上两方面，在出席展览会的时候，领导人还要谨记：应该严格地按照规定的时间，不迟到、不早退，这是最基本的礼貌。在展览进行的过程中，应该及时地将手机关机或者是调整成静音状态。除此之外，应该保持展览会场的整洁，不随地乱扔垃圾，给清洁人员带来困扰。

闭幕式致辞注意事项

闭幕式的写作方法

和开幕式一样，闭幕式一般也是由开头、正文和结束语这三个部分构成，每部分写法如下：

◆开头

开头由标题、称谓两部分构成，有的会议闭幕辞上还会在标题之下，用括号注明会议闭幕的年、月、日。

标题一般由事件和文种构成，比如《市人大三次会议上的闭幕辞》，“市人大三次会议”是事件，“闭幕辞”是文种，这是最简单的一种标题格式。还有的采取了复式结构，其中的主标题用来表示会议或者是活动的目的和主要内容，而副标题和简单标题的构成几乎一样，例如《努力构建和谐社会 省人大五次会议上的闭幕辞》。还有一些闭幕辞的开头部分，多了一个致辞人部分，例如《胡锦涛同志在中共十七届三中全会闭幕式上的讲话》。

所谓称谓，一般是根据会议或者活动的性质以及到会者的身份来确定的，比如开会时一般可以称呼“同志们”、“各位代表、各位来宾”等，而参加运动会闭幕式则要称呼“运动员们”、“教练员们”等。

◆正文

正文是致辞的主体部分，写在标题和称谓之后。具体来说，正文部分也包括开头、主体和结尾等三个部分。

开头部分要说明会议或者活动已经完成了预期的任务，现在即将闭幕。然后主体部分就是对会议或者活动的进行情况来一个概述性的说明，对这中间的收获、意义和将产生的影响，作一个恰当的说明，并对与会者提出要求。结尾部分是对保证会议或者活动顺利进行的有关单位和服务人员表示感谢之情。

一般情况下，正文的这些内容都是必不可少的，而且要讲究顺序，不能随意变动。在写作闭幕辞时，不能太泛泛而谈，需要根据所参加的会议或者活动的具体情况来有所针对性，与此同时，还可以对会议或者活动的不足之处提出适当的补充说明。需要强调的是，这一部分行文一定要充满热情，文章的风格应该是简洁有力的，能够激发起人们的斗志，增加信念的。

◆结尾

结尾部分首先要用坚定的语气来对到会的人员发出号召，提出期望和表达美好的祝愿，然后就是宣布闭幕，通常可以说：“现在，我宣布，×××大会闭幕!”

闭幕辞的特点

一些大型会议结束时，通常需要有关领导人或德高望重者宣布闭幕。而宣布闭幕并非一句话结束那么简单，要讲一些“登大雅之堂”的话。在这样的一个隆重的场合，领导人若想自己的致辞变得引人注目，就要把握闭幕辞的特点，根据其特点遣词造句。

闭幕辞的特点，概括说来有两个，简洁和口语化。闭幕辞标志着整个会议或者是活动的结束，是这些活动必不可少的一道程序。不仅要对会议或者活动作出正确的评估和总结，肯定会议或者活动取得的成果，还要点出会议或者活动的主要精神和重大影响，并鼓励相关人员将会议或活动的精神贯彻落实好。

具体说来，闭幕辞有以下四大特点：

1. 总结性

所谓闭幕辞，就是在会议或者活动的结束仪式上，使用的一种文种。要对会议或者活动的内容和精神等各方面作出一个合适的总体评价，总结性一定要强，要肯定会议的重要成果，强调会议的主要意义和深远影响。这样才是一篇合格的闭幕辞。

2. 概括性

闭幕词的语言必须是简洁明快的，篇幅一般不应过长，所以要对会议或活动的进展情况、所完成的议题、取得的成果，以及所提出的精神和对会议的意义来进行高浓度的简练概括。

3. 号召性

在闭幕式上发表的言辞，应该具有某种鼓动性，有些回忆会激励号召参加会议的成员为了实现会议所提出的各项任务而奋斗，增加到会人员贯彻会议精神的决心和信心。字里行间要充满热情，语言是坚定有力的，富有号召性和鼓动性，能够煽动起人们的情绪。

4. 口语化

闭幕辞是通过口头表达出来的，所以在写作时不能按照书面的形式来写，一定要按照口语化的标准，写一些适合口头表达的，要注意语言一定要通俗易懂和生动活泼。

欢迎致辞注意事项

会见与会谈的礼仪

在各种欢迎仪式上，参加者要事先知道很多礼仪知识，会见与会谈是这些场合最常见、也最容易遇到的礼仪，每个领导人或致力于领导地位的人，都要掌握这一基本礼仪。

一般而言，客人会见主人，或者下级会见上级，称为拜见或拜会；主人会见客人，称为接见。在中国大陆，人们习惯上将拜见和接见概称为会见。会谈指一种双方或多方就某些拥有共同利益或共同关心的问题展开交流、互换意见的会晤形式。

通常，与会谈相比，会见的时间比较短，而且涉及的话题也比较轻松、广泛。会见从内容上看，主要有礼节性的会见、政治性的会见以及事务性的会见。其中政治性的会见常常涉及国际局势、双边关系等重大问题，较为严肃、正式；

礼节性的会见时间较短，话题十分广泛；事务性的会见则涉及外交交涉、业务商谈等内容。

一般东道国对来访的外宾，不管是从礼节还是两国的关系考虑，都要根据对方的身份及来访的目的安排相应的负责人或领导来会见。同时，来访的外宾，也可根据本人身份或来访目的主动提出拜会东道国某一个或某部门的负责人。此外，外交使节到任后和离任前，还应对与本国有外交关系的国家驻当地使节作礼节性拜会；外交团间对同等级别者之间的到任礼节性拜会，按惯例也应回拜。除此之外，会见的其他礼仪与会谈相似。

此外，会见会谈中还有些需要注意的事项。其一，在会见方提出要求后，接见方要尽早回复，并妥善约定时间。如果因故不能接见，也要委婉给出解释。其二，接见方的组织者要主动将会见或会谈的时间、地点，主方出席人以及有关注意事项及时通知对方。而前往会见或会谈的一方也要主动了解这些情形，以便做好充分的准备。其三，在会见或会谈时，主人要提前到达。作为会见或会谈的组织者，应该合理安排会见或会谈场所中的座位，并提供足够的座位。如果需要合影留念，组织者要事先安排好合影图。假如人数众多，组织者还应准备相应的架子。

会见或会谈中，参加者还应掌握一些技巧。比如，要善于运用礼貌的语言来表达观点。我们知道，礼貌是对一个最起码的尊重，受到人们极大的关注。在会见或会谈中，要多使用“您”或“请”等十分礼貌的字眼，这样会使他人感到十分亲切。又比如，不可忘记双方谈话的目的，主要有要求对方完成某项任务、请教对方问题、劝告对方改正缺点等。此外，还应有耐心听取他人谈话、积极回应对方、善于洞察对方的性格和气质、擅长观察对方的眼神、切忌有先入为主的思想等技巧。

另外，在某些会见或会谈仪式上，主宾常常会互赠礼品。这一点，在招商引资中表现的十分明显。一定要选择得体的礼品，要根据场合、活动的性质以及受礼者身份来决定。一般来说，以具有象征意义而又价格低廉的礼品为最佳。此外，还要选择恰当的时间赠送，一般在会见即将结束之前赠送。如果来宾停留时间不长，也可以在临别之前赠送礼品。

总之，会见或会谈需要参加者认真、谨慎从事。当然，在会见或会谈中，参加者也不能生搬硬套，要随机应变，根据具体场合而定。

欢迎辞的写作

欢迎辞的写作，关键是要把握其特点和格式，致辞人针对其特点规范化的写作，就能写出一篇大方得体的欢迎辞。

欢迎辞主要用来欢迎宾客，表达欢迎之意。一般而言，欢迎辞的特点有以下两点：

其一，欢愉性。子曰："有朋自远方来，不亦乐乎。"因而，欢迎辞重在传达一种轻松愉快的心情。欢迎辞的语言要富有激情与表现力，要表现出致辞人的真诚之意，从而让来宾产生一种宾至如归的感觉，为接下来即将进行的各项活动打下良好的基础。

其二，口语性。由于欢迎辞是在现场当面向来宾口头表达出来的，因而欢迎辞也要体现出相应的口语化。这就要求，致辞内容要使用简洁、生动、富有生活情趣的语言，从而更好地拉近宾主双方之间的距离。当然，这一点要依据具体情况而定。对于某些非常正式的场合，比如在国际会见或会谈中，致辞就要十分的正式、严肃，遣词造句也应该字斟句酌。

在掌握欢迎辞特点的基础之上，还要遵循一定的格式。

欢迎辞的行文格式主要包括标题、称谓、正文、祝语四个部分。

就标题而言，主要有两种，一种是以单纯的文种来命名，如《欢迎辞》。另一种则包括活动内容与文种两方面，如《在××公司考察欢迎仪式上××经理的致辞》。就称谓而言，一般指对被欢迎者的称呼。称呼一定要礼貌得体，用语亲和、确切，一般是在姓名前加上头衔或表示亲切的词语，如"尊敬的"、"亲爱的"、"敬爱的"等等。对于来宾的姓名，要用全称，不能使用代称。

就正文而言，一般在开头说明现场在举行何种仪式，致辞人以何种身份向哪些宾客表示欢迎。在正文的中间部分，常常要阐明与回顾主宾双方在共同的领域里所持的共同立场与观点等。还应具体地介绍宾客所取得的成绩，并指明宾客此次到访所产生的重要意义。在正文的结尾部分，致辞人要再一次向宾客表达欢迎之意。

就欢迎辞的祝语而言，致辞人一般要对来宾致以美好祝愿。

如此，做到了以上几点才是一篇合情合理的欢迎辞。同时，致辞人要感情真挚，措辞慎重得体，不要涉及对方的禁忌事情，以免造成不必要的麻烦。此外，欢迎辞的篇幅应该短小精悍，切忌过长。

欢送致辞注意事项

欢送的礼仪

中国自古就有"礼仪之邦"的美誉，欢迎仪式上要讲究一些礼仪。同样，注重善始善终的中国人也十分看重欢送仪式上的礼仪。只有合乎礼仪，才能尽显华夏儿女的重礼重仪的精神风范。

欢送辞要重点突出欢送的含义，要饱含真挚的感情，语言要文雅大方，如果是国际间的欢送活动还要适当使用相应的外交辞令；同时，欢送辞的内容须精要，篇幅要简短，一般不涉及具体的细节问题，而是重在表达友好热情的交往态度。

具体来说，欢送仪式上需要注意的礼仪事项，从以下几方面入手：

首先，要确定欢送的规格。欢送方要根据来宾的身份、到来的目的、性质以及时间长短来决定欢送规格。主要的欢送人应该与来宾的身份相对等，如果实在有事不能出席，可以安排一名个人代表参加。不过，这名代表的职务也要和来宾相当。其中，对于上级机关领导的欢送，应由主要领导人出面。

其次，落实参加人员。正如欢迎一样，也应建立工作小组。工作小组主要负责礼仪队伍、场地布置、安全保卫等方面的工作。应充分了解来宾的基本情况，如已经获取的成绩、会议的宗旨、××项目的目的等内容，从而在致辞时能够有的放矢、言之有物。

再次，欢送辞要恰当得体。应表达对被欢送者的高度评价、与之相处的时光的美好回忆、诚挚的惜别之情、对被欢送者的美好祝愿。欢送辞的措辞要礼貌、慎重、委婉，营造一个友好、亲密的氛围。同时，也不可因为友好往来而放弃原则和立场。因而，致辞人既要坚持原则，又不能出言伤人。另外，欢送辞中的称呼要用尊称，切忌口若悬河，篇幅不宜过长，尽量不超过两千字；而且，不要在致辞中提及双方的某些有分歧的问题；应尊重对方风俗习惯与宗教信仰，不讲对方忌讳的内容，避免发生不必要的误会。

最后，欢送时大多会互赠礼品以示友好。对于礼品，切忌价格十分昂贵。礼品重在代表性、新奇性、友好性。

在政府、企事业单位、社会团体或个人的欢送仪式中，欢送者要熟知以上礼仪规范，进而使欢送合乎常理、合乎规范，从而达到相应的社交目的。

把握欢送辞的特点与格式

随着时代的发展，欢送辞渐渐有了大致的特点与格式。因而，想要做出一篇精彩纷呈的欢送辞，就不得不明白这些特点与格式。就欢送辞的特点而言，主要有以下几点：

第一，欢送辞要体现出惜别性。古人云，“相见时难别亦难”。中国人非常重视彼此之间的情谊，这是中华民族亘古不变的传统精神之一。而欢送辞要尽可能地表达对送行之人的惜别之感，要使这份话别的感情溢于言表。

第二，欢送辞要体现出欢愉的格调。尽管欢送辞要表达惜别之情，但要切忌不可将欢送的基调定为过于低沉、感伤，反而应该营造出欢送的欢乐氛围。这一点，在某些党政机关等一些公共事务的社交中尤为重要。

第三，语言轻松生动明快、具有口语化的特点。

总之，只有把握了欢送辞的这两个特点，才有可能写出一篇合情合理的欢送辞。

除了欢送辞的特点之外，我们还要重点把握它的格式。一般说来，正规的欢送辞的格式一般包括标题、称谓、正文、祝语等四部分。

欢送辞与欢迎辞在结构方面大致相同，不同的是两者应用的时间与场合。具体说来，从标题上看，欢送辞可以有两种写法。一种是单纯地以文种来命名，如《欢送辞》；另一种是由致辞场合、致辞人与文种共同构成的，如《在欢送××省经贸考察团仪式上×××总经理的欢送辞》、《×××在××学术讨论会上的欢送辞》。从称谓来看，主要分为专称和泛称两种。专称要写明来宾的姓名，姓名前面要加上相应的职务、头衔以及表示尊敬、亲切的词语，如“尊敬的各位女士们、先生们”、“亲爱的××大学各位同仁”。对于重要的来宾，致辞人可以根据来宾的职位高低来决定称谓的内容。泛称，主要有“女士们”、“先生们”、“同志们”、“朋友们”等等，用来表达对所有到场者的尊敬。

从正文来看，欢送辞主要有开头、主体、结尾等三部分。其一，在开头部分，致辞人应说明举行的是何种欢送仪式，以及以何种身份代表哪些人向来宾表示热情欢送意愿，如：“首先，我谨代表×××集团，对你们参观访问的圆满成功表示衷心的祝贺！”其二，在主体部分，致辞人一般多回顾和阐述双方在访问、合作期间在何种事宜或项目上达成一致、取得何种突破性进展，并进而阐明这一进展具有何种深远影响与意义。其中，如果是欢送会议上，那么致辞人要对这次会议的圆满结束表示祝贺，对会议代表的辛勤工作表示感谢，并预示此次会议将会产生的效果等。其三，在结尾部分，致辞人还应再次向来宾表示真挚的欢送之情，以及期望再次合作的美好愿望。比如，“中国有句古话：海内存知己，天涯若比邻。万水千山也不能阻隔我们彼此友谊的长存，也不能阻隔彼此间的交流与联系。我们衷心地希望，××博士在适当之时再次来××大学做客与讲学。”

从祝语来看，欢送辞一般写明“祝愿×××先生一路平安（或一路顺风）”或“希望××先生在方便的时候再次光临”等一些具有礼节性的用语。

总之，欢送辞要表达真情实感，要简短精练，恰当得体。要注重以情动人，多使用感情色彩较浓的词语。在致辞中，致辞人可以遵守以上格式，还可以根据自己与被欢送者的关系，并结合自己的身份地位，向被欢送者提出某些勉励或共勉的词语。

会议致辞注意事项

会议礼仪

不管是自己组织会议，还是参加其他人组织的会议，身为领导者，应当懂一些有关会议的基本礼仪，否则稍有不慎，轻则贻笑大方，重则影响个人前途。

具体说来，根据时间进程的不同，会议礼仪要根据会议前、会议中、会议后来分别对待：

1. 会议前

会议前的礼仪，主要是事先的准备工作。

举办者要首先以通知或者其他方式，告知大家会议的时间、地点、出席人、内容，同时准备好会议设备、资料。如果与会者有其他重要人物，主办者还要作好接送工作的安排。

在会议开始之前，主办方还要安排好与会者的座次。按照国际礼仪，会议主席一般被安排在离会议门口最远的桌子末端，他的左右，一般是尊贵的客人或单位（或企业）的高层。如果有外国或其他单位（或企业）派来的高级代表，最好将之安排在会议桌的中间，本单位（或企业）的高层坐在他的对面，会议桌的两端则任其空着。

2. 会议中

会议中的礼仪，主要在于与会者自身。

领导如果负责主持会议，那么身为主持人，他应该衣着整洁，神态大方又不失庄重，精神饱满，然后手持发言稿，以稳健有力的步伐走到主席台。在发言的时候，应右手拿发言稿底部或中部，左右五指并拢，自然下垂。如果需要双手拿发言稿，应该将发言稿与胸保持同一水平线上。

在主持会议的过程中，身为领导的主持人，要做到表述简明扼要，仪态端庄，不要有搔头、揉眼、挖鼻孔等不雅动作，时刻注意自己的身份。在不影响自己威严的前提下，为了活跃会议气氛，领导还可以适时幽默一下。

如果领导不是主持人，只是一般的发言人，其礼仪要求比较简单，只要衣着整洁，仪态端庄，发言是条理分明、口齿清晰即可。如果需要读稿，领导在发言时，还要时时抬头扫视全场，不要旁若无人地读稿子。发言完毕，领导要向台下致谢。如果有人对自己的言论持异议，领导要认真而平和地对待他人的质疑，切忌争吵。若二人的争议一时不能解决，可以私下解决，或者找机会礼貌地走下主席台，不要有失态的行为。

领导如果作为一般的与会者参与会议的，仍然要做到衣着整洁，举止大方，跟随会议安排，准时、有序地入场，在会议的过程中认真听讲，不要与人窃窃私语。主席台上别人发言结束之后，要与别人一样站起来鼓掌质疑。在会议的过程中，如没有特殊需要，不要中途退场，万不得已需要出去一下，注意轻悄悄地不要影响其他人。

3. 会议后

会议结束后，一般没有太多的礼仪。

如果领导充当主持人，或者主办方，则要上前致谢，感谢大家的参与，然后派人引导与会者有次序地离开，有需要派车送的人，则安排人手为其送别即可。

如果领导只是一般的与会者，要听从主办方的指示，礼貌有序地离开，并注意不要在会议现场乱扔垃圾。

会议的组织礼仪

会议是公务人员和商务人员工作中最常遇到的事之一，不论你是何种级别的领导，不可避免地都会参与到会议的组织工作中去。如果组织工作没做好，尤其是一些大型会议，势必会影响整个会议的效果。所以，身为领导人，不管自己是否亲自参与会议的组织，都要了解基本的组织礼仪。

大体来说，会议的组织礼仪可以概括为两部分：准备工作和结束工作，其中准备工作尤为重要。准备工作虽然繁琐，但是了解其构成，一般不会有所遗漏。

准备工作一般包括会议的通知、会场的布置、会议资料的准备等三大内容。

会议的通知，主要需要了解“通知”的规范。按照国家对公文写作的基本要求，在通知上，主办方需要明确交代会议的主题、内容、时间、地点、出席对象及应准备的资料，有时候还要向与会者交代清楚交通路线甚至必须的生活用品，等等。其根本目的在于让与会者有更充足的准备，避免不必要的麻烦。

会场的布置相对来说较为繁琐，从会场的选择，到座次的安排，中间掺杂着许多事，都需要主办方事无巨细地考虑。

首先是会场的选择，主办方要从与会者人数的多少、交通是否便利、周围环境是否安静、是否符合与会者身份等方面综合考虑，一切要以与会者感觉舒适为宜。

会场选择好之后，剩下就是对会场的布置，主办方要根据会议的特点，布置合适的场景。无论是商务会议还是政务会议，整体风格要给人隆重、庄严的感觉。会场上所必须的设备，如音响、照明、空调、投影、摄像设备、文具、饮料等，要准备充分，尤其是要用到的仪器，事先应反复调试，保证会议时不出问题。

会议桌椅的配置是一项大学问。圆形或椭圆形桌，一般适用于有 10 人左右的会议，这样可以淡化与会者身份的高低，也便于大家互相交流意见。如果有更多人参加，可选择长方桌，并将其摆成 I 字形，这样便于所有与会者都能看到主席台的位置。若需要在会议上放映幻灯或录像片，则可将桌子摆成 V 字形。如果参与多达几十甚至上百人，则宜将会议室布置成教室的模式，桌椅摆放就不需要太费心思，尽量保证桌椅的干净、整洁就可，如果能使用更高档的桌椅，则效果更好。

会议资料，一般只需准备大会报告的起草、修改、定稿、发言材料等即可，主办方可以提前一周将这些材料发给与会者，也可以在会议正式开始前发给与会者。为了便于与会者尽快熟悉材料内容，主办方所准备的材料，要尽可能地简短，可以用图表、数字、列条款等一目了然的方式解释材料。

除了以上准备工作，主办方一般还需要安排合适人的负责做好会务记录，事先最好对记录人员做简单的培训，使其明白坐在哪个位置更便于听清大家的发言和观察会场的全貌，同时又不会喧宾夺主，还要让他明白哪些是需要着重记录的，准备传达的什么精神等。如有需要，主办方还要配备人员做好撰写简报、快报的工作。

会议结束后，属于会议礼仪的内容仍然没有结束。主办方一方面要安排人手做好收尾工作，如负责会议过程的缩写、印发会议纪要，做好会议各类文件材料的善后；撤去音响、照明、投影等设备，认真做好打扫工作。另一方面，主办方还要礼貌地送别与会者。如果会议结束后有其他安排，主办方还要负责好导向工作。如果没有其他安排，对于外地的与会者，主办方应在会议结束前就为其联系好返程车票、机票，细心周到的礼仪应该有始有终。

此外，对于会议过程中可能会遇到的情况，主办方还要提前做好预防工作，以免此次会议受到影响。

座谈会·洽谈会·茶话会

身为领导，每天可能接触到各种各样的会议，只知道一套会议礼仪是不够用的，还要根据会议的特点和风格，在礼仪方面作适当的调整。以座谈会、洽谈会、茶话会为例，就有一套各自不同的礼仪，领导无论作为主办方，还是一般的参与者，都应了解最基本的礼仪。

1. 座谈会

座谈会是一种邀请有关人员交谈讨论某一或某些问题的会议，又称讨论会，参与者会就大家共同关心的话题、大家所关注的某些人参与讨论。

水、果汁、姜汁、可乐、雪碧、牛奶等。鸡尾酒会上比较吸引人的饮品为各种调制的鸡尾酒，鸡尾酒一般由两种或以上的材料调制而成，在酒中加入鸡蛋、糖、可乐、雪碧、牛奶等，口味独特、色彩鲜明，通常是酒会的一大特色，同时也可以显示出主人的品位。酒会的主角是酒水，相对而言食物则有点缀的意思，因此，食物多是冷餐，以点心和开胃菜为主，讲究外形的精致和味道，例如蛋糕、饼干、面包、三明治、香肠、果仁、水果、奶酪等，这些食物总体来说要便于客人用手拿取。

餐后酒会，一般会在正餐结束之后开始，大约在晚上9点左右，酒会没有时间限制，前来参加的客人可以根据自己的情况早走或晚走。餐后酒会的规模通常比较大，有餐后娱乐的含义，通常会提供音乐和舞场，大家可以尽情跳舞娱乐。餐后酒会因为是在正餐之后，可以不必准备食品，只准备酒水即可，酒水和鸡尾酒会的雷同。如果酒会举行的时间比较长，那么，主人也要准备一些食品，可以当做宵夜，但是，食品不要上的过早，否则客人刚刚吃过正餐，看见食品不仅没有胃口也会感到扫兴！

酒会在进入中国后，成为商务人士洽谈和朋友聚会的主流，之所以如此受欢迎，也是有其原因的。参加酒会可以不必准时，这和传统的宴会有很大区别，客人可以根据自己的情况晚到早退；参加酒会可以不太在意服饰，不要求正式，只要端庄大方、体现出个人魅力即可；酒会上没有座位安排，人们可以随意走动，随意交谈，客人之间可以很好地互动。酒会的优势是其他传统宴会所没有的，所以酒会的流行也是必然，也是人们对生活品质不断追求的一种表现。

酒会的组织和筹备

在政务活动或者商务活动中，酒会是常常出现的，那么想要举办一场成功的酒会，需要注意些什么呢？该如何组织和筹备酒会呢？

一、首先要确定酒会的主题。在组织和筹备酒会的时候必须事先确定酒会的主题。酒会有很多类型，比如答谢酒会、婚礼酒会、庆功酒会、颁奖酒会、慈善酒会等等，不同的主题会场的装饰以及程序略有不同，因此，酒会的主题很关键，是重中之重。

二、时间和场地的确定。酒会举办的时间一般都是在晚上，不过也有例外的，可以设定在中午或者下午，同时周末还是周中也需要根据主办方或者邀请对象的性质和空档来安排。时间安排合理，那么，客人就会到场比较多，如果时间安排不合理，那么，或许就会有很多客人无法到达，导致场面冷清，因此，时间的确定也是非常有技巧的，一定不能疏忽大意。

酒会场地的安排，通常要考虑的有两个方面，一个是大小，一个是环境。场的地方。施政纲领对于竞聘者和就职者而言，应当对于上任后自己的工作目标、相关措施以及这样的措施能够达到的效果等的设想。对于离职者和调动者，这部分的内容可以包含在对工作情况的总结之中，在此不必详述。

最后，在整篇致辞的结束部分，应当给出一番铿锵有力的言论。这番言论要简明扼要、意义深远，并且能够和正文中的内容相呼应，升华整篇致辞的主题，切不可言尽意竭。比如“只要我们团结一致搞建设，齐心协力谋发展，我们××市的事业一定会更加兴旺，××市的人民一定能够在全面建设小康社会的路上大步前进，早日实现目标!”或者“组织上任命我为××人选，我虽然如履薄冰，但也信心满怀。如果我有幸接任这个光荣的使命，我绝不辜负组织上对我的期望，不辜负人民对我的重托。我将以此为我事业的起点，埋头苦干、奋力拼搏，为人民谋幸福，为党和国家谋发展！如果今日没能通过对我的任命，我也绝不会气馁，坚决服从组织上的安排。谢谢大家!”这样的结尾掷地有声，会给大家留下深刻的印象。

宴会致辞注意事项

酒会综述

酒会，起源于欧美，属于宴会的一种，但是，比较经济简便、氛围轻松活泼，因此，受到了很多商务人士以及大众的喜欢，成为人们社交中最重要的方式之一。酒会有以团体为名义举办的，也有以个人名义举办的，一般来说，在酒会上没有正餐，以冷餐为主，通常以点心、冷盘、酒水为主。

酒会的主题一般都非常鲜明，例如婚礼酒会、公司开张酒会、招待酒会、庆典酒会、新品推广酒会、签字仪式酒会、乔迁酒会、生日酒会、展览会开幕酒会、升迁酒会、新书出版酒会等等，根据不同的主题要准备不同的场景和装饰以及酒会的酒水和食物等。

一般来说，无论是什么主题的酒会，可以根据时间分为两种类型：一种是位于正餐之前的酒会，称之为鸡尾酒会；一种是位于正餐之后的酒会，成为餐后酒会。

鸡尾酒会，通常会在下午6点或者6点半开始，持续的时间不太长，大约都在2小时左右，因为有时间限制最好在请帖中说明。在鸡尾酒会上，通常只有酒水和点心，没有正餐。酒水分为含酒精的饮料和不含酒精的饮料，含酒精的饮料通常有雪利酒、威士忌、香槟酒、葡萄酒、各种烈酒等；不含酒精的饮料有纯净座谈会的会议前礼仪与一般会议相似，包括通知、布置会场、会议中等。在通知中，主办方先通知相关人员开会的时间、地点和座谈的内容，并让部分参与者做好发言的准备。会场的布置，以便于面对面相互交流为宜，可将会议室内桌椅安置成圆形或长方形，等等，这些一般会议礼仪相似。

对座谈会来说，重要的是会议的过程。会议开始时，领导人首先上台致辞，就会议的目的做明确的阐述。如果需要特别说明，领导人最好对到场所有嘉宾作引荐介绍，这有助于此后大家畅所欲言地交流。领导人本身也可以参与到会议的讨论，尤其是现场出现冷场或者有跑题现象时，领导人要立即站出来救场，控制和协调现场的气氛。

座谈会的气氛，要越浓烈越好，领导人要鼓励大家争论，争取使每一个与会者都能知无不言，言无不尽。只有这样，一些问题才能越争论越明晰，才能起到举办这次座谈会的目的。在彼此争论的过程中，如果有争论演变成争执，领导人要负责协调气氛。如果有人对自己的观点表示反驳，领导要耐心听取，和谐商榷。

2. 洽谈会

洽谈会，即“谈判会”，谈判双方或多方，就保持接触、建立联系、进行合作、达成交易、拟定协议、签署合同、要求索赔、处理争端、消除分歧等问题谈判，领导无论参与商务活动，还是参与政务活动，都应注意这种会议的基本礼仪，尽量避免谈判不成又失去了交情。

作为洽谈会的主办方，领导在安排人员布置会场的时候，要充分尊重洽谈对象，就洽谈的场所、洽谈的座次、迎送、款待，等等，事项都要准备得很“有档次”，至少让对方感觉到自己的诚意，这是确保洽谈顺利进行下去的基础之一。

以安排座位为例。如果是双方洽谈，最好使用长桌或椭圆形桌子，使宾主分坐桌子两侧。如果桌子横放，面对正门的一方为尊，应属于客方座位；如果桌子竖放，从进门的方向看，右侧为尊，属于客方座位。在具体的座次安排上，各方的主谈人员在自己一方居中的位置，其余成员则遵循右高左低的原则，根据职位的高低分坐在主谈人员的两侧。若有翻译人员参与会谈，翻译人员的位置应该在主谈人员的右边。

如果谈判者不限于双方会谈，而是多边洽谈，国际上一般采取圆桌会议的形式，淡化尊卑界限。

换言之，洽谈会的礼仪要求很正规，不得有疏漏或者差错，否则既是对本次会议的不尊重，也是对洽谈对手的不尊重，在洽谈的时候容易遭人话柄，在谈判的时候易处于不利地位。各方的与会人员尽量同时入场、同时就坐，主办方人员切忌在客方之前就坐。

另外，在洽谈会上，无论是那一方的人员，都要注重自己的仪表，穿着正装，女士端庄、素雅的发型，化淡妆。仪表上的注重是处于尊重对方、尊重会谈的需要，任何人不得以休闲装示人，更不能蓬头垢面，或者浑身堆满手势，或者穿低胸装、露背装，这些都是不尊重会谈的表现。

总之，洽谈会是一种规格非常高的会议，每一个与会者都要遵守礼仪，以互利互惠、平等协调的原则，时时、处处、事事尊重对方，表达自己真诚的敬意，促进谈判的顺利进行。

3. 茶话会

与其他会议相比，茶话会是一种相对轻松的会议，其主要内容是以茶待客。然而，“茶”只是一种形式而已，关键在于“话”，茶话会是一个与社会各界沟通信息、交流观点，听取批评、增进联络的机会，目的是为自己的单位、企业创办良好的外部环境。

茶话会的礼仪，主要涉及以下几个方面：

1. 会议的主题。茶话会的主题一般分联谊、娱乐、专题等三类。顾名思义，联谊是“为了举办茶话会而举办茶话会”，其目的就是增进彼此的情感沟通；娱乐，则将文娱项目当做茶话会的主要内容，与会者可以自由参加，也可以即兴表演节目，其目的最终也是沟通彼此的感情。专题茶话会，则是就某一个事项而专门召开的会议，参与者都是与该问题有关的专业人士或有特定关系的人员。

无论那种主题，茶话会的来宾，按照礼仪，都是确定的，都要包括本单位的顾问、社会知名人士、合作伙伴等，领导人在确定这些名单的时候，不能有丝毫的马虎。确定好人员之后，就可以提前半个月以请柬的形式，正式像与会者发出邀请。

2. 会议的时间选择。与一般会议所不同的是，举办茶话会的时机有一定的学问，一般要“借机发挥”，通常辞旧迎新、周年庆典、重大决策前后、遭遇危难挫折等时机，是举办茶话会的最佳时机。在具体时间制订上，一般上午十点钟左右或下午四点钟左右为佳，或者其他与会者都方便的具体时间。

3. 会议前的准备。茶话会的举办场地，可以是会议厅、宾馆的多功能厅、高档的营业性茶楼或茶室、主办单位负责人的私家客厅（或私家庭院或露天花园）。在物品供应上，一定要体现出茶的礼仪，所以领导人还要掌握一定的茶室礼仪。如果身为主办方，领导人还要安排人员准备点心、水果、地方风味小吃，或者其他小礼物，一般不需要上主食，也不安排酒。在座次安排上，茶话会一般不过于明显排座次，通常可用环绕式、散座式、圆桌式、主席式来安排座位，整体上给人营造宽松、惬意的环境。

4. 茶话会的过程中。主持人以轻松的语气宣布茶话会开始之后，可先介绍来宾，感谢大家的参与，并请求大家以后多多照顾自己的单位或企业，然后介绍本次活动的主题。接着是与会者的自由发言，发言完毕，主持人即可宣布散会。在大家发言的过程中，主持人要因势利导地引导与会者围绕会议主题发言，注意协调现场气氛。如果整场茶话会没有人踊跃发言，或者大家总讨论一些与主题脱节的事情，这就是一场失败的茶话会。因此，发言是茶话会的关键，领导要安排得力的人员主持茶话会。

除了座谈会、洽谈会、茶话会，会议还有年会、代表会议、研讨会、专家讨论会、专业会议、论坛等形式，每种会议都有特别的礼仪要求，领导人在要这些小节上做好准备，不要因小失大。

会议致辞礼仪

会议致辞，是领导人必须掌握的一种艺术，世界上任何国家的领导，没有一个不是“能说会道”者，不会讲话的领导不存在——因为讲话艺术本身就是衡量一个人能否胜任领导职位的一个标准。中国人是开会的高手，会议不仅仅是一个传达精神、讨论话题的场合，还包含许多其他不成文的“潜规则”。身为领导人，在致辞的时候，不但要了解基本礼仪，还要熟练这些“潜规则”，让自己的致辞成为一场华丽的演说，为自己的仕途增添异彩。

就中国的国情来说，无论是政府部门的领导，还是企业的领导，在致辞的时候，至少要把握好以下四点：

一、准备工作要充分

俗话说：台上一分钟，台下十年功。领导人在短短几分钟的致辞，需要在台下准备很多，在致辞的过程中出现任何纰漏，危害都是很大的——因为聆听者众多，影响面很大。

具体来说，领导致辞的准备工作，可以分为三大块：跟紧政策；明确讲话内容；拟好讲话稿。

跟紧政策，是指自己的讲话稿，字里行间要时时处处符合党和国家的方针政策以及法律规定。如果是企业领导致辞，除了负责国家的有关政策，还要符合本企业的相关规定，不要有与相关政策向左的内容。

明确讲话内容，则要求领导人在致辞的时候，要知道自己在讲什么，准备为大家传达出一个什么样的信息。这就要求，领导人在讲话的时候，不但思路要清晰，还要用抑扬顿挫的语调将讲话要点明确地讲出来。

拟好讲话稿，这一点要分情况。如果讲话稿是由秘书撰写，领导不用亲自动手，但至少要让秘书明确自己想要表达什么意思，并且领导此后要熟记讲话稿，至少牢记其要点，避免站在台上念稿子的情况。如果事发突然，秘书来不及撰写讲话稿，领导人在即兴发挥的时候，要条理清晰，不要东拉西扯，乱讲一通。

二、致辞时应有的态度

领导在致辞的时候，往往身处重要场合，气氛比较严肃、认真。因此，领导在讲话的时候，无论语言、语气，还是仪态方面，都要传递给听众庄重的信息。尽量不要在致辞时嘻嘻哈哈，即使讲错了，也要保持严肃，否则听众会不重视致辞的内容，领导也会失去应有的威仪。另外注意，在致辞的时候，无论发生什么事，领导的致辞都不要受其影响而中断，而是一如既往地讲下去。

三、控制好时间

领导在会议上的致辞，通常是简短的，因为会议都有自己的主题，没有一个会议的主题是听领导致辞。因此，领导在会议上致辞的时候，要把握好时间，一般控制在三五分钟以内，不要致辞太长。否则，领导人由于自己的延误，会给整个会议带来不良影响，如会造成整个会议时间的拖沓。而一个人可以延长几分钟，其余人就会效仿，整个会议的效率都会因此而受影响。如果参与会议者不仅仅是自己的下属，还包括客户，或者其他合作方，无端延误别人的时间，还是对他人的不尊重，进而使自己的单位（或企业）形象受损。因此，无论自己是何级别的领导，在致辞的时候都要控制好时间，提高会议品质。

四、其他礼仪

除了以上基本礼仪，领导在致辞的时候，还要注意自己的着装，注意遵守公共礼仪，不要有任何失礼的行为。

岗位变动致辞注意事项

致辞的类别

目前，我国的民主政治建设渐趋完善，对领导的人事任免、岗位变动也逐渐重视起来。在这样的任职环境中，一个领导干部在他的任职周期里，关于他的岗位变动大概可以包括竞聘、就职、调动和离职，相应的致辞也分为这四个类别。

1．竞聘致辞

竞聘致辞也是单位或企业内部的竞争上岗，在应聘岗位之时发表的演说。在竞聘致辞的时候，竞聘者态度要真诚，语言要简练，要先声夺人，给人一种充满自信和活力的感觉。

地要适当，过大过小都不适宜，但是，可以稍微显得宽松一点，切忌不能过于拥挤，会让客人缺乏舒适感。在举行酒会的时候，不妨将周围的小房间、草地、花园、阳台等地利用，使得场地看上去具有弹性，如果主会场有些拥挤，可以让客人疏散到这些地方，于是就解决了会场拥挤的状态。场地的环境要求不能过于嘈杂，通风要好，如果酒会需要音乐和舞场，也会充分考虑设备的安置和舞池的容积。

三、酒会上酒水和食物的数量，一般来说，酒水和食物要根据人员的多少而宽松准备，以防不够，但是，也不能太多，否则会造成浪费。酒的需要量可以大致这样计算：一瓶雪利酒大约有十二杯，一瓶威士忌大约有二十杯，一升葡萄酒大约有九杯。酒会上的酒和各种饮品要摆在特定的位置，也可以设立酒吧，一般由使者传送。在准备食物时，可以根据客人的喜好或者是当地的实际情况来准备，但是，一定要记住要数量充足，方便人们拿取。

四、酒会的客人邀请。除了一些小型的家庭酒会，政务或者商务酒会一般都要派送请柬，请柬应当是酒会专用请柬，在两周之前发出，给被邀请者留出一定的选择和安排时间。处于被邀请者未必能够全到，可以多邀请一些人，避免出现空缺的现象。在邀请的同时，也要对客人作一个了解，确定客人的群体，可以尽量迎合客人的口味来准备，满足客人的一些特殊要求。

五、酒会贺辞的准备。在酒会上，贺辞也是必不可少的一个环节，致贺辞的人可以是主办方也可以是客人，可以一个人也可以数人，总之，无论是谁都要提前通知致辞人，让其有一个准备过程，还要确定其到时候必定可以到场，以防出现致辞人空缺的现象，让主办方尴尬。

六、酒会的其他准备。有些酒会还要准备一些休息室、更衣室、吸烟室等，很多商务酒会上，会出现两个或三个公司商谈的情况，如果准备出小型休息室，可以方便他们攀谈。更衣室则多半是为女性准备，也是酒会必须的一个准备，很多女性有中途补妆的习惯，这里可以兼具化妆室的功能，或者是女性们展开一些闺蜜话题等，这里也是最佳的场所。

总之，在组织和筹备酒会的时候，尽量考虑全面，注意细节的安排，让客人感到轻松方便，没有拘束感，在无障碍沟通的同时也能很好地联络感情，这就是一个成功的高质量酒会！

酒会客人的礼仪

酒会是一种重要的宴请方式，从另一个角度来看，酒会交际的意义更多一些，很多人举行酒会的目的就在于社会交际、展示个人魅力，因此，酒会上的礼仪是很重要的。如果在酒会上你不小心失礼了，那么，可是会影响你在大家心目中的形象，给你造成很坏的影响，主人也会因此失去面子，一次的失礼表现，或许就会造成你今后社交的大障碍，因此，我们有必要知道一些酒会礼仪。

一、同他人交谈和沟通的礼仪。

如果你前去参加酒会，目的是吃吃喝喝，那么你就失去了参加酒会的意义。我们都知道酒会是一个重要的信息交流场所，尤其是在政务和商务酒会中，你会从和他人的交流中得到很多重要信息。因此，在这个场合上，你的注意力应当放在和人的沟通交流上。

参加酒会的客人，一定要学会主动出击，不要装出一份高傲深沉的样子，要知道那样的话根本就不会有人理你。如果客人中有你感兴趣的人，虽然你们或许是陌生人，但不妨趁机主动上前攀谈，交个朋友、联络一下感情。如果是老朋友，则要亲切地打个招呼，然后再开始攀谈，通过老朋友也是可以认识很多新朋友的。

如果在交谈的过程中，对方的话题引不起你的兴趣，记住也不要分心，显出烦躁不安或者心不在焉的情绪，也不要左顾右盼，显然是在敷衍对方，会让对方觉得你不尊重他，在酒会上也是大忌。如果你实在想要脱身，不妨找机会巧妙脱身，比如两人一起去见另一个朋友等都可以。

二、男宾对待女宾的照顾。

在酒会上，如果有男宾也有女宾，则男宾就要显示出自己的绅士风度，照顾谦让女宾，这不仅是显示自己的修养，也是商务礼仪中很重要的一部分。

酒会上，无论是自己认识的还是不认识的女宾，男士在攀谈或者行走中，都要保持礼貌，向女宾问好或者称赞几句。如果女宾的酒杯空了，也要主动斟满或者让侍者斟满。如果看到旁边有孤单的女士，男士不妨展现自己的绅士一面，主动上前攀谈或者邀请其加入大家的谈话。如果两人前去就餐，要让女士先行。总之，男宾要对女宾彬彬有礼，做一个谦谦君子！

三、就餐的礼仪。

虽然说酒会上就餐不是重头戏，可是，就餐的礼仪也是必不可少的，比如拿取食物的规则、就餐顺序、喝酒禁忌等都是需要注意的。

在酒会上一定不要大吃大喝，要合理有度，一般的就餐顺序为开胃菜、汤、热菜、点心、甜品、水果等，餐前餐后可以喝点鸡尾酒，有些酒会不准备热菜。喝酒的时候千万记住要有度，不劝酒、不大呼小叫、不猜拳、不要贪杯，这些都会给人留下缺乏教养的印象，影响到你的公众形象。

在取餐的时候，要遵守多次少取的原则，每次拿取一点，拿取的食物必须全部吃完。如果一次拿取过多，或者是十分贪婪大吃，会让他人觉得你没有教养。

在拿取的时候，要有次序，按顺序排队拿取，不能加塞、争抢等，一定要表现出自己的良好素质。

还有，酒会的食品是不能外带的。

四、退出时要向主办方告辞致谢。

酒会有一定的随意性，没有时间限定，但是，客人要体谅主办方，不要拖延，及时离开也是礼貌的体现。鸡尾酒会一般在8点左右就结束了，餐后酒会则在晚上11点、12点结束。客人的及时离开是对主办方的尊重，也可以让主办方早点休息，并且不影响他们的其他活动。

酒会是可以提前离开的，没有具体时间规定，如果客人要提前离开要和主人告辞，并且不能影响到其他客人，否则会破坏酒会的氛围。

无论是什么时候离开，离开之前都要给主人打招呼并且致谢，感谢主办方的邀请和款待，这是礼貌，也是酒会的必须程序。很多时候，我们要特意向女主人道谢。

慰问致辞注意事项

领导慰问的主要形式

领导慰问的目的，是要向对方表示自己的关怀和关切之情。慰问者一般是党政机关、企事业单位和社会团体的领导人或主要人物，被慰问者大多是在工作中取得了十分优异的成绩，或者遭受到了天灾人祸，蒙受了巨大损失的集体或者个人。当这些集体和个人的身心受到巨大创伤的时候，领导的关怀和问候会带给他们心灵上的鼓舞和精神上的安慰。按照慰问对象的不同，慰问致辞主要有以下三种类型：

第一，节日的慰问。

在重大节日或者纪念日到来之际，上级领导向下级、下辖单位和群众表达节日的祝福，肯定他们前一阶段的工作，赞扬他们的努力和付出，祝愿他们能够生活愉快、平安幸福，最后表达自己的期望，希望他们在以后的工作和学习中更加努力，取得更好的成绩。

这类慰问致辞重点在于要充分体现出组织的温暖，表现出鼓励的意向，使被慰问者在精神上得到安慰和鼓励。在一些特定的节假日，总有很多人为了服务大众而坚守在自己的工作岗位上，无法和家人团圆。这个时候，他们的内心是孤独的，所以领导能够在此时给予一番言辞恳切的鼓励，言语之间流露出真情和亲切必定会给他们以心灵上的抚慰，让被慰问者觉得自己的付出是值得的，从而以更好的精神态度投入到工作中去。

第二，向作出了突出贡献的集体或个人致以慰问。

这类致辞针对的主要是承担了艰巨任务、作出了巨大贡献甚至牺牲的先进个人或者集体。比如，当一项重大工程竣工之时，工程总指挥部向建设者的慰问；在春节期间一些铁路工人仍然坚守在岗位上时，上级领导给予他们的慰问和鼓励；在公安干警因公受伤或殉职以后，公安局长到烈士家里进行的安抚和感谢等等。

这类慰问的致辞一般态度诚恳、真挚，尽显真情。其根本目的在于要让被慰问者明白，领导看到了他在工作中迎难而上的勇气和努力，知道他取得的成绩是来之不易的。在致辞中对被慰问者的信任和肯定，会让对方受到鼓舞，无疑会激起他在日后的工作和生活中继续克服困难的勇气。所以，在这类致辞中要重点对被慰问者付出的努力和作出的贡献进行讲述和颂扬。

第三，向遭受天灾人祸的集体或者个人致以慰问。

这类慰问针对的主要是遭受了自然灾害，比如地震、泥石流、暴雪、干旱，以及人为灾害，比如车祸、战争、飞机失事等，在这些灾难中受到了巨大损失的集体或个人。在慰问时要向这些人的遭遇表示同情，安慰他们受伤的心灵，鼓励他们要勇敢地战胜当前的困难，改变现状。比如，在5·12地震过后慰问灾区人民的致辞等等。

这类致辞要求感情真挚，情真意切。在遭遇天灾人祸之时，人们受到的不仅仅是肉体上的伤害，更多的是心灵上和精神上的巨大创伤。他们需要的不是怜悯的眼神和同情的眼泪，而是感同身受的理解、支持。因而，慰问者在此时要表达出愿意与灾区人民共甘苦、共患难的志愿，让被慰问者感受到在灾难面前自己并不是孤单的，自己背后有强大的力量在支持，从而更有勇气去面对灾难，增强必胜的信心。

人非草木，孰能无情。慰问致辞只要把话说到人的心坎上，就能将自己的理解和关怀准确地传达给被慰问者，就能将自己的敬意和对对方的勉励之情一一表达，从而打动对方的心灵，树立起对方克服困难、再接再厉的信心和勇气，发挥出慰问者在情感和精神层面的号召力。

慰问“六要六不要”

在逢年过节、遭遇灾害以及取得了成绩之时，基层的劳苦大众对于各级领导的慰问也是心怀期待和热烈欢迎的。领导的慰问活动在给大众带来温暖和感动的同时，也能够树立起领导心怀人民疾苦、爱民如子的形象，促进了和谐社会的发展。但在这个过程中，领导要注意自己的言行举动，避免因一些不适的行为给别人带来误解，将原本体现关爱的高尚举动被人念“歪”了。

第一，在慰问的时候要放下身段亲近群众，不要端领导架子。有些群众身处社会基层，所做的工作是最累最苦的，所处的环境可能和领导平时所在的宽敞明亮、有空调有风扇的办公室不同，他们生活和办公的环境可能是脏乱和差劲的。但是，在这样的环境中成长起来的人，更加懂得尊严和人格的重要。领导在慰问之时，切记不可摆出一副高高在上、前来施舍的清高模样，要知道乞丐尚且不食嗟来之食，基层的人民大众和领导是平等的。

第二，要雪中送炭，不要不分青红皂白乱送一通。基层人民群众的生活环境不同，所处的岗位不同，他们所遇到的困难和各自的需求也因此而大不相同。对于生活困难的群众，要多送一些米、面、衣服等生活用品，以保障他们的基本生活条件；对于生活并不困难，只是缺乏娱乐设施的山区人民群众，要多送书、报纸或安装卫星电视等等；而对于那些在节假日坚守在工作岗位的劳苦大众们，最重要的是要体现自己的关心之情，多多鼓励和支持他们的工作，多多赞赏他们的奉献精神。在下到基层的时候，只要领导们能设身处地的为群众着想，真诚地去对待他们，基层群众当然就会十分欢迎领导们的到来了。

第三，要慰问到真正需要被关心的人，不要被虚假现象蒙蔽。当上级领导前来慰问之时，多数基层领导已经安排好了被慰问的人，哪里的群众生活比较困难，哪一家最需要帮助，基层领导毕竟最了解。但是，在这里面也不排除有一些基层领导为了迎合上级而弄虚作假，将一些本不困难的群众“制造”成贫困群众，以求达到某种“效果”。这些行为无论出发点是善意的还是恶意的，最终带来的后果都是给大众造成的深深伤害，从而使他们对领导的到来产生抵触心理。所以，上级领导一定要擦亮自己的双眼，不要被一些小伎俩所欺骗。

第四，要深入到群众生活的方方面面，不要蜻蜓点水三两句话了事。领导们平时忙于各种工作，无暇到基层深入走访，基层群众也很难能够见到上级领导一面。所以领导们一定要把握好前去慰问的机会，深入到群众的生活中去，体察民情，了解民意，将慰问活动当做一次工作调研，这样自己的工作才能赢得大众的一致好评。

第五，要低调行事，不要大张旗鼓、铺张浪费。领导到基层慰问，最重要的就是要简单出行、简朴出行。现在有一些领导出行，动辄倾巢而出，几十个人、几十辆车，前呼后拥、规模宏大。有的更是夸张得离谱，警车开道、彩旗飘扬，生怕别人不知道自己的身份高贵。有的下到基层还讲究规格，非得住豪华宾馆、吃山珍海味。基层大众的生活本来就不容易，这样一来更是火上浇油，还不如不来慰问了。这样势必会造成群众们对上级领导的反感和厌恶之情。

第六，要真情实意，不要“作秀”。在当今社会，不乏有很多领导的功利主义作祟，做出一些所谓的面子工程和政绩工程来糊弄人民大众、糊弄上级、强撑门面。比如有一些“送温暖”活动，让群众冒着凛冽的寒风等了几个钟头，只等到领导们从开着暖气的车上下来发给自己一桶油、一袋米；在慰问孤寡老人的时候，一位老人在一天里被迫洗了八次澡，被送了十几床棉被；有些上级为了表示自己对基层工作人员的关心，不惜将员工们召集起来在烈日下晒几个小时，然后领导们从空调屋里走出来为他们擦了一把汗，之后宣布解散……种种作秀行为令人啼笑皆非，满足了自己的虚荣心和政绩利益，却将无辜的百姓们当做道具来使用。要知道，人民群众的眼睛是雪亮的，种种华而不实的作秀行为一旦暴露，就会受到人民群众的唾弃和坚决抵制。

吊唁致辞注意事项

吊唁的仪式

在逝者离世后的第七天，逝者家属要为逝者举行“做七”仪式，接到讣告的亲朋好友就是在这个时候前来吊唁，慰问家属。前来吊唁要携带赠送给死者的衣被，上面用毛笔书写或用别针别着“某某致”字样的纸条。逝者的家属要在屋内哭尸，对前来吊唁的人跪拜答谢，并依照礼节迎送。

“做七”的时候，首先是灵堂的布置。要在灵前安放一张桌子，桌子上摆上香炉、蜡台、贡品和长明灯等物。在逝者没有入殓之前，这盏长明灯不能熄灭，无论白天晚上都要人看守，不能让它熄灭，因为据说这盏灯就是死者的灵魂。此外，尸体和灵柩不要停放在光天化日之下，据说这是因为害怕受到“日精月华”的影响，更怕冲撞了天上经过的神灵。所以，即使是举行简单的祭奠仪式，也至少要搭建灵棚。

灵棚的规模大小主要由院落的格局决定。如果丧居只有一层院子，只搭建一屋院子的棚，这叫做“平棚起尖子”，就像古代的殿堂一样，上边起一条脊。如果丧居有两层院子，可以搭建一座大点的灵棚，将这两个院子都罩上。灵堂所在的院子棚顶高一些，前院的棚顶则要低一些，两个顶子前低后高，浑然一体，这叫做“一殿一卷”，殿自然是殿堂的意思，卷的意思是这样的棚顶可以卷起来。

这种棚里外都用数层席箔包裹严实，美观且不漏水，一眼望去犹如宫殿，使人顿生哀戚之情。

除了灵棚，一些大小不等、用途不等、名称各不相同的棚也是必不可缺的。在这期间，前来吊唁的亲朋好友络绎不绝，人群比较集中，上祭的时候容易发生拥挤。所以，在其他院落里搭建数座祭棚，可供亲朋好友前来吊唁之时在此上祭。还有一些用来供宾客们休息、吃饭用的。

紧接着就要举行开吊仪式，这也是最讲究排场的一个仪式了。在浙江一带，逝者家属要在大门口设置“报丧鼓”，吊唁的亲友进门的时候要击鼓两下，屋内的亲属听到鼓声要嚎哭迎接，吊唁之人向逝者的遗像行礼哀悼，然后垂泪哭泣。有些地方则只是在灵前放置一个铜罄，由专人负责敲击，过一会儿敲一下。据说铜罄响一声，黄泉路上就会光亮一闪，逝者的魂灵可以借着光亮前行；但若连连敲击，则灵魂就会走得踉踉跄跄。灵堂上，逝者的家属们哭泣连连，孝子孝媳们始终披麻戴孝跪在灵前陪祭，整个灵堂被哀恸的气氛笼罩。前来吊唁的人要在哀乐声中向逝者跪拜，这也就是我们经常说的“死者为大”，除了长辈可以不跪拜，平辈也需要跪拜。

有些地方将吊唁成为拜祭，亲友们一般要赠送香、蜡烛、鞭炮、纸钱等，女婿家和娘家的亲属还必须额外准备猪头、鹅为祭礼，当人们带着祭礼前来吊唁的时候，他们要哭唱出自己和死者生前的友好关系。猪头和鹅均为熟食，一并供奉在灵前，然后按照辈分从大到小的顺序依次祭拜，逝者的子孙要全部跪在灵前，拜祭痛哭。

在宁波一带，吊唁礼仪则别具一格，祭品也格外富有风趣。灵前所摆放的是由火腿制成的琵琶琴、用熟猪头做头，熟猪肺和猪肝做身体的姜太公、装饰着彩带的白鲞、用熟猪肚制成的白象、熟鸡做成的凤凰等等。灵前精致的食品正是家属们对亡灵的一番心意和良好祝愿。吊唁开始的时候，鞭炮齐鸣，礼仪按照程序有条不紊地执行。吊唁的人们身穿素服，以亲疏尊卑的顺序，一家一堂，本家先祭，外客其次。所有宾客一律跪拜行礼，长辈在前，小辈在后。此外，分别有一位赞礼生手持焚香，立在东面和西面。最后，仪式结束的时候，要燃放爆竹，标志着祭拜的结束。

现在在城市里，吊唁的仪式已经大大简化。逝者家属主要进行遗体告别仪式和开追悼会纪念仪式，前来吊唁的人们身着素服，佩戴着白花和黑纱，在哀戚的乐声中向遗体鞠躬致哀，然后绕遗体一周瞻养仪容，对逝者做最后的告别。吊唁的人可以在此时像逝者的家属说一些简单的话来安慰他们，比如“请多保重”、“要注意身体”等，劝慰家属节哀顺变，保重自己的身体。

吊唁中的应循礼数

每个国家的葬礼都有具体的形式，有时根据死者生前宗教信仰的不同而有着不同的规矩。中国号称礼仪之邦，在葬礼上，自然也应遵循一定的礼仪。

亲朋好友在接到“讣告”之后，可以写唁函或发唁电的方式回复死者的家属，以表自己的哀悼之情。如果想要给死者家属送花，可以在葬礼举行之前在花店里办理，也可以通过葬礼的承办人来办理。在送花的时候，应该附上写有挽联或者“献给×××”字样的飘带，最后记得要附上自己的姓名。但是，如果死者家属在“讣告”上写明了“敬辞鲜花”，那么应当遵从他们的意见，不要送花。除此之外，也有人通过写诗和文章来纪念死者的。有一些和死者家属关系亲近的亲友可以登门吊唁，帮助家属治丧，做一些力所能及的事情。但是，有些死者的亲人过于悲痛，也会不愿意接见好友，此时也要尊重他们的意见，不要登门吊唁。

在举行葬礼的时候，要始终保持现场庄严肃穆的气氛。人们心怀沉痛，沉默祈祷，向死者表示沉痛的悼念。在这个时候，死者亲属的感情可能处于极度伤痛之中，表露关怀和安慰之情很重要，一般不提倡在此时嚎啕大哭，因为过分地流露自己的悲伤可能会给死者的家属带来更加沉重的悲痛之情。当然，这也不是说让大家强装笑容或者谈笑风生，在葬礼上说笑是最伤害死者家属感情的事情，也是对死者和家属们的大不敬，万不可踏这个禁区。在同死者的家属握手的时候，可以沉默不语，也可以低声地在家属耳边说几句表示慰问的话，比如：“请节哀顺变”、“请保重”、“请接受我深切的哀悼”等，切忌用“死”、“惨”等能让人联想到不幸的字眼，伤害到对方的感情。

在葬礼进行中，注意不要目不转睛地盯着死者哀伤的亲属们看，也不可三五成群地聚集在一起窃窃私语，也不要漫不经心地东张西望。在行礼时，动作要自然，要真挚地向死者的亲属表示自己的沉痛心情，不要太过做作。只有将自己对死者的沉痛哀悼之情和对家属的关心爱护之情毫不做作地流露出来，才能够显示出您的诚意和风度。

吊唁致辞的种类

吊唁致辞一般有两种情形，一种是追悼会上的悼词，一种是在悼念活动中的致辞。

在追悼会上的致辞，其内容可以分为五个层面的意思：

第一，明确大家怀着悲痛的心情前来悼念的是什么人；

第二，介绍死者的身份、职务，离世时的具体时间、原因，享年多少岁等；

第三，介绍死者的籍贯和出身，然后按照时间顺序向大家追述死者的生平；

第四，介绍死者一生中的主要贡献和做出的成绩，称颂死者高尚的品格，在这里可以列举一到两个例子，来增加文章的感染力；

第五，指出死者的离世带来的损失和影响，表达最死者的沉痛哀悼之情，并号召大家学习他的高尚品德，激励大家化悲痛为力量，奋发向上。

在追悼会致辞上需要注意的是，在介绍死者的生平事迹之时，一定要实事求是，不可瞎编乱造；对死者的评价要中肯，语言得体，不要过度夸大，也不要过于苛责；致辞所用语言要诚恳真挚，饱含深情，讲究文采，不可过于粗糙。

在悼念活动中的致辞，一般针对的是在场参加悼念活动的人们。在致辞中，应该表达现场参加悼念活动的全体人们对死者的敬意和哀思，勉励大家学习死者的高尚品德和精神，化悲痛为力量，在人生的路上继续充满信心和希望。悼念活动的致辞一般包括：悼念烈士活动致辞、悼念名人活动致辞、悼念在地震、水灾、泥石流等自然灾害中逝去的人们的致辞等等。悼念烈士的致辞是在悼念烈士的仪式中，表达对烈士的缅怀、崇敬、感激之情，激励后人珍惜来之不易的幸福，更加努力地学习生活的致辞，主要是叙述烈士的生平、实际和主要贡献，最后表达对烈士的怀念和对今人的激励。悼念在地震、水灾、泥石流等自然灾害中逝去的人们的致辞，主要叙述灾害情况、救灾过程和结果等，最后表达对逝者的缅怀、对救灾过程中牺牲的战士们的怀念，称颂他们英勇无畏的精神，表达对他们的敬佩和感谢，并对今人进行鼓励。

追悼会召开的目的，主要是为了悼念死者，抚慰亲属的悲痛之情。人人心情沉痛都是可以理解的，到此也必须注意到这一点，要多称赞死者生前的功德和成绩，避免提及其过失和错误。

答谢致辞注意事项

答谢辞的适用范围

答谢辞答谢辞是对所得到的帮助、受到的礼遇、获得授受表示感谢的一种礼仪文书。一般是在特定的公共礼仪场合，主人致欢迎辞或欢送辞后，客人所发表的对主人的热情接待和关照表示谢意的讲话。答谢辞也是客人在举行必要的答谢活动中所发表的感谢主人的盛情款待的讲话。

答谢辞的适用范围比较广泛，就工作礼仪活动来说，一般这些场合中要用答谢辞：

一、答谢款待。

在主人接待宴会上，对受到的热情接待和宴请表示感谢。

二、答谢道贺。

单位之间有时会有些庆祝活动、庆贺仪式，为了感谢兄弟单位前来参加活动、仪式或是其他形式的道贺，需要在一定的场合表示感谢。

三、答谢授受。

单位团体或个人在受奖、受衔仪式上用答谢辞表示感谢之情。

四、答谢迎送。

在欢迎、欢送仪式上，在相关负责人致欢迎辞、欢送辞后，受欢迎、欢送的一方代表就要致答谢辞。

五、答谢帮助。

对帮助解决困难、接受捐赠的感谢，在捐赠仪式上，接受方的负责人或者是代表要致答谢辞，表示感谢之情。

答谢辞的注意事项

感谢是答谢辞的主要基调，在整篇答谢辞中，除了感谢，还应有其他的内容。在选择主体内容时，要注意以下事项：

一、内容不要被客套所掩盖

礼仪上少不了客套，但是内容才是最实际的。一方面，需要客套，但是另一方面，客套要为内容服务，不应过多，更加不应过分，客套做过火了，就会让对方感到反感。比如在欢迎和欢送会上，客人在表示感谢时只要是情真意切就可以了，最忌讳把自己弄得卑躬屈膝，这样的客套会让主人感到厌烦。

二、言谢要真诚

言谢是以言语来致谢，行谢是指以实际行动来致谢。答谢辞一般要把如何以实际行动来感谢对方的帮助明确地表达出来，或者是把行谢的内容隐含在对未来的期望中。比如："我保证，我们会以艰苦奋斗、顽强拼搏的精神继续我们××的建设和发展，不辜负你们的帮助和期望。""让我们共同努力，为××的建设和发展贡献自己的力量"，等等。

三、回顾与畅想并重

在答谢辞上，特别是在答谢捐赠或者是受奖答谢上，可以适当地对过去的情况作些讲解，回顾一下艰苦或辉煌的过去，可以讲一些昔日的辛酸，让他人能够更好地了解你。但是更多的应该是对未来的畅想，要面向未来。在致辞中可以适当地运用"我相信""我感觉"等词语，表示对未来美好现象的描述。

四、友谊和原则相协调

如果是出国访问团的答谢辞，在讨论双方关系时，在表达友好之情、友谊之愿的时候，切不可丧失了自己的原则立场。对于一些敏感性的话题尽量避免，毕竟你们不是外交部，这些话题应该摆放到谈判桌上去解决。尽可能的只讨论和访问有关的问题，用坦诚的态度、委婉的言辞、温和的口吻作出恰当的表达。

答谢辞的写作

答谢辞的写作，要遵循以下几点要求：

一、内容要规范，合乎常理。

答谢辞所涉及的内容和结构，是有相对稳定的模式的，在写作中不可随心所欲地独创，要尽可能地符合写作规范。更不可以想到哪就写到哪，采用意识流的写法。在答谢辞上一般都是领导致辞，致辞内容不仅代表致辞人的身份，更彰显一个人的内涵和修养。所以，在答谢辞的内容写作上要尽量的规范、合乎礼仪。

二、评价要适度，恰如其分。

对于致辞对象的行为、言论等，致辞人不应随意评论、言不由衷，更不可故意称赞、言过其实，要恰如其分，不然就会令人产生虚情假意的感觉。让听众感到反感。

三、感情要真挚，坦诚热烈。

既然是要答谢他人，就要做到真情实意，要说真话、吐真言，要真挚、坦诚。言不由衷、矫揉造作只会让人感到反感。

表达感谢之情时，可以是热情奔放的言语用辞，也可以是如沐春风般得言语用辞。

四、篇幅要简短，语言精练。

礼仪仪式上的答谢辞，只要你把要感谢的意思表达清楚就可以了，不能像领导开会那样冗杂。努力做到文约旨丰，言简意赅。毕竟你的答谢辞不是仪式活动上的一切重点。

五、格式要正确，合乎规范。

答谢辞的格式，分为标题、称谓、正文、结余等四部分。

1．标题

标题一般是在第一行居中的位置写成“答谢辞”，或者是“在××××上的答谢辞”，有些还要写上致辞人，比如“××在××上的答谢辞”。

2．称谓

另起一行顶格写主人和主办单位负责人的姓名、职务和尊称，比如“尊敬的××市长”、“尊敬的××领导”等，通常在写完具体主要的对象后，再使用泛称感谢其他人，比如“女士们、先生们”、“老师们、同学们”等。称呼后加“：”以示引领全文。

3．正文

正文是答谢的主体，一般包括三部分：首先是表示感谢，比如在迎送会上答谢，要写出盛情接待的情况，有时要对对方的优越性表示肯定，表达出自己的荣幸和激动。其次是阐明意义和影响，有时要对对方的情况作较为详细的介绍，以示尊重。最后是应提出希望和祝愿，表达今后进一步发展关系、加强合作、交流的意愿。

4．结语

再次表示感谢和祝愿。比如："再次向××××表示衷心的感谢，并祝愿××××身体健康、万事如意!"

公益活动致辞注意事项

赞助会礼仪规范

赞助就是某一单位或个人使用自己的钱财、物品、劳动力、影响力对其他单位或个人进行支持和帮助，它是社会慈善事业的重要组成部分。商界往往是赞助的主体，对商界来说，赞助会是协调本单位与政府和社会各界的公共关系的一种常规商务方式，具有扩大本单位影响的作用。

赞助会的礼仪规范通常包括会前、会中和会后等三个方面。

1．赞助会前

赞助会通常由受赞助方主办，地点一般选在受赞助方所在单位的会议厅。会议厅不需要太大，能容纳所有与会人员即可。

在赞助会前，主办方首先要确定与会人员的名单。参加赞助会的人士，不必太多，只要有代表性就行。除了赞助方和受赞助方的主要负责人及员工代表外，赞助会应该重点邀请政府代表、社区代表、群众代表以及在全国或当地有较大影响力的媒体人士。

在确定与会者名单并发出邀请函后，主办方就要开始布置会议厅了。会议厅需要打扫干净，还要略加修饰；座位要摆设好，重要坐席上可能需要摆上显示姓名或身份的牌子，要按照顺序摆放，不能乱；会议厅的灯光应亮度适宜；在主席台上方或会议厅正门的墙壁上，要悬挂一条大红横幅，上面用金色或黑字写上赞助会名称，如"××单位赞助××项目大会"或"××赞助仪式"。

2．赞助会中

赞助会的时间一般在一个小时以内，所以主办方要认真规划会议的具体程序，确保宣布赞助会议正式开始、奏国歌、赞助单位正式实施赞助、赞助单位代表发言、受赞助单位代表发言、来宾代表发言这六道程序紧凑而流畅地进行，既能达到应有的效果，又不延误时间。

与会人员在出席赞助会时，在服装上要穿着正装，切忌随意搭配，衣服尽量朴素，不要太时尚；在仪态上应整洁，男士不要蓬头垢面、胡子拉碴，女士也不要打扮得太浓艳，要给人一种干净的感觉；在言行上，一定要得体规范，符合礼仪，不要在会场上随意走动，也不能乱开玩笑，这是对赞助会的尊重。不能显得心不在焉或者玩世不恭，不仅会破坏会场气氛，也会损害自身形象。

3. 赞助会后

赞助会后结束后，受赞助方和赞助方的代表以及所有与会人员一般合影留念。然后宾主双方可以稍作晤谈，来宾不宜停留太长时间，应尽快告辞，主办方应微笑送行。

通常情况下，主办方不应为来宾安排饮食，如有需要的话，主办方可以备上一些点心，但是不能设宴待客。

赞助会特质

参与一些社会公益活动，如植树节、慰问敬老院、无偿献血等等，作为一名光荣赞助会参与者，除了需要整齐朴素的衣装、得体的言行等合乎规范的礼仪外，一些其他的要求也是非常重要的：

一、主动参与的态度

参与公益活动，不是说谁要我去做，而是我要去做，去主动参与。我们只有积极主动，才能做好属于自己的工作。比如慰问敬老院，敬老院的老人是需要人照料的，不可能以主人的姿态将你当成嘉宾欢迎，到了敬老院，一切的事宜都需要自己来做，而且，去敬老院是慰问老人，为老人服务的，所以就需要自己主动与老人交流，准确发现老人的需要，才能更好地为他们服务。

主动参与，还能使你发现其中蕴含的文化内涵，你会受益匪浅，同时热爱上公益活动。比如说在与敬老院的老人交流时，他们有着丰富的人生阅历，可以向他们请教一些为人处世或学习的经验，这样能增长不少见识。

二、尽职尽责的思想

参与公益工作，不会有加薪升职，也不是为生活所迫，完全是我们自由的选择，但是我们在活动参与过程中却不能太自由。因为从我们选择公益那一刻起，身上就背负起了一种责任，这种责任要求我们将公益活动看作是一项比日常工作和学习更崇高的事业，严格按照道德规范来做好它，尽自己的努力，不懈怠、不放弃。只有我们具备了强烈的责任心，才能做好公益事业，才能取得成就。很简单的一个例子：2006年“感动吉林十大人物”中有一位植树模范叫赵希海，他从1982年退休至今，坚持将植树造林当做自己的职责，在这18年中，为国家培育了将近40万株树，这是一个伟大的成就，而这一成就的取得，正源自他那十数年如一日的责任心。

三、敢为天下先的气魄

我们每一个公民都应该有一种勇气，在他人都不愿做、不敢做的情况下，自己去做第一个吃螃蟹的人，在公益活动中尤其如此。当你做了，并且做得很好时，肯定会感染他人，鼓舞他们也投入其中。比如说献血活动，献血是一件光荣的事情，许多人心中并不排斥，但是在集体献血活动中，却很少有人主动献血，他们不是不愿意，有的人可能是怕见红，有的人可能怕献血后会虚脱，总之大部分人是不敢先尝试的，这时候就需要一个人站出来第一个献血，这不仅仅使自己真正参与了公益事业，更为其他人做出示范，证明献血不是一件可怕的事情，有了第一个人做榜样，后面的人肯定会踊跃参与的。

有敢为天下先的气魄，可以带动广大民众，改变广大民众，只有广大民众都积极参与公益活动中，我们的社会，我们的国家才会变得更美好！

公益致辞内容特点

公益活动包括爱心捐助活动、文化艺术活动、社区服务活动等，公益活动上的致辞，包括引语、正文和结语等三部分。

一般来说，引语的内容是格式化的。先向活动参与者表示问候，然后介绍活动名称，并向活动参与者表示欢迎和感谢。

致辞的正文是最重要的，也是篇幅最长的。公益活动致辞的正文，与其他活动致辞相比，由于活动性质的不同，所以正文内容是有独特性的，需要注意的方面主要有：

一、回顾前期准备

总结在过去的时间里，对于此次公益活动做了哪些准备，如资金来源、活动场所、参与方有哪些、活动安排了哪些事项等等，内容要详细完备，然后对这些准备作出评价，肯定取得的成就。总之是要给人一种感觉：我们做好了充足的准备，才开展此次公益活动的。

在介绍完有关准备后，要对那些为此次公益活动付出努力的参与人员表示感谢和敬意。参与人员一般包括三类：第一类是贯穿于公益活动准备过程的工作人员，第二类是各级领导部门和相关协助单位，第三类就是关心和支持本次公益活动的社会各界人士和广大民众。

二、强调活动意义

公益活动的意义是多方面的，首先是它对活动指向的对象，一般都是指对特定的社会群体有很大的帮助，公益活动也可能会对经济社会的发展有促进作用，或者对人民大众有教育意义和鼓舞推动作用，或者有其他方面的意义。总的来说，公益活动都是具有历史进步意义的，需要重点强调的。所以，对于公益活动的意义，必须详细说明，不仅内容全面，而且也要条理清晰。

三、寄语

先要表达对此次公益活动的展望，期待它能达到一个什么高度，并表明，对今后进行此次公益活动的具体工作会做出哪些部署、预期。寄语时应坚定有力、掷地有声，传达出积极向上的感情和进行此次公益活动的决心和信心，还可以对公益活动的参与人员提出一些希望和建议。

四、提出口号和希望

用饱含深情的语言来对参与此次公益活动的所有人员进行号召和鼓励，这是致辞内容的高潮部分。常用的语言格式有“让我们团结一心，一起……”、“同志们，奋斗起来吧，为了……”等。响亮的口号可以带动参与人员的热情，为此次公益活动能取得辉煌成果而努力拼搏。

结语的内容也有固定的套路，在讲完正文后，要说“预祝本次活动能够取得圆满成功”，并向活动参与者表示祝福，祝福他们“身体健康、生活幸福、工作顺利”等等，然后以一句“谢谢大家”结束致辞。

纪念活动致辞注意事项

纪念历史事件活动重“重温”

对重大历史事件的纪念，主要是指对在中国历史上起到重要影响和作用的事件的纪念。有的历史事件是一次翻天覆地的社会政治变革，有的历史事件是一场惊心动魄的战争，有的历史事件是一次影响深远的文化巨变等。在这众多的历史事件中，有的历史事件开启了一个时代，有的历史事件成为发展进程中的转折点，有的历史事件逆转了历史原本的走向。因此，可以说如果没有一个个的历史事件的发生，那么人类也就永远地停留在了亘古时代，不会有所发展、有所进步。

关于历史事件的纪念活动，是少不了要对当时那段历史的回顾和重温的。因此在领导致辞时，有时会讲述一下事件发生时的大背景。比如：“在长夜难明赤县天，百年魔怪舞蹁跹的旧中国”。或者是：“在民族危亡、国家危难的时候”

等等。

有时会讲述事件发生期间经历的那些艰难历程、困难环境，以及人们付出了怎样的努力和心血汗水。经典句型如：“中国共产党带领和团结全国各族人民致力于社会主义现代化建设，力排万难、不畏艰险、积极发展。”或者是“中国共产党引吭高歌、披荆斩棘，历经磨难，先后经过了民主革命、土地革命、万里长征、抗日战争、解放战争、社会主义建设、改革开放等”。

最后致辞上还会讲述取得了怎样的成果。经典句型如：“这么多年来，在中国共产党的带领下，一代又一代的优秀青年遵循着前辈们火红的足迹，站在了时代的前列，为民族解放和国家富强，进行了不懈的奋斗，建立了不朽的功勋”。

通过对这些历史的重温，我们可以窥视历史前进的脚步，可以领略人类文明进步的阶梯，可以明得失，可以知兴亡。

重温历史过后，一般会表明自己的心迹。像是通过这次纪念活动学到了什么，希望大家怎么做。经典句型如：“作为镇党委、政府的代表，我提出几点希望：希望……；希望……；希望……；希望……”。或者“通过这次的纪念活动，我们××市人民也将继续和传承这种精神，承担起这份责任。我们要充分展示××市人超越的勇气、逆风起飞的豪情、勇往直前的精神风貌”。或者“青年朋友们，雄关漫道真如铁，而今迈步从头越。身处这样一个伟大的时代，我们应该感到光荣。让我们在党委、政府的带领下，高举邓小平理论的伟大旗帜，坚持“三个代表”重要思想，实事求是，为我镇的发展增砖添瓦，再铸辉煌”。

最后一般会有对全体人员表示节日的祝福或者是对历史事件的关注。比如：“最后，祝我们伟大的祖国繁荣昌盛、青春美丽！祝各位区委干部和广大市民节日快乐、心想事成!”或者是：“让我们呼吁：全世界爱好和平的人团结起来，维护和平、反对战争!”

历史事件致辞应该注意将历史事件与现实情况及所面临的挑战和任务紧密地结合起来；在致辞时要保持严肃的语言风格；在写作上应恢弘大气，蕴涵深意；在语气上应尽量庄重；措辞上应准确、严谨。

纪念日活动重“回顾”

纪念日一般是指对某一个特殊日子的纪念，或者是人们为了纪念某类事件而人为地定立的日期。纪念日的目的就是为了让社会各界进一步重视一些社会问题，并通过开展活动，有效地为社会解决实际问题。

纪念日的写作特点一般包括三大部分：

开头表明是什么纪念日，并向参加活动的人和向与纪念日相关的人表示感谢之意。比如：“今天，是我们××公司成立××周年的纪念日，我们××公司的全体同仁和员工在此聚会，欢聚一堂，共同庆祝××公司成立××周年这个喜庆的日子。”或者是“今天，是我们××中学建校××周年纪念日。此时此刻，我们怀着无比激动的心情，带着美好的祝愿，在这里隆重举行建校××周年校庆大会”。或者是“值此祖国××华诞之际，我们迎来了××医院成立×周年纪念日。在此，我代表××医院向在百忙之中各位领导、各位来宾和各位朋友的到来表示热烈的欢迎和衷心的感谢！向在座各位长期以来关心、支持我们××医院致以崇高的敬意！”等等。

中间部分是重点，包含对以往的回顾，对现在成绩的描述。主要是讲述一些公司、学校或企业等的成长、发展历程和取得的成绩。比如“×个春秋岁月里，××的成员们以真心凝聚、用汗水浇灌、用执著搭建。编制起了一股团结的绳索、栽种起了一棵常青的树、树立起了一块不朽的丰碑”。或者是“××医院自建立之日起，一直是兢兢业业，恪守职责。××年的峥嵘岁月磨砺出了我们××人独特的风格和信仰。××年的艰苦付出带给了我们丰厚的回报。××年里我们不断攀登、不断追求、不辞辛劳、无悔付出。我们今天能取得这样的成绩。是你们的汗水、青春和热情，让我们××医院克服了一切的艰难险阻”。

最后一般会讲述这次纪念活动的主要意义是什么，同时提出一些要求和希望。比如“本次×周年院庆纪念活动，不仅是对创业艰辛的缅怀，更是对全体员工的期勉，希望你们再接再厉。过去的成绩和辉煌是对我们未来的鞭策和激励。我们要不断努力、不断创新，努力做到超越过去，瞭望未来。雄关漫道真如铁，而今迈步从头越。我们要站在新的起点上，努力把医院建成对病人最亲切、对病人最负责人、让病人感到最安全的医院”。或者是“我希望大家能继续保持这种追求卓越、争创一流的精神。希望大家继续不懈奋斗、艰苦付出。未来我们医院能够走的更远、更高、更稳而奉献和努力”。等等。

纪念日致辞的特点，总的来讲有着普遍性，但是每种致辞又有着自身的特殊性，要具体情况具体分析和考虑。结合自己的职位、所处的场合、所面临的听众等讲出合适的领导致辞。

纪念名人活动重“缅怀”

纪念名人主要是指对杰出的、引人注目的、作出过巨大贡献的人的纪念活动。他可能是国家领导人、优秀干部、著名作家或者是某方面的专家。不管他们是何种职业，纪念他们是因为他们都曾在历史的前进或发展道路上留下了足迹。

纪念名人致辞，最常用是纪念名人诞辰××周年致辞，或者是逝世××周年致辞。在纪念名人致辞上主要的是缅怀。对于他们的事迹、精神、贡献表达崇敬之情、怀念之情、追思之情。比如：“这次的纪念活动我们不仅是要怀念他的先进事迹，更是要传承他的高尚品德和精神，同时还要在广大的青年朋友中掀起学习×××同志这种精神的浪潮”，或者是“今天，我们怀着十分崇敬的心情，隆重聚会，纪念×××同志逝世××周年。在此，我代表县委、县人大、县政府、县政协对×××同志表示深切的怀念，对×××同志的亲属表示亲切的慰问”等等。

致辞在语言上要尽量朴实有力。要全面总结所纪念人物的生平事迹和伟大贡献。比如：“×××同志的一生都在为人民作贡献，他那一件件感人至深的事情，那一句句令人感动的话语，都是时时刻刻地感染着我们，在召唤着我们。他牺牲自己，成就他人；他鞠躬尽瘁，成就事业；他脚踏实地，成就伟大。他用自己的一生实现了由一个平常人到高尚人的超越；实现了由一名普通党员到模范党员的超越”，或者是“×××同志为革命事业努力奉献，为党的重大胜利付出自己的心血。他于国难之时发动起义，他在恶劣的条件下显示自己的勇敢和机智，他在叛变爆发时挺身而出力挽狂澜，他在发展经济和事业时兢兢业业。他为国家、为人民做出了我们常人难以想象的付出和努力，但他拖着一副羸弱的身躯，坚守着自己的岗位和职责。他把自己的一生都献给了国家”等等。

最后要号召与会人员学习所纪念人物的高尚品格、优良品质和奉献精神，表明自己的志向。比如“××是我们每个人的榜样，是我们每个人的镜子，我们要不断地向他学习，要时刻以他为鉴，鞭策自己。我们要时常找出自己与他人的差距和不足，我们要努力改善自己，武装自己的思想，为国家、为人民时刻奉献着、付出着”，或者是“×××是值得我们每个人学习的榜样。今天，我们共同来缅怀×××先生，以他的治学精神为指导，努力学习；以他的爱国主义为向导，为国家做贡献”，或者是“×××先生虽然离开我们了，但是他的精神却留在了世上，留在了我们我们每个人的心里。我们会一直用真心去感动、去怀念”等等。

媒体见面会致辞注意事项

媒体见面会致辞的结构

一般来说，媒体见面会的致辞是由开头、主体和结尾等三部分构成的。

一、开头

开头部分包括三个方面：标题、称谓和致辞的背景。

如果不是在重大国际场合中的致辞，标题都是可以省略的。而称谓一般是指媒体致辞的对象。如果是政府的工作会议，致辞对象即为到场的所有成员。如果是政府领导在电视或者广播中致辞，则对象为正在收看电视或者收听广播的观众或听众。例如，市长在进行电视致辞，称谓一般是“全市的×××”。对于致辞背景，一句话带过即可，例如“为了响应国家××××的号召，我们特地举行了一次××××活动”，就可以让大家都明白举办活动的原因或是目的。

二、主体

主体这是致辞的主要组成部分。在这一部分中，内容的选择非常灵活。不同类型的媒体致辞，其内容也应该有所区别，下面就以常见的媒体致辞为例对主体部分的内容进行说明。

◆政府和企业工作活动的媒体见面会

政府和企业工作活动的媒体致辞主体都可以分成三个部分。

第一部分，介绍政府和企业工作活动的主要内容。例如“本次×××活动的主题是××××”。

第二部分，说明政府和企业工作活动所取得的成就。政府工作活动一般都是连续举办的，在致辞时可以对之前所取得的成绩进行简单的概括。在陈述成就时，要求条理清晰，按照一定的逻辑顺序来概括。在语言上，应该尽量避免形式主义的官腔，多使用朴实的语言。这样受众才能清晰地了解过去的活动究竟取得了怎样的效果。

第三部分，指出政府和企业工作活动的不足之处。在介绍完成绩之后，一般用“虽然在过去我们的工作卓有成效，但必须清醒地意识到工作中依然存在很多困难，所面临的形势依然非常严峻”这样的语句来过渡到活动的不足之处。

需要注意的是，在有些政府和企业工作活动的致辞主体中，有一部分可以提出领导对活动的具体要求。致辞中的要求通常会分条列出，让人一目了然。这一部分在致辞主体中并不常见，所以不作详细的说明。

以上是政府活动和企业活动致辞中相通之处，但这两者在致辞时也有差别。政府活动和企业活动相比，前者的政策性更强，致辞语言更规范，在语气上也更严肃。另外，政府活动面对的对象要更广泛，通常是所有的市民和领导干部，而企业活动的致辞对象则局限于企业员工。

◆文化娱乐活动的媒体见面会

随着人们的物质生活水平的不断提高，精神文化需求也越来越高。这样就催生了很多文化娱乐活动的产生，其中需要面对媒体致辞的通常是各种文化社团和影视剧组。这种文化娱乐活动的媒体发布会通常是在活动开始之前或结束之后召开的。现在以剧组的媒体发布会为例对媒体致辞的主体部分进行说明。

首先，剧组在召开媒体发布会时，最先介绍的是剧组的主创人员，以导演和主演的演员为主，这往往也是吸引各大媒体前往的最大理由。

其次，由导演和主要演员介绍这部影视剧的主要内容。这一部分的介绍要掌握好分寸，不能将内容说得太直白，观众在了解了基本的内容之后很可能会失去观看的强烈愿望，这样对剧作的收视率会有很大影响。最好是在介绍主要内容时故意设置悬念，欲说还休，这样才会吸引观众的眼球。在这一个环节中，悬念的设置最好出现在剧作最精彩的部分。对于剧组来说，召开媒体发布会的目的就是为了宣传新剧，所以设置悬念是必不可少的；对于媒体来说，这些悬念在报道中则是文章的亮点和看点。

最后，对到场的媒体表示感谢。这是必须的，也是必要的。因为媒体身上肩负着宣传剧作的任务，需要借助它们的宣传来吸引观众。此外还可以表达对新剧作的美好期待。常用的话语就是“希望广大的观众能够喜欢这部剧”、“希望这部剧能收视长虹”等。

三、结尾

致辞的结尾，应该根据致辞的内容和开头相呼应。结尾部分的内容通常是致辞人提出倡议和希望，常用的句型是“我号召全市的各部门、各单位都要以‘三个代表’重要思想和科学发展观的具体要求来做好××市的×××工作”。在结尾还可以表达致辞人的美好祝愿，如“祝愿×××活动能够顺利展开”是比较常见的句型，最直接的方式就是“谢谢大家”。

新闻发布会礼仪

新闻发布会又称记者招待会，简称发布会，是一种主动传播相关信息来对某一件事进行宣传、报道的一种形式。通过发布会，政界、商界和媒体之间会进行良好的沟通，由此而可见发布会是一种是协调关系重要方式。

在举行新闻发布会时需要注意一些礼仪规范，这样才能发挥发布会的最大作用。现在按照发布会的流程，对需要注意的礼仪进行简单的说明。

第一，发布会的筹备

在举行发布会之前，要进行非常多的筹备工作，其中最重要的是要确定发布会的主题。主题确定之后，主办方要对召开发布会的时间和地点进行选择。在选择的过程中要对到场的人数心中有数，这样便于选择大小合适的场地。选择好了场地之后，要对发布会的工作人员进行安排，并准备好需要的材料。

第二，邀请媒体

在邀请的媒体时候，应该根据发布会的主题进行选择，并不是将所有的媒体都适合邀请。要想发布会取得成功，就要邀请能够提升传播效果的媒体和新闻界人士。在邀请时，可以根据发布会的内容来选择最佳的媒介形式，有的内容适合用电视传播的方式传播，就应该以邀请电视媒体为主。

第三，现场的应答

发布会召开时，一般先由主持人介绍发布会的基本情况，并介绍出席发布会的主要成员。主持人介绍完之后，由发布会的发言人来介绍相关的信息。发言人的讲话结束后，按照惯例，与会的媒体会围绕发布会的主题对发言人提问。这是现场的应答环节，是发布会中比较重要的一环。

对于记者提出的问题，发言人都应该充分准确地回答记者，但是在涉及保密和不适合公开的问题时，可以委婉地对记者解释。如果有一些比较敏感的问题，简单地回答即可，不需要展开。

针对现场应答环节，主办单位在筹备阶段就应预先想好各种情况的应对措施。如果是出乎意料之外的问题，就要求主办单位的发言人能够沉着冷静，具有应对突发事件的能力。除此之外，其他的工作人员，也应全力配合来保证发布会的顺利进行。

在整个应答环节中，发言人不应该随意打断记者的提问，在应答环节结束后还应该对记者表示感谢。

第四，善后工作

善后是指发布会结束之后的工作。经过一段时间之后，主办单位要根据到场记者的情况来查对他们报道的内容。对于正确报道的记者和新闻单位，应该以书面或者电话的形式对他们表示感谢。对于报道内容有失偏颇的记者和单位，则应该及时通知他们予以更正。

电视、广播致辞

除了新闻发布会之外，政府和企业的工作活动还可以通过电视和广播的方式来进行致辞。现在分别介绍在电视致辞和广播致辞中需要注意的问题。

1. 电视致辞

电视致辞是从电视普及以来就被领导人经常运用的一种方式，通常是为了纪念或者庆祝某一个节日而进行的。改革开放之后，政府活动越来越公开，电视致辞已经不仅仅局限在纪念和节日庆祝上了。最近几年，很多政府的工作会议或者政府活动都选择利用电视来发表致辞。

电视致辞的特点比较明显，语音和画面会同时展现出来，领导人通过摄像机将讲话的画面和声音传递给电视观众。电视致辞的观众不受会场大小的限制，范围很广，所以对于致辞的要求相对较多。

首先，电视致辞不宜太长。

因为电视节目有时间限制，致辞时要充分考虑到这一点，不能打乱原本的节目安排。

这里只有两种情况可以例外，一种是大型的专题讲座，另一种是全程直播的大型政府会议，例如全国人民代表大会等。除此之外的电视致辞，都应该在规定时间内，完成信息的传达。

因为时间有限，所以就要求致辞的语言，必须要有亮点出现。如果语言枯燥乏味，内容空洞，观众手中的遥控器就会很快换台，这样就起不到传播的效果。

其次，领导在电视致辞的过程中，应该始终注意自己的仪态、表情和动作。

因为电视不仅能传播声音，还能传播画面，所以在致辞过程中领导的仪态应该始终保持威严、肃穆。在此基础上，语气和语调上应该适时地向观众传达其中的感情，还可以适当运用一些肢体语言，例如手势等。

最后，注意语言的通俗化。

这是由电视传播的即时性决定的。声音是流动的，不能像文字一样可以反复地琢磨，一句话只有几秒的时间，而且电视机前的观众大多是普通群众，这就决定了讲话稿的语言一定要通俗易懂，避免使用太多的专业术语。否则，短时间内观众无法理解深奥艰涩的致辞内容，这样致辞就失去了意义。

2. 广播致辞

和电视致辞相比，广播致辞只是一种声音的传递。广播致辞的历史要比电视致辞悠久，在我国革命斗争时期，毛泽东、周恩来、朱德等国家元首都曾利用广播电台对解放区、全国的百姓，甚至敌人发表过多次致辞。

随着电视的普及和网络等新媒体的兴起，广播致辞正在逐渐衰落。即使这样，广播致辞依然具有电视和网络不可替代的优势，在中国的抗战史上更是发挥了重要作用，在这里，我们对广播致辞的注意事项进行简单说明。

第一点，和电视致辞一样，广播致辞的听众范围非常广泛，以普通老百姓为主。所以在致辞的时候应该避免使用生僻、枯燥和太多的专业术语的出现，便于听众理解。因为广播致辞不像电视致辞那样还有画面帮助理解，只有声音的传播，对于这一点要求更加严格。

第二点，因为广播也有时间限制，所以语言应该精炼。即使不考虑到时间的限制，太长的致辞也会让人产生听觉疲劳。尤其在战争时期，短小精悍的致辞才能起到鼓舞人心的作用。

第三点，广播致辞对语气、语调的要求更加严格。因为广播只有声音，致辞人应尽可能用自己的声音传达更丰富的信息，所以在致辞的过程中，除了要使用普通话、吐字清晰、语速不宜太快之外，还要注意语调的抑扬顿挫，语气应和缓时和缓，应紧凑是紧凑，让听众在语调和语气中感受更多信息，这样才能鼓动听众的情绪，让致辞发挥最大的作用。

另外注意，无论是电视致辞还是广播致辞，在致辞的最后都不能忘记对广大人民群众表示问候和祝愿。